推动世界和平与发展的实践路径研究

祝 伟 著

吉林大学出版社

·长春·

图书在版编目（CIP）数据

推动世界和平与发展的实践路径研究／祝伟著. —
长春：吉林大学出版社，2021. 10
  ISBN 978-7-5692-9209-1

Ⅰ.①推… Ⅱ.①祝… Ⅲ.①国际政治–研究 Ⅳ.
①D5

中国版本图书馆 CIP 数据核字（2021）第 220075 号

书　　　名：推动世界和平与发展的实践路径研究
TUIDONG SHIJIE HEPING YU FAZHAN DE SHIJIAN LUJING YANJIU

作　　　者：祝　伟　著
策划编辑：黄国彬
责任编辑：马宁徽
责任校对：周　婷
装帧设计：姜　文
出版发行：吉林大学出版社
社　　　址：长春市人民大街 4059 号
邮政编码：130021
发行电话：0431 – 89580028 / 29 / 21
网　　　址：http://www.jlup.com.cn
电子邮箱：jdcbs@jlu.edu.cn
印　　　刷：天津和萱印刷有限公司
开　　　本：787 m m×1092 m m　　1 / 16
印　　　张：22.25
字　　　数：350 千字
版　　　次：2022年02月　第 1 版
印　　　次：2022年02月　第 1 版
书　　　号：ISBN 978-7-5692-9209-1
定　　　价：9 8.00 元

目　录

导论　关于世界和平与发展的伟大构想

——构建人类命运共同体的实践意义

在由资本主导的世界秩序下，资本逻辑成为压倒一切的通行准则，世界各国人民都被纳入资本推动的全球扩张体系中。当前以美国为首的国际垄断资本势力在全球范围内疯狂而贪婪地追逐获取市场权力并构建起支撑这一过程的霸权主义世界秩序，这成为引爆热点地区安全局势、造成世界秩序持续动荡、威胁人类和平发展的总根源。为此，党的十八大报告提出"要倡导人类命运共同体意识"①，党的十九大报告强调："各国人民同心协力，构建人类命运共同体，建设持久和平、普遍安全、共同繁荣、开放包容、清洁美丽的世界。"②习近平总书记在各种场合对"推动构建人类命运共同体"进行了深入的阐释说明，提出并加强"一带一路"建设，积极为世界和平发展提供"中国方案"，贡献"中国力量"，得到了世界各国特别是广大发展中国家的普遍认同和高度赞誉，逐步走出一条维护世界和平、促进各国共同发展的中国道路。推动构建人类命运共同体是中国共产党代表中国人民对促进世界和平与发展的伟大构想，体现了中国共产党人的初心使命和历史担当精神。

一、世界和平与发展之路的历史性困境

建设一个什么样的世界，如何建设这个世界？这是人类社会一个重大而基本的问题。人类自有记载的历史以来，各个民族、国家间的战争冲突一直

---

① 本书编写组：《十八大报告辅导读本》，人民出版社 2012 年版，第 47 页。
② 本书编写组：《党的十九大报告辅导读本》，人民出版社 2017 年版，第 57–58 页。

不断，和平与发展则成为人类共同的理想。20 世纪上半叶相继爆发的两次世界大战将战争的破坏力发挥到了极致，全球数以亿计的人口被卷入战火，各种凝结人类最顶级智慧的高精尖武器轮番上阵，数十年辛苦积累的财富化为灰烬，千年传承的文明古迹成为废墟，曾经美好幸福的家园满目疮痍。二战后，世界形成了美苏两极争霸的"冷战"格局，美苏两大阵营都拥有足以毁灭地球数十次的核武器，并由此建立起双方恐怖的"核均势"，这在一定程度上遏制了世界性大战的再度爆发。而与此同时，二战后初期至 20 世纪五六十年代大批亚非拉原西方国家殖民地半殖民地的人民通过声势浩大的反殖民主义运动纷纷争取民族独立，成为世界力量格局中不可忽视的"第三世界"。虽然二战后局部性战争冲突仍时有发生，但追求和平与发展已经逐渐成为世界主流，这反映出世界各国人民对全球范围内和平与发展的热切期盼与呼唤。

20 世纪 80 年代末 90 年代初，苏联及东欧社会主义国家发生剧变，华约组织解散，"1990 年 11 月 19 日—21 日，在巴黎举行的欧安会特别首脑会议通过了《新欧洲巴黎宪章》等三个文件，正式宣告东西方冷战结束"[①]，以美国为首的西方国家取得冷战的最终胜利，世界社会主义运动遭遇重大挫折。日裔美国学者福山认为世界历史"已经终结"于现代西方民主制度。但事实证明，福山是过于乐观了。冷战的结果实际上仅仅只是以美国为首的国际垄断资本凭借其更加灵活的政治体制、更具活力的经济体系战胜了"苏联模式"，但并不意味着社会主义制度本身的失败。相反，中国在不断探索适合本国国情的社会主义发展道路并取得巨大成功，这已经充分说明美苏冷战的结局并不是社会主义和资本主义两种制度间的历史性结局，而是进入了一个长期共存与竞争的新阶段。虽然"苏联社会主义模式"在美苏两极争霸的背景下变得越来越僵化保守，并受"大国沙文主义"传统文化基因的影响，最后走向"社会帝国主义"的不归路，但其在高效率地组织动员各种资源要素、恢复和发展工业经济、战胜德日意法西斯、捍卫社会主义制度等方面曾经发挥过巨大的积极作用，这在一定时期体现出了其相对于资本主义模式的优越性，从而在很长一

---

① 方连庆、刘金质、王炳元主编：《战后国际关系史（1945—1995）下》，北京大学出版社 1999 年版，第 845 页。

段时期内被世界上诸多国家所模仿践行。只是"苏联模式"到后期日益故步自封，越来越不适应社会主义生产力发展的需要，最终被历史和广大民众所抛弃。

西方资本主义国家取得了"冷战"的最终胜利，这实质上是在以美国为首的国际垄断资本强力推动下取得的，这也使得美国成为具有巨大影响力的世界性霸权国家。但西方资本主义国家阵营赢得"冷战"胜利并未如形形色色的"历史终结论"及"霸权稳定论"者所认为的那样，给世界带来持久的秩序稳定与和平发展。美国要维护其自身全球霸权及利益，必须"控制原料、资本的来源、市场以及在高附加值产品的生产上具有竞争优势"①。这需要付出昂贵的制度成本，美国相继卷入多场地区战争，付出了巨大的人员伤亡和巨额的国防开支，2008 年的金融危机又暴露了美国经济过度金融化的弊端，美国掌控全球秩序的能力下降，伴随着中国、俄罗斯、印度、巴西、南非等新兴市场国家的崛起，世界格局持续朝多极化方向发展，世界进入了"一个后霸权时代"②。在这个"美国后霸权时代"，世界权力从美国向外转移扩散，逐渐形成了多个力量中心。

但是这种世界权力的转移并不是有序的。因为一方面美国作为世界权力的中心是不甘心权力从其手中转移到其他国家的，这将极大损害其既得的霸权利益，美国必然动员一切资源、运用一切手段加强对有能力威胁其国际地位的国家(主要是中国、俄罗斯等国)的遏制。美国加紧推动北约组织东扩，将其前线越来越抵近俄罗斯家门口，挑动格鲁吉亚、乌克兰等国制造地缘冲突，并加大在叙利亚的力量投入，以此消耗俄罗斯的有生力量。与此同时，美国频频以"航行自由"为借口，强闯中国南海岛礁，并唆使与中国有领海争议的国家向中国发难，妄图使本已平静的南海局势再次紧张起来。在朝鲜半岛，美国以朝鲜核武器及导弹威胁为借口，在韩国强行部署萨德防御系统，并持续加强军演，使朝鲜半岛局势日渐紧张。美国还积极在战略上松绑日本，

① [美]罗伯特·基欧汉：《霸权之后：世界政治经济中的合作与纷争》，苏长和等译，上海人民出版社，2012 年版，第 31 页。

② [美]罗伯特·基欧汉：《霸权之后：世界政治经济中的合作与纷争》，苏长和等译，上海人民出版社 2012 年版，第 10-11 页。

妄图利用日本在亚洲对抗遏制中国。在台湾问题上，美国频频释放错误信号，先是美国总统特朗普打破中美建交 40 余年来的惯例，第一次与中国台湾地区领导人蔡英文通电话，美国国会通过法案，允许美国与台湾地区海军军舰相互停靠对方港口，美国利用台湾问题牵制中国的意图不言自明。美国的这一系列举动，必然损害大国间的战略互信，有可能使得大国关系陷入"修昔底德陷阱"的危险。当前世界权力转移的无序还表现在权力向非国家行为体扩散。这意味着一些非国家行为体，如恐怖组织、黑客人员、跨国犯罪集团等，也可以通过遍布全球的网络渠道获得权力。而以前相对孤立的自然灾害、流行疾病、环境污染等问题也可以通过便利的交通和频繁的人员交往向全世界快速传播放大，使世界各国共同面临越来越严重的非传统安全威胁。

和平与发展是一对相融共生的概念，没有和平很难有发展，同样没有发展也就没有真正的和平。当今世界，"由于种种原因，贫富悬殊和南北差距扩大问题依然严重存在，贫困及其衍生出来的饥饿、疾病、社会冲突等一系列难题依然困扰着许多发展中国家。"①近年来欧美发达国家出现的"逆全球化"潮流恰恰反映出以美国为首的国际垄断资本主导的全球化出现了发展失衡、公平正义缺失的问题。在资本主导的世界体系中，推动共同发展成为一个全球性难题。因为由资本主导的世界体系是一个金字塔式的结构，这决定了在资源及发展空间有限的情况下，能真正站在塔尖的只能是极少数发达国家，广大发展中国家只能被迫处于金字塔的底部，成为发达国家享受高质量发展成果的垫脚石，"尽管少数经济体能够利用其特殊机遇而相对成功地实现一定水平的资本主义现代化，但发展中国家中的大国以及大多数中小国家必然成为资本主义生产方式内在矛盾的最终承担者，因而不可能通过资本主义道路实现现代化。"②这是大多数国家无法跨越"中等收入陷阱"的根本原因所在。

与此同时，世界各国普遍面临传统安全以及非传统安全领域的巨大威胁，也使得全球共同发展之路举步维艰，世界和平与发展面临巨大挑战。但由于

①　习近平：《携手消除贫困　促进共同发展——在 2015 减贫与发展高层论坛的主旨演讲》，人民出版社 2015 年版，第 2 页。
②　鲁品越：《国际体系与中国现代化道路的两个阶段——立足唯物史观对"中国奇迹"的解读》，马克思主义研究，2014 年第 10 期，第 133 页。

国家利益、国际格局的限制约束，应对挑战的国际努力却又是那么的无力。一直以来，维护国际秩序稳定的公共产品提供一直是一个难题，大多数国家不愿意提供，少数愿意提供的国家却没有能力，于是"金德尔伯格陷阱"就有可能出现，国际社会应对威胁的集体行动面临失效的困扰，这实际上涉及共同责任的界定与落实问题。当前历史性积累的问题需要世界各国承担"共同但有区别的责任"，由于发展的阶段不同，很多问题（比如碳排放、疾病防控、减少贫困等）上，发达国家应该承担更多责任，但主要发达国家却以国家利益为借口不愿意过多承担。实际上是承担更多的责任将威胁到这些国家垄断资本的利益，影响国际垄断资本获取高额垄断利润。所以，以美国为首的发达国家将本应解决的问题、本应承担的责任转化为获取超额垄断利润的机会和工具，比如美国曾经一度退出了巴黎气候协定，严格限制环保技术，同时设置绿色壁垒，维护本国企业利益；同时利用在国际金融体系中的主导地位，尝试构建全球性的碳排放交易市场，妄图在继黄金美元、石油美元之后，进一步打造生态美元，维护美元的世界经济霸权地位。

二、历史的转折：人类社会该如何抉择

当今世界正处于重要的历史性转折时期，和平与发展面临诸如"修昔底德陷阱""中等收入陷阱""金德尔伯格陷阱"等巨大的威胁。如何进一步应对挑战，"在21世纪更好回答世界和平与发展这一重大课题"①，走出和平发展的全球性困境，这些是世界各国应该深入思考的。首先应该看清楚，和平发展产生全球性困境的根源在哪里？无疑资本是需要认真审视的深层动因。资本在人类历史上曾经发挥过巨大的作用，资本通过不断扩张疯狂地追逐市场权力，它为人类社会创造了巨大的社会生产力，积累了海量的物质财富，"资产阶级在它的不到一百年的阶级统治中所创造的生产力，比过去一切世代创造的全部生产力还要多，还要大。"②但是资本扩张也存在先天的悖论，那就是资

---

① 习近平：《习近平在联合国成立70周年系列峰会上的讲话》，人民出版社2015年版，第14-15页。

② 马克思、恩格斯：《共产党宣言》，《马克思恩格斯文集》第2卷，人民出版社2009年版，第36页。

务实合作，为推动构建人类命运共同体提供了坚实的实践基础。在推动全球治理体系变革、促进各国共同发展、构建合作共赢的伙伴关系、维护世界和平发展等方面，中国致力积极推动构建人类命运共同体，使其从构想不断转化为现实，并且在行动中不断完善提升，逐渐赢得了世界各国的赞誉和认同。

第一章　马克思"真正的共同体"思想
——伟大构想的马克思主义理论基础

　　马克思在《1844年经济学哲学手稿》《共产党宣言》《德意志意识形态》以及《资本论》等经典著作中探讨了"共同体"这一至关重要的理论问题，马克思通过剖析资本主义生产方式的根本动力、运行机制、内在矛盾，指出资本主义社会作为一种"政治经济文化共同体"，与建立在较为落后社会生产力基础之上并以血缘关系为重要纽带的"原始社会共同体""奴隶社会共同体"及"封建社会共同体"相比，具有一定的历史意义。但是在资本主义生产方式所主导的社会生产与再生产历史进程中，资本积累不断带来的贫困积累使得资本主义社会日益陷入资产阶级与无产阶级的阶级对立之中，其历史趋势是资本被不断地"内在否定"，资本主义生产方式逐渐被资本所生成的历史发展进程所扬弃否定。从这个意义上讲，资本主义的"政治经济文化共同体"是一种建立在阶级剥削、压迫及对立之上的"虚幻共同体""虚假共同体"，资本主义生产方式无法真正克服的内在矛盾决定了资本主义必然会被共产主义所逐渐取代，人类社会将逐渐生成超越剥削、压迫、对立的"真正的共同体"，这就是共产主义的理想社会形态。马克思的"真正的共同体"思想内在蕴含"人与人""人与社会""人与自然"三个秩序维度，这从一个侧面反映出马克思对未来世界秩序的科学认识。推动构建人类命运共同体的思想反映了以习近平同志为核心的中国共产党人代表中国人民智慧提出的对促进世界和平与发展的伟大构想。这种伟大构想的马克思主义理论基础主要就在于马克思"真正的共同体"思想。

差异的。其次，共同体需要实现并维持成员之间的"共同性"，没有"共同性"，组成共同体的成员就会陷入无序的、基于相同利益目标的争夺中，共同体成员之间的团结就无法存在，共同体就会有解体的危险。因此，共同体内部需要有超越共同利益、价值之上的权威力量，通过这种权威力量保持共同体的内部团结，减少成员之间因相同利益所带来的激烈争夺，将成员引向基于共同利益基础上的团结协作，并形成稳固的共同体文化，让共同体更加具有生命的力量，从而形成团结协作的文化基因，确保共同体的可持续发展。再次，过于强调"共同性"也会将共同体内部成员与外部环境对立起来，使得共同体与社会对立起来，这不利于社会的总体团结，最终也会给共同体带来反向冲击力，使共同体处于对立甚至被敌视的社会环境之中，这同样也不利于共同体的健康发展。因此共同体与社会不应该对立，共同体需要区隔社会，但大多数时候还应该主动适应社会才能够生存，共同体只是社会这个有机生命体的有机组成部分。共同体除了内部需要一个权威力量之外，外部社会更需要有一个权威力量，这个权威力量很难让整个社会都成为一个共同体，但却可以通过形成稳定的社会秩序，为共同体的生存发展提供良好的外部社会环境。最后，社会整体秩序大于共同体内部秩序，共同体内部存在秩序，这种秩序需要适应并满足外部社会秩序的发展需要。共同体之外的社会秩序永远存在，虽然共同体可以不断扩展边界，最后甚至达到民族与国家的超级共同体地步，但民族国家之外还会存在国际社会这个更大的社会，这比传统社会更加复杂，民族国家的生存发展同样离不开国际社会秩序的外部影响。

三、中西两种共同体思想与两类社会秩序观

共同体的存在与发展是中西方共同的文化现象，因为人类对于彼此之间相互关系的反思是人类共同生存与发展的前提，这是全世界古往今来任何一个民族都无法回避的问题。但东西方文化传统的差异，使得双方对共同体的认知也存在较大不同。对于中国而言，经历春秋战国时期"百家争鸣"的思想文化激烈论战之后，并伴随着秦汉一统天下的剧烈政治变革，法家、道家、儒家成为中国的主流思想，特别是到汉代，儒家思想更是成为主流中的主流。共同体思想是儒家思想的重要组成部分，其鲜明的思想特征就是强调人伦关

系和社会秩序，核心要旨在于"内圣外王"的理论体系及实践诉求。"内圣"强调对于圣人道德的遵循实践是人们生活的主体，"外王"则强调社会需要一个共同而稳定的秩序规范，如"礼"。"内圣外王"主要关注人与人之间的关系，强调人与人关系的和谐有序，但并不意味着儒家共同体思想不关注人与自然关系，儒家对于人与自然关系是从人与人关系来审视，最终的结论是"天人合一"的最高自然境界。当然儒家共同体强调人伦关系和社会秩序，并被打上了严格的等级制烙印。其对外部社会秩序的探析，形成了独特的天下秩序观，具有浓烈的家国观念，所谓"修身、齐家、治国、平天下"就在于此。

西方传统文化则走向了一条与中国截然不同的发展道路。西方的共同体思想更加强调对于人与自然关系的抽象反思，古希腊泰勒斯开创的西方哲学文化源头就在于通过反思人与自然关系，达到对于人的主体性的确证。西方共同体思想由此带有鲜明的理性化特征，这是与中国传统文化中的共同体思想存在本质差异的。从柏拉图对"理想国"的反思到亚里士多德的伦理学，西方文化对于共同体的思考逐渐确立了理性的基础，不是以人与人社会联系为切入点，而是探寻人与自然的关系，反思世界的本体何在，反思"流变世界中存在的稳固不变东西"，在这里人是抽象的，人与人之间的生活联系不是问题的终点，而恰恰是需要反思的起点。文艺复兴运动之后，西方17世纪形成的哲学文化转向没有改变这一理性化发展方向，反而通过澄明主体与客体的关系，将理性化推向一个顶峰，其理论结晶就是产生了社会契约论思想。社会契约论思想在某种意义上讲，就是为了克服西方共同体文化中的"团结悖论"，其将权力的来源从基督教的神拉回到抽象的人，以此回应资本嵌入原有社会权力结构体系所带来巨大社会变革的历史现象。社会契约论思想有它重要的意义，其本身是西方理性共同体思想演变发展的结果。

当然中西方传统思想文化中的共同体思想，近代以来都面临全球化时代的冲击和挑战。对此，双方都进行了理论及实践上的回应，并且还有一定的异曲同工之处。儒家共同体思想在近代以来发展的顶峰是康有为的《大同书》，其指出儒家共同体思想的终极价值与关怀在于对大同社会的不懈追求。而西方理性共同体思想在全球化时代的结晶则是马克思主义的"真正共同体"思想，其指向超越资本主义的共产主义社会。从此意义上看，东西方文化在现时代正走向文化交融共生的道路。

第二节　真正的共同体：马克思对未来世界和平与发展的科学认识

共同体是人类社会最基本的存在方式，从最初的部落、民族、国家到国家间联盟、国际组织、跨国公司、非政府组织，再到各个层次的命运共同体，最后到人类命运共同体，人类寻求生存与发展的联合体在不断进化升级。马克思"真正的共同体"思想是对人类通过联合实现生存与发展的历史道路的科学探索，其揭示了人类过去所存在的一切共同体的虚幻本质，强调彻底摆脱了人对人的依赖以及人对物的依赖的自由人的联合体才是能够促进人类自由而全面发展的真正的共同体。马克思"真正的共同体"思想也可以看作是马克思对未来世界和平与发展的科学认识与构想。

一、人生存发展的历史阶段与共同体的进化

人的生命存在是一切价值的源泉，人的发展问题是人类社会永恒的主题。由于人的发展既具有自组织的特征，也具有他组织的特征，是自组织与他组织的辩证统一。所以，人的发展过程还要求实现合目的与合规律、自然性与社会性的辩证统一。人的发展既不能走向"人类中心主义"，也不能走向"荒野中心主义"，而应该从人的自然、社会二重属性出发正确审视人的发展，人的发展不仅表现为人的自然生命的生产与再生产，还表现为人与人社会关系的生产与再生产。人的发展在不同的历史阶段，呈现出不同的特征。马克思所设想的理想社会形态(即共产主义社会)，其对于人的发展的理想在于，逐步实现人的自由而全面的发展，也就是在人与人、人与自然、人与社会的交互作用中，形成一种天人合一、人社合一的有序状态。人的发展过程既具有自组织的特征，作为一种自组织过程，人是自身发展的原因，也具有他组织的特征，人需要在一定社会关系中，依赖一定社会物质条件来实现人的发展，人对自身的发展并不是绝对可控的，所以同样具有他组织的特征。人的发展

过程是自组织与他组织的统一，这要求人的发展同时也必须实现合目的与合规律、自然性与社会性的统一。

其一，人的生存与发展是自组织和他组织的辩证统一。判断人的发展是自组织还是他组织是科学界定人的发展内涵的关键所在。从人的发展过程来看，人是自身发展的终极原因，人的发展的出发点和落脚点不是人之外的事物，而在人自身，是人的生命的生产与再生产，是人的种群的繁衍与生息。从这个意义上讲，人的发展所形成的有序是"活序"，人的发展是自组织的。但是人的发展也具有客观制约性，即人不能脱离客观自然条件、自然物资过程来实现，受到其客观规律的制约。人的发展所形成的有序状态，具有交互性，不同的有序状态通过交互作用会形成一个更高、更具整体意义的有序状态；也具有历史性，一个阶段形成的有序状态，会成为下一个有序状态形成的前提基础。从这个意义上讲，人的发展所形成的有序也是"死序"，人的发展是他组织。所以，从历史的角度看，人的发展是自组织与他组织的辩证统一。其二，人的生存与发展是合目的与合规律的辩证统一。人的发展是作为发展主体的人将反映自身利益诉求的价值观、目的、意志不断诉诸客观世界的过程，是客观世界的不断属人化、意义化的过程，这赋予人的发展以主体性的意义。同时处于一定社会关系中的人，其发展需要通过一定的社会物质生产过程来实现，受到社会物质生产的规律制约。从这个意义上讲，人的发展具有客观性，而这种客观性是必然的和基础性的，它不以人的主观意志为转移，但是这种客观性也是在倾注了人们的主观意志、目的、价值的社会实践活动中生成的，不是预设的。所以，人的发展是人在社会关系中目的价值与社会物质生产客观规律的辩证统一，反映了作为发展主体的人通过合目的与合规律相统一的社会实践活动所生成的历史过程。其三，人的生存与发展是自然性与社会性的辩证统一。马克思认为"全部社会生活在本质上是实践的。凡是把理论导致神秘主义的神秘东西，都能在人的实践中以及对这个实践的理解中得到合理的解决"①。人通过剩余劳动则不仅实现了个体人的生存，而且实现了人的发展。人的发展首先表现为个体生命的生产与再生产，不同

①《马克思恩格斯文集》第 1 卷，北京：人民出版社 2009 年版，第 502 页。

发展主体之间由于利益不同会产生不同的价值观，人的个体生命的生存与发展需要通过一定社会关系来实现，通过集体生命的生存与发展来显现，现实单个个人的生存与发展与人类整体的生存与发展得到有机勾连，现实个体生命生存与发展的个体价值凝结成人类社会生存与发展的共同价值。这里的人类既是个体的人，也是总体的人，就个体而言，他显现了总体，就总体而言，他关照了个体；既是现实的，是由活生生的、有血有肉的、需要衣食住行、需要繁衍生息的人组成的类，同时也是历史的，需要克服现实资本的统治，超越阶级种族的对立，逐步构建自由公正的人类命运共同体。在马克思看来，"代替那存在着阶级和阶级对立的资产阶级旧社会的，将是这样一个联合体，在那里，每个人的自由发展是一切人的自由发展的条件"①。自由公正的人类命运共同体则表现为，世界上每个民族的自由发展是整个人类生存与发展的条件。

以人的生存与发展这一人类社会共同价值为基础，马克思将人类社会划分为三个发展阶段，依次是以"人的依赖性"为基础的发展阶段、以"物的依赖性"为基础的发展阶段以及"人的自由全面发展"的阶段，从唯物史观社会形态论的角度看，它们分别属于前资本主义社会、资本主义社会和共产主义社会。它反映了人在不同社会形态下所形成的有序发展状态，也展现了人在不同社会形态下的发展境遇。

（一）以血缘关系为纽带的共同体及其逐渐瓦解

在以"人的依赖性"为基础的发展阶段，人类社会形成了以血缘关系为纽带的共同体关系。在马克思看来，以"人的依赖关系（起初完全是自然发生的）是最初的社会形态。在这种形态下，人的生产能力只是在狭窄的范围和孤立的地点上发展着"②，这构成了人类社会发展的第一阶段，这个阶段主要是以封建社会为主的前资本主义社会。前资本主义社会生产力发展水平较低，经济上以自给自足的封闭性小农经济为主，重农抑商，到后期商品经济才得到较大发展。政治上，以人的依赖关系为基础，形成等级森严的社会阶级划分，

① 马克思、恩格斯：《共产党宣言》，《马克思恩格斯选集》第1卷，北京：人民出版社1995年版，第294页。

② 《马克思恩格斯全集》第30卷，北京：人民出版社1995年版，第107页。

中国社会分为君臣民，民又分士农工商；西欧则分为国王、领主、骑士、自由民及农奴等。韩愈在《原道》中指出："是故君者，出令者也；臣者，行君之令而致之民也；民者，出粟米麻丝、作器皿、通货财，以事其上者也。君不出令，则失其所以为君；臣不行君之令而致之民，则失其所以为臣；民不出粟米麻丝、作器皿、通货财以事其上，则诛"①。这种政治上的等级制反映了社会生产资料占有及社会产品分配的等级制。在这个社会形态下，人的交往及发展受到人身依附关系的压制，社会生产力的发展始终维持在一定的边界之内无法得到充分释放。族域共同体以血缘关系为纽带，以家长制权威或者行政命令生成集体意志。

马克思主义唯物史观认为，人类历史的首要前提是现实的、有生命的并且从事着社会实践活动的人的存在。在人类最初所形成的原始社会之中，人的个体力量是极为渺小的，恶劣的自然环境以及落后的生产力对人的生存与发展产生了非常致命的影响，人与人之间必须结成"类"才能有效应对。"物以类聚，人以群分"，将"人"联结成"人类"的，除了外在的生存压力之外，还有基于血缘关系的内在凝聚力，家庭因此成为最古老、最基本、最恒久的共同体形式。家庭可以说浓缩了当今世界最复杂共同体形式的主要构建与要素，如分工、规则、生产关系、分配关系、权威、集体意志等，当然家庭也有着它相对于社会共同体、民族共同体、国家共同体及国际共同体等复杂共同体形式而言所不同的特征，那就是家庭主要是建立在血缘关系而不是利益关系的基础之上，家庭的构成也受到利益关系的影响，特别是在私有制占据主导地位的社会形态之中，但是血缘关系仍是家庭构成中的最基本关系。特别是在生产力非常落后的原始社会，家庭成员除了提供维持最基本生存所必需的社会必要劳动之外，无法提供更多的剩余劳动，所以在家庭这个共同体中，生产关系与产品分配关系处于原始的平等状态，家庭成员可以比较平均地分配到必要劳动产品以维持个体生命的再生产需要，在生产力极为落后的情况下，也只有采取这种平均的分配方式才是最能够适应和满足当时的生产力现状和发展需要的，但整个家庭经济中并不会有充裕的剩余劳动产品存在。随

① 吴楚才、吴调侯选注：《古文观止》，牛冲校注，新华出版社2015年版，第392页。

着生产力的代际积累，部分家庭生产力水平得到提升，出现了剩余劳动产品，家庭成员内部围绕着这一部分剩余劳动产品的分配出现了斗争，家庭中最有生产能力的成员掌握了产品分配的话语权，并随着对剩余产品的不断占有在家庭中的地位也越来越高，原始平等的生产关系、分配关系被逐渐破坏。当原始家庭生产力积累达到一定程度，原有的家庭结构已经不能适应生产力的发展，地域相近的不同家庭之间通过联姻方式构建起比以前更大的共同体，那就是部落。不过在整个原始社会，家庭都是最为重要的共同体单位，它承载了原始社会生产力积累的最基本载体，所以原始"社会结构只限于家庭的扩大：父权制的部落首领，他们管辖的部落成员，最后是奴隶。"①

生产力不仅表现为原始社会物质的不断累积，而且还表现为基于血缘关系的人与人之间的生产关系，随着生产力的拓展，人与人之间的生产关系也得到不断的生产与拓展。从单个的个体组合形成家庭，再由家庭联结成为部落，部落则会联合形成更大的共同体。这种更大的共同体在生产力层面表现为社会生产系统的自然物质过程及其不断累积的自然物质，如知识技能以及体能等不断提升的劳动者，不断改进的生产工具、生产工艺、管理方式，不断拓展的劳动对象等②；在生产关系层面则表现为人与人之间的财产分配占有关系以及由此为核心所形成的所有制结构。随着原始社会生产力的不断提升，在单个家庭内部所形成的原始家庭公有制，其适用范围不断拓展，从部落到部落联盟，再到最初的国家，最终形成原始社会的公有制形式，它"是古代公社所有制和国家所有制。这种所有制是由于几个部落通过契约或征服联合为一个城市而产生的"③。原始社会后期，随着社会生产力的提升，社会剩余劳动产品被不断的生产和累积，人们在生产满足基本生存需要的必要劳动产品的同时，还可以有逐渐增多的剩余产品来从事其他的社会实践活动，在这一过程中，原始的公有制逐渐瓦解，完全处于对奴隶主人身依赖关系之中的奴

---

① 《马克思恩格斯选集》第1卷，北京：人民出版社1995年版，第69页。
② 上海财经大学鲁品越教授认为，社会生产力有四大基本要素：第一是人的因素（有一定知识技能与体能的劳动者），二是物的因素（即生产资料，包括生产工具、生产设施、原材料和各种自然资源），三是科学技术（专利、软件、工程图纸、操作规程等等），四是生产过程的联系方式与管理方式。参见鲁品越：《〈资本论〉的生产力与生产关系概念的再发现》，上海财经大学学报，2018年第4期。
③ 《马克思恩格斯选集》第1卷，北京：人民出版社1995年版，第69页。

隶，也可以有一个相对宽松和自由的生产环境，不再仅仅只是如农具、骡马一般的生产工具，而是处于社会共同体中一个较为基础、较为重要的生产环节上，在一定程度上摆脱了被看作是"会说话的生产工具"的地位，成为生产工具的所有者和使用者。随着原始社会共同体的逐渐瓦解，一种支撑新的所有制形式的社会共同体形成，"这种所有制像部落所有制和公社所有制一样，也是以一种共同体[Gemeinwesen]为基础的。但是作为直接进行生产的阶级而与这种共同体对立的，已经不是与古代的共同体相对立的奴隶，而是小农奴。"①这种新的社会共同体就是封建社会共同体，它仍然是一种等级制的社会结构，只不过由于社会生产力水平的提升，已经不再需要对劳动者进行精神、肉体等全面的控制，从而全面限制其自由、使其与生产工具融为一体以尽可能多地生产出社会必要劳动产品，而仅仅只需要掌握土地等最基本的生产资料，以此让劳动者产生对生产资料所有者的依赖关系。此时劳动者在生产完满足自身基本生存需要的必要劳动产品之后，还可以为生产资料所有者生产更多的剩余劳动产品，当然在剩余劳动产品较为充裕的时期，生产资料所有者也可以让劳动者分配到一定的剩余劳动产品。在封建社会共同体中，奴隶主阶级转化为地主阶级，奴隶阶级则转化为小农奴或者农民，而维系封建社会共同体的最重要基础还是在于基于血缘关系的社会网络结构。从原始社会共同体，到奴隶社会共同体，再到封建社会共同体转变的历史过程在中国古代表现得尤为明显，尧舜禹、夏商周及春秋战国时期就深刻体现了这一系列的重要历史变革。在中国整个古代社会，血缘关系成为凝聚集体意志、维系社会稳定的最重要纽带，夏商周三个政权实际上就是将基于血缘关系的家庭组织结构扩大到国家层面，逐渐走向"家国一体"的发展方向。周朝成为这种政权组织形式的古典成熟形态，周天子分封天下诸侯，以"周礼"治天下，诸侯臣服周王室的统治，可称国君甚至称霸，但不能称天子；但到战国时期，通过几个世纪的相互征战搏杀，诸侯国数量越来越少，形成"战国七雄"这样多个权力中心，周王室的影响力越来越弱，即所谓"礼崩乐坏"；到秦始皇统一六国，用郡县制代替了分封制，法家思想成为治国的正统思想。但是，严

---

① 《马克思恩格斯选集》第 1 卷，北京：人民出版社 1995 年版，第 70 页。

刑峻法在保证社会绝对秩序的同时，也激发了对原有基于血缘关系社会结构的极大反弹，秦王朝统治下的社会绝对有序很快变成绝对无序，一统天下的秦王朝至秦二世而亡。取代秦王朝的汉朝，充分汲取了秦灭亡的经验，在治国思想上，先是遵循"无为而治"休养生息，后又逐渐"罢黜百家，独尊儒术"，这时的儒术经过董仲舒的改造，已经将传统儒家的基于血缘关系的关系本位伦理与法家思想有机结合，真正构建了"家国一体"的思想理论，并成为此后两千年中国封建社会的正统思想。而作为西方政治经济文化主体的西欧，从原始社会共同体到奴隶社会共同体，再到封建社会共同体的历史变革，要比中国晚得多。但也正因为如此，封建生产关系发育较晚也并没有中国成熟的欧洲，恰恰为向资本主义社会共同体转变创造了更为有利的社会条件。

（二）以资本扩张为中心的契约共同体及其困境

以"物的依赖性"为基础的发展阶段，形成了以资本扩张为中心的契约共同体。"以物的依赖性为基础的人的独立性是第二大形态，在这种形态下，才形成普遍的物质交换、全面的关系、多方面的需求以及全面的能力和体系。"[①]在这一阶段中，资本主义生产关系占统治地位。它的典型特征是资本逻辑是社会发展的主导逻辑，人与人的社会关系表现为物的关系。资本主义社会与前资本主义社会相比，通过生产关系的变革，极大解放发展了社会生产力，"资产阶级在它的不到一百年的阶级统治中所创造的生产力，比过去一切世代创造的全部生产力还要多，还要大"[②]。资本主义生产关系在中国明朝时期的江浙苏杭地区曾有最初的萌芽，但是随着明朝灭亡、满清入关、封建统治得到前所未有的强化而被不断压制，未能发展壮大。相反，在欧洲由于封建主义生产关系发育较晚并且没有达到中国这般的成熟状态，所以资本主义商品关系才在其薄弱环节和地区逐渐生长壮大。奥斯曼土耳其帝国在 15 世纪的强势崛起，截断了传统的东西方陆路经贸文化交流战略性通道，这产生了两个重要影响，一是欧洲航海运动的兴起，助推了全球地理大发现，为欧洲开辟全球殖民地创造了条件，欧洲国家通过殖民掠夺实现了资本的原始积累；二

---

① 《马克思恩格斯全集》第 30 卷，北京：人民出版社 1995 年版，第 107 页。
② 《马克思恩格斯文集》第 1 卷，北京：人民出版社 2009 年版，第 36 页。

是欧洲的发展中心从地中海沿海地区转移到大西洋沿岸，为葡萄牙、西班牙、荷兰、法国及英国等资本主义国家的崛起提供了历史契机。

资本主义生产关系取代封建主义生产关系占据社会主导地位经历了一个较为漫长的历史时期，其中新兴资产阶级用资本主义社会共同体逐渐瓦解封建主义社会共同体是最重要的内容之一。它主要表现在两个层面：一是用资本主义意识形态逐渐取代封建社会共同体的意识形态基础，欧洲文艺复兴运动及宗教改革完成了这一艰巨的历史任务，文艺复兴运动确立了人的主体地位，将矛头直接指向欧洲封建统治的基督教神学基础，欧洲 17 世纪哲学认识论转向更加鲜明地将彰显人的主体地位，处在时代思想文化变革的最前沿位置；宗教改革则将思想领域的变革成果直接运用到了对抗基督教传统神学意识形态的最核心层面，将资产阶级思想直接嵌入封建意识形态的最核心层面，从而在思想领域完成了对作为封建生产关系合法性根基的基督教传统神学意识形态的逐渐瓦解，同时也完成了资本主义社会共同体意识形态基础的建构。二是通过资产阶级革命彻底削弱瓦解欧洲的封建统治，从荷兰的尼德兰革命，到英国的"光荣革命"，再到法国大革命，新兴资产阶级通过一场场血与火交织的革命使欧洲的封建统治体系分崩离析，逐渐退出世界历史舞台，同时资产阶级在这一过程中扫除掉了一切阻碍资本扩张的不利因素，为资本主义生产关系的迅速拓展开辟了道路，资产阶级及其背后的资本主义生产方式则接过封建统治者手中的权柄走向世界历史舞台的中心。一旦摆脱封建生产关系的束缚，资本主义社会生产力就展现出了前所未有的生机与活力，与资本主义社会生产力的巨大发展相适应，用社会契约论作为最重要理论基础的资本主义社会共同体被构建起来，资本主义社会共同体也可以被称之为契约共同体。

社会契约论思想是西方近代社会思潮的最重要组成部分，它也是伴随着新兴资产阶级对抗封建统治而产生的，主要有英国、法国及德国三个不同的理论版本。英国社会契约论思想的代表主要有霍布斯和洛克，在英国社会契约论者霍布斯看来，如果人的自由权利不受约束，就会处于"每一个人对每一个人的战争状态。"那么人们的自由权利就需要接受理性"自然律"的限制，而为了克服人的自私性确保人们都能遵守"自然律"，人们就需要通过订立社会契约，让渡一部分自由权利出来，通过一个凌驾于全体社会成员普遍意志之上的权力系统（国家）来强力督促人们共同遵守"自然律"、执行"自然法"的作用，对于霍布斯来说，最理想的国家形态是君主制。洛克并不认同人与人之间的战争状态，而是认为人们处于一种和平美好的"自然状态"，为了协调人们利用这种"自然状态"裁断各种事务中的矛盾，人们需要通过订立社会契约，让渡出一部分自由权利交给政府，但"由于人民让渡的权力是有限的，因此政府的权力也是有限的，只拥有三种权力，立法权、执行权（依法裁判与执行法律的权力）、三是对外权。其中立法权是最高权力"①。卢梭对于霍布斯和洛克社会契约论的逻辑起点都不认同，他认为人们是处于生而自由平等的"自然状态"，是一种"靠人类天然情感维系的自由平等的原始社会。"②正因为这种原始"自然状态"的脆弱性，人们需要联合起来共同协作，通过让渡全部的自由权利，形成社会权力，从而实现从"自然状态"到"社会状态"的跨越。"卢梭的社会契约论主张公民必须转让一切与公共事务有关的个人权利，从而政府就拥有了动员全社会资源进行集体行动的权力，这种国家当然是强势国家，因为它在理论上是全民意志的化身。"③德国的社会契约思想以黑格尔、费尔巴哈为主要代表，黑格尔通过绝对精神的异化逻辑，将绝对精神看成是逻辑化、理性化上帝的化身，一方面引出"君权神授"的保守政治观点，另一方面又从理性规定的层面限制了君权，黑格尔的社会契约论思想在某种程度上可以说是法国资产阶级革命在德国的思想回应；而费尔巴哈的人本异化逻辑所推导出的社会契约论思想则要激进得多。

资产阶级用社会契约论所构建起来的契约共同体，是以满足资本扩张为中心，遵循的是资本逻辑，其主要依靠资本力量来生成集体意志。当欧洲启蒙思想家将"自由、平等、博爱、民主、人权"等作为契约共同体的所谓"普世价值"的时候，它仅仅只是反映了资本主义契约共同体的虚幻性和虚假性，因

---

① 鲁品越：《鲜活的资本论——从〈资本论〉到中国道路》，上海：上海人民出版社 2016 年版，第 66 页。

② 鲁品越：《鲜活的资本论——从〈资本论〉到中国道路》，上海：上海人民出版社 2016 年版，第 68 页。

③ 鲁品越：《鲜活的资本论——从〈资本论〉到中国道路》，上海：上海人民出版社 2016 年版，第 70 页。

为冰冷的资本逻辑使得资产阶级时代"整个社会日益分裂为两大敌对的阵营，分裂为两大相互直接对立的阶级：资产阶级和无产阶级"①。在契约共同体泾渭分明的内在结构中，无产阶级处于被剥削、被压迫的地位，资产阶级掌握了生产资料，使得无产阶级只能依赖于资本主义社会物质（货币、资本及商品等）而存在，物的背后潜藏的是人与人的社会关系，从这个意义上讲，无产阶级仍然必须处于对资产阶级的依赖中。在这样的背景下，"某一阶级的各个人所结成的、受他们的与另一阶级相对立的那种共同利益所制约的共同关系，总是这样一种共同体，这些个人只是作为一般化的个人隶属于这种共同体，只是由于他们还处在本阶级的生存条件下才隶属于这种共同体，他们不是作为个人而是作为阶级的成员处于这种共同关系中的。"②无产阶级作为一种个体并不能直接与契约共同体对立，他只有首先使自己成为无产阶级才能够对立，就如同劳动力转化为商品是资本主义条件下剩余价值生产的根本前提一样，这不仅使契约共同体对存在是至关重要的，同时这也是无产阶级的单个个体在契约共同体中能够生存的前提条件。在契约共同体中，资产阶级与无产阶级之间的利益是对立的，同时两者之间的地位也是极为不对等的，在这样的条件下，作为契约共同体精神支柱的所谓"普世价值"是多么的虚假，契约共同体本身同样是多么的虚幻和虚假。

资本逻辑驱使下的资本扩张需要充分吸收个人、自然及"社会劳动"三种自然力才能够实现，资本对三种自然力的过度吸取，导致人、自然及社会关系的贫困积累，呈现出内在的否定性，使资本主义社会不可避免地出现人的发展危机、社会危机及生态危机。当前资本主义社会对危机的解决方案，其一是凯恩斯主义政策，通过扩大政府财政支出激活社会货币流量，其政策在实践层面，往往带来经济"滞胀"难题的出现；其二是新自由主义政策，通过金融化与再金融化政策，达到激活社会货币流量的目的，其政策在实践层面，往往使虚拟经济与实体经济脱节，虚拟经济过度扩张，实体经济陷入困境，美国 2008 年金融危机就是例证；其三是福利国家政策，资本主义条件下，采

---

① 《马克思恩格斯选集》第 1 卷，北京：人民出版社 1995 年版，第 273 页。
② 马克思、恩格斯：《德意志意识形态》，《马克思恩格斯文集》第 1 卷，北京：人民出版社 2009 年版，第 573 页。

取扩大社会福利支出，缓解社会矛盾，在实践层面很多国家财政负担过重，政府陷入破产境地，其政策可持续性堪忧。资本主义契约共同体并不能真正实现"自由、平等、博爱、民主、人权"等所谓"普世价值"。资本虽然可以通过其主导的全球化进程，不断扩大契约共同体的内在空间，通过空间的拓展缓解资本主义社会内部的阶级矛盾，维系其契约共同体的稳定，但是这种稳定是以资本主义国际契约共同体的内在矛盾激化为前提的，传统资本主义契约共同体的矛盾已经转化为发达资本主义国家与发展中国家的矛盾以及人类社会与整体自然环境的矛盾。这种矛盾的不断激化预示着资本主义契约共同体必将被内在否定的历史命运。

二、人的自由而全面发展阶段与真正的共同体

以"人的自由个性"为基础的全面发展阶段，形成自由人的联合体即真正的共同体。"建立在个人全面发展和他们共同的社会生产能力成为他们的社会财富这一基础上的自由个性，是第三阶段"。① 这个阶段是人的自由个性得到全面发展的共产主义社会阶段。在马克思唯物史观看来，共产主义社会不是一种抽象的社会理想和预设的道德原则，它源自对资本主义社会内在固有矛盾不断克服、对资本主义生产关系不断扬弃而逐渐生成，是一个社会历史的辩证发展过程。当前人类的生存与发展呈现出其独有特质，仔细审视具有重要的理论和现实意义。空想社会主义之所以被认为是空想的，就在于空想社会主义者囿于十七八世纪英法启蒙思想的藩篱，试图根据永恒的理性(基于所谓公正道德价值的共产主义理想预设)设计出超越资本主义的社会制度。其哲学基础与资产阶级启蒙思想运动并无二致，二者的区别仅在于：空想社会主义者认为启蒙思想家们并没有基于理性坚持永恒的真理，没有实现彻底的社会思想启蒙。在他们看来，这个彻底的社会思想启蒙只有个别的"天才人物"才能实现，通过"天才人物"如传教士般教育引领并通过一定的共产主义实践来增强人们对共产主义理想社会的认知，从而达到对资本主义社会的超越。这是科学社会主义(共产主义)必须否弃的。马克思曾经指出，"关于环境和教

---

① 《马克思恩格斯全集》第30卷，北京：人民出版社，1995年版，第107-108页。

育起改变作用的唯物主义学说忘记了：环境是由人来改变的，而教育者本人一定是受教育的。因此，这种学说必然会把社会分成两部分，其中一部分凌驾于社会之上"①。这种思潮在实践中曾经影响到后来的世界共产主义运动，如苏联社会主义模式就是典型。

马克思"真正共同体"思想的思维逻辑是建立在对黑格尔思辨逻辑超越的基础之上。思辨逻辑是黑格尔哲学思辨思维方式的思维逻辑。他既不满意存在逻辑的直观性、外在性以及非逻辑性，也不满意形式逻辑的不矛盾性、抽象同一性和非此即彼性，同样也不满意康德未经深思熟虑地对传统逻辑进行的改造而创立了思辨逻辑，思辨逻辑是通过把存在的本质理解为思维，来解除形式逻辑造成的思维和存在的对立，即把旧逻辑视为思维对象的客观存在，并将其消解为思维内容，即概念的主观存在，实现思维与存在的统一，以达到对存在的本质(概念)进行概念的思辨逻辑思维。黑格尔思辨逻辑规律包含以下几条基本规律。一是对立统一规律。黑格尔认为事物不是形式逻辑所认为的抽象同一，而是对立面的同一，即以矛盾状态存在；二是质量互变规律。质是规定事物之所以成其为自身的根本属性，量是事物内部诸如构成的元素排列次序、空间分布、相互关系等次要属性，质量互变规律认为事物量的关系的变化通过一定的关节点就会使事物性质发生质的飞跃；三是否定之否定规律。黑格尔认为事物在存在肯定自身因素的同时，也存在着否定自身的因素，事物的变化发展还存在对否定的否定，即对原初存在的肯定性扬弃。

德国古典哲学的存在使得 19 世纪成为德国人的世纪。德国古典哲学由康德发端，黑格尔是集大成者，费尔巴哈则是终结者。18 世纪则是法国人的世纪，法国人站在资产阶级思想启蒙的前沿，卢梭是西方现代性发育第二次浪潮的代表人物，当整个西方世界都为现代性的勃发而欢欣鼓舞时，卢梭已经隐约洞察到现代性的二律背反的本质，"人生来是自由的，但却无处不身戴枷锁"。康德无疑是 18 世纪真正读懂卢梭的少数思想家之一。他承认当人们将获得自由与权利看得理所当然时，休谟以彻底经验主义的立场，对人们获得自由与权利的理性前提给予了彻底的怀疑，而且休谟的立场是无法辩驳的，

---

① 《马克思恩格斯文集》第 1 卷，北京：人民出版社 2009 年版，第 500 页。

这本来就源自现代性发育的二律背反本性。康德看到了问题，他准备理性自身的批判，即通过"人为自然立法"，限定理性的范围，将认识的范围限定于人类理性可以认识的边界之类，超越此边界的自在之物则是不可认知的上帝之域，留待宗教与信仰的管辖。但在黑格尔看来，康德并未真正解决问题，在他看来，思维与存在的认识论基本问题，置于现代性的理论场则是"自由与必然"的课题，自由与必然是矛盾的，人类如果无法达到对必然的客观确实的真理的认识，那么人类的自由就无从谈起，现代性核心价值的确立就欠缺可靠性的根基。黑格尔通过思辨逻辑，强调本体论、认识论与逻辑学的同一，以绝对精神为总体，通过绝对精神的异化，生成自然、社会与人，达至对必然的绝对客观的认识，通过这一过程，在认识论的层面，实现人类的绝对自由。就现代性发生时期所给予的课题论域而言，黑格尔达到了那个时代的顶峰。但黑格尔仍然无法真正改变现代性的二律背反本性，虽然他比康德更承认这个本性的存在，却无法真正解决问题，他本身都还存在辩证的方法与封闭体系的矛盾。但不可否认，黑格尔思辨逻辑将现代性推进到了一个新的高度。

实践逻辑是马克思实现哲学世界观变革的根本逻辑，它强调"全部社会生活都是实践的。凡是把理论引向神秘主义的神秘东西，都能在人的实践中以及对这个实践的理解中得到合理解决"①。实践逻辑的基本规律主要包括：一是实践的思维和存在同一律。二是实践的对立统一律；三是实践的质量互变律；四是实践的否定之否定律；五是实践的历史和逻辑统一律。自觉走向实践逻辑是马克思主义哲学世界观变革的关键所在。通过走向实践逻辑，马克思主义哲学真正超越了存在逻辑、形式逻辑和思辨逻辑，达到人类思想史进化的一个新的高度。马克思的伟大之处在于站在了西方现代性反思的制高点上，洞察到西方现代性的二律背反本质，并由此提出诊治现代性顽疾的药方。那就是通过实践逻辑，实现了思维与存在、应然与实然、有限与无限、自由与必然的对立统一。马克思真正解答了现代性设置的"自由与必然"的命题，

---

① 马克思：《关于费尔巴哈的提纲》，《马克思恩格斯文集》第 1 卷，北京：人民出版社 2009 年版，第 501 页。

他认为"自由是对必然的认识和世界的改造","哲学家们只是用不同的方式解释世界，问题在于改变世界"①。在这个意义上，马克思的实践逻辑真正超越了黑格尔的思辨逻辑，实践逻辑使现代性的发育走向深层。在实践逻辑的基础上，马克思提出了他的"真正的共同体"思想，这种真正的共同体思想是建立在对过去一切共同体思想的批判超越的基础之上，马克思揭示了其他一切共同体的虚幻本质，指出过去一切的共同体都是建立在人对人的依赖或者人对物的依赖基础之上。

第一，寻求人类真正的自由与全面发展是马克思"真正的共同体"思想的价值诉求。人的自由是自文艺复兴以来西方文化反思的主题，对人的自由问题的经典论题在于，自由是对必然的认识。特别是 17 世纪西方哲学实现认识论转向，英国的经验主义哲学、欧洲大陆的理性主义哲学，都不约而同地将人的主体性提升到世界观的高度来进行反思，德国古典哲学则将人的主体性和自我意识提升到无以复加的高度，但无论怎么延伸与提高，论题视野都局限在自由与必然的关系问题上。只有到了马克思那里，通过确立现实人的实践活动的主体地位，实现哲学世界观的根本性变革，才真正实现了论题视野质的扩展与飞跃。在马克思那里自由的问题已经转变为"对真理必然性的认识和对世界的改造"，他强调"问题的关键不在于认识世界而在于改造世界"。既然现实世界及其改造才是马克思所关注的重心，那么人类在改造现实世界过程中所共同努力构建的"真正的共同体"，其之所以能够被称之为"真正的"，就主要体现在处于这个共同体关系中的人类是否得到了真正自由而全面的发展。这种自由而全面的发展不是一个理论逻辑问题，不需要从哲学思想的认识论转向中来实现，当然哲学思想的认识论转向也可以从一个重要的层面反映人的自由、人的发展，只是这种自由和全面发展是现实人在现实生活中自由而全面发展的重要结果而不是根本前提。"真正的共同体"所追求的人的自由而全面发展是以社会的整体自由为前提，只有全社会得到真正的自由，那么个体也才能够得到真正的自由，马克思在《〈黑格尔法哲学批判〉导言》中指

① 马克思：《关于费尔巴哈的提纲》，《马克思恩格斯文集》第 1 卷，北京：人民出版社 2009 年版，第 502 页。

出："解放者的角色在戏剧性的运动中依次由法国人民的各个不同阶级担任，直到最后由这样一个阶级担任，这个阶级在实现社会自由时，已不再以在人之外的但仍然由人类社会造成的一定条件为前提，而是从社会自由这一前提出发，创造人类存在的一切条件。"①同时社会自由并不是由人之外的条件所造成的，它源自人本身的自由状态，个体自由与社会自由是互为前提的存在，个体自由的"总体"就是社会自由，而社会自由则是处于现实社会关系中个体的人以及整体的人类自由而全面发展的前提条件。

第二，自由人的联合体才是真正的共同体。只有人类社会真正超越人对人的依赖和人对物的依赖，才有可能真正建立起自由人的联合体或者真正的共同体。马克思恩格斯在《共产党宣言》中指出："代替那存在着阶级和阶级对立的资产阶级旧社会的，将是这样一个联合体，在那里，每个人的自由发展是一切人的自由发展的条件。"②在马克思、恩格斯看来，资产阶级启蒙思想家一直把所谓的"自由"作为凌驾于资本主义社会普遍意志之上的"普世价值"，认为"自由"是一种天赋人权。必须承认，资产阶级用这种"自由"思想作为武器，直接戳中了封建基督教神学意识形态的核心要害，那就是在绝对的神权面前人的世俗权力的渺小和不自由，争取人的自由成为整个资产阶级启蒙思想家对抗封建统治的重要抓手和切入点。但是一旦资产阶级掌握了国家政权，资本主义取代封建主义的社会统治地位，原来资产阶级启蒙思想家所宣扬的"自由"观念就变成隐藏资本主义生产关系剥削本质的遮羞布。这个时候资本主义社会共同体中的"自由"带有非常鲜明的阶级性，已经被深深地烙上阶级统治的烙印，在资本主义生产关系、分配关系极度不平等的情况下谈论所谓的"自由"，恰恰是一种最大的不"自由"，它是资本及其人格化的资产阶级的"自由"而广大工人阶级则处于极度"不自由"的状态，"在过去种种冒充的共同体中，如在国家等等中，个人自由只是对那些在统治阶级范围内发展的个

① 马克思：《〈黑格尔法哲学批判〉导言》，《马克思恩格斯文集》第 1 卷，北京：人民出版社 2009 年版，第 16 页。

② 马克思、恩格斯：《共产党宣言》，《马克思恩格斯选集》第 1 卷，北京：人民出版社 1995 年版，第 294 页。

人来说是存在的，他们之所以有个人自由，只是因为他们是这一阶级的个人。"①可见，在资产阶级社会，个人自由是一种抽象的存在，它只有这个个人是属于统治阶级的成员时，这个个人才是自由的，工人阶级的个人是不可能真正实现个人自由的。在资本主义条件下，由这种抽象"自由"的个人所组成的共同体，并不能把广大工人阶级包容进去，这种共同体至多是资本家的共同体，从而只是虚假的共同体，因为"从前各个人联合而成的虚假的共同体，总是相对于各个人而独立；由于这种共同体是一个阶级反对另一个阶级的联合，因此对于被统治的阶级来说，它不仅是完全虚幻的共同体，而且是新的桎梏"。而"在真正的共同体条件下，各个人在自己的联合中并通过这种联合获得自己的自由"②。

第三，真正的共同体是在无产阶级联合起来进行的革命斗争中所逐渐生成的。在资本主义的社会共同体中，个人的自由发展是有条件的，那就是要满足资本扩张的需要，也就是一切要以资本扩张为中心，个人的自由发展只有能够满足资本的扩张需要，它才是被支持和鼓励的，也就是说资本的自由才是首要前提。资本只有最大化地汲取劳动者(无产阶级)身上所蕴含的"生产力"才能满足榨取超额剩余价值、不断实现资本积累的需要，那么在这样的前提条件下，无产阶级只有真正变成"无产"从而彻底依附于资本的时候才能够满足资本实现自由的需要。所以，在资本主义社会共同体中，让个体自由真正实现的前提条件本身就是与之矛盾的，在前提条件和结果矛盾的情况下，这个前提条件就会显得是极度偶然的。只有无产阶级通过革命的手段真正打破了资本主义这个虚假的共同体，将促进个体自由发展这个前提条件真正掌握在无产阶级的手上，自由人的联合体才有真正实现的可能，正如马克思、恩格斯所强调的，"在控制了自己的生存条件和社会全体成员的生存条件的革命无产者的共同体中，情况就完全不同了。在这个共同体中各个人都是作为个人参加的。它是各个人的这样一种联合(自然是以当时发达的生产力为前提

---

① 马克思、恩格斯：《德意志意识形态》，《马克思恩格斯文集》第 1 卷，北京：人民出版社 2009 年版，第 571 页。

② 马克思、恩格斯：《德意志意识形态》，《马克思恩格斯文集》第 1 卷，北京：人民出版社 2009 年版，第 571 页。

的），这种联合把个人的自由发展和运动的条件置于他们的控制之下。而这些条件从前是受偶然性支配的，并且是作为某种独立的东西同单个人对立的。"①

第四，在阶级社会条件下，人类无法实现真正的自由，只有在超越了阶级对立的自由人联合体（即真正的共同体）中人类才有可能真正实现。无论是在封建社会还是资本主义社会，由于社会生产关系的束缚，存在无法克服的阶级压迫、阶级对立和阶级斗争，人与人之间的关系处在封建社会"人对人的依赖"、资本主义社会"人对物的依赖"的基础之上。资本主义从意识形态和现实经济关系两个层面解构了人对人的依赖关系，通过彰显人的主体地位，将人从中世纪基督教神学意识形态的束缚和压制中解放出来，具有一定的历史意义，但资本力量及其意识形态迅速取代了神学意识形态的地位，人摆脱了对人的依赖，但却又重新被资本力量所压制，人又不得不依赖资本主义所不断生成的物质化的生产关系，在马克思、恩格斯看来，"在资产阶级社会里，工人完全丧失了客体条件，他只是在主体上存在着；而和他对立的东西，现在却变成真正的共同体，工人力图吞食它，但它却吞食着工人。"②"各个人在资产阶级的统治下被设想得要比先前更自由些，因为他们的生活条件对他们来说是偶然的；事实上，他们当然更不自由，因为他们更加屈从于物的力量。"③"只有在共同体中，个人才能获得全面发展其才能的手段，也就是说，只有在共同体中才可能有个人自由。"④但是通过建立在人对人的依赖和人对物的依赖基础之上的共同体都不可能真正实现人的自由。

马克思所界定的人的三个发展阶段作为三个历史性维度，在很大程度上影响了人类社会的发展，当然由于发展的不平衡性，人类社会的发展又呈现出了其独有的特征。当前人类社会同时具有人的三个发展阶段的特征，这决

---

① 马克思、恩格斯：《德意志意识形态》，《马克思恩格斯文集》第1卷，北京：人民出版社2009年版，第573页。

② 《马克思恩格斯文集》第8卷，北京：人民出版社2009年版，第147-148页。

③ 马克思、恩格斯：《德意志意识形态》，《马克思恩格斯文集》第1卷，北京：人民出版社2009年版，第120页。

④ 马克思、恩格斯：《德意志意识形态》，《马克思恩格斯文集》第1卷，北京：人民出版社2009年版，第119页

定了人类生存发展问题的特殊性、复杂性。同时也使得当前对人类生存发展问题的探索与实践具有重要的意义。

三、从真正的共同体到世界的持久和平发展

马克思"真正的共同体"思想内在蕴含着"人与人""人与社会""人与自然"三重秩序维度，作为一种自由人的联合体，自由人的规定性实际上已经决定了"真正的共同体"所具有的社会秩序特征。那就是：其一，这是一种建立在平等基础上的社会秩序，在马克思看来，个体自由与社会自由是互为存在的前提条件的，那么这就将个体间的平等性极大地彰显出来。这种平等不是资产阶级启蒙思想家所谓"普世价值"意义上的"虚假平等"，而是建立在社会平等这个坚实基础上的个体平等，是真正意义上的平等。其二，这是一种建立在真正自由基础上的社会秩序，社会自由是个体自由的前提条件，同时个体自由的总体构成社会自由。其三，这是一种超越阶级对立、剥削、压迫的社会秩序，马克思对资本主义虚假共同体的批判也表现出马克思对资产阶级社会秩序的鞭挞、嘲讽，他指出："1789 年以来的许多次法国资产阶级革命，没有一次曾侵犯过秩序，因为所有这些革命都保持了阶级统治和对工人的奴役，保持了资产阶级秩序，尽管这种统治和这种奴役的政治形式时常有所改变。"① 资本主义虚假共同体的虚假性同样也体现在作为其重要基础的资产阶级社会秩序的虚假性上。那么构建"真正的共同体"就需要切实建立在资产阶级社会秩序被不断的内在否定基础之上。

伴随着资本在全球的扩张，资本所构建起来的"虚假共同体"也作为其主导的全球化进程的重要内容向世界各地强行复制推广。资本逻辑被强行升格为全人类的纽带，被资本利益包裹起来的基督教世界秩序通过英国成为"日不落帝国"而将势力范围拓展到全球，正如恩格斯在《英国状况》中指出："利益被升格为人类的纽带——只要利益仍然正好是主体的和纯粹利己的——就必然会造成普遍的分散状态，必然会使人们只管自己，使人类彼此隔绝，变成一堆互相排斥的原子；而这种单一化又是基督教的主体性原则的最终结果，

---

① 《马克思恩格斯文集》第 2 卷，北京：人民出版社 2009 年版，第 94 页。

也就是基督教世界秩序达到的顶点。"① 作为资本主义"虚假共同体"直接对立面的"真正的共同体"，它的存在源自资本主义"虚假共同体"所无法自我克服的内在否定性，资本虽然可以通过全球化为资本逻辑的合法性基础开辟新的空间，但是这却并不能彻底消除造成资本逻辑合法性危机的资本扩张悖论以及资本主义基本矛盾，同样资本主义的"虚假共同体"虽然可以通过共同体空间的不断再生产暂时掩盖其虚假性，却无法根本消除虚假性产生的基础。马克思"真正的共同体"思想具有很强的生命力和解释力，"真正的共同体"本身也具有非常宽广的国际视野，在马克思看来，随着资本的全球扩张，资本主义生产关系实现全球化，世界各个民族、各个国家被纳入资本主义的世界体系之中，资本主义生产关系及其展现出来的资本力量对人的自由的压制和束缚也会作用到世界其他落后地区或者民族国家身上，他指出："先生们，不要一听到自由这个抽象字眼就深受感动！这是谁的自由呢？这不是一个人在另一个人面前享有的自由。这是资本所享有的压榨工人的自由。""自由竞争在一个国家内部所引起的一切破坏现象，都会在世界市场上以更大的规模再现出来。"②在国际关系领域，要实现真正的合作、谋求长远的和平与发展，就必须首先让各个民族国家能够摆脱资本的奴役和压制，实现经济的独立进而实现政治上的真正独立，他强调："欧洲各民族的真诚的国际合作，只有当每个民族自己完全当家作主的时候才能实现。"③

第三节　马克思"真正的共同体"思想的中国实践

——中国共产党对实现世界和平与发展的不懈探索

建构世界范围内的真正共同体是人类社会梦寐以求的目标。时任联合国社会发展事务高级主管的雅克·布道认为："今日之世界并非一个共同体。她

---

① 《马克思恩格斯文集》第1卷，北京：人民出版社2009年版，第94页。
② 马克思：《关于自由贸易问题的演说》，《马克思恩格斯文集》第一卷，中央编译局编译，北京：人民出版社2009年版，第757页。
③ 马克思、恩格斯：《共产党宣言》，中央编译局编译，北京：人民出版社2014年版，第22页。

之所以饱经暴力冲突和侵犯人权之难，乃是因为她缺乏能够以一种合作与和平之文化来替代一种竞争与不信任之文化的政治制度和共享价值。具有这些政治制度和共享价值的共同体必经深思熟虑之努力而精心建构。"①近代以来，中华民族每一个至关重要的历史时刻都跳动着时代的脉搏，中国的命运与世界的命运更紧密地联系在了一起。从两次鸦片战争、太平天国运动、洋务运动，到甲午战争、维新变法、义和团运动，再到辛亥革命，推翻封建帝制以后的中国面临的军阀混战更是大国政治博弈的重要延伸。俄国十月革命对中国历史进程演变的影响就更为深远，它为中国送来了马克思主义，也送来改变民族国家命运的希望。当然中国的发展同样深刻地影响着世界的历史进程，用马克思主义理论武装起来的中国共产党的成立，使中国的革命形势得到根本好转，通过领导新民主主义革命并取得胜利，最终建立新中国。这是足以影响世界秩序走向的重大历史性事件。中国共产党作为一个马克思主义政党所具有的彻底革命性、坚定的马克思主义信仰、崇高的理想信念，使得其具有宏大的全球视野和责任使命感。中国在国际事务中，始终高举反帝、反殖、反霸的旗帜，坚定维护广大发展中国家的利益，坚决维护世界的和平与发展。

一、"三个世界划分"思想：毛泽东对世界和平与发展的初步构想

新中国成立以后，中国面临着非常复杂的国际形势，美苏冷战格局已经初步形成，以苏联为代表的社会主义阵营与以美国为首的资本主义阵营展开了激烈的全球竞争，中国则处于美苏两大阵营在亚太地区对峙的前沿。在新中国成立初期，中国为了应对复杂国际战略环境所带来的严峻挑战，采取了"一边倒"的外交政策。主动加入以苏联为代表的社会主义阵营，在朝鲜半岛、台湾海峡以及越南等地区与美国对峙"冷战"或直接发生热战，中美关系长期处于高度紧张状态。但由于苏联坚持推行"大国沙文主义"政策，与中国所坚持的"独立自主"的和平外交政策产生了根本性的矛盾冲突，中苏关系也逐渐

---

① ［美］哈佛燕京学社主编，雅克·布道编著：《建构世界共同体》，万俊人、姜玲译，凤凰出版传媒集团，江苏教育出版社 2006 年版，第 1 页。

步入历史冰点。中国外部国际安全环境由于同时面临美苏两方面施加的巨大压力而急剧恶化。在此背景下，作为党的第一代领导集体核心的毛泽东，为摆脱中国所面临的战略困境，对世界的力量格局作了重新的分析研判，最终提出了"三个世界划分"的战略思想。这是毛泽东代表中国共产党人对世界力量结构以及实现世界和平发展的战略构想，具有重要的理论价值和实践意义。

(一)战后世界力量格局的嬗变："三个世界划分"思想提出的历史背景

第二次世界大战结束后建立的"雅尔塔体系"，根据世界力量格局的最新变化，明确了美国、苏联在全球事务中的主导地位。从 20 世纪 40 年代兴起，到六七十年代达到顶峰的世界反殖民主义运动，使广大亚非拉殖民地纷纷走向民族独立，建立主权独立的民族国家，同时欧洲、日本也从二战的创伤中恢复过来。这对美苏两极力量格局产生了巨大的冲击。

(1)冷战中的"两极"力量结构

第一次世界大战结束以后，世界力量中心已经从欧洲向北美转移，十月社会主义革命后苏联的综合国力也得到极大增强。二战爆发后，苏联成为欧洲抵抗德意法西斯势力扩张的坚强堡垒，并在远东牵制了日本的很大一部分兵力。美国则成为世界反法西斯阵营的坚强后盾，并在亚太地区直接对抗日本强大的海空军力量，遏制住了日本的海上扩张。作为支撑同盟国赢得二战胜利的两个重要支柱，美国、苏联是伴随着二战的胜利推进扩大了在世界范围内的影响力。在二战结束前夕，同盟国在确定战后世界秩序的雅尔塔会议上，美苏划分了在全球的势力范围，以此奠定的"雅尔塔体系"标志着美苏取得在世界力量格局中的主导地位。"据 1948 年的统计资料，美国在整个资本主义世界中，黄金储备占 74.5%，工业总产量占 53.4%。以强大的经济实力为依托，美国的军事力量迅速增强……战后初期，美国在海外建立了 480 多个军事基地，在 56 个国家驻有军队……雄厚的实力使美国一举成为资本主义国家的领袖和世界的超级大国。"①战后美国通过实施"马歇尔计划"进一步扩展了在欧洲的战略影响力，确立了其在西方资本主义阵营中的领导地位。二战中苏联虽然蒙受了巨大的损失，但通过开展反法西斯战争，苏联在西线将

---

① 刘德斌主编：《国际关系史》，北京：高等教育出版社 2003 年版，第 330 页。

影响力扩展到中欧，整个东欧地区都变成了社会主义国家并加入苏联主导的社会主义阵营，这使得苏联在 20 世纪中叶以来，再一次成为主导欧洲局势的大国；在东线，苏联彻底消除了日本在远东的势力，重新恢复了其在远东地区的地缘政治影响力。此外苏联战后经济迅速恢复，并打破了美国对原子弹的垄断地位。苏联进一步确立其超级大国地位。

在第二次世界大战结束以后，美国苏联迅速由战时的同盟关系转化为战略竞争对手，双方在意识形态、地缘政治利益等方面的结构性矛盾逐渐凸显，但在核武时代，大国间通过直接战争解决双方的矛盾冲突意味着包括双方在内的全世界的毁灭，所以美苏双方的对抗被限制在一定的范围内，双方进入僵持不下的"冷战"中。1946 年 3 月，英国首相丘吉尔在美国发表了著名的"铁幕"反共演说，而"美国统治集团利用丘吉尔演说，继续大放反苏烟幕，制造紧张气氛。实际上，丘吉尔演说揭开了冷战的序幕，为杜鲁门主义的公开出笼作了舆论准备"①。世界其他国家和地区则被冠上社会主义、资本主义两类泾渭分明的意识形态标签，并以此分别纳入美苏两个阵营的"冷战"格局中。美苏两大阵营在欧洲对峙前线采取了政治、经济、文化及军事等领域的全方位隔离脱钩政策，如北约和华约的建立、柏林墙的修筑；同时在"冷战"的边缘地带则发生激烈的间接性"热战"，如朝鲜战争、越南战争和阿富汗战争等。世界各国处于一种"社会主义和资本主义两个体系并存"的矛盾结构中。

（2）发展中国家的兴起与世界力量格局"中间地带"的形成

第二次世界大战带来的另一个重要影响是，西方资本主义殖民体系受到重创，拥有亚非拉广大殖民地的英国、法国、荷兰等西欧老牌资本主义国家在战争中受到重创，其殖民地被德意日等新的侵略者攻占。战时广大殖民地人民纷纷组织起抵抗力量配合同盟国反抗德意日法西斯，而随着德意日法西斯国家在战争中被逐渐击败，广大亚非拉殖民地人民便结合反法西斯斗争发起民族革命运动，在推翻侵略者后建立民族独立国家。

这股潮流首先在西方殖民者力量较为薄弱的法属印支半岛，荷属印度尼

---

① 方连庆、刘金质、王炳元主编：《战后国际关系史（1945—1995）下》，北京大学出版社 1999 年版，第 53 页。

西亚，英属马来半岛、缅甸、印度等地兴起，这些地区的人民在协助盟军击退日本侵略者后于20世纪40年代后期纷纷建立民族国家政权。从20世纪50年代开始这股民族独立建国潮流逐渐向亚非拉广大殖民地快速扩散，其中非洲的独立运动表现得最为突出，北非的阿尔及利亚、埃及相继独立，中非及南部非洲的独立运动则相对滞后，这两个地区的独立运动在20世纪六七十年代才达到一个新的高潮。取得独立地位的亚非拉地区广大发展中国家，通过发起不结盟运动及建立各种发展中国家间的合作组织，逐渐在国际事务中发挥着越来越重要的影响力，"作为独立于超级大国对立之外的'第三种势力'，不结盟运动成功地发挥了集体的力量，为稳定国际局势，反对大国霸权主义做出了贡献。"①此外，广大发展中国家还组建了以77国集团为代表的经济合作组织，以维护广大发展中国家的利益。

在亚非拉广大发展中国家兴起的同时，欧洲、日本也迅速从二战中恢复，经济实力逐渐增强，欧洲一体化进程得到持续推进。其中"60年代是欧洲经济共同体逐步走向稳定发展的时期。在此期间，它顶住了来自美英的强大压力，克服了初创时期的各种困难乃至内部危机，顺利地建成了共同市场，确定了它在国际社会中的重要地位，为它的进一步发展奠定了坚实基础。"②美国在西方资本主义阵营的绝对主导地位开始动摇。与此同时，东欧的社会主义国家先后出现摆脱苏联模式的改革运动，虽然都最终被苏联通过军事手段强力弹压下去，但苏联在东欧的绝对主导地位开始受到冲击，这一时期中苏关系恶化也使得苏联主导的社会主义阵营的整体影响力减弱，世界力量格局开始发生巨大变化。

毛泽东对20世纪五六十年代国际形势的变化有着非常清醒而科学的战略研判。为了破解中国20世纪50年代末期及60年代初期开始面临的美苏双方同时施加的巨大战略压力，毛泽东将战略目光对准了亚非拉广大发展中国家和地区，这些国家和地区长期处于资本主义世界体系的边缘地带，而随着刚

---

① 方连庆、刘金质、王炳元主编：《战后国际关系史（1945—1995）下》，北京大学出版社1999年版，第406页。

② 方连庆、刘金质、王炳元主编：《战后国际关系史（1945—1995）下》，北京大学出版社1999年版，第337页。

刚摆脱西方殖民主义统治的大量民族独立国家加入，这些国家和地区有强大动力、真切期望及现实需要获得独立于两大阵营之外的和平发展机会，这使得中国有可能争取到美苏两极格局之外第三种国际力量的支持以获得必要的战略缓冲空间。他在 1959 年 3 月在同拉丁美洲一些国家共产党领导人的谈话中指出："亚洲、非洲、拉丁美洲的人口占世界人口的大部分。这三个洲的国家是西方世界的后方。这个后方现在已经不稳固了，它的空气比较稀薄，比较容易冲破帝国主义的统治。"①亚非拉广大发展中国家作为一支相对独立的政治力量开始登上国际舞台不仅对于这些国家而言具有重要的意义，因为在政治、经济、文化及安全等诸多领域超脱于美苏两大阵营之外、走独立自主发展道路是这些国家能够保持并进一步巩固民族独立地位的必要条件和显著标志。这使得广大发展中国家在一定程度上成为以美国为首的西方资本主义国家推行全球霸权的薄弱环节。

同时，西方资本主义国家阵营内部也并不是铁板一块。虽然在美苏"冷战"格局下，欧亚的资本主义国家必须与美国保持同一条阵线，否则将很难单独面对苏联及其背后的社会主义阵营的影响，这关系到资本主义制度的生死存亡，不可不察。但是美国在资本主义阵营中的综合国家实力相比二战结束时的巅峰状态已经有较大下滑，对于资本主义阵营的掌控力、影响力也有一定的下降，而很多资本主义国家与美国在国家利益方面既有维护资本主义制度安全的统一性，也有维护各自国家利益的差异性。这些资本主义国家在不损害与美国共同利益底线的原则基础上，可以不必在任何国际问题上唯美国马首是瞻，从而可以在部分国际事务中采取相对独立的外交政策以充分维护本国利益。1964 年 1 月，毛泽东在同日本共产党中央政治局委员听涛克己的谈话中强调："从国际地位来说，日本同美、苏比，占第二位。像这样第二位的国家还有英、法、西德、意大利等。我们还是有工作可做。日本垄断资本同美国并非那样团结。英国同美国比较好，但也不是那样团结。法国使美国感到恼火。西德的地位重要起来了，这样一来，势必会同美国发生对抗。"②发

---

① 中共中央文献研究室编：《毛泽东文集》第 8 卷，北京：人民出版社 1999 年版，第 16 页。
② 中共中央文献研究室编：《毛泽东文集》第 8 卷，北京：人民出版社 1999 年版，第 344 页。

其对于革命的态度，作一个大概的分析。"①毛泽东对中国革命的战争战略问题、政权建设问题及抗日战争的战略问题等诸多新民主主义革命、社会主义革命及社会主义建设相关问题的认识都是建立在科学进行结构分析的基础之上。

将这种结构思维运用到国际关系领域，毛泽东得到的是"三个世界"的结构图景。在"三个世界"中，"谁是我们的朋友？谁是我们的敌人"也是一个首要的问题，解决好了这个问题就抓住了国际矛盾的根本，就能在纷繁复杂的国际事务中做到游刃有余、行稳致远。1954年7月，毛泽东在中共中央政治局扩大会议的讲话中指出："在目前世界上这样四分五裂的形势下，一块铁板那样的事情是不可能的。它们反苏，反共，反对中国，反对人民民主国家，反对我们这个阵线，那是真的；但是，它们那个资本主义世界是很不统一的，四分五裂的。美国现在主要的最大的目的，还是整这个中间地带，就从日本到英国这些地方，整得这些国家哇哇叫。"②对于"三个世界"的划分，同样也是基于对于世界力量结构变化的科学分析认识的基础上，是立足于在美苏之外还存在亚非拉地区广大发展中国家这一"第三势力"兴起的历史事实的基础上，同时也是看到即使在西方资本主义国家阵营内部也并不是铁板一块，也存在诸多可以分化瓦解利用的矛盾。总之，在美苏两极力量格局之外已经存在有利于中间力量生存发展的战略空间，这就为"三个世界"力量新格局的形成创造了必要的战略条件。

第二，"三个世界"的结构划分，并不是采用当时主流的以资本主义与社会主义的意识形态差异为国家阵营划界标志，而是主要以国家综合实力及其所决定的国家战略利益、战略选择为主要划分依据，这极大地摆脱并超越了美苏冷战对于国家间发展务实共赢关系的意识形态束缚。在同赞比亚总统卡翁达谈话谈到"三个世界"的划分依据时，毛泽东指出："美国、苏联原子弹多，也比较富。第二世界，欧洲、日本、澳大利亚、加拿大，原子弹没有那么多，也没有那么富，但是比第三世界要富。你看这个解释好不好？"③当时美

---

① 毛泽东：《毛泽东选集》第一卷，北京：人民出版社1991年版，第3页。
② 中共中央文献研究室编：《毛泽东文集》第6卷，北京：人民出版社1999年版，第334页。
③ 中共中央文献研究室编：《毛泽东文集》第6卷，北京：人民出版社1999年版，第441页。

苏两极格局的存在是建立在资本主义和社会主义意识形态泾渭分明的区隔基础上，毛泽东对于"三个世界"的划分并不纠缠于东西方意识形态的差异性。他从伟大战略家的高度及政治家的务实性出发，敏锐地把握到国际社会利益竞合纠葛存在的内在机理，深刻认识到国际社会矛盾无处不在，即使在资本主义阵营内部也仍然存在利益之别、矛盾之分，因此处理国际事务、应对国际挑战必须首先抓住国家间主要矛盾及矛盾的主要方面，从而找到了灵活科学处理国际关系事务的钥匙。中国能够在20世纪70年代初打破意识形态束缚、作出改善与美国双边关系的战略决策就很好地印证了这一点。而不断超越意识形态的纷争束缚，实现基于共同利益、共同价值及共同责任的互利合作恰恰也是人类历史发展的必然选择，美苏"冷战"格局的终结已经充分证实了这一点。可见，毛泽东"三个世界"划分思想所具有的高瞻远瞩的战略眼光，即使到今天仍然能展现出其超越时空限制和文化差异的战略智慧及思想价值。

第三，"三个世界"的结构划分，并不是一成不变的，它处在一个不断变动的历史进程中。当前国际关系理论中比较流行的新现实主义即结构现实主义，也强调整体性结构的重要作用，但"在结构理论中，国家被省略了。"[1]肯尼思·华尔兹（Kenneth N. Waltz）指出："旧现实主义是行为主义取向：好国家产生好的结果，坏国家则产生坏的结果。新现实主义则是结构主义取向：结果不仅取决于（而且往往并不主要取决于）国家的性质，而且取决于国家行为发生于其间的结构的变化。"[2]国际结构确实会影响国家行为产生的结果，但是新现实主义的结构理论却存在悖论，国际结构决定国家行为的后果，那么国际结构是怎么形成的呢？它显然不是既定的，是由不同国家行为的相互影响、相互平衡所形成的，那么就是国家行为的后果决定国家行为的后果。所以，新现实主义的结构理论是一个缺乏历史发展维度的国际关系模型，虽然具有一定的理论解释力，但也存在很大的缺陷。"三个世界的划分"思想没有走入结构现实主义的理论陷阱中，它已经考虑到国家行为体及其行为方式、行为后果对国际结构变动的影响。国家行为体的行为方式及后果与国际结构

---

① ［美］肯尼思·华尔兹：《国际政治理论》，信强译，上海人民出版社2003年版，第17页。
② ［美］肯尼思·华尔兹：《国际政治理论》，信强译，上海人民出版社2003年版，第18页。

之间是一种相互影响的关系。正如1964年毛泽东在同法国议员代表团的谈话中所指出的那样，"你们不是说要建立'第三世界'吗？'第三世界'只有一个法国，那不行，太少了，要把整个欧洲团结起来。英国，我看总有一天要起变化。美国人对英国人也不那么客气。在东方，你们可以做日本的工作。如果把英国拉过来，从欧洲的伦敦、巴黎到中国、日本，就可以把'第三世界'扩大起来。"①当然从"三个世界"划分的战略构想来看，国际力量结构也会对所处其中的国家行为产生至关重要的影响，这是其应有之义。"三个世界"的力量格局及结构体系会对美苏两个国家的全球霸权行为产生制衡作用，使得世界各国在一定程度上可以减轻美苏争霸所带来的战略压力及战略风险。

（2）中国在"三个世界"中的角色定位

中国同亚非拉地区广大发展中国家一样，都经历过从民族危亡到民族独立的艰难历程，彼此具有相同的经历，而在美苏主导的"冷战"格局中，广大发展中国家只有团结协作，才能够赢得独立自主的发展机会，也才能够避免沦为美苏两个超级大国"冷战"的牺牲品。因此，中国与广大发展中国家处于同呼吸、共命运的关系，双方只有在美苏"两极"冷战格局中，争取作为"第三势力"产生国际政治经济影响力。毛泽东的"三个世界划分"理论一开始就是将中国定位为"第三世界"中的一员，这个定位不仅符合中国的经济社会处于欠发达阶段的现状，也符合中国长期坚持的"独立自主、自力更生"的发展路线，契合中国反对帝国主义、殖民主义、霸权主义的基本态度，符合中国在国际事务中提出的"和平共处五项基本原则"。

中国即使是以后经济社会发展达到了一个更高的水平，最终成为一个大国强国，中国始终会视自身为"第三世界"的一员，仍然是广大第三世界国家可信赖的合作伙伴。中国将会始终坚定地站在广大第三世界国家一边，维护并努力增加彼此的共同利益，从而为实现世界的和平与发展持续地作出贡献。因为"'三个世界划分'理论对中国永远属于第三世界的国际定位，是自我身份的理性反思和自觉认定，对于当今中国发展之后的大国历程具有自我约束作用。这种自律意识弥足珍贵，其表现为基于综合国力迅速提升的政治自觉约

---

① 中共中央文献研究室编：《毛泽东文集》第8卷，北京：人民出版社1999年版，第371页。

束，基于负责任大国成长的道义担当约束，基于积极推进和谐世界的文化传统约束。这正是迥异于强权政治的中国气派的内涵所在，是中国外交战略的精神所在。"①中国基于"三个世界"划分和对自身"第三世界"国家身份的坚持坚守，既是中国对于国际道义、团结理念及合作精神的坚守，更是在通过自我约束向全世界庄重宣示中国走和平发展道路的决心、信心与恒心。

（三）"三个世界划分"思想：从战略构想到战略实践

毛泽东关于"三个世界划分"的战略思想一经提出便得到了世界各国特别是广大发展中国家的普遍认同。已经成为中国特色社会主义外交思想的重要理论支撑，成为中国构建国际身份认同、提升国际话语权的思想武器。当然随着中国外交实践的不断引向深入，毛泽东"划分三个世界"的战略思想也逐渐从构想走向实践，产生了越来越大的国际影响力。冷战后世界秩序的变迁也进一步印证了"三个世界划分"战略思想的科学性和前瞻性。

（1）中国外交斗争实践："三个世界划分"思想不断实现的重要基础

新中国成立以来，中国坚持"和平共处"的外交政策，强调主权平等、互利合作，坚决反对帝国主义、殖民主义、霸权主义及强权政治，以此为基础，中国建构起了外交实践的价值基础。1954 年毛泽东在与印度总理尼赫鲁的谈话中指出："我们在合作方面得到一条经验：无论是人与人之间、政党与政党之间、国与国之间的合作，都必须是互利的，而不能使任何一方受到损害。如果任何一方受到损害，合作就不能维持下去。正因为这个原因，我们的五项原则之一就是平等互利。"②中国建立在"和平共处"基础上的外交实践，不仅为"三个世界划分"战略思想的形成提供了必要的前提条件，而且也为世界各国认同并践行这个思想提供了可信赖的实践标杆。

20 世纪 70 年代末，美苏冷战已经接近尾声，美国从越南撤军，越战正式结束，苏联则发动阿富汗战争，世界局势进入了新一轮的动荡期。与此同时，伴随着资本主义跨国公司的发展，一股新的全球化浪潮正在酝酿。在此背景下，"文革"结束后重新复出的邓小平，从美苏冷战正酣、持续动荡的国际局

①　毛　莉：《"三个世界划分"理论依然没有过时：专访深圳大学社会科学学院教授姜安》，中国社会科学报 2014 年 7 月 2 日。

②　中共中央文献研究室编：《毛泽东文集》第 6 卷，北京：人民出版社 1999 年版，第 364 页。

势中敏锐地捕捉到这一丝和平的曙光，世界历史进程正在酝酿巨大的变革，"战争与革命"的时代逐渐被时代主流所淘汰，取而代之的是"和平与发展"这一时代潮流的悄然走近，和平与发展已经成为时代的主要潮流。在此背景下，邓小平迅速调整了国家的战略发展方向，作出了"世界大战"短时期内打不起来、可以争取较长一段时间和平发展环境的战略判断。1978 年召开的党的十一届三中全会，迅速将国家战略重心从"以阶级斗争为纲"转向"以经济建设为中心"，作出了改革开放的战略决策。毛泽东从世界结构层面科学分析了建构世界新秩序的主体力量、依靠力量，邓小平则从和平与发展两个维度，科学阐明了构建世界新秩序的客观条件和基本途径。20 世纪 80 年代末 90 年代初，苏东发生剧变，美苏两大阵营的"冷战"结束，世界力量格局经历二战后最深刻的变革。美国成为唯一的超级大国，"欧盟、日本、俄罗斯、中国几大力量也相对突出。广大发展中国家整体实力增强。各种区域性、洲际性、全球性组织空前活跃。这些事实表明，世界格局正在加速朝着多极化方向发展。"[①]中国作为世界范围内仅存几个社会主义国家中最大、最具发展潜力和影响力的大国，成为以美国为首的国际垄断资本需要通过遏制战略、实现和平演变的重点国家。中国再次面临外部国际环境急剧恶化的危险，但是中国通过实行沉着冷静、独立自主、韬光养晦的对外战略，坚定不移地沿着中国特色社会主义道路前进，重点巩固和发展与第三世界国家的友好合作的关系，并积极利用西方发达资本主义国家间的矛盾，逐渐分化瓦解了国际垄断资本处心积虑拼凑起来的西方反华阵营，实现了外交突围，并主动提出和谐世界的新理念，进一步明确了构建中国特色社会主义世界共同体思想的价值诉求，为中国经济社会的快速发展创造了条件。

从党的第二代领导集体核心邓小平开创中国特色社会主义道路开始，到江泽民、胡锦涛，再到作为党的新一届领导集体核心的习近平，其所传承发展并积极推进的中国特色社会主义外交实践，都将"三个世界划分"战略作为其外交实践的重要价值基础和理论支撑。正是由于中国在外交实践中，认真坚持并履行"三个世界"的战略思想，才使得"三个世界划分"思想成为国际关

---

① 江泽民：《江泽民文选》第 2 卷，北京：人民出版社 2006 年版，第 195 页。

系领域的主流话语之一，得到世界各国的广泛认同。

(2)世界格局演变：进一步印证了"三个世界划分"思想的科学性

冷战结束以后，以美国为首的国际垄断资本取得世界秩序的主导权。国际垄断资本构建起以满足资本全球扩张为根本目的的世界体系。国际垄断资本通过掌握的先进科学技术和庞大的剩余资本，以资本主义国家强大的军事实力为后盾，冲破"冷战"中以意识形态为标线对资本设置的外在限制，实现资本的全球自由流动，将世界各国全部纳入资本主导的世界体系中。世界力量格局发生了深刻的变化，从美苏"两极"向"多极化"方向发展。在此背景下，有人质疑"划分三个世界"的战略思想是否已经过时？因为苏联解体后，只剩下美国这唯一的超级大国继续存在，原有三个世界的力量结构已经改变，同时冷战后兴起的全球化浪潮，使得全球联系越来越紧密，人们生活的环境已经成为一个"地球村"，"世界是平的"，原有的、主要基于国家实力纵向划分的"三个世界"是否已经不合时宜，国家间长期的意识形态冲突已经让位于所谓文化文明的冲突。

然而，事实却并非如此。冷战后资本主导的全球化进程，将世界变成了平的，但是这是对资本而言才是如此。以美国为首的国际垄断资本，建构的资本主义世界体系，仍然呈现出"中心—外围边缘"的结构特征。国际垄断资本特别是国际金融垄断资本，根据在全球范围内实现世界规模资本积累所形成的资本循环圈，把世界各国区分为金融型国家和实体经济型国家，广大发展中国家被驱入实体性经济国家行列，承接金融型国家转移的劳动密集型、高污染、高耗能的工业产业，而国际垄断资本则在资本扩张中心区布局先进的技术研发、高新技术产业、金融产业，并通过全球物流网络、消费网络及金融网络，牢牢把控国际产业分工链、价值链的高端位置，其他相对发达资本主义国家则作为国际垄断资本的力量补充，通过跨国公司的形式展开合作，剩下的广大发展中国家则被挤入低端位置，除了少数大国可以有潜力进行产业升级以来，其他绝大多数国家都无法跨越国际垄断资本设置的"中等收入陷阱"，而只能成为所谓失败的"第三世界"国家。所以，整个世界仍然被国际垄断资本区分为"三个世界"的结构，只不过外在形式有一定的改变而已。

（3）"三个世界划分"：关于世界力量格局的伟大战略构想

"划分三个世界"思想作为一种对世界力量格局的伟大战略构想，是以整体性、结构性的战略思维对世界政治经济舞台上各种行为体及其所承载力量变迁的自觉把握。在资本主义世界体系中，资本是隐藏在世界力量格局背后的深层次力量。"三个世界"的结构反映了资本为克服自身内在否定性而不断拓展出的等级式空间结构，资本的内在否定性决定了"三个世界"的力量结构同样具有内在否定性，必然同资本一样有一个最终要走向终结灭亡的命运。当然"三个世界"的力量结构通过其不断的内在否定，最终走向历史的终结，这同样需要一个漫长的历史过程。在这一过程中，一个新的、建立在现实的公平正义基础上的、由世界各国人民"共商、共建、共享"的世界共同体将逐步生成，并最终取代"三个世界"结构而成为人类历史发展的新纪元。

二、解放思想：邓小平对世界和平与发展认识的飞跃

1978 年召开的党的十一届三中全会，将国家战略重心从"以阶级斗争为纲"转向"以经济建设为中心"，作出了改革开放的战略决策。邓小平迅速调整了国家的战略发展方向，作出了"世界大战"短时期内打不起来、可以争取较长一段时间和平发展环境的战略判断。毛泽东从世界结构层面科学分析了推动世界和平发展的主体力量、依靠力量，邓小平精准把握国际格局演变趋势及国内经济社会发展实际，不断解放思想，科学阐明了实现世界和平与发展的客观条件和基本途径。

（一）实现世界和平与发展的客观条件

第一，争取和平的环境不仅是世界各国人民的普遍期待，也是中国改革开放的迫切需要。因为美苏两极冷战格局虽然确保了大国间没有再发生世界性的大战，维持了一个"冷和平"环境。但这是美苏建立在恐怖"核平衡"基础上的"冷和平"，是以相互拥有可以毁灭地球数百次的核武器基础之上的，同时美苏在全球争霸、划分势力范围，在亚非拉广大第三世界国家大搞意识形态输出、大打代理人战争，将战火燃烧到广大第三世界国家，使世界处于持续的动荡中。如何超越战争与革命时代的动荡、获得一个和平稳定的环境，已经成为全世界各国人民所普遍关注的时代主题。1980 年 1 月，邓小平在中

共中央召集的干部会议上的讲话中指出："八十年代无论对于国际国内，都是十分重要的年代。国际上很难预料会发生什么问题，但是，可以说是非常动荡、充满危机的年代。当然，我们有信心，如果反霸权主义斗争搞得好，可以延缓战争的爆发，争取更长一点时间的和平。这是可能的，我们也正是这样努力的。不仅世界人民，我们自己也确确实实需要一个和平的环境。所以，我们的对外政策，就本国来说，是要寻求一个和平的环境来实现四个现代化。"①

第二，维护世界和平关键在于反对霸权主义。美国苏联在全球寻求势力扩张、搞霸权主义，是造成世界局势持续动荡的根本原因，要维护世界和平，就必须从根源上解决问题。邓小平指出："第二次世界大战以后，实际上没有什么和平，大战没有打，但小战不断。小战在哪里打？在第三世界。根源还不是超级大国霸权主义在那里挑拨，在那里插手！长期以来，超级大国就是利用第三世界的冲突来达到他们的目的，所以，尽管第三世界本身也有这样或那样的问题，直接受害的还是第三世界的国家和人民。"②所以，只有在全世界范围内消除霸权主义的影响，构建基于主权平等、团结合作的国际政治秩序，才能真正实现世界和平。广大发展中国家不应该跨入与所谓大国结盟等形式求和平的陷阱之中，通过结盟的方式维护安全，尽管可以在短期内获得一个相对和平的安全环境，但却将自身卷入了大国间的利益冲突中，最终不利于长远的安全与和平。所以，广大第三世界国家加强团结合作、努力在国际事务中壮大维护和平的"第三势力"，才是寻求持久和平的根本途径。

第三，维护世界和平需要世界各国人民联合起来，特别是广大第三世界国家必须加强团结和合作，共同反对霸权主义。反对霸权主义是世界各国人民的共同需要，更是共同责任。对于霸权主义国家的霸权政策和行径，世界各国特别是深受其害的广大发展中国家必须加强团结协作，共同应对，形成对霸权主义的强大制约。当然世界各国要形成团结合作的良好国际关系，切实坚持"和平共处五项原则"非常重要，1984 年 10 月，邓小平在会见缅甸总

---

① 邓小平：《邓小平文选》第二卷，北京：人民出版社 1993 年版，第 241 页。
② 邓小平：《邓小平文选》第二卷，北京：人民出版社 1993 年版，第 415–416 页。

统吴山友时指出："处理国与国之间的关系，和平共处五项原则是最好的方式。其他方式，如'大家庭'方式，'集团政治'方式，'势力范围'方式，都会带来矛盾，激化国际局势。总结国际关系的实践，最具有强大生命力的就是和平共处五项原则。"①把这种和平共处的原则运用到处理国家内部某些涉及领土主权的事务上，也可以为问题的解决提供一个较为有效的解决方案。邓小平针对中国的台湾、香港及澳门问题就提出了"一国两制"的方案，他指出："现在进一步考虑，和平共处的原则用之于解决一个国家内部的某些问题，恐怕也是一个好办法。根据中国自己的实践，我们提出"一个国家，两种制度"的办法来解决中国的统一问题，这也是一种和平共处。"②目前"一国两制"已经在香港、澳门率先得到成功实践，相信其未来也会在最终解决台湾问题上发挥出积极的作用。

（二）推动世界和平与发展的基本途径

第一，全球发展不平衡的问题，既是形成"三个世界"力量格局的主要原因，又是影响世界和平的重要因素。在美苏冷战格局下，亚非拉地区广大第三世界国家虽然已经摆脱殖民主义统治，取得民族国家的独立。但是在美苏仍然占据主导地位的国际经济秩序中，由于经济实力上的弱小，要么只有加入以美国为首的国际垄断资本主导的资本主义经济体系中，成为发达资本主义国家过剩资本的输出对象、原材料(初级产品)的供应国以及商品销售市场，构成全球扩张过程中的一个环节，以获得民族经济发展所必需的原始资本积累；要么加入苏联主导的社会主义经济体系，但是此时苏联模式已经日趋僵化保守，并不是一个具有可持续性的发展模式，同时苏联实行模式输出，对加入其所主导经济体系的国家进行严密的控制，甚至不惜干涉他国的主权，以维持其社会主义扩张体系。无论是选择加入还是不加入既有的两个主要国际经济体系，都意味着全球面临发展不平衡的问题。当然美苏主导的国际经济体系中，也分别有极少数国家由于其特殊的地缘政治经济地位，在两个超级大国的大力支持下，经济得到较高水平发展，特别是在资本主义经济体系

---

① 邓小平：《邓小平文选》第三卷，北京：人民出版社1993年版，第96页。
② 邓小平：《邓小平文选》第三卷，北京：人民出版社1993年版，第96-97页。

中，如日本及亚洲四小龙就是典型代表。但绝大多数国家都徘徊在低水平发展状态，全球发展不平衡，反过来又会影响世界的和平，广大第三世界国家往往成为战乱的多发地。所以，广大第三世界国家必须加强彼此的合作，实现经济社会的可持续发展。

第二，促进世界各国共同发展，需要世界各国特别是广大第三世界国家携手合作，共同努力改变不公正的国际经济秩序。导致全球发展日益不平衡的国际经济秩序，不仅使得全球经济发展更加不平衡，使得富国更富、穷国更穷，但这样一种结果长期发展下去，同样最终也会损害发达国家的利益。邓小平在1985年3月会见日本商工会议所访华团时就指出："从经济角度来说。现在世界上真正大的问题，带全球性的战略问题，一个是和平问题，一个是经济问题或者说发展问题。和平问题是东西问题，发展问题是南北问题。概括起来，就是东西南北四个字。南北问题是核心问题。欧美国家和日本是发达国家，继续发展下去，面临的是什么问题？你们的资本要找出路，贸易要找出路，市场要找出路，不解决这个问题，你们的发展总是要受到限制的。"① 改变国际经济秩序②无论是对广大第三世界国家，还是对发达国家都具有重要意义，当然对于第三世界国家来讲意义更为重大。

第三，要在国家经济社会发展中坚持独立自主的原则，中国不照搬别的国家的发展模式，也同样不输出自己的模式。在美苏冷战格局中，两个阵营都主要是以意识形态的差异来作为划分阵营的主要标准。双方在全球范围内进行着制度模式的激烈竞争，都是在国际事务中推行制度模式输出，这对于广大需要外部力量支持来发展自身的第三世界国家来讲，是一个极为艰难的抉择，不寻求外部支持，国家经济难以得到有效发展，而寻求外界支持，往往美国苏联等国的外部援助是附加有苛刻的政治条件的，很多时候就意味着主权的丧失。但是中国在国际事务中历来坚持"和平共处五项基本原则"，坚持独立自主、不干涉别国内政，即使是在对第三世界国家进行对外援助时也从不附加任何政治条件。邓小平复出以后，同样坚持务实原则和独立自主原

① 邓小平：《邓小平文选》第三卷，北京：人民出版社1993年版，第105-106页。
② 邓小平认为，"改变国际经济秩序，首先是解决南北关系问题，同时要采取新途径加强南南之间的合作。"参见邓小平：《邓小平文选》第二卷，北京：人民出版社1993年版，第20页。

则，强调借鉴但不照搬别国的发展模式，同时也坚决不搞所谓制度模式输出和革命输出。1980年5月，邓小平在同中央负责工作人员谈话时强调："既然中国革命胜利靠的是马列主义普遍原理同本国具体实践相结合，我们就不应该要求其他发展中国家都按照中国的模式去进行革命，更不应该要求发达的资本主义国家也采取中国的模式。当然，也不能要求这些国家都采取俄国的模式。"①

(三) 中国对世界和平与发展的重要作用

中国一直以来都强调自己"属于第三世界"国家，在国际事务中始终高举反对霸权主义、维护世界和平以及促进第三世界国家团结合作的大旗，对于广大第三世界国家给予力所能及的支持，是世界和平与发展的重要推动者和稳定性力量。中国的发展对于世界各国来讲，不是所谓的威胁，而是重要机遇。1984年5月，邓小平会见巴西总统菲格雷多时指出："中国的对外政策，主要是两句话。一句话是反对霸权主义，维护世界和平，另一句话是中国永远属于第三世界。中国现在属于第三世界，将来发展富强起来，仍然属于第三世界。中国和所有第三世界国家的命运是共同的。中国永远不会称霸，永远不会欺负别人，永远站在第三世界一边。"②美苏搞霸权主义是对世界和平发展的极大威胁，中国的对外政策坚持反对霸权主义、维护世界和平既是维护自身根本国家利益的需要，因为霸权主义、强权政治也会对中国的和平发展道路产生不利影响，同时反对霸权主义、维护世界和平也可以使中国在国际社会找到更多具有共同利益、能够平等互利的合作伙伴，因为霸权主义、强权政治也是影响世界和平发展的消极因素。而中国始终将自身定位于第三世界国家，可以进一步增进中国在国际社会的政治声誉，同时也可以使中国避免发展过程中的身份困扰从而能够通过自我约束始终坚持和平发展道路，避免如历史上很多国家一般国力强盛后走入诸多无法克服的陷阱矛盾从而导致国运衰竭、国家发展之路被战争冲突终结。所以，中国高度重视第三世界力量，并始终坚持将自身作为第三世界的重要组成部分，与广大第三世界国家

① 邓小平：《邓小平文选》第二卷，北京：人民出版社1993年版，第318页。
② 邓小平：《邓小平文选》第三卷，北京：人民出版社1993年版，第56页。

一道共同努力维护世界的和平与发展大局。1985 年 3 月，邓小平在会见日本商工会议所访华团时强调："第三世界的力量，特别是第三世界国家中人口最多的中国的力量，是世界和平力量发展的重要因素。所以，从政治角度来说，中国的发展对世界、对亚太地区的和平和稳定都是有利的。"①

三、和谐世界：对世界和平与发展认识的深入

20 世纪 80 年代末 90 年代初，苏东发生剧变，美苏两大阵营的"冷战"结束，世界力量格局经历二战后最深刻的变革。美国成为唯一的超级大国，"欧盟、日本、俄罗斯、中国几大力量也相对突出。广大发展中国家整体实力增强。各种区域性、洲际性、全球性组织空前活跃。这些事实表明，世界格局正在加速朝着多极化方向发展。"②中国作为世界范围内仅存几个社会主义国家中最大、最具发展潜力和影响力的大国，成为以美国为首的国际垄断资本需要通过遏制战略、实现和平演变的重点国家。中国再次面临外部国际环境急剧恶化的危险，但是中国通过实行沉着冷静、独立自主、韬光养晦的对外战略，坚定不移地沿着中国特色社会主义道路前进，重点巩固和发展与第三世界国家的友好合作的关系，并积极利用西方发达资本主义国家间的矛盾，逐渐分化瓦解了国际垄断资本处心积虑拼凑起来的西方反华阵营，实现了外交突围，并主动提出和谐世界的新理念，进一步明确了构建中国特色社会主义世界共同体思想的价值诉求，为中国经济社会的快速发展创造了条件。

（一）努力推动世界多极化进程：维护世界和平与发展的历史性任务

冷战后兴起的世界多极化进程，为世界各国人民寻求和平与发展的努力提供了新的历史契机。但从美苏两极主导的世界格局向多极化的世界格局转化过程并不是一帆风顺的。这个转化过程，一方面是旧的以资本主义和社会主义两种意识形态对立为基础的国际价值的消解过程，这个过程非常迅速。但新的国际价值的建构过程则充满了矛盾、冲突，以美国为首的国际垄断资本乘着冷战胜利的余威，把自由、民主、人权等抽象的道德教条视为放之四

---

① 邓小平：《邓小平文选》第三卷，北京：人民出版社 1993 年版，第 105 页。
② 江泽民：《江泽民文选》第二卷，北京：人民出版社 2006 年版，第 195 页。

海而皆准的所谓"普世价值"，以军事力量为先导和支撑，以西方主导的全球化为推进载体，强行向原苏东社会主义国家及广大第三世界国家推广，造成弱势民族文化的极大抗拒和反弹，从而形成冷战后的文明冲突现象。另一方面是国际垄断资本主导新一轮全球化，把苏联解体以后形成的权力真空全部纳入资本全球扩张的空间和视野中，使国际垄断资本真正建构起囊括全球的资本主义世界体系，在这一过程中任何对资本全球扩张可以产生威胁的国家（如中国、俄罗斯等新兴大国），都被视为新的竞争对手，予以遏制。特别是对于中国，则被视为最具现实威胁力的国家，欲通过各种手段演变掉社会主义制度而后快。江泽民强调："美国和其他西方大国，虽然相互存在着这样那样的矛盾和争斗，但这些国家中的一些人在不希望社会主义中国发展壮大这一点上是一致的。他们不会放弃对我国进行西化、分化的政治图谋。不管是采取'遏制政策'还是所谓'接触政策'，万变不离其宗，目的都是企图改变我国的社会主义制度，最终将我国纳入西方资本主义体系。"①

在此背景下，中国必须努力推进多极化历史进程，这不仅关系到世界的和平与发展，也同样关系到中国的长远发展。中国要通过多极化进程，努力防范和规避新崛起大国与守成霸权主义国家之间产生结构性矛盾而爆发剧烈冲突的风险，打破崛起大国间冲突的历史定律，为中国的和平发展创造良好的国际环境。那么，中国需要在国际社会中争取最广泛的支持，最大限度地分化化解国际反华敌对势力。为此，江泽民指出："要继续长期坚持冷静观察、沉着应付、绝不当头、有所作为的战略方针。要韬光养晦，收敛锋芒，保存自己，徐图发展……要处理好同世界各大国的关系，努力推进多极化趋势的发展……要处理好与周边国家的关系……要进一步加强同广大发展中国家的团结合作……要积极参与多边外交活动……要坚决维护我国的主权、领土完整和民族尊严，努力推进祖国统一大业。"②中国在苏东剧变后曾长期面临以美国为首的西方发达资本主义国家的防范、遏制与打压，美国持续介入中国南海、台海问题，利用中国国内存在藏独、疆独及"台独"分裂势力妄图对中国

---

① 江泽民：《江泽民文选》第二卷，北京：人民出版社 2006 年版，第 197 页。
② 江泽民：《江泽民文选》第二卷，北京：人民出版社 2006 年版，第 202—206 页。

进行"颜色革命"及"和平演变",甚至直接轰炸中国驻南联盟大使馆,造成中国外交人员伤亡。美国对华施行这一系列外交打压战略,就是妄图通过内外施压以促使中国步苏联后尘,根本颠覆中国的社会主义制度。但是20世纪90年代苏东剧变以来,中国顶住了以美国为首的西方资本主义国家阵营施加的战略压力。我们仍然坚持走和平发展道路不动摇,在对外政策方面坚持"韬光养晦"的策略方针,在"和平共处五项基本原则"的基础上发展与世界各国的关系,更加坚定地推动自身发展、增强综合国力,使自身发展与外部环境改善始终处于良性互动的关系。

(二)建设和谐世界:推动世界和平与发展的价值诉求

改革开放以来,中国经济长期保持高速增长,综合国力显著增强。特别是进入21世纪以来,中国抓住美国因反恐战争而将注意力转向中亚阿富汗、中东及北非地区的战略机遇期,实现综合国力的进一步提升,2010年中国的国内生产总值超越日本跃居世界第二位。中国高举和平与发展的大旗,坚定地支持并努力推动世界多极化进程,反对霸权主义、强权政治,赢得世界各国特别是广大第三世界国家的广泛赞誉。而在这一时期,美国则陷入阿富汗及伊拉克战争的泥潭中,国力被损耗和削弱。同时,2008年爆发的美国金融危机又使得以美国为首的国际垄断资本受到重击,主导世界秩序的能力变得日益不足,开始从全球收缩势力范围,世界力量格局加速重组中,国际垄断资本主导的世界秩序出现松动的迹象。在此背景下,中国在继续推动世界多极化进程的同时,积极针对世界秩序的未来走向提出中国的构想,胡锦涛在建设和谐社会基础上提出的构建和谐世界的理念就是一个有益尝试和典型代表。2005年9月,胡锦涛在联合国成立六十周年首脑会议上正式提出了和谐世界的理论,他指出:"世界和平与发展这两大问题还没有得到根本解决……人类实现普遍和平、共同发展的理想还任重道远……历史昭示我们,在机遇和挑战并存的重要历史时期,只有世界所有国家紧密团结起来,共同把握机遇、应对挑战,才能为人类社会发展创造光明的未来,才能真正建设一个持久和平、共同繁荣的和谐世界。"①构建和谐世界是中国共产党人代表中国人民

① 胡锦涛:《胡锦涛文选》第二卷,北京:人民出版社2016年版,第352页。

对世界秩序不断思考、探索、实践的结果，构成中国特色社会主义思想不断创新发展的最新理论成果，是人类社会和平与发展的必然追求。

第四节　从真正的共同体到人类命运共同体
——习近平对世界和平与发展的新构想

党的十八大以来，在中国共产党的坚强领导下，中国切实坚持"五位一体"总体布局和"四个全面"战略布局，经济社会发展取得举世瞩目的成就，中国的"经济保持中高速增长，在世界主要国家中名列前茅，国内生产总值从五十四万亿元增长到八十万亿元，稳居世界第二，对世界经济增长贡献率超过百分之三十。"①中国特色社会主义事业被不断推进到更为广阔的历史前景之中，中国声音响彻各种国际场合，中国经验、中国道路受到越来越多国家的关注和重视，世界各国也期待在国际事务中听到中国声音、看到中国方案，希望中国能够在促进世界普遍和平和全球共同发展中发挥更加积极的作用。"在这样的背景下，习近平总书记站在人类历史发展进程的高度，以大国领袖的责任担当，深入思考'建设一个什么样的世界、如何建设这个世界'等关乎人类前途命运的重大课题，并在不同场合对构建人类命运共同体进行了重要阐述，形成了科学完整、内涵丰富、意义深远的思想体系。"②毛泽东、邓小平、江泽民、胡锦涛等几代党的领导人对中国与世界关系以及世界的和平与发展等重要国际关系问题进行了不懈的探索与实践，把对世界和平发展的认识和把握不断推向新的历史阶段。人类命运共同体思想是习近平新时代中国特色社会主义思想的重要组成部分，与中国共产党对世界和平发展的不懈探索及其所形成的理论成果具有一脉相承性，又不断与时俱进，把握住了新的形势，解决了新的问题，取得了新的成效。同时人类命运共同体与马克思所论述的人类社会"真正的共同体"之间既相互联系，又相互区别，构建人类命

---

① 《中国共产党第十九次全国代表大会文件汇编》，北京：人民出版社2017年版，第3页。
② 杨洁篪：《推动构建人类命运共同体》，载于《党的十九大报告辅导读本》，北京：人民出版社2017年版，第91页。

运共同体是逐步走向人类社会"真正的共同体"的一个新的历史阶段。

一、两个共同体之间的联系

第一，都坚持整体主义思维方式。人类命运共同体与马克思"真正的共同体"都是基于整体主义的视角，从人类社会的整体出发探讨人的自由发展的问题。马克思"真正的共同体"思想所坚持的整体主义有它的德国古典哲学传统，黑格尔思辨逻辑强调绝对精神是总体，统摄一切，绝对精神通过异化、外化，生成自然、社会与人，绝对精神已经不亚于基督教文化意识形态中上帝的地位。这已经极大不同于 17 世纪形而上学的狂飙时期，理性在各个学科领域，对以基督教意识形态为核心价值的封建主义社会形态的单刀突进。单纯法国人进行的思想启蒙已经不能完全满足现代性扩展底盘的勃勃野心，现代性的扩展迫切需要拿破仑式的疯狂扩张带来的对旧制度、旧思想、旧势力的彻底颠覆效果。于是乎作为理性的癫狂状态的绝对精神，被黑格尔抬上基督的神坛，来作为自由与必然联结的坚实纽带。作为主体的人类的自我意识已经得到整体的无以复加的觉醒与彰显，它已经不再满足于笛卡尔"我思故我在"对主体存在的隐约觉醒，也不满足于康德"人类为自然立法"对主体力量的褒奖，它要占据上帝曾经占据过的位置。这分明是要完成基督教世俗化，也反映出现代性经历 17 世纪发生阶段后对进一步扩展地盘，实现彻底统治的自由意志。但黑格尔思辨逻辑的整体主义只是立足绝对精神的整体，或者比较晦涩地道出将资本主义精神作为人类社会秩序基石的暗语。黑格尔思辨逻辑中的整体就其现实性而言仅仅只是当时还方兴未艾的资本主义社会这个整体。马克思"真正的共同体"与人类命运共同体一样都是将整个全人类作为认识世界和改变世界的根本视角，而不仅仅只是狭隘的资本主义社会。

第二，都具有共同的诉求、价值、与关怀。马克思"真正的共同体"与"人类命运共同体"都将实现人的全面而自由发展作为根本诉求，马克思"真正的共同体"强调要构建"自由人的联合体"，尽管人类命运共同体主要探讨国家与国家之间的关系，但归根结底还是人与人之间的关系，而其倡导的平等、合作、共赢等理念，可以从一个侧面反映出对人全面自由发展的追求。就价值关怀而言，两者都是从个体与整体的相互关系发展出个体与整体的所共同生成的价值关怀，马克思"真正的共同体"通过处于共同体之中的人与人类之间的相互依存、平等共生的伙伴关系，展现了人及人类的独特价值关怀；人类命运共同体将人类作为一个有机整体，通过共同的命运相连，作为个体的人的命运与人类的命运密不可分、休戚与共，这同样彰显出了人和人类的价值关怀。

第三，都具有开放包容的特质。一般而言，一个共同体内部的团结往往需要外部施加压力或者更多的时候是主动对外树立敌人，这时就会出现共同体的团结悖论，即对内团结而对外斗争。但无论是马克思"真正的共同体"，还是构建人类命运共同体都强调开放包容，因为两个共同体都是从整个人类的视角出发，以整个人类的切身利益为根本出发点，而不是某一个阶级、某一个国家的私利，凝聚其内部团结的动力是人类所面临的共同威胁共同命运，从这个意义上看，它们已经超越了各种基于狭隘利益所组建起来的政治共同体。

第四，都坚持实践生成论。马克思"真正的共同体"思想离不开马克思基于现实人的实践活动的哲学革命所形成的新世界观基础，这是一种实践基础上的生成论。马克思"真正的共同体"并不是要为人类社会设置一个理想，并根据这个理想来设计现实世界，相反它就是从现实世界出发逐渐生成的。同样实践生成论是将构建人类命运共同体作为一个过程来看待，并不将人、国家、权力、体系结构、制度机制等理解为单纯的物质性或者精神性概念，也不认为它们具有抽象的永恒性，而是从二重性的角度来理解和把握。例如权力，就具有自然和社会两重属性，就自然性而言，权力是一个物质系统；就其社会性而言，权力反映了人与人之间及其他国际行为体之间的社会关系。其唯物性不是指权力仅仅只是一个物质系统，而仅仅从军事力量、物质财富、人口等来理解，而是指人与人之间及其他国际行为体之间的社会关系要通过自然物质过程来不断实现，或者需要人们的国际社会实践来实现，在这一过程中产生了人们的意识及身份认同，而这些又会反过来作用于人们的国际社会实践(包括外交实践)。

从实践生成论来审视人类命运共同体，其并不是要根本否定资本，也不是要根本否定和完全替代资本主导的世界秩序，而是要超越资本，将资本作为手段而不是目的，同时也要超越资本主导的世界秩序，从而通过人们共同的、基于平等互利、合作共赢的国际社会实践活动，在不断克服资本及其主导世界秩序的弊端中不断生成人类命运共同体，正如习近平所强调的那样，"构建人类命运共同体是一个美好的目标，也是一个需要一代又一代人接力跑才能实现的目标。"①同时 2017 年 12 月，习近平在中国共产党与世界政党高层对话会上又强调："事要去做才能成就事业，路要去走才能开辟通途。构建人类命运共同体是一个历史过程，不可能一蹴而就，也不可能一帆风顺，需要付出长期艰苦的努力。为了构建人类命运共同体，我们应该锲而不舍、驰而不息进行努力，不能因现实复杂而放弃梦想，也不能因理想遥远而放弃追求。"②可见两者在坚持实践生成论上是相通的。

二、两个共同体之间的区别

两个共同体的生长点不一样。马克思"真正的共同体"的生长点是自由竞争资本主义条件下的人类社会，其秩序基础是以英国为首的产业资本主导的殖民主义世界秩序，而构建人类命运共同体则是以美国为首的国际垄断资本所主导的霸权主义世界秩序作为生长点。生长点不一样，两个共同体各自需要解决的阶段性问题同样也会不一样。在自由竞争资本主义条件下，资本以最直接的状态呈现出它的破坏效应、它的内在矛盾并以此呈现出它的历史发展趋势，在这样的情况下，人的自由与全面发展问题被全面凸显出来，但是在霸权主义世界秩序下，国际垄断资本成功将所面临的内在矛盾由发达资本主义国家向广大发展中国家转移，由现在向未来转移，并以此将资本主义必然灭亡的命运与人类的共同命运捆绑在一起，那么此时构建人类命运共同体所需要迫切解决的问题就是世界各国特别是广大发展中国家及其人民的自由发展问题。

人类社会呈现出了与传统西方社会历史不同的时空特征。西方社会的历史时空结构具有一定的顺延性，前现代性、现代性与后现代性的展开具有很强的历史纵伸性。但是当代人类社会整体的历史时空结构却是压缩的，前现代性、现代性与后现代性在时空上具有强烈的交织感，使得当代中国社会的

---

① 习近平：《习近平主席在出席世界经济论坛 2017 年年会和访问联合国日内瓦总部时的演讲》，人民出版社 2017 年版，第 35 页。

② 习近平：《携手建设更加美好的世界——在中国共产党与世界政党高层对话会上的主旨讲话》，人民日报 2017 年 12 月 2 日，第 2 版。

发展具有三重维度：一是以"人的依赖性"为基础的发展维度。部分国家仍然在搞霸权主义强权政治，利用强权手段，迫使一些弱小民族国家对自己依附和屈从以获取所谓的势力范围和霸权利益，这实际上是人的依赖性关系在国家间关系的延伸，这些已经极大影响了人类经济社会健康发展；二是以"物的依赖性"为基础的发展维度。资本扩张将世界各国联系成为一个整体，这在很大程度解放和发展了人类社会生产力，正面效应是巨大的，但是也使得人与人的社会关系被物化，资本逻辑人、自然及社会的负面影响也日益显现，如何更好地克服资本的弊端，更好地服务人类社会的现代化建设，成为当务之急；三是以"人的自由个性"为基础的全面发展维度。在资本主导的世界体系之中，资本逻辑导向的是全球发展失衡、纷争动荡的世界前景，希望在于中国特色社会主义道路的不断探索与实践。中国是共产党领导的、公有制占主体地位的社会主义国家，资本对于中国是手段，不是目的，中国社会发展又会展现出不断生成其理想维度的历史性进程，在这一历史性进程中不断实现人的自由全面发展。当代中国社会一个主题与三大维度的并存，使得人类社会的发展具有复杂性和历史性。

当前人类需要用共同发展增强社会主义驾驭资本的力量。中国特色社会主义道路的本质是实现"中国最广大人民群众的全面而自由发展"。在当前中国特色社会主义道路的推进过程中，"以物的依赖性"为基础的发展维度对"广大人民群众全面而自由发展"影响最为深刻，中国要发展社会主义市场经济就不得不运用资本，在享受资本带来的巨大推动力的同时，中国也不得不面临资本逻辑所带来的巨大弊端，那就是资本逻辑对人、自然以及社会过度压制与力量汲取所引发的人、自然与社会三重危机问题，其中最核心的是人的发展危机。所以如何正确处理社会主义和资本力量的矛盾成为社会主义初级阶段中国所需要面对的最基本、最紧迫问题。从某种意义上讲，中国特色社会主义发展道路就是在正确处理这对矛盾中生成的。当前推进全球发展，必须通过以人民为中心的发展来切实增强全球社会主义驾驭资本的力量。

三、马克思"真正的共同体"思想在当代中国的创新发展

人类命运共同体思想不断创新发展。坚持解放思想、实事求是、与时俱

进、求真务实的思想路线，认真把握结合国情世情的深刻变化，既有一以贯之的崇高理想追求，又有破解时代难题的具体新理念新思想新战略，做到理论与实践的统一。"解放思想、实事求是、与时俱进、求真务实"是中国共产党的思想路线，正是在这条思想路线的指引下，中国共产党取得新民主主义革命、社会主义革命、社会主义建设以及新时期中国特色社会主义事业的不断胜利。也正是在这条思想路线的指导下，中国共产党历届领导集体，立足不同时期世情、国情的实际，对于重要的国际关系问题进行不断探索与实践。毛泽东运用结构性思维，将中国与世界的关系放置于一个世界性的结构体系中来思考，提出"和平共处"原则和"三个世界划分"思想，科学揭示了推动世界和平与发展的力量来源问题；邓小平则准确分析和研判了世界力量结构的历史性变化，提出了推动世界和平与发展的战略构想与务实道路，在国际事务中真正超越了意识形态的束缚，将中国特色社会主义世界共同体思想建构在"和平与发展"的基础上，特别指明了中国通过与世界各国在共同发展中建构世界共同体的必要性和现实性；从江泽民到胡锦涛则立足世界多极化的历史演变趋势，提出了构建"和谐世界"的理念，进一步明确了中国特色社会主义世界共同体思想的价值诉求和基本特征。这一系列的探索与实践，形成了关于世界新秩序的重要理论认识和实践基础。

在新的历史条件下，习近平立足"建设一个什么样的世界、如何建设这个世界"这个根本性的问题，提出了人类命运共同体思想，这不仅是对中国特色社会主义世界共同体思想的传承，更是创新发展。从世界到人类的跨越，彰显了中国共产党一以贯之的职责使命和为人类作出更大贡献的自信和担当。从"和平共处""三个世界划分"到"和平与发展""和谐世界"，再到"人类命运共同体"，这些都体现了中国共产党通过与世界各国人民一道，共同努力推动世界秩序变革、促进人类和平与发展的不懈努力，更展现了中国共产党人的历史使命感和勇挑重担的责任担当精神。构建人类命运共同体标志着世界秩序的新时代开始到来，同时它也意味着不断走向马克思所述"真正的共同体"的历史新阶段。

第二章　伟大构想的历史背景
——当代霸权主义世界秩序及其困境

冷战结束后，美苏两极格局转变为"一超多强"的世界格局，以美国为首的国际垄断资本势力仍然占据着全球治理的主导地位。虽然这种治理模式也曾在全球治理中发挥过一定的积极作用，但随着历史的发展却越来越成为各种全球性顽疾频现的根源，并对世界各国改变这种治理模式弊端的各种努力形成掣肘。当前日益严峻的发展失衡、治理失灵、战争冲突、恐怖主义、生态危机等全球性问题，已经严重威胁到人类社会整体的和平、生存与发展。但主导世界秩序的西方发达资本主义国家既提供不了破解难题的良方，也不愿意放弃任何既得私利，同时更没有意愿对全球治理体系进行真正有效的变革，以适应世界格局的新变化新要求，从而吸纳更多的国家参与全球治理、共同应对挑战。推动构建人类命运共同体是习近平新时代中国特色社会主义思想的重要组成部分，其提出后在国际社会引起巨大的反响与共鸣，已被多次写入联合国有关决议。它深刻反映了中国共产党代表中国人民对人类历史发展进程的科学认识以及对世界和平与发展的伟大构想。如何科学理解、阐释并践行这一伟大构想，成为我们必须着力解决的重大时代课题。

第一节　从殖民主义世界秩序
到霸权主义世界秩序

习近平构建人类命运共体这一伟大构想是关于人类历史进程的伟大构想，

而构成人类历史进程的重要基石在于不断发展着的世界秩序，因此我们需要通过分析世界秩序的历史进程才能真正理解其何以是伟大构想。从世界秩序的特征上看，其"反映了一个地区或一种文明对它认为放之四海而皆准的公正安排和实力分布的本质所持的理念。"①《资本论》和《共产党宣言》揭示了现代世界秩序的形成奥秘：资本具有天然地向"体外"扩张的本性，西方资本主义国家通过将资本主义生产关系不断"国际化"，建立其由资本力量主导的"中心—外围边缘"生产结构，以实现资本在世界范围内的积累，从而可以不断榨取边缘国家或地区人民所创造的剩余价值。这注定了资本主义要依赖全球资源与全球市场才能生存，由此形成以发达资本主义国家资本扩张为核心的世界秩序。

一、资本全球扩张与殖民主义世界秩序的生成

资本扩张将全球纳入资本主导的世界秩序中，使世界各个地区各个民族各个国家成为资本扩张的环节和工具，成为资本展现强大力量的对象和载体，资本逐渐为自己构建了一个资本主义的世界体系，使人类社会的历史由分割的地方史走向世界史。马克思、恩格斯在《共产党宣言》中对此已经作出了非常深刻的论述。资本最大限度地追逐利润、追求市场权力扩张的本性决定了资本所构筑的世界秩序不是温情脉脉的"伊甸园"，而是弱肉强食的"修罗场"。资本通过全球扩张所构建的第一个资本主义世界体系，是建立在赤裸裸的血腥掠夺基础上，其基础是殖民主义世界秩序。

（一）资本扩张与依附关系的不断生产

资本主义生产关系的存在发展有其深层逻辑与内在动力。就资本主义社会发展的一般规律及历史过程来看，"资本逻辑就是资本扩张的逻辑，是资本吸收一切可能吸收的资源以追求其市场权力扩张的过程。"②资本的扩张过程也是依附性生产关系不断生产并且占据社会统治地位的过程，这既是资本扩张

---

① ［美］亨利·基辛格：《世界秩序》，胡利平等译，北京：中信出版社 2015 年版，序言第 18 页。

② 鲁品越：《鲜活的资本论——从深层本质到表层现象》，上海：上海人民出版社，2015 年，第 290 页。

顺利进行的前提条件，同时也是其必然结果。

资本在扩张过程中首先会不断创造劳动对资本的依附关系，外在表现为工人对资本家的依附。只有通过一定的物质及精神手段，让劳动彻底依附于资本及无产阶级彻底依附于资产阶级，资本主义生产及再生产才能够顺利进行，资本主义生产关系也才能够真正确立社会统治地位。对于资本主义依附关系的创造生产早在资本主义刚萌芽诞生时就已经开始。在资本原始积累时期，资产阶级通过"羊吃人的圈地运动"剥夺农民的土地和生产资料，从而造就大量的无产阶级，这些人只能被迫到资本家的工厂做工，为资本主义生产提供廉价劳动力，这是进行资本主义剩余价值生产的前提条件。这种依附关系在早期资本主义生产过程中表现得更为明显，"工人在资本家的监督下劳动，他的劳动属于资本家……产品是资本家的所有物，而不是直接生产者工人的所有物。"①通过彻底剥夺工人的生产资料及劳动产品并严密掌控管理生产过程，资本家将工人牢牢地钉死在冰冷的资本主义社会化大生产链条中。

资本家会使用一切手段疯狂榨取工人创造的剩余价值，因为"作为资本家，他只是人格化的资本。他的灵魂就是资本的灵魂。而资本只有一种生活本能，这就是增殖自身，创造剩余价值，用自己的不变部分即生产资料吮吸尽可能多的剩余价值。"②早期在工人必要劳动时间不变的情况下，主要通过延长剩余劳动时间来榨取工人剩余价值，后期则主要通过生产技术的改进以缩短必要劳动时间，从而相应延长剩余劳动时间来榨取剩余价值。尽管获取剩余价值的方式不一样，但是都无法改变工人劳动对资本以及工人对资本家的依附关系。因为"资本主义生产——实质上就是剩余价值，就是剩余劳动的吮吸——通过延长工作日，不仅使人的劳动力由于被夺去了道德上和身体上正常的发展和活动的条件而处于萎缩状态，而且使劳动力本身未老先衰和过早死亡。"③而资本家可以轻松自如地做到这一点，恰恰就在于劳动对资本、工人对资本家的单向依附关系。

即使到了资本主义相对剩余价值的生产阶段，这种依附关系不仅没有丝

---

① 马克思：《资本论》第 1 卷，北京：人民出版社，2004 年，第 216 页。
② 马克思：《资本论》第 1 卷，北京：人民出版社，2004 年，第 269 页。
③ 马克思：《资本论》第 1 卷，北京：人民出版社，2004 年，第 307 页。

毫减弱，反而得到不断强化。因为随着生产技术的进步，资本有机构成不断提高，不变资本比重增大，而可变资本比重减少，这意味着会产生大量的工人失业以及人口过剩。同时技术进步，使得资本主义生产的组织形式也发生了改变，劳动分工越来越精细，工人越来越被片面化为资本主义工厂流水线中的一个狭小环节。工人对资本家的依附关系就"由劳动形式上从属于资本，发展为实际上从属于资本了。"①可见，资本主义生产方式实质上就是一种不断创造劳动对资本及无产阶级对资产阶级依附关系的生产方式，这是资本逻辑存在发展的前提条件和必然要求。

（二）资本内在否定性与资本扩张空间的不断延展

资本通过不断汲取"人、社会劳动及自然"中所蕴含的"自然力"，实现市场权力的不断扩张，这使得资本得到不断积累，但资本积累也必然带来"人、社会及自然"贫困的不断积累，其结果是"人的发展、社会经济及生态环境"三种危机在资本主义社会的日益累积、周期性生成。可见"资本扩张过程自身产生了阻碍其自身运行的对立力量，最终导致这个动力系统的内在危机。"这被称之为"资本扩张悖论"②，而"资本扩张悖论产生的两个积累——资本积累和贫困的积累，必然导致社会有效需求不足，产生过剩性经济危机。"③

资本扩张存在悖论，而由其生产生成的劳动对资本及无产阶级对资产阶级的依附关系也存在悖论，也同样会产生内在否定性。因为资本要扩张就必须不断地生成这种依附关系，而依附程度越高对资本越有利。但是依附程度越高，对工人而言就意味着资本积累所带来的贫困积累对工人的损害越大，工人的市场消费能力就越差，工人除了依附资本赚取"仅能维持基本生存和生命再生产"的微薄工资以外再无其他。那么资本主义社会就越有可能因为社会消费不足而产生过剩性经济危机。因此，资本家就必须想办法拿出部分剩余价值改善工人生存条件，提升工人劳动技能；资本主义国家也必须从社会总的剩余价值中通过税收等形式转移出一部分用来建立完善社会保障体系，以

①　卫兴华主编：《〈资本论精选〉讲解》，北京：中国人民大学出版社，2014年，第72页。
②　鲁品越：《鲜活的资本论——从深层本质到表层现象》，上海：上海人民出版社，2015年，第498—499页。
③　鲁品越：《鲜活的资本论——从深层本质到表层现象》，上海：上海人民出版社，2015年，第504—505页。

应对工人因为贫苦的积累所带来的社会有效需求不足的问题。由此，劳动对资本以及无产阶级对资产阶级的依附程度就会降低，资本获取超额剩余价值的能力就会下降。

在没有开拓出新的外部市场空间的情况下，资本必须通过加快改进生产技术，增大不变资本的比重，而极力限制可变资本，以降低成本，这样资本有机构成就会不断增大，人口会更加过剩，劳动对资本(无产阶级对资产阶级)会更加依附。这就会形成一个恶性的循环。所以，关键问题就在于资本能否不断开拓出新的市场空间来维持这种依附关系。

(三)资本的自我修复与依附性世界秩序的生成

资本的内在否定性，迫使资本要通过拓展外部空间来缓解这个内在矛盾，以维持资本的不断扩张。这是一个资本不断利用空间换时间的过程。其中的关键就在于，资本主义生产方式要能够源源不断地生产出劳动对资本的依附关系，同时还能有效克服这种依附对提升社会有效需求的不利影响。那么资本就需要将这种依附关系向更广阔的空间延伸，首先是在国内，紧接着跨出国境，通过资本主义生产关系的"国际化"，在世界范围内建立发达资本主义国家主导的"中心—外围边缘"生产关系，以实现世界规模的资本积累，不断榨取边缘国家或地区所生产的剩余价值。而"发达国家(中心)的组成部分和'欠发达'世界(外围)的组成部分之间的关系最终表现为价值的转移运动，这就是世界规模的积累问题的本质。"[1]在这一过程中，资本不断地进行"时间—空间修复"[2]，以缓解资本主义危机的威胁。这使得世界范围内的资本积累呈现出一定的周期性。在杰奥瓦尼·阿锐基(Giovanni Arrighi)看来，资本的崛起有四个积累周期，即(热那亚)体系积累周期、(荷兰)体系积累周期、(英国)体系积累周期以及(美国)体系积累周期[3]。西方发达资本主义国家的商业资本、产业资本以及国际金融垄断资本分别主导了各个不同的积累周期。资本

---

① [埃及]萨米尔·阿明：《世界规模的积累——欠发达理论批判》，杨明柱、杨光、李宝源译，北京：社会科学文献出版社，2017年，第3页。

② [英]大卫·哈维：《新帝国主义》，初立忠、沈晓雷译，北京：社会科学文献出版社，2009年，第94页。

③ 参见[意]杰奥瓦尼·阿锐基：《漫长的20世纪：金钱、权力与我们社会的根源》，姚乃强、严维明、韩振荣译，南京：江苏人民出版社，2001年。

借助国家政权力量的支撑，通过资本形态和资本扩张策源中心的周期性改变，显现出持续主导世界秩序的强大力量。通过不断榨取世界各国生产的剩余价值，为新一轮扩张提供资源、创造条件。资本在国际范围内源源不断地生产出剩余价值的同时，也同时不断生产出边缘国家或地区对中心国家的依附关系，而维护这种不平等国际生产关系的世界秩序也必然呈现出依附性的特征。

（四）殖民主义世界秩序的生成

商业资本主导了资本主义前两个积累周期，它是"资本的常见的、所谓洪水期前的形态……商业资本只能这样来解释：寄生在购买的商品生产者和售卖的商品生产者之间的商人对他们双方进行欺骗。"①商业资本主要通过控制流通领域榨取剩余价值，从而在西欧产生了一个"重商主义体系"。这实际上并不是一个完整意义上的资本主义世界体系，因为推动这一体系的大多是西欧封建主义国家，只不过这些国家内部蕴含的资本主义生产关系萌芽，通过资本原始积累的方式为这一体系的扩展提供了重要动力。欧洲列强在 1618—1648 年 30 年宗教战争结束后签订了《威斯特伐利亚和约》，确立了西方历史上第一个国际体系，即威斯特伐利亚体系，其基础就是商业资本主导的世界秩序。这一时期，在封建生产关系夹缝中生存的资本主义生产关系必须得依附封建君权、借助封建国家政权的力量，采取商业资本的积累形态，施行重商主义的贸易保护政策，从商品流通领域榨取剩余价值。不仅要为资本原始积累提供充足的贵金属货币，而且还要满足封建君王贵族的奢侈消费和对外战争所需。所以，商业资本主导的国际秩序不仅体现了商业资本对封建君权的依附，更是通过地理大发现征服的美洲、亚洲等殖民地对商业资本及其盟友封建君主国家的绝对依附。商业资本借助封建国家政权的力量，推行血腥残酷的海外殖民掠夺(如美洲的印第安人几乎被西方殖民者杀绝)，从而完成资本原始积累。资本原始积累一旦完成，资本必然从流通领域过渡到生产领域，产业资本必然代替商业资本，产业资本主导的世界秩序必然代替受商业资本巨大影响的世界秩序。条件优越、资本主义生产关系发展最为成熟的英国成为最大的受益者。

---

① 《马克思恩格斯文集》第 5 卷，人民出版社 2009 年版，第 191 页。

以英国为首的产业资本走上世界政治经济舞台的中心，构建起产业资本主导的世界秩序。其核心内容是，英国凭借其强大军事实力作为后盾、并打着自由贸易的旗号在世界范围内推行殖民统治、实行殖民掠夺，通过最大限度地吸取殖民地资源，满足产业资本迅速扩张的需要。这决定了英国产业资本主导的国际秩序，是一种呈现"中心—外围边缘"结构的依附性世界秩序。广大殖民地、半殖民地及落后国家所组成的边缘必须依附作为中心的英国，成为以英国为首的产业资本全球扩张的一个基础环节和重要工具。一方面确保对资本主义世界体系边缘的控制，通过在边缘国家地区掠夺廉价的原材料、开拓商品销售市场，实现世界规模的资本积累，获得可观的"国家剩余价值"；另一方面必须确保产业资本扩张中心区，即欧洲的力量均势并保持其相对和平状态。同时将战争引向欧洲外围地区，借助英国的海上霸权，控制海上战略通道，源源不断地将世界各地的资源和财富吸纳到中心区。只有这样，才能满足英国产业资本不断扩张的需要。特别是在英国资本主义确立统治地位初期，与封建势力及其他潜在资本主义国家的巨大战争消耗，同时还面临着国内工人运动的巨大压力，这使得英国资产阶级必须通过加大对边缘国家地区的剥削来延缓中心的危机。"在整个18世纪期间，由印度流入英国的财富，主要不是通过比较次要的贸易弄到手的，而是通过对印度的直接搜刮，通过掠夺巨额财富然后转运英国的办法弄到手的。"①

二、殖民主义世界秩序的基本特征

殖民主义世界秩序是资本构建并主导的第一个世界秩序。它是伴随着15、16世纪从西欧肇始并向外扩散的资本主义全球化进程而不断确立在全球的统治地位的。

第一，经济手段是殖民主义世界秩序的基石。通过资产阶级革命，以英国为首的西欧国家在世界范围内率先建立资本主义制度，同时在"工业革命"强力推动下，快速实现市场化、工业化、现代化，使资本主义社会生产力得到极大提升。这一过程从资本原始积累阶段开始就伴随着资本主义生产关系

---

① 《马克思恩格斯全集》第9卷，人民出版社1961年版，第173—174页。

的国际化。资本主义国家依托生产方式的巨大优势和强大的军事实力作为后盾，构建起了一个以自由贸易为基础的国际分工体系，将在国内已经建立起来的商品市场向全球强行复制、推广。"不断扩大产品销路的需要，驱使资产阶级奔走于全球各地。它必须到处落户，到处开发，到处建立联系——资产阶级，由于开拓了世界市场，使一切国家的生产和消费都成为世界性的了。"①通过全球性市场，现代资本主义大工业组织起来的规模化生产，迅速扫荡了落后国家的小农经济与手工业，攫取到源源不断的剩余价值与廉价资源。

第二，政治军事手段是殖民主义世界秩序的支撑。资本与军事技术、对外扩张需要的有机结合爆发出强大的全球扩张动能。军事技术资本化，使火药、枪炮、舰船等先进军事技术得到持续改进并在摧毁封建生产关系的过程中得到广泛运用，发挥出至关重要的作用，同时欧洲的军事理念、思想及战略也相应得到不断革新，走到了世界的最前列，这为全球殖民主义扩张提供了重要手段。资本原始积累对黄金、白银等贵金属的渴求，推动了哥伦布、麦哲伦的航海探险活动，实现了全球地理大发现，为全球殖民主义扩张创造了必要条件。欧洲殖民主义者凭借坚船利炮侵略落后国家和地区，在世界范围内形成两类殖民地：通过欧洲移民建国的殖民地（如北美与澳洲）和利用高压手段奴役当地人民的殖民地（如印度、中国与非洲）。

第三，资本主义意识形态是殖民主义世界秩序的基础。一反文艺复兴时期欧洲对中东阿拉伯及中华文化的仰慕和尊崇态度，资本主义更加强调欧洲中心主义，鼓吹弱肉强食的丛林法则以及自由竞争、优胜劣汰的社会达尔文主义。认为世界其他地区的民族国家都是落后、未开化的代名词，应该接受欧洲先进文明的洗礼和改造。英国政治经济学和英法的社会契约论思想是资本主义意识形态的典型代表。英国政治经济学思想主张自由竞争，强调立足于比较优势的国际分工，极力论证资本主义社会制度的永恒性。"社会契约论通过其编造的理论故事，反映了代表先进生产方式的资本力量的政治诉求"。②

---

① 马克思、恩格斯：《共产党宣言》，《马克思恩格斯文集》第 2 卷，北京：人民出版社 2009 年版，第 35 页。

② 鲁品越：《鲜活的资本论——从〈资本论〉到中国道路》，上海：上海人民出版社 2016 年版，第 71 页。

在国际政治领域，则强调基于现实主义的"利益和均势"原则等。用这些冠冕堂皇的理论包装起来的资本主义意识形态成为支撑殖民主义世界秩序合法性的重要依据，却无法掩盖这个秩序背后的掠夺侵略本性。

殖民主义世界秩序在资本主义对全球的征服与掠夺中逐渐生成，17世纪上半叶欧洲30年战争后确立的威斯特伐利亚体系、19世纪初法国大革命及拿破仑战争后形成的维也纳体系及20世纪初第一次世界大战后建立的凡尔赛体系成为其主要历史阶段和外在表现形式。葡萄牙、西班牙、荷兰、法国等西欧国家相继崛起，成为殖民主义霸权国家。英国则是这个秩序的集大成者，成为世界历史上第一个真正具有全球性领导地位的殖民主义霸权国家，号称"日不落帝国"。

随着19世纪70、80年代自由竞争资本主义被垄断竞争所逐渐取代，主要资本主义国家相继进入帝国主义阶段，各个帝国主义国家间发展的不平衡导致彼此矛盾的日益不可调和而酿成两次世界大战，并最终彻底终结了英国为首的工业资本及其主导的世界秩序，正式将美国为首的国际垄断资本送上世界权力的中心，美国主导的世界秩序已经到来。"到第二次世界大战结束的时候，这个新的世界秩序的主要轮廓已经初见端倪；在布雷顿森林，建立了新的世界货币体系的基础；在广岛和长崎，新的武力手段显示出了新的世界秩序的军事基础将会是什么样子；在旧金山，联合国宪章规定了合法立国和进行战争的新规范和新规定……反映了世界权力的空前集中。"①唯一的变数是作为社会主义力量中心的苏联在战争中的崛起，并让整个东欧社会主义化，成为能与美国为首的国际垄断资本阵营对抗的国际社会主义阵营。美国为首的国际垄断资本主导的资本主义国际秩序被第一次囊括进更大的世界秩序，即美苏两极的"雅尔塔体系"之中，人类社会第一次出现资本主义与社会主义处于动态均势的世界秩序，资本主义不再能一统天下。

三、国际垄断资本与霸权主义世界秩序的生成

20世纪上半叶的两次世界大战彻底终结了以英国为首的产业资本主导的

---

① ［意］杰奥瓦尼·阿锐基：《漫长的20世纪——金钱、权力与我们社会的根源》，姚乃强、严维明、韩振荣译，江苏人民出版社，2001年版，第325-326页。

世界秩序，正式将以美国为首的国际垄断资本送上世界权力的中心。战后美国通过实力为后盾，确立了以美国为首的国际垄断资本主导的霸权主义世界秩序，在政治上，几个参与反法西斯同盟的世界大国建立了联合国，这其中美国具有重大影响力，从联合国总部设在美国纽约就可见一斑，而五大常任理事有四个就是美国及其盟友。美国还主导建立了以反共防苏为己任的北约组织，将西方资本主义国家联合起来，共同应对苏联的威胁，防止社会主义革命在西欧的进一步开展。在经济上，主导建立布雷顿森林体系，并成立世界银行、国际货币基金组织等国际金融机构，规定美元与黄金挂钩，而其他货币与美元挂钩，美元正式取代英镑确立世界货币地位，以美国为首的国际垄断资本主导的国际经济金融秩序建立。二战结束后，美国国内积累的大量过剩资本，还通过"马歇尔计划"，向资本主义盟国输出，通过这一系列举措，在战后初期，以美国为首的国际垄断资本构建了一个以美国为中心、主要资本主义国家为外围、部分发展中国家为边缘的霸权主义世界秩序。霸权主义世界秩序仍然是一种基于对资本依附关系的世界秩序，这种依附性表现在战后初期的一段时间，主要发达资本主义因为战争对原有资本扩张体系的巨大破坏，急需外部资本输入带动国内资本的扩张而对美国国际垄断资本的依附。同时亚非拉广大欠发达国家或地区因为产业基础薄弱，外加基于各个欧洲发达资本主义国家殖民体系原有的"中心—外围边缘"国际分工体系的瓦解，这些国家被迫寻求新的中心来支撑国内经济发展，从而被迫依附于美国为首的国际垄断资本。

第二节　霸权主义世界秩序的基本特征

　　随之而来的美苏"冷战"格局，以"社会主义和资本主义"两种意识形态竞争为表现形式，实质是两种霸权主义全球扩张方式的竞争。"冷战格局中的工业化国家，奉行两种体制，进行两种类型的世界扩张。资本主义工业化国家通过政治军事力量管制下的市场机制，来建立相应的国内与国际分工体系，支撑本国的庞大工业，列宁称它为帝国主义。苏联采取政治军事手段，直接利用国家权力建立高度集中的计划经济体制，并依靠其周边的卫星国来支撑自身的工业化体系，毛泽东同志称它为'社会帝国主义'"①。以美国为首的国际垄断资本逐渐占据上风，最终形成其主导的霸权主义世界秩序，"从1948年到世纪之交是人类历史上一段短暂的时期。在此期间，一种全球性世界秩序初步显现，它既体现了美国的理想主义，又融合了传统的均势概念。"②其具有以下基本特征：

一、维系霸权的资本力量：获取剩余价值的方式发生根本转变

"资本扩张过程自身产生了阻碍其自身运行的对立力量，最终导致这个动力系统的内在危机。"这被称之为"资本扩张悖论"，资本在扩张过程中会产生三个层面上的悖论，"其一是资本扩张的经济悖论……其二是资本扩张的生态悖论……其三是资本扩张的人的发展悖论。"③而"资本扩张悖论产生的两个积累——资本积累和贫困的积累，必然导致社会有效需求不足，产生过剩性经济危机。"④为了缓解资本主义经济危机，资本必然寻求自我修复。到目前为止，资本的这种自我修复经历了两个阶段，一是借鉴苏联社会主义国家建设的成功经验，改变了自由放任的资本主义经济政策，奉行"凯恩斯主义"，强化政府力量介入，通过加强政府的直接投资，大量兴修公共工程、改善基础设施以及增加科教文卫等长期投入，向市场注入流动性，以增加社会就业，同时建立了一整套比较完善的社会保障体系，建设"资本主义福利国家"，间接扩大了社会需求，在一定程度上缓解了资本主义经济危机。20世纪30年代，美国采用"凯恩斯主义"政策建议，施行"罗斯福新政"，较为有效地应对了1929—1933年的世界经济危机，缓和了社会矛盾，使美国没有爆发社会主义革命或者像德国、日本以及意大利等国一样走向法西斯主义国家道路。二战后，"凯恩斯主义"成为资本主义国家的主流政策，为资本主义国家摆脱战

---

① 鲁品越：《产业结构变迁和世界秩序重建》，《中国社会科学》2002年第3期，第6页。

② ［美］亨利·基辛格：《世界秩序》，胡利平等译，北京：中信出版社2015年版，第475页。

③ 鲁品越：《鲜活的资本论——从深层本质到表层现象》，上海人民出版社2015年版，第498-499页。

④ 鲁品越：《鲜活的资本论——从深层本质到表层现象》，上海人民出版社2015年版，第504-505页。

后初期的各种困境，避免因国内激烈矛盾走向社会主义道路打下了基础，也通过发展国家资本主义，引入"民主社会主义"理念，将福利社会建设与资本扩张紧密结合，极大缓和了阶级矛盾，为垄断资本的进一步扩张创造了必要条件，成就了资本主义国家 20 世纪 50—70 年代的黄金时期。

但是 20 世纪 70 年代石油危机引发的资本主义世界经济危机，终结了资本主义国家 20 年的持续繁荣，资本主义国家陷入长期的经济"滞胀"之中，通货膨胀加剧但经济却没有得到相应发展，资本主义国家财政负担加重，资本主义"福利国家"建设无以为继，"凯恩斯主义"无法提出有效的应对之策。为了应对资本主义危机，"新自由主义"思潮在欧美主要资本主义国家兴起。通过市场手段将资产金融化，即"用作为虚拟资本（分割未来剩余价值的能力）的证券（股票、债券和各种金融衍生品）来吸收各种资金，既包括民众直接掌握的闲散资金，也包括养老金、医疗保障和其他各种社会保障基金，将其转化为货币资本。"①这为资本主义再生产和扩大再生产提供了源源不断的流动性，增加了社会性投资，避免了政府大量投资、向市场注入流动性的"挤出效用"，从而为资本扩张创造了巨大的空间，使西方主要资本主义国家在一定程度上摆脱了经济"滞胀"的困扰，逐渐走出了经济危机。20 世纪 80 年代美国里根政府以及英国的撒切尔政府都是"新自由主义"政策的倡导者、践行者，这使得资本主义改变了 20 世纪 70 年代对苏联的战略守势，而在 80 年代采取了积极进攻的态势，为赢得"冷战"的最后胜利打下了基础。

"冷战"结束前后，美国将新自由主义包装成全球经济治理的"万能良药"，通过"冷战"后兴起的新一轮全球化向全世界强行推广，确保国际垄断资本特别是金融垄断资本在世界各国的绝对自由。国际垄断资本控制的大量西方跨国公司，凭借资本主义强大的国家力量作为后盾，利用其主导的世界银行、国际货币基金组织等作为依托，进行巨量的资本输出，在原苏东社会主义国家及广大发展中国家推行私有化政策，控制这些国家的经济命脉，当时"西欧以及其他一些发达国家如美国的公司为龙头，这些国家的政府为身子，

---

① 鲁品越：《鲜活的资本论——从深层本质到表层现象》，上海人民出版社 2015 年版，第 506 页。

两者携起手来共同操控东欧国家事务。"①在这一过程中美国表现得尤为突出，大量美国资本涌入原东欧社会主义国家，通过私有化控制当地的资源，可以说，"美国在东欧国家的私有化进程中，利用各种国际机构，取得了主导作用，比包括德国在内的其他任何国家对东欧当地的精英集团的渗透都更强。"②而"东欧经济体一旦被改造成了外国人控制着大部分资本、只有劳动力还是本国的状况时，这些国家不仅仅是丧失了对本国资源的控制权，它们还不得不交出自己相当大一部分的政治权力。"③这些国家以保持民族国家独立性的名义，通过改变社会主义制度，确立资本主义制度，消除了苏联的影响力，但是又陷入到了以美国为首的国际垄断资本的控制之中，甚至从某种意义上讲，这种控制的范围和强度还远远超过了苏联时期。这为国际垄断资本进一步榨取"国家超额剩余价值"创造必要条件。

20 世纪 90 年代，通过"华盛顿共识"，新自由主义作为资本最重要扩张手段和主流意识形态的地位得到进一步巩固和强化。国际金融垄断资本日益在美国存在的各种国际垄断资本中占据主导地位，华尔街则是美国事实上的权力中心。"'华尔街循环'，它可以简略表述为：投资金融创新—金融产品变现—金融资本增值—再投资金融创新"④，成为推动垄断资本国内扩张的核心模式，其结果是美国等西方发达国家虚拟化经济快速发展，服务业、消费经济繁荣，以制造业为代表的实体经济占国民经济的比重越来越低。与之配合，以美国为首的国际垄断资本在全球范围内推行"美利坚循环"，它"可以简略表述为：海外投资—海外生产—海外收益流入—海外再投资。"⑤建构起一套以西方发达国家为中心、广大发展中国家为外围、边缘的全球生产链、产业链、价值链。美国等发达国家将国内的劳动密集型、高能耗、重污染的制造业向

① ［波兰］卡齐米耶·Z·波兹南斯基：《全球化的负面影响：东欧国家的民族资本被剥夺》，佟宪国译，经济管理出版社 2004 年版，第 242 页。
② ［波兰］卡齐米耶·Z·波兹南斯基：《全球化的负面影响：东欧国家的民族资本被剥夺》，佟宪国译，经济管理出版社 2004 年版，第 245 页。
③ ［波兰］卡齐米耶·Z·波兹南斯基：《全球化的负面影响：东欧国家的民族资本被剥夺》，佟宪国译，经济管理出版社 2004 年版，第 247 页。
④ 王湘穗：《币缘论：货币政治的演化（定制版）》，中信出版社 2017 年版，第 225 页。
⑤ 王湘穗：《币缘论：货币政治的演化（定制版）》，中信出版社 2017 年版，第 224 页。

发展中国家转移，并凭借自身资本、技术、管理等优势，掌握了高级研发、品牌及销售渠道，同时大力虚拟经济，经济金融化程度加深，国际垄断资本中的金融垄断资本占据主导地位，取得全球生产资料及大宗商品的定价权，牢牢占据全球生产链、产业链的高端，在全球商品价值分配上也处于绝对优势地位，而广大发展中国家则处于全球生产链、产业链、价值链的中低端，被发达国家通过专利费等形式分割掉大部分商品利润，或者干脆成为发达国家高档商品的"代工工场"，赚取微薄利润。

随着 2008 年美国金融危机的爆发并向全球扩散，新自由主义政策逐步走向破产。美国国内长期奉行新自由主义政策，使得经济过度金融化，虚拟经济与实体经济严重脱节，同时鼓励居民超前消费、过度消费，再加上长期居高不下的国防军费开支也严重透支现存的资源和未来的发展。虽然美国可以利用美元在国际金融体系中的主导地位，实行一轮又一轮的"量化宽松"政策，通过滥发纸币，进行金融救市，缓解债务危机，向全世界转嫁危机，让世界各国为美国买单，这实质上是金融资本绑架美国、而美国绑架全世界的恶劣行径，虽然可以暂时缓解美国资本主义的燃眉之急，但无法根本消除资本扩张的内在矛盾，相反，只会让矛盾累积得更加深厚，潜在破坏力更加巨大。

二、维系霸权的物质基础：强大的军事力量

"战争无非是政治交往用另一种手段的延续。"[①]资本主义的兴起与发展伴随着刀剑与炮火交织的战争。作为世界上第一个具有全球性影响力的资本主义霸权国家，英国在确立世界霸权的过程，经历了无数场惨烈的战争。英国在 1588 年击败西班牙的无敌舰队，并通过几次对荷兰的战争，击败具有"海上马车夫"之称的荷兰，此后英国又通过 30 年战争，击败法国，夺取了印度，确立英国的海上霸主地位。1789 年欧洲爆发了法国大革命，法国统帅拿破仑通过建立现代化军队，采用新的军事理念，使法国军队横扫欧洲。但英国凭借海军优势和海外殖民地支撑，组织数次反法同盟最终击败法国，保持了欧

---

① ［德］克劳塞维茨：《战争论》，中国人民解放军军事科学院译，商务印书馆 1978 年版，第 894 页。

体化"作战力量，妄图利用美国的海空军优势，抵消中国的陆军优势，确保美军在亚太地区的战略主动，以更好地应对实力得到很大增强的中国军队，以维护美国的亚太乃至全球霸权利益。

三、维系霸权的精神支柱：资本主义文化价值观

冷战结束后，很多西方学者和政治人物站在"西方中心主义"的立场上，鼓吹"文明冲突论"，强调随着影响冷战格局的资本主义和社会主义意识形态的消退，西方基督教文明与儒家、伊斯兰等非西方文明之间的矛盾冲突决定了"后冷战"时期的国际秩序演变。这其中最有影响力的是美国学者塞缪尔·亨廷顿，他认为随着西方的相对衰落和非西方文明的力量增强，西方文明与非西方文明之间的冲突日益显现，"到20世纪90年代初，出现了以中国和朝鲜为一方，在不同程度上以巴基斯坦、伊朗、伊拉克、叙利亚、利比亚和阿尔及利亚为另一方的'儒家—伊斯兰联系'，它们……联合起来对抗西方。"①"在正在来临的时代，文明的冲突是对世界和平的最大威胁，而建立在多文明基础上的国际秩序是防止世界大战的最可靠保障。"②"文明冲突论"者看到了冷战后各种文明间冲突加剧的现象，却没有深究文明间冲突加剧的根本原因。他们忽视了正是由于西方基督教文明（作为其内核的是新教伦理与资本主义精神）的扩张本性，压缩了其他文明的生存空间，才导致了文明间日益加剧的矛盾冲突。以美国为首的国际垄断资本在推行全球扩张过程中，将一切民族的、地域的以及特色的文化都同化为资本增值的工具和环节，其外在表现就是文明的"西方化"。当然近代以来，西方国家确实走在全球文明发展的前列，其他文明应该积极学习借鉴西方文明的先进方面。然而如果西方发达国家借着西方文明的优势地位，大力推行文明外衣包裹下以资源控制、市场开拓、资本扩张为目的的文化入侵，那就必然引起广大发展中国家的高度警惕。

在西方文明仍然处于优势地位的大背景下，弗里德曼所认为"世界是平

---

① ［美］塞缪尔·亨廷顿：《文明的冲突与世界秩序的重建》，周琪、刘绯等译，新华出版社2010年版，第163页。

② ［美］塞缪尔·亨廷顿：《文明的冲突与世界秩序的重建》，周琪、刘绯等译，新华出版社2010年版，第297页。

的”的观点，实际上只是相对于发达国家、相对于资本而言才是如此，对于广大发展中国家而言“却是弯的”。因为国际互联网、先进交通及通讯工具的普及，让世界联系越来越紧密，成为一个“地球村”，使得资本扩张更加便利，使西方文化及价值观更加能够对广大发展中国家产生影响，而广大发展中国家的地域特色文化的生存空间被强力压缩，或者只有通过与西方发达国家文化资本、文化产业的对接，迎合西方主流价值才能够得到一丝的生存空间。比如，美国好莱坞电影常通过与他国合拍，或添加一些体现他国文化元素的符号，借以达到占领全球电影文化市场的目的。各国传统文化元素只有通过这种方式与美国文化资本、美国核心价值对接，才能够在世界范围内推广，这反映了目前西方发达国家在全球文化领域的优势地位，中国在奋力追赶，但显然还存在差距。

以美国为首的国际垄断资本，显然很善于利用这种文化优势地位，为其全球扩张、维护霸权利益服务。大力推行所谓普世价值就是其中的核心举措，通过其幕后影响并操控资本主义国家政权以及相关国际组织，主导了国际经济秩序，在经济上大力推行新自由主义。与之对应，西方国家将“自由、民主、平等、人权”等抽象理念，当作一种“放之四海而皆准”的价值原则向全世界兜售，并以此建构起一套衡量认定世界各国行为的价值评估体系。美国自认是“上帝的选民”，到处充当“救世主”，其他国家一切行为的良善优劣皆要通过这些高高在上的西方国家来评价认定。凡是不符合西方普世价值的国家，就会被归入“不受欢迎的国家”，甚至“流氓国家”“邪恶轴心”来给予经济制裁或者政治打压。而“把其他民族的文化贬低为落后或顺从，使美国人心目中形成僵化的假象，认为诱导这些民族进行政治改革与发展经济是件很容易的事情。在遇到顽固不化，或抗拒、抵制时，美国人……有可能求助于强迫或者暴力手段。这种模式，首先用于同黑人与土著美洲人的关系上，后来便用到了‘第三世界’各民族的身上。”①

20 世纪 90 年代，西方资本主义阵营赢得了“冷战”的胜利，美国取得全

---

① ［美］迈克尔·H·亨特：《意识形态与美国外交政策》，褚律元译，世界知识出版社 1999 年版，第 189 页。

球霸权地位，在推行西方所谓普世价值方面表现得更加卖力和露骨。例如1999年，以美英为首，纠集北约等十余个国家，打着"人权高于主权"的旗号，发动了对南联盟的战争，意图推翻反美亲俄的米洛舍维奇政府，并悍然轰炸中国驻南联盟大使馆，造成我多名工作人员伤亡。同时西方国家操纵海牙国际法庭对前南斯拉夫塞尔维亚族的军事政治人物以反人类罪进行审判，但对前南斯拉夫内战中其他民族军事政治人物的暴力行为以及犯下的战争罪行却刻意偏袒、不予追究。美国还通过支持乌克兰、格鲁吉亚等国的国内反对派，拒不承认有利于俄罗斯的选举结果，策划广场运动，发动"颜色革命"，推翻亲俄政权。美国在利比亚、也门、叙利亚等国支持推动的"阿拉伯之春"，同样是一种颜色革命，就是要通过这种不耗费美国士兵鲜血的手段，达到推翻他国政权和领导人的目的。中国作为当今世界仅存的一个社会主义大国，其独特而成功的发展模式已经吸引了全世界的目光，更是美国"颜色革命""和平演变"的重点对象，美国长期支持中国国内的所谓"异见人士""民族分裂势力"，特别是支持"疆独""藏独""台独"以及"港独"势力在中国兴风作浪，并对"疆独""藏独"分子在中国境内发动的恐怖袭击活动采取双重认定标准，将中国打击恐怖势力、维护国家人民安全的合法合理行动污蔑为对少数民族权益和人权的侵犯。但是，美国施行过"颜色革命"的国家，如乌克兰、利比亚、埃及、叙利亚等国，不仅没有真正获得所谓的"民主、人权、自由、平等"，相反，这些国家无不陷入战争与动乱中，实践证明西方所谓的"普世价值"已经彻底破产。

第三节　构建人类命运共同体：
对新型世界秩序的呼唤

　　美国霸权的逐渐衰落已是不争的事实。但一个少了美国的世界秩序将会呈现出一个什么样的状况，这是当前世界各国普遍关心的问题。就西方主流观点而言，"整体的共识似乎是，美国主导地位受损会导致国际不稳定情况的恶化。对于自由主义者来说，美国的衰落意味着在组织国际合作和冲突管理方面所需要的国际领导力的减弱。对于现实主义者来说，美国的衰落可能导致冲突，因为衰落的大国往往会成为投机取巧的敌对大国和联盟攻击的对象，或者它们自身也变得富有攻击性。"①这样的声音即使在一些发展中国家的精英中也有很大的市场。究其根本原因就在于，没有一个真正可供选择的世界新秩序方案。所以，即使在霸权相对衰落，世界力量格局发生巨大变化的情况下，以美国为首的国际垄断资本仍然可以通过其掌控的国际组织，施行霸权主义的政策。而习近平关于"人类命运共同体"的思想就是一种对世界新秩序的伟大构想，其"给世界上那些既希望加快发展又希望保持自身独立性的国家和民族提供了全新方案，为解决人类问题贡献了中国智慧和中国力量。"②必将通过世界各国的共同努力实践，开创一个人类社会的伟大新时代。

一、霸权主义世界秩序的内在否定：必然走向衰落

国际垄断资本在不断推进全球扩张过程中逐渐生成由其主导的霸权主义世界秩序。20世纪六七十年代的世界反殖民主义运动，彻底终结了殖民主义世界秩序，与此同时，以苏联为首的社会主义阵营对国际垄断资本产生巨大牵制作用。"冷战"中的霸权主义世界秩序呈现出"三个世界"的体系结构。"冷战"结束后，美国成为唯一的超级大国，迎来所谓的"单极时刻"，霸权主义世界秩序达到顶峰。国际垄断资本通过金融衍生品、证券化等金融创新手段，将一切可以利用的资源都转化为资本，纳入资本全球扩张的体系中，现实世界愈来愈成为一个金融化的世界，这为国际垄断资本扩张提供了超越全球地理空间的巨量空间，但也使得人类社会的未来逐渐被透支，资本绑架了人类整体的命运。霸权主义世界秩序成为一个立足于不平等发展基础上的等级秩序，以美国为首的国际垄断资本处于这个金字塔式等级秩序的顶端，广大发展中国家处于底端。国际垄断资本运用强大的军事实力作为后盾，强行输出"普世价值"，更成为现实不平等的放大器，造成现实世界的剧烈动荡。霸权主义世界秩序由于起主导作用的国际垄断资本具有无法摆脱的内在否定

---

① ［加］阿米塔·阿查亚：《美国世界秩序的终结》，袁正清、肖莹莹译，上海：上海人民出版社2017年版，第44页。

② 本书编写组：《党的十九大报告辅导读本》，北京：人民出版社2017年版，第10—11页。

性，使得霸权主义世界秩序存在悖论。一方面，它建立在不断扩张的基础上，这是资本的本性使然，离开扩张，霸权主义世界秩序就不可能存在；另一方面，过度的扩张必然带来日益高涨的霸权成本，虽然霸权国家可以凭借霸权地位转移一部分，但剩余的仍然是霸权国家无法承受的，从长远看霸权必然走向衰落，美国主导的霸权主义世界秩序也不例外。

伴随着国际垄断资本在世界范围内的积累，各种内生的矛盾也在不断积累，其后果就是世界和平与发展的赤字不断积累。反馈到现实，就是人类社会面临日益严峻的全球发展失衡、治理失灵、战争冲突、恐怖主义、生态危机等全球化问题，广大发展中国家无法克服"中等收入陷阱"，世界经济发展出现结构性矛盾；现有霸权主义国家对最大的新兴国家充满猜忌和防范，大国冲突的历史悲剧有重演的可能；"修昔底德陷阱"成为世界和平发展挥之不去的阴影；这些都已经严重威胁到人类社会整体的和平、生存与发展。但主导霸权主义世界秩序的西方发达资本主义国家既不能提供破解难题的良方，也不愿意放弃私利、对全球治理体系进行真正的变革，以适应世界力量格局的最新变化，从而吸纳更多的国家参与全球治理、共同应对挑战。集体行动的悖论显现，"金德尔伯格陷阱"横亘在世界各国面前，全球范围内应对共同挑战的努力受到极大挫折。霸权主义世界秩序连同作为其精神支柱的所谓"普世价值"都在不断走向衰退败亡。世界各国需要新的声音、新的道路、新的方案以及新的力量来摆脱当前的整体性困境，世界进入呼唤秩序变革的新时代。人类命运共同体思想作为一种对世界新秩序的伟大构想，正是顺应这种历史需要而产生的，但是霸权主义世界秩序并不甘心退出历史舞台，必然通过其在国际政治经济秩序中的主导地位，给世界各国寻求构建人类命运共同体的努力设置种种障碍，这就使得构建人类命运共同体面临巨大的挑战。

（一）霸权主义世界秩序并不甘心退出历史舞台

以美国为首的国际垄断资本，特别是国际金融垄断资本扩张越迅速，利益触角延伸越广泛，维系霸权利益的成本就越高昂。在世界各国政治经济普遍觉醒的时代，美国为了维持日渐膨胀的全球霸权利益，必然陷入与各种竞争对手的激烈博弈中。作为"世界警察"的美国，外有旷日持久的对外战争，内有金融危机的冲击，其国力受到削弱，同时以中国为代表的新兴发展中国家的崛起，这使得美国虽然仍然能够保持第一强国地位，但维持其在全球霸权体系和在全球的主导地位已经显得力不从心，世界进入了"一个后霸权时代"①。后霸权时代并不意味着霸权主义世界秩序的终结，而是进入了一个霸权的收缩与调适期，为了维护以美国为首的国际垄断资本不断推进全球扩张的需要，霸权主义世界秩序必然对人类命运共同体所代表的世界新秩序发展进行防范和遏制。

资本通过在全球的扩张，构建起"中心—外围边缘"的资本主义世界体系结构，资本则沿着这个体系结构不断进行资本的体外循环，以此实现资本主义的全球生产、再生产与扩大再生产。在以英国为首的产业资本主导的殖民主义世界秩序下，产业资本在全球扩张过程中不断将资本主义生产关系国家化，将全球各个未进入主流现代化进程的地区全部纳入资本所构建的体系结构中，成为资本主义国家的殖民地。资本则依靠资本主义国家政权的力量，通过直接掠夺等方式从殖民地获取商品生产所需要的廉价原材料，并将其开拓为资本主义生产所需要的商品销售市场。在殖民主义世界秩序下，广大殖民地仅仅只是作为资本权力的一个低端组成部分，受到资本权力在政治、经济、文化等多方面的侵略和压制，处于民族国家主权的沉睡阶段，无法在国际上作为一种独立的力量与资本权力抗衡，只能部分或者全部沦为资本权力的附庸。

随着殖民主义世界秩序的瓦解，亚非拉地区广大欧洲的殖民地相继通过民族独立运动走上独立建国的道路，从理论上讲，这些新独立的国家开始拥有政治上的完整权力，不再是发达资本主义国家的附庸。而在以美国为首的国际垄断资本所主导的霸权主义世界秩序下，国际垄断资本获取剩余价值的方式已经发生了根本性的变化，已经不再需要直接控制一个国家的领土来实现资本的积累，而主要是通过向广大发展中国家转移劳动密集型、高耗能、高污染的传统制造业，以此利用发展中国家低廉的劳动成本获得更大的剩余价值，同时转移传统制造业对环境的污染。在这一过程中，国际垄断资本，

① [美]罗伯特·基欧汉：《霸权之后：世界政治经济中的合作与纷争》，苏长和等译，上海人民出版社 2012 年版，第 X XI 页。

会分化加剧，而战争强推"普世价值"更是打着"人权高于主权"的幌子，肆意践踏他国主权，致使他国战火连绵、人民流离失所，伊拉克、叙利亚、利比亚等国当前的乱局就是典型例证。随着美国全球霸权衰落，权力在国家间转移并由国家行为体向非国家行为体扩散，全球范围内围绕权力的争夺加剧，这客观上造成了世界各国在文化价值领域既冲突又融合的局面，同时互联网、手机、电视等多媒体技术手段的广泛应用又进一步加深了这一局面。必须承认，全世界各个民族各个国家的文化价值观都有其产生的独特背景和土壤，都需要互相尊重特殊性，在当前这个以"和平发展"为主要潮流的时代，各种文化价值观需要"求同存异"，其中，"存异"并不是指搞孤立主义、分离主义，甚至不惜采用恐怖手段。在当今世界，人类不仅需要"存异"，更需要"求同"，"和平、发展、公平、正义、民主、自由，是全人类的共同价值"①，这些共同价值，不需要由某个强势民族、强势国家作为"天命传教士"来强力推行，而是由各个民族、各个国家在平等交往中共同生成、共同维护，以此超越"文明冲突"，为各国共同发展夯实价值基础。

但是以美国为首的国际垄断资本并不甘心从其主导的霸权主义世界秩序退出历史舞台，因为这不只是一种世界秩序的终结，就如同霸权主义世界秩序替代殖民主义世界秩序一样，而是意味着资本主义生产方式本身的合法性基础被逐渐消解。霸权主义世界秩序代替殖民主义世界秩序实际上只是资本在全球范围内获取剩余价值的方式的变化，只是资本的积累中心从英国转移到了美国，资本主义生产方式本身却没有发生根本性的改变。但是如果构建人类命运共同体逐渐代替霸权主义世界秩序，那就意味着一种对国际垄断资本的超越，虽然并不是从外在彻底否定国际垄断资本，但是国际垄断资本已经不再能够拥有处于霸权地位的合法性，国际垄断资本的扩张逻辑已经不能够再成为国际社会的普遍目的，而仅仅只是一种手段和工具。这是国际垄断资本所无法容忍的，因为对于资本主义来讲，不断追求权力扩张的资本逻辑才是目的，其他的一切都只能是满足并服从于资本扩张的环节和手段。所以

---

① 习近平：《习近平在联合国成立 70 周年系列峰会上的讲话》，人民出版社 2015 年版，第 15 页。

霸权主义世界秩序必然对威胁其安全的新秩序进行防范、遏制、对抗与打压。历史上任何一次新旧秩序的更替都必然带来国际甚至世界秩序的激烈动荡，新兴大国与守成大国之间也通常会发生导致秩序变迁的战争冲突，这被国际关系学者称之为"修昔底德陷阱"。虽然在霸权主义世界秩序代替殖民主义世界秩序的过程中，新兴的美国不仅没有与守成的英国发生战争冲突，而且彼此之间还在战争中结成了命运相连、休戚与共的盟友关系，但并不意味着这个过程是和平进行的，相反它伴随着两次惨烈的世界大战。只不过，挑战英国所主导世界秩序的新崛起强权国家除了美国之外，还有德国、意大利和日本，其中德国、意大利直接处于作为殖民主义世界秩序时代资本扩张中心区的欧洲，二者的崛起直接打破了欧洲的力量"均势"，所以两次世界大战的最重要策源地都在欧洲。

人类命运共同体则是内生于霸权主义的世界秩序之中，是在不断克服霸权主义世界秩序矛盾和弊端的历史进程中逐渐生成的。它深刻反映了世界各国在政治、经济、文化等领域日趋紧密的相互依存关系，是这样一种相互依存关系历史发展的必然结果。发达资本主义国家同样处于这种与世界各国的相互依存关系之中，所以虽然以美国为首的国际垄断资本所主导的霸权主义世界秩序并不甘心退出历史舞台，但是却并不敢贸然采取直接战争的方式彻底消除或者至少部分削弱人类命运共同体所代表的世界新秩序的威胁，因为采取直接战争的方式在当前这个各国间相互依存程度变得愈来愈高的命运共同体时代，只会意味着世界各国面临着被整体终结的共同命运，包括国际垄断资本在内。后霸权时代国际垄断资本力量会出现战略性重组，以达到优化配置的目的，同时国际垄断资本将采取利益与国际责任分离的方式，以最大限度减少国际垄断资本获取剩余价值的成本，这使得霸权主义世界秩序在某种程度上表现出秩序的收缩与不断调适。

（二）秩序的收缩：国际垄断资本力量的战略性重组

霸权主义世界秩序随着以美国为首的国际垄断资本在冷战后的全球扩张而不断拓展其影响力，这决定了"其兴也勃焉，其亡也忽焉"！因为国际垄断资本力量就是支撑霸权主义世界秩序的根本力量，国际垄断资本面临着无法克服的扩张悖论，这决定了其必须依靠外部空间的不断生产、不断拓展，以容纳资本的扩张动能，而空间拓展之处就是霸权主义世界秩序延伸覆盖之处。虽然国际垄断资本不再需要像殖民主义世界秩序一样，需要保持对殖民地的领土进行完全的军事占领、政治统治以确保殖民地作为殖民主义帝国的廉价而结实的地基，可以经受得住殖民母体对其资源的疯狂汲取、掠夺并作为其商品的销售市场。在霸权主义世界秩序下，国际垄断资本已经不再需要保持对全球欠发达国家或地区的领土控制，而是只需要维持住其主导的全球产业分工链、价值链，并确保美元在国际金融体系中的霸权地位，让美元长期成为世界各国计价并反映其所积累财富的世界货币。那么，以美国为首的国际垄断资本就需要掌控全球财富的流动渠道并且防范任何新崛起的国家挑战其经济霸权，这样国际垄断资本仅仅只需要控制住现代工业的血液（全球石油最终重要的产地，如中东北非地区），以及沿路上、海上运输线布局的全球财富流通渠道即可。为了达到此目的，美国必须保持一种强大的、对其他国家具有代际优势的现代化军事力量，用军事力量吓阻遏制潜在竞争对手。所以美国在全球各地拥有数百个军事基地，美国的军费开支甚至长期比世界上其他所有国家的总和还要多。美国虽然不会贸然直接与中俄等潜在竞争对手发生军事冲突，但是美国在战略上却一直没有放松对中俄两国的围堵防范，妄图压缩这两个国家的国际战略空间。冷战结束以来，美国沿中俄两国边缘地带发动了科索沃战争、两次海湾战争、阿富汗战争，并直接间接介入叙利亚战争、利比亚内战等战争冲突；同时美国还在中俄两国的周边地区发动了一系列所谓的"颜色革命"。

冷战结束时，以美国为首的国际垄断资本所主导的霸权主义世界秩序达到权力的顶峰状态，但任何事物盛极而衰，随着国际垄断资本扩张悖论的不断显现，资本如影随形的内在否定性不断积累，霸权主义世界秩序的内在否定性也在不断积累。2008年的美国金融危机成为霸权主义世界秩序的重要转折点，支撑霸权主义世界秩序的国际垄断资本，其内在否定性在累积到一个临界点以后最终全面爆发，这不仅意味着国际垄断资本遭受极大挫折和损失，同时也深刻地影响霸权主义世界秩序在全球的力量布局。为了走出因过度扩张而陷入的阿富汗及中东地区的战争泥潭，更为了集中应对中俄两国特别是中国迅速发展所产生的国际影响力，国际垄断资本进行了力量分配的战略性重组。美国在 2009 年前后逐步提出并实施"亚太再平衡战略"，预计到 2020 年前将美国 60% 的海空军力量部署到亚太地区以防范遏制中国；美国还在力推北约东扩，不断将俄罗斯周边的原苏联加盟共和国纳入北约组织，特别是美国在格鲁吉亚、乌克兰等地的深度介入极大影响了俄罗斯的安全利益，同时美国还在作为俄罗斯中东地区重要盟友的叙利亚发难，煽动其国内的反对派走上反政府的武装冲突道路，这使得叙利亚从 2011 年以来一直处于内战状态。总之，当前以美国为首的国际垄断资本主导的霸权主义世界秩序已经在一定程度上出现了收缩的趋势，国际垄断资本力量正在不断进行战略性重组，并针对中俄两个最大的潜在竞争对手进行战略力量的优化配置，以提升其秩序相对收缩状态下的战略威慑能力。

（三）秩序的调适：资本利益与国际责任的分离趋势

当前霸权主义世界秩序的收缩并不意味着霸权主义世界秩序愿意主动退出历史舞台，而是一种"以退为进"的权益之举。面对霸权主义世界秩序的不断被内在否定而出现力量收缩的历史趋势，以美国为首的国际垄断资本采取了将资本利益与应该承担的国际责任相分离的举措，2017 年以来在发达资本主义国家出现的"逆全球化"潮流就是这一举措的重要注脚。资本在其推行全球化扩张的最初阶段，资本及其所控制的资本主义国家政权对其殖民地进行的是赤裸裸的掠夺，同时对其他有战略竞争关系的殖民主义国家同样也会运用军事战争手段攫取国家利益。但是资本在不断将生产关系国际化的过程中发现，有很多国际性的事务、问题需要多个国家联合起来才能够共同解决，这些问题的解决所产生的利益并不是归某一国所有的，而是其他国家也可以享有，这就是国际公共物品的供给问题。诸如此类问题的产生使得资本意识到在其主导的世界秩序下，不仅有通过战争掠夺等方式所收获的巨大经济利益，同时也还存在一些虽然是公共的，但是会反过来最终影响到国际垄断资本利益的问题，例如对于国际时区的划定，这是世界各国之间共同的事情，解决起来虽然收益率并不高，但资本仍然会努力促进，因为它从长远看也有利于满足资本全球扩张的现实需要。全球范围内确立统一的时区有利于促进世界各国间的交流互动，从而促进全球性市场的建立。公共问题的出现是全球治理产生的重要动机，在资本主导的世界秩序下，处于无政府状态下的国际社会是通过资本的全球治理解决所出现的全球公共问题。通过资本的全球治理，资本在某种程度上将国际利益的获取与国际责任的承担部分地对接起来，虽然这是以满足资本的全球扩张为中心的，必须有利于资本更好地实现世界规模的资本积累、榨取其他国家或地区所创造的剩余价值，但是这也为国际社会通过公共问题的解决实现合作提供了可能，所以仍然具有一定的历史意义。

但从长远看，当所应该承担的国际责任影响到资本的现实利益时，资本会毫不犹豫地选择放弃国际责任而获取利益。首先，资本的全球扩张产生了愈来愈多的全球性问题，如环境污染、战争冲突等，这些都使得世界秩序的外部性问题越来越严重，相关问题的解决虽然有利于为资本扩张创造有利的国际环境，却需要各国共同努力才能够实现，这就需要资本及其所掌控的资本主义国家政权作出很大的利益妥协和让步才有可能达成，这必然使得资本的全球扩张面临越来越大的成本，而且这个成本从某种意义上讲是资本所无法容忍的；其次，资本即使选择将责任与利益分离，在短期内也并不会影响到资本对利益的获取，相反还可以显著减少资本获取利益的成本；再次，世界范围内会存在若干民族资本力量，当所有的资本力量都对利益与责任问题秉持基于"成本—收益"的理性分析时，其结果是大家都会处于观望状态，都期望别人承担更多的公共责任而自己搭便车即可，那么最终的结果是国际社会中的责任与利益处于被分离的趋势；最后，并没有一个超越民族国家主权的绝对权威来监督资本对国际责任的承担，这是"霸权稳定论"重要立足点。但处于资本主义世界体系中的霸权主义国家，虽然基于霸权利益会在一定程度上满足国际公共物品的供给需要，但是霸权国家仍然是由资本所主导的，必须以资本扩张为中心。资本霸权的维系同样需要更大的成本。所以霸权并不是万能的，特别是当霸权处于衰落时期，资本更有可能将责任与利益分离以维护现实的利益。

当前，以美国为首的国际垄断资本主导的霸权主义世界秩序正处于衰落之中，被称之为"后霸权时代"。后霸权时代的国际垄断资本呈现出了非常明显地将责任与利益分离的趋势。首先，在地缘政治上，从热点冲突地区撤出，使得区域内面临权力真空，各种区域性力量群起而动，都想填补真空，这导致地区局势更加动荡不安。为了维护力量收缩后的地缘政治利益，国际垄断资本会选择其在区域内的代理人，从而使得热点地区被各种势力裹挟，相互之间进行激烈的地缘政治博弈，其结果使地区局势更加动荡不安，但国际垄断资本却置之不理、任其发展，如当前的伊拉克、叙利亚局势就是如此。其次，在国际经济上，通过"逆全球化"潮流，一方面既想享受全球化带来的巨大利益，维系现有的国际产业分工链、价值链，利用发展中国家的廉价劳动力榨取差额剩余价值，同时将传统制造业的污染留置在发展中国家；另一方面，在其国内经济空心化问题日趋严重，金融业等虚拟经济与实体经济严重脱节，制造业等实体经济失业问题愈来愈严重，这必然对资本主义的统治合法性基础产生巨大的冲击，所以为了迎合其国内的民粹主义情绪，资本主义国家提出了"再工业化"战略，鼓吹制造业由发展中国家向发达国家国内回流。但这是不符合经济规律的，国际垄断资本并不是要真正反对"全球化"，而是要通过这个过程区分全球化中对资本扩张有利和不利的方面，实际上就是要将国际利益与国际责任分离，以满足国际垄断资本力量整体衰落的背景下仍然要维持超额剩余价值的现实需要，如美国的特朗普政府就打着"美国优先"的旗号，退出了巴黎气候协议、TPP 等诸多国际多边合作机制，并不顾世界贸易组织规则，对中国出口商品征收重税，通过威胁发动贸易战妄图逼迫中国放弃本国利益，大量从美国进口美国希望扩大出口的商品，但是对于中国需要进口的高科技、高附加值商品则严格限制。

后霸权时代，以美国为首的国际垄断资本虽然目前并不能直接通过军事手段遏制世界各国共同构建基于人类命运共同体的世界新秩序，但却以军事、科技、文化等硬软实力为后盾，通过利用其主导建立的国际制度规范，在意识形态上设置"普世价值陷阱"，在国际政治经济上，挑动地缘政治经济纷争，以达到阻遏世界新秩序形成的目的。

二、构建人类命运共同体逐渐取代霸权主义世界秩序

"一种国际秩序的生命力体现在它在合法性和权力之间建立的平衡，以及

分别给予两者的重视程度。"①当前以美国为首的国际垄断资本主导的霸权主义世界秩序处于巨大的危机之中。首先，霸权主义世界秩序建立在"普世价值"基础上的合法性正在受到广泛质疑，其通过"颜色革命"和直接战争强推"普世价值"的结果是，所谓"自由、平等、人权"不仅没有在进行"颜色革命"的国家得到真正实现，反而造成地区动荡、所在国人民流离失所，伊拉克、叙利亚、利比亚等国当前的乱局就是典型例证。其次，在资本逻辑的驱使下，霸权国家过度拓展和使用权力，不仅造成全球发展失衡，使得全球贫富分化问题更加严重，也成为滋生民族矛盾、种族冲突、国际恐怖主义、网络安全及国际难民问题等的根源。最后，面对棘手的全球性问题，霸权主义国家立足"零和游戏"的霸权逻辑，实行权责分离，既死守霸权利益不放，又不愿意真正承担起应有的责任，反而通过一系列"逆全球化"的举措，同时退出相关公益性国际组织，逃避责任，使得问题的真正有效解决更加遥遥无期。这一切都在进一步透支霸权主义世界秩序的合法性。霸权主义世界秩序正在走向终结，而这"不只是'单极时刻'的终结……还是美国霸权更长时间的物质和规范力量的终结……单个大国主宰全球(在英国和美国治下的世界)的时代已经结束了。"②

一个新时代正在诞生，"各国人民是一个休戚与共的命运共同体，市场、资金、资源、信息、人才等等都是高度全球化的。"③为此，当代国际社会需要构建互利共赢的人类命运共同体。而"人类命运共同体，顾名思义，就是每个民族、每个国家的前途命运都紧紧联系在一起，应该风雨同舟，荣辱与共，努力把我们生于斯、长于斯的这个星球建成一个和睦的大家庭，把世界各国人民对美好生活的向往变成现实。"④当代社会生产力为建构"人类命运共同体"提供了物质基础。首先，全球普及的互联网、四通发达的交通网、物流运

① ［美］亨利·基辛格：《世界秩序》，胡利平等译，北京：中信出版社 2015 年版，第 75 页。

② ［加］阿米塔·阿查亚：《美国世界秩序的终结》，袁正清、肖莹莹译，上海：上海人民出版社 2017 年版，第 7 页。

③ 习近平：《携手追寻中澳发展梦想 并肩实现地区繁荣稳定——在澳大利亚联邦议会的演讲》，人民日报 2014 年 11 月 18 日，第 2 版。

④ 习近平：《携手建设更加美好的世界——在中国共产党与世界政党高层对话会上的主旨讲话》，人民日报 2017 年 12 月 2 日，第 2 版。

输网以及先进大数据技术等大大压缩了人类社会的时空距离，使得人类生存的世界越来越成为一个"地球村"；其次，人类社会面临的恐怖主义、生态危机、流行疫病、网络安全及跨国犯罪等全球性问题，只有共同合作才能够有效解决；最后，随着经济全球化进程的深入推进，全球性贸易和投资使得人类社会联系越来越紧密。因此，建构人类命运共同体的伟大构想，必将成为人类不可抗拒的历史潮流。

三、人类命运共同体与霸权主义世界秩序的根本区别

人类命运共同体是一个与霸权主义世界秩序截然不同的世界新秩序，"各国人民同心协力，构建人类命运共同体，建设持久和平、普遍安全、共同繁荣、开放包容、清洁美丽的世界。"①。总体来看，二者具有以下几个方面的本质区别：

第一，人类命运共同体基于主权平等、合作共赢，而不是要构建一个新的霸权秩序。主权国家的存在是国家间政治的一个基本现状和基本前提，主权平等是国际关系的核心准则和客观需要。霸权主义强调"扩张"和"控制"，这是国际垄断资本维系其霸权秩序的两个关键要素。为此，霸权主义世界秩序与国家间主权平等是必然对立的，从根本上看，霸权主义世界秩序就是建立在损害弱小国家平等主权的基础之上的。但人类命运共同体则是建立在国家主权平等的基础上的，它是由世界各国在合作共赢、实现和平与发展的历史进程中共同协商、共同构建、共同维护的平等新秩序。在这样一个新秩序中，世界各国无论大小、强弱都是平等的参与者、秩序的维护者以及利益的共享者，没有一个国家会是立于金字塔尖上的强权，而"从 360 年前的《威斯特伐利亚和约》确立的平等和主权原则……到 60 多年前万隆会议倡导的和平共处五项原则，国际关系演变积累了一系列公认的原则。这些原则应该成为构建人类命运共同体的基本遵循"②。

第二，人类命运共同体坚持共同发展，而不是不平等的发展。霸权主义

---

① 本书编写组：《党的十九大报告辅导读本》，北京：人民出版社 2017 年版，第 57-58 页。

② 习近平：《习近平主席在出席世界经济论坛 2017 年年会和访问联合国日内瓦总部时的演讲》，人民出版社 2017 年版，第 22 页。

世界秩序是立足于不平等发展的基础上的。在这样一个秩序下，"尽管少数经济体能够利用其特殊机遇相对成功地实现一定水平的资本主义现代化，但发展中国家中的大国以及大多数中小国家必然成为资本主义生产方式内在矛盾的最终承担者，因而不可能通过资本主义道路实现现代化"①，大多数发展中国家只能陷入"中等收入陷阱"无法自拔。但从人类社会长远发展看，"富者愈富、穷者愈穷的局面不仅难以持续，也有违公平正义"②。人类命运共同体则是坚持共同发展，通过各国间合作与创新，为全球发展提供持久动力；加强全球经济治理，实现各国协调发展，破解全球发展失衡的问题；加强全球生态治理，促进生态绿色经济发展，建设美丽清洁的世界；坚定不移地推进更加公平的新型全球化进程，反对"逆全球化"和形形色色的贸易保护主义，构建开放型市场经济体系；促进全球共享发展，注重维护全球发展的公正性，提升全球发展的普惠性。总之，通过共同发展，形成互惠互利的发展共同体，不断增加各国间的共同利益，为构建人类命运共同体打下坚实的物质基础。

第三，人类命运共同体强调共同安全，而不是排他性的绝对安全。霸权主义世界秩序下存在安全的悖论，一方面，国际垄断资本扩张需要一个绝对安全的环境，任何不安全的因素，对于最大限度追求剩余价值的资本来讲，都意味着成本的增加，这是无法容忍的。而资本扩张具有竞争性，那么维护资本扩张的安全本身则具有排他性。在资本构建的"中心—外围边缘"结构中，需要维护的是作为资本扩张中心区的绝对安全。为此，发达资本主义国家实行"以邻为壑""祸水外引"及"先发制人"的安全战略，以打击恐怖主义的名义在边缘地区发动战争，妄图防患于未然，同时引导国际资本向中心流动。但这必然引发全球恐怖主义的激烈反弹，恐怖组织通过不对称的"恐怖袭击"等"超限战"手段，直接对发达国家本土设施及平民发动袭击，这必然对资本扩张造成了更大的不安全。人类命运共同体则坚持共同安全观，认为"实现各国

---

① 鲁品越：《国际体系与中国现代化道路的两个阶段》，《马克思主义研究》2014年第10期，第133页。

② 习近平：《习近平在联合国成立70周年系列峰会上的讲话》，北京：人民出版社2015年版，第17页。

共同安全，是构建人类命运共同体的题中应有之义"①。共同安全坚持"与邻为善、以邻为伴、友邻睦邻"的周边安全理念，强调"各国应该树立共同、综合、合作、可持续的全球安全观，树立合作应对安全挑战的意识，以合作谋安全、谋稳定，以安全促和平、促发展，努力为各国人民创造持久的安全稳定环境"②。通过构建国家间多层次的伙伴关系，努力超越传统地缘政治的"结盟"和"均势"战略。强调在主权平等、互相尊重的基础上，安全问题共同协商、安全机制共同构建、安全秩序共同维护、安全环境共同享有，从而为世界带来真正的安全。

第四，人类命运共同体坚持共同价值，而不是抽象虚假的"普世价值"。习近平在联合国成立 70 周年系列峰会上的讲话中指出："和平、发展、公平、正义、民主、自由，是全人类的共同价值"③。共同价值作为人类命运共同体的价值基础，构成其合法性的重要支撑。作为霸权主义世界秩序价值支撑的普世价值，是立足于形而上学的世界观，以抽象人性论为前提。抽象出人类社会交往过程中一些具有共性的理念，作为一种超现实、历史的具有永恒性的价值原则，并且将这一套价值原则凌驾于人类社会之上，使之成为人人都必须遵守的所谓客观标准。在霸权主义世界秩序下，霸权国家自命为普世价值的"天命传道士"，凭借其掌握的国际话语权，在广大发展中国家不惜使用武力强行推行"普世价值"。这必然带来"文明间的冲突"，无异于发动一场"二十一世纪的十字军东征"，其结果是进一步加剧现实的不平等，使世界局势更加动荡不安。共同价值则"是以各个不同层次的'社会命运共同体'的生存与发展的客观需要为基础的价值……首先，是建立在该社会命运共同体的共同利益与信念基础上的'集体信念共同价值'……其次，是建立在社会命运共同体成员之间的互补性需要基础上的'契约信用共同价值'……最后，是建立

---

① 习近平：《坚持合作创新法治共赢 携手开展全球安全治理——在国际刑警组织第八十六届全体大会开幕式上的主旨演讲》，人民日报 2017 年 9 月 27 日，第 2 版。

② 习近平：《坚持合作创新法治共赢 携手开展全球安全治理——在国际刑警组织第八十六届全体大会开幕式上的主旨演讲》，人民日报 2017 年 9 月 27 日，第 2 版。

③ 习近平：《习近平在联合国成立 70 周年系列峰会上的讲话》，北京：人民出版社 2015 年版，第 15 页。

在保障社会命运共同体成员的最基本利益基础上的'行为底线共同价值'"①。共同价值并不否认人类的共性，只是强调这种共性是社会性，而不是自然性。只有立足社会性，从人类的社会实践活动中，才能找寻到基于人类共性的价值原则的真正来源，只有这样才不至于如普世价值一样陷入宗教般的"神秘主义"。"普世价值"在现实中则需要一个特定的阶级、民族或者国家来为此布道传教，这本身就是一种不平等，是有悖于普世价值所宣扬的理念的。共同价值则是全世界各个民族国家在合作共赢的国际社会交往实践中，共同努力建构并维护的。在这一过程中，人类命运共同体的合法性也会得到逐步强化。

---

① 鲁品越、王永章：《从"普世价值"到"共同价值"：国际话语权的历史转换——兼论两种经济全球化》，《马克思主义研究》2017年第10期，第91页。

第三章 伟大构想的基本遵循

——习近平关于"命运共同体"系列重要论述的主要层面

面对资本全球治理所带来的一系列全球性问题的挑战，世界各国都在积极探索应对之道，却不得要领。推动构建人类命运共同体是新形势下破解世界和平发展难题的中国方案、中国智慧、中国力量，同时也是对世界各国特别是广大发展中国家变革全球治理体系、构建更加包容公正国际秩序呼声的积极回应。习近平总书记于 2013 年 3 月在俄罗斯莫斯科国际关系学院的演讲中首次提到"命运共同体"这一概念，他指出："人类生活在同一个地球村里，生活在历史和现实交汇的同一个时空里，越来越成为你中有我、我中有你的命运共同体"①。此后，"命运共同体"这个词汇被使用的频率越来越高。深入分析阐释习近平关于"命运共同体"系列重要论述的内涵特征是认识把握人类命运共同体的重要前提基础。从概念的内在生成逻辑看，习近平关于"命运共同体"重要论述主要包括中华民族命运共同体、国家与国家命运共同体、国家与区域间命运共同体以及人类命运共同体的四个主要层面。

第一节 中华民族命运共同体

维护国家主权完整、推进国家完全统一，是新时期中国共产党领导中国

---

① 习近平：《顺应时代前进潮流 促进世界和平发展——在莫斯科国际关系学院的演讲》，人民日报 2013 年 3 月 24 日，第 2 版。

人民需要着力完成的历史性任务。香港、澳门已经分别于 1997 年和 1999 年顺利回归祖国，但台湾问题却一直悬而未决。台湾问题是中国人民解放战争遗留的历史性问题，再加上美国、日本等外部势力的持续介入，情况相对较为复杂。中华民族从来都是一个爱好和平、内敛型，不图对外拓展势力空间的民族，但中华民族自古以来也是崇尚团结统一的民族，这是中华民族历经无数的磨难和外族入侵，仍然能够保持民族繁衍生息的根本原因。当前国家尚未统一，香港存在的极少数乱港分子与国外反华势力合流，特别是台独势力，更是在"去中国化"、搞"隐形台独"，小动作频频，图谋分裂中国。作为中华民族伟大复兴的领导者，中国共产党维护国家统一的愿望和意志是坚定的。党的"十八"大召开后不久，习近平在参观国家复兴之路展览时提出了"国家富强、民族复兴、人民幸福"的中国梦，中国梦的实现离不开香港、澳门、台湾同胞以及海外中华儿女的共同努力，中华民族从来都是一个命运共同体。中华民族的和平统一，不仅符合包括港澳台在内的全体中华儿女的共同利益，也有利于增强全世界追求和平发展的力量。

一、香港、澳门与祖国内地的命运始终紧密相连[①]

香港、澳门是分别被英国和葡萄牙的殖民者在清、明两代从中国手中通过侵略手段获得的，在清朝晚期随着中国国力的衰弱，英国、葡萄牙对香港、澳门的殖民统治得到进一步强化。新中国成立初期，由于中国被以美国为首的西方发达国家封锁，并且中苏关系在 20 世纪六七十年代全面恶化，中国也迫切需要香港、澳门这样一个与西方国家联系的窗口和管道，并没有立即解决香港、澳门问题，而是暂时选择维持现状。20 世纪 70 年代改革开放浪潮就是最先从与香港澳门毗邻的广东汕头、珠海、深圳等地铺开。这一时期，作为中国共产党第二代领导集体的核心邓小平同志着手将解决香港、澳门问题提上日程，提出"一国两制"战略构想，并在香港澳门付诸实践。香港澳门回归以来，中央在各方面给予特区政府以坚定支持，确保了香港、澳门的繁荣稳定。但是近年来，乱港分子故意歪曲否定"一国两制"和"基本法"，片面强

---

① 习近平：《习近平谈治国理政》，外文出版社 2014 年版，第 227 页。

调"两制"，对"一国"视而不见，只强调香港与内地的绝对差异，排斥香港与内地的融合与联系，刻意挑起香港民众与内地的矛盾，为香港密切与祖国内地的联系、保持繁荣稳定带来很大冲击。在此背景下，着力构建祖国内地与香港、澳门的命运共同体具有历史性意义。

(一)香港、澳门与祖国内地共同经历民族兴衰的艰难历程

一个强大的祖国是确保国家主权完整统一和维护民族尊严的根本保证，祖国孱弱，国土必然被强权垂涎，主权丧失，则民族尊严不再。1840 年鸦片战争以来，腐朽落后的清王朝不断被西方列强打败，签订了一系列不平等条约，中国逐渐沦为半殖民地、半封建社会，中华民族被嘲讽为"东亚病夫"，任人欺凌、受人宰割。民族国家尚且无法保全，更何况如香港、澳门这一地一隅，港澳同胞在自己的国土上却被视为"二等公民"，蒙受奇耻大辱。正如习近平同志所指出的，"香港的命运从来同祖国紧密相连。近代以后，由于封建统治腐败、国力衰弱，中华民族陷入深重苦难。19 世纪 40 年代初，区区一万多英国远征军的入侵，竟然迫使有 80 万军队的清朝政府割地赔款、割让香港岛。鸦片战争之后，中国更是一次次被领土幅员和人口规模都远远不如自己的国家打败，九龙、'新界'也在那个时候被迫离开了祖国怀抱。那时的中国历史，写满了民族的屈辱和人民的悲痛。"①殖民统治者态度的转变、港澳同胞地位的提升有赖于背后祖国的逐步强大。

英国对香港的殖民统治，经历了从以"威慑弹压"为主到以"许利拉拢"为主的转变，香港"由开埠至太平洋战争爆发一百年间，政府主要用'荣誉'与'威压'两种权力手段，前者主要用于少数'位高名重'的华人，使其为政府所用，并借少数'高等华人'之支持与合作，间接取得华人民众对政府之认受与支持；后者主要用于"边缘"公民社会：许多严苛、限制社团活动、压抑其发展的法例，就在这期间订立。为免惹政府猜疑打压，不少在这期间成立的公民社会团体组织成立之初，会刻意用低调、不沾政治的名称，如'香港华人机器总工会'最初用'中国机器研究总会'作会名，而新界乡议局原本叫'农工商

---

① 习近平：《在庆祝香港回归祖国二十周年大会暨香港特别行政区第五届政府就职典礼上的讲话》，人民日报 2017 年 7 月 2 日，第 2 版。

业研究总会'。"①这一阶段恰恰是中华民族从鸦片战争爆发后到新中国成立前的"百年屈辱"时期，军阀混战、外敌入侵、民贫国弱，至于香港，则是广大香港同胞被英国殖民者高压统治，只有极少数的所谓"华人精英"被拉拢，为殖民统治者"以华制华"的统治策略服务，其他绝大多数香港同胞只能作为"二等公民"存在，被怀疑、防范、弹压。但是"第二次世界大战后，港英政府逐步调整其管治策略以增强其'合法性'。为取得更多精英和更广泛的群众支持，并'团结'及调动更大范围的公民社会'积极性'，港英政府使用'荣誉'和'酬报'两权力手段"②。这不是因为英国殖民统治者变得更加仁慈或者文明，而是因为香港面临的政治经济环境在二战后有了巨大的改变，一方面英国在二战中受到巨大的损失，这个曾经的"日不落帝国"已经丧失了世界霸权地位，另一方面 1949 年新中国成立，一个崭新而强大的社会主义国家开始矗立东方，拿破仑所谓"沉睡的雄狮"已经觉醒。100 多年来，在香港所处的区域力量格局中，殖民统治者与祖国内地的力量对比第一次发生了根本性的、不可逆的改变，殖民主义势力开始在这种力量对比中处于劣势。在此后所形成的亚太冷战格局中，香港成为展示资本主义所谓"优越性"的窗口，成为实现资本主义对社会主义中国"和平演变"的前线，香港在英国仅存的海外占领地版图中，地位骤然上升，香港同胞的待遇也随之提升。澳门也有类似的经历，只不过澳门的情形比香港要相对简单得多，因为葡萄牙早已不是几个世纪前的世界霸主，国力丧失得更快。如果说葡萄牙在 20 世纪上半叶，由于中国四分五裂、军阀混战、自顾不暇还能勉强维持在澳门的殖民统治的话，那么新中国成立以后，在力量对比严重失衡的情况下，这种殖民统治地位是岌岌可危、不可持续的。葡萄牙继续维系澳门这块偏居亚太一隅的海外占领地显得比英国更加有心无力，所以 20 世纪 80 年代中葡关于澳门回归的谈判比中英关于香港回归的谈判要顺利得多。

香港、澳门背靠祖国内地，共同经历了中华民族百年来所遭受的种种苦难，共同参与了中华民族的不屈抗争。在 1884 年爆发的中法战争中，香港工

---

① 李明堃：《英治时期之香港公民社会》，港澳研究，2016 年第 4 期，第 68 页。
② 李明堃：《英治时期之香港公民社会》，港澳研究，2016 年第 4 期，第 68 页。

人举行声势浩大的抗法罢工，以实际行动支援祖国内地抗击法国侵略者的斗争。香港、澳门也是革命先驱孙中山先生走上革命道路的起点和从事反清斗争的重要基地。1925年6月，在共产党员邓中夏和苏兆征的领导下，广东、香港两地的工人进行了持续一年多的"省港大罢工"，沉重打击了英国殖民主义者在香港的经济统治，有力支援了上海人民五卅反帝爱国运动。在抗日战争中，中国共产党在香港转移营救了大批爱国民主人士、进步知识分子。以毛泽东同志为核心的中共第一代领导集体很早就已经意识到香港、澳门问题的特殊性，因此在这个问题上采取了非常务实并且具有长远战略眼光的政策，早在1946年解放战争刚刚开始，全国战局还不是很明朗的情况下，毛泽东同志就指出：对于香港问题，"我们现在不提出立即归还的要求，中国那么大，许多地方都没有管理好，……将来可按协商办法解决。"①到1949年解放战争全国大局已定，中国人民解放军第四野战军挺进华南，兵峰直达粤港澳边界，就在外界普遍认为中国将借解放战争的胜利之威，通过武力恢复香港、澳门主权，甚至香港、澳门的爱国群众也在作积极准备，以迎接解放。但解放军停止了进军步伐，中共中央已经决定通过和平手段解决香港、澳门问题。毛泽东同志在会见苏联代表米高扬时指出，"中国还有一半的领土尚未解放。大陆上的事情比较好办，把军队开去就行了，海岛上的事情就比较复杂，需要采取另一种较灵活的方式去解决，或者采用和平过渡的方式，这就要花较多的时间了。在这种情况下，急于解决香港、澳门的问题也就没有多大意义了。相反，恐怕利用这两地的原来地位，特别是香港，对我们发展海外关系、进出口贸易更为有利些。总之，要看形势的发展再作最后决定。"②对于香港、澳门地位的这一战略性认识以及由此确定的对港澳政策的总体方针政策，以毛泽东同志为核心的中共中央予以了长期坚持，即使是在祖国内地发生"三年困难"及"文化大革命"等特殊历史时期，也没有任何的动摇和改变。"为了保证香港同胞的福利，中央政府采取了一系列特殊政策，以优惠价格为香港提供生活必需品、淡水和工业原料，即使在最困难的三年时期(1959—1961年)也

---

① 《毛泽东文集》第4卷，人民出版社1996年版，第207页。

② 《毛泽东传(1893—1949)》，中央文献出版社2004年版，第948页。

从未中断，价格远低于国际市场。"①祖国内地的大力支持，确保了香港、澳门的稳定，特别是为香港在20世纪60年代快速发展，跻身"亚洲四小龙"之列创造了必要条件。

同时，通过和平方式妥善处理香港、澳门问题战略方针政策的提出，也为中国发展与英国、挪威、葡萄牙等欧洲资本主义国家友好外交关系打下了重要基础，"西欧和北欧的一些资本主义国家，如英国、挪威、丹麦、芬兰、瑞典以及荷兰也相继于1950年初承认新中国，并愿意建立外交关系。"②这些都与中国在处理香港、澳门问题表现出的积极稳妥、强调和平协商的态度有很大关系。虽然在中国抗美援朝战争期间，"英国对新中国采取了不友好的态度，1951年4月7日，香港英国当局非法征用停泊在香港待修的'永灏号'油轮；1952年7月28日，英国枢密院将中国中央航空公司所属40架飞机及其他资财判给陈纳德的'美国民用运输公司'所有；同年10月8日，香港高等法院又将中国航空公司所属31架飞机及其他财产判给陈纳德的上述公司所有。"③中英关系一度紧张，但是战争结束后，中英双方恢复接触，英国在一些涉及中国周边的重大国际问题上也与美国的态度保持了一定的距离，中英双方很快建立外交关系。新中国成立以后的很长一段时间之内，美国在亚太地区保持对中国的封锁，东南沿海一线成为亚太地区冷战的前沿，各种冲突持续不断，同时从1959年开始中苏关系逐渐紧张，直至苏联陈兵百万在中苏边境。而中国大陆又持续经历"三年困难时期"以及"文化大革命"的破坏，国民经济发展极度困难，香港、澳门成为中国打破美国封锁、摆脱内外困境的重要战略通道。

(二)"一国两制"在香港、澳门的成功实践

以毛泽东同志为核心的中共第一代领导集体，以卓越政治家的高瞻远瞩，对香港、澳门问题的解决进行了有益的探索，并作出了突出的贡献。1978年

① 杨孙西：《毛泽东在香港问题上的战略远见》，党的文献2014年第3期，第123页。

② 方连庆、刘金质、王炳元主编：《战后国际关系史（1945—1995）下》，北京大学出版社1999年版，第164页。

③ 方连庆、刘金质、王炳元主编：《战后国际关系史（1945—1995）下》，北京大学出版社1999年版，第159页。

召开的党的十一届三中全会，以邓小平同志为核心的中共第二代领导集体，总结建国以来社会主义建设正反两方面的经验教训，将党和国家的工作重心从"以阶级斗争为纲"及时调整为"以经济建设为中心"，作出了改革开放的战略决策。这也为最终圆满解决香港、澳门问题创造了必要条件。80 年代初邓小平同志将针对台湾问题提出的"一国两制"方针率先运用到解决香港、澳门问题上面，他指出，"香港继续保持繁荣，根本上取决于中国收回香港后，在中国的管辖之下，实行适合于香港的政策。香港现行的政治、经济制度，甚至大部分法律都可以保留，当然，有些要加以改革。香港仍将实行资本主义，现行的许多适合的制度要保持。我们要同香港各界人士广泛交换意见，制定我们在十五年中的方针政策以及十五年后的方针政策。这些方针政策应该不仅是香港人民可以接受的，而且在香港的其他投资者首先是英国也能够接受，因为对他们也有好处。"①"一国两制"的方针政策，正视了香港、澳门在历经英国、葡萄牙长时间殖民统治后所形成的与内地的巨大差异，尊重并保留了两地的资本主义制度和原有的生活方式，这使得中国政府顺利地开展了与英国、葡萄牙就港澳问题的外交谈判，并分别于 1984 年、1987 年签订《中英联合声明》和《中葡联合声明》，明确中国分别于 1997 年、1999 年收回香港、澳门主权。

香港、澳门回归祖国以后，中央政府认真履行了相关承诺，切实践行了"一国两制"的方针政策，给予香港、澳门特区政府坚定支持，确保了香港、澳门的长期繁荣稳定。香港在回归伊始就面临 1997 年亚洲金融危机的严峻考验，但在中央政府的坚定支持下，成功击退国际金融大鳄对港元的投机性炒作，维持了香港的金融稳定，避免了东南亚国家的金融危机向香港蔓延。正如时任国务院总理的朱镕基同志指出的那样，在金融危机中，"香港是靠自己成功地维持了联系汇率制度，但是没有中央政府这个强大的后盾，它要应对这个局面就困难得很。"②1999 年 7 月 1 日，胡锦涛同志在香港回归祖国纪念碑揭幕仪式上的讲话指出："两年来，'一国两制'方针和基本法得到了全面贯

① 《邓小平文选》第三卷，人民出版社 1993 年版，第 13 页。
② 编辑组：《朱镕基讲话实录》第二卷，人民出版社 2011 年版，第 509 页。

彻落实……事实雄辩证明，'一国两制'方针和基本法符合国家利益，符合香港根本利益，也符合各国投资者利益，是香港长期繁荣稳定的根本保障。"①香港、澳门回归以后，与祖国内地结成了更加紧密的关系。特别是随着党的十八大以来，中国在美国金融危机持续发酵、各国经济发展普遍疲软的情况下，仍然能够逆势而上，保持经济社会持续稳定发展，成为推动世界经济增长的最有力的引擎，这充分展现了中国特色社会主义发展道路的优越性。香港、澳门可以充分发挥自身的区位、金融、教育及人才等领域的优势，在中国主导创设的亚洲基础设施投资银行以及推动实施的"一带一路"战略规划中发挥积极作用，通过与祖国内地的深度融合，构建命运共同体，实现共同发展，确保香港、澳门的持续繁荣稳定。习近平同志在 2013 年 12 月 18 日会见时任香港特区政府行政长官梁振英、澳门特区政府行政长官崔世安时强调，"香港、澳门与祖国内地的命运始终紧密相连。实现中华民族伟大复兴的中国梦，需要香港、澳门与祖国内地坚持优势互补、共同发展，需要港澳同胞与内地人民坚持守望相助、携手共进……内地和香港的交流合作将更加深入，香港将赢得更多发展机遇和更大发展空间……在祖国内地发展过程中，澳门将继续与祖国内地同进步、共发展。"②实践也证明，"回归后，香港自身特色和优势得以保持，中西合璧的风采浪漫依然，活力之都的魅力更胜往昔。在'一国两制'之下，香港原有资本主义制度和生活方式保持不变，法律基本不变。香港同胞当家作主，自行管理特别行政区自治范围内事务，香港居民享有比历史上任何时候都更广泛的民主权利和自由。香港抵御了亚洲金融危机、非典疫情、国际金融危机的冲击，巩固了国际金融、航运、贸易中心地位，继续被众多国际机构评选为全球最自由经济体和最具竞争力的地区之一。香港各项事业取得长足进步，对外交往日益活跃，国际影响进一步扩大。"③

（三）全面准确贯彻"一国两制"

习近平同志在党的十九大上强调，"保持香港、澳门长期繁荣稳定，必须

---

① 《胡锦涛文选》第一卷，人民出版社 2016 年版，第 375 页。

② 习近平：《习近平谈治国理政》，外文出版社 2014 年版，第 227-229 页。

③ 习近平：《在庆祝香港回归祖国二十周年大会暨香港特别行政区第五届政府就职典礼上的讲话》，人民日报 2017 年 7 月 2 日，第 2 版。

全面准确贯彻"一国两制"、"港人治港"、"澳人治澳"、高度自治的方针，严格依照宪法和基本法办事，完善与基本法实施相关的制度和机制。"①这是构建香港、澳门与祖国内地命运共同体的根本保障。香港、澳门长期处于英国、葡萄牙的殖民统治下，殖民主义者对港澳同胞长期实行分而治之、以华制华的统治策略，刻意培养华人社会精英上层并进行积极拉拢，广泛开展殖民主义教育，用西方文化及生活方式影响下层百姓。同时得益于冷战时期造就的区位优势，外加港澳同胞的吃苦耐劳、辛勤努力，香港、澳门在 20 世纪 60 年代以后逐步实现了经济的快速繁荣。特别是香港，被形象地称之为"亚洲四小龙"之一。由此带来的是，香港、澳门传统社会结构受到冲击，社会主流意识形态有很大的变化。繁荣年代成长起来的年轻一代人，已经渐渐淡忘了殖民主义者加诸华人身上的种种苦难和屈辱经历，取而代之的是对殖民者繁荣发达的膜拜，相反，对同一时期祖国内地经济社会的相对落后而侧目。顺应这一经济社会发展趋势，英国、葡萄牙当局在"二战"后的统治策略也发生很大改变，从以"压制"为主的殖民统治过渡到以"怀柔"为主的社会管理，更加全面彻底地推行殖民主义教育，通过扩大高等教育面，充实壮大华人公务员队伍，将很多曾经专属英国、葡萄牙殖民主义者的高层职务向华人开放等，以此建构华人群体对殖民主义者的认同度。而同一时期，祖国内地经济社会发展相对滞后，邻近港澳的广东地区的居民出现过几次大陆居民"逃港潮"，而受大陆极"左"思潮影响，香港 1967 年发生"反英暴动"，这极大震撼了港英及澳葡当局，促使其更加注重改善施政策略，拉拢社会底层群众，但是这一系列左翼运动也同样震撼了香港澳门正在形成的中产阶级，促使一部分人对祖国大陆产生了疏离感，这一小部分人成为后来乱港分子产生的重要来源之一。

20 世纪 80 年代，中国大陆开始走上改革开放的道路，香港、澳门与祖国内地联系日益频繁。中英、中葡分别就香港、澳门回归问题达成协议，香港、澳门进入回归前的过渡阶段。港英当局在 1997 回归之前全面布局，维护其既

① 习近平：《决胜全面建成小康社会 夺取新时代中国特色社会主义伟大胜利——在中国共产党第十九次全国代表大会上的报告》，人民出版社 2017 年版，第 55 页。

得利益，其中一个关键的举措就是在香港单方面推行民主化进程，这让香港社会存在的疏离祖国内地的人士以"反共"以及"追求民主"的名义聚集，并逐渐形成一股有一定影响力的"泛民主派"政治势力。这部分政治势力在回归以后处处形成对爱国爱港人士组成的"建制派"的掣肘。但其"大部分已经被吸纳进入香港的政治体制之中，并且他们多数有着朴素的民族主义情结和关心国家事务的"家国情怀"，因而其负面影响事实上被有效稀释了。然而近年来，"民主回归派"越来越受到"本土主义"的冲击。"①香港、澳门回归以后，英美等国势力不仅没有撤出香港、澳门，反而进一步加强了对两地特别是香港的人力、物力及财力等的投入，妄图将香港、澳门变为西方资本主义国家对中国推行所谓"颜色革命"的桥头堡，通过其影响的教育、法律、文化等社会精英人士以及其控制的各种媒体，继续推行殖民主义教育，美化殖民主义历史。抵制一切亲近祖国内地的宣传教育，将任何这种宣传教育都污蔑成是中国共产党对香港社会的干涉。长期以来，各种由小道消息组合而来的反中国共产党、反社会主义以及反国家领导人的书籍、报刊充斥着香港的文化市场。劣币驱逐良币效应显现，在香港社会，爱国的、赞扬内地正面发展的言论成了另类、非主流；爱国爱港人士甚至还不能公开表达其观点，因为这随时会被扣上所谓"亲共"、"亲独裁专制"的帽子。长此以往，香港社会主流正面的声音不敢理直气壮发声，极个别非主流声音却大行其道，在互联网新媒体时代被有意迅速放大，而社会中强调稳定发展的沉默大多数不敢或不愿意主动发声而被极端言论裹挟、绑架。

随着祖国内地的快速发展，香港原有的区位、制度、教育等方面的优势也被极大缩小，香港社会原有的长期对内地的优越感逐渐丧失。部分精英阶层，特别是受殖民主义教育、长期反共宣传影响的青年一代，逐渐偏离老一辈胸怀天下的"大中华"意识（即使是传统的泛民人士，虽然秉持反共的顽固政治立场，但也承认自己是中华民族的一员），而不断走向偏安香港一隅的本土化意识。近年来，随着香港与祖国内地交流日趋频繁，特别是内地民众赴港旅游购物活动急剧增多，内地游客的大量流入在促进香港本地经济发展的同

---

① 王理万：《"港独"思潮的演化趋势与法理应对》，港澳研究 2017 年第 1 期，第 15 页。

时，也在一定程度上影响了本地居民的日常生活，造成的矛盾日益增多。一些本土化人士以此为借口煽动香港社会情绪，并衍生出乱港的极端思潮。这种极端思潮在非法"占中"和"旺角骚乱"中发挥得淋漓尽致，并在内外反华势力勾连下，通过香港立法院选举，形成一股更加激进的"泛民主派"政治势力，强调通过暴力手段、"勇武政策"，走街头政治道路。

香港、澳门回归以来，部分人士故意曲解"一国两制"，更多强调香港、澳门与内地的差异，强调资本主义制度与社会主义制度的不同，很少甚至故意不提"一国"的原则，认为强调"两制"，就不需要尊重中央的权威，就不需要维护国家和民族的整体利益。实际上对于"一国两制"，中央早就有非常明确的界定和阐释。江泽民同志指出："'一国两制'是一个完整的概念。讲'一国'，有两层意思。一是澳门是祖国的一部分……二是祖国内地始终是澳门特别行政区的坚强后盾……讲'两制'，就是国家的主体坚持实行社会主义制度，澳门继续实行原有的资本主义制度、生活方式不变。中央政府不干预澳门特别行政区自治范围内的事务，这个原则要坚持；澳门特别行政区则要维护中央的权威和国家的利益，决不允许极少数人在澳门进行针对中央政府和分裂国家的活动，这个原则也要始终坚持……尽管香港与澳门的情况不尽相同，我想上面讲的一些意见也是适用的。"①胡锦涛同志强调："'一国两制'是完整的概念，'一国'是'两制'的前提，没有'一国'就没有'两制'。'一国'和'两制'不能相互割裂，更不能互相对立。'一国'就是要维护中央依法享有的权力，维护国家主权、统一、安全。'两制'就是要保障香港特别行政区依法享有的高度自治权，支持行政长官和特别行政区政府依法施政。"②习近平同志也指出："'一国'是根，根深才能叶茂；'一国'是本，本固才能枝荣。'一国两制'的提出首先是为了实现和维护国家统一……要把坚持"一国"原则和尊重"两制"差异、维护中央权力和保障香港特别行政区高度自治权、发挥祖国内地坚强后盾作用和提高香港自身竞争力有机结合起来，任何时候都不能偏废。

---

① 《江泽民文选》第三卷，人民出版社2006年版。
② 《胡锦涛文选》第二卷，人民出版社2016年版，第592页。

只有这样，'一国两制'这艘航船才能劈波斩浪、行稳致远。"①如果不能正确理解"一国两制"的真实含义，或者故意歪曲"一国两制"的真实含义，将"一国两制"演变为"两制"装点下的"本土化"、甚至独立倾向，这不仅是对中华民族利益的背叛，同时也是对香港长远利益的不负责任。

当然，也必须正视香港与内地之间的巨大差异，双方在交流过程中也存在一定的矛盾和问题。主要表现在：

第一，香港作为资本主义社会，必然面临资本扩张空间不足的问题，其本身资源匮乏，能迅速实现经济腾飞，成为发达的资本主义社会，主要得益于本身得天独厚的地理位置，长期处于中西交流的战略通道上，通过法治体系建设，确定全球"自由贸易港"战略定位，大力发展金融业，成为亚洲重要的金融中心，是亚太财富流动的重要节点。同时内地长期给予其内地投资营商大量的优惠政策，为本地积累的大量过剩资本提供了输出渠道，开辟了广阔的空间。但随着内地的改革开放、快速崛起，香港的区位优势减弱，其金融中心地位也受到上海、深圳等城市的影响。资本积累本身有贫困积累的倾向，通过背靠祖国内地的广阔空间，可以在一定程度上缓解这种效应。但是随着内地的崛起，各种制度设定越来越规范，港资在内地也面临很大的竞争压力，同时香港本身产业结构单一，亟待转型升级，使得经济发展放缓，社会收入差距不断拉大，原有的青年人及底层群众流动渠道日渐缩小。这造成社会矛盾增加，形成乱港思潮产生的重要社会土壤。

第二，祖国内地的让利、支持，确实让香港受益，但受益的群体却主要是一些与内地政商关系紧密、享受优厚政策待遇的大商人以及与旅游产业、高档商品销售直接相关的从业人员，虽然普通老百姓也能间接受益，但感观并不明显。相反，大量的内地群众涌入，也超过了香港现有的基础设施所能有效承载的范围，给本地确实带来了一定的影响。

第三，香港、澳门与祖国内地实行两种不同的社会制度，生活方式有差异。同时虽然同是中华民族的一员，但三地对中华文化的理解和认知存在一

---

① 习近平：《在庆祝香港回归祖国二十周年大会暨香港特别行政区第五届政府就职典礼上的讲话》，人民日报 2017 年 7 月 2 日，第 2 版。

定的不同。香港、澳门分别受到英国、葡萄牙殖民主义文化的长期影响，祖国内地坚持中国特色社会主义制度，保持了中华传统文化、西方优秀文化以及马克思主义的兼收并蓄，其中马克思主义是主流意识形态的核心组成部分。这也必然使双方在很多问题的认识上存在一定的差距，如果双方没有有效对话沟通的平台和机会，可能会产生越来越大的隔阂。

香港、澳门与祖国内地是紧密相连的命运共同体。双方要超越现在的隔阂、矛盾和交往过程中的问题也只有靠构建起真正的命运共同体才能够实现，这需要从以下几个方面来努力：

第一，正确处理好"一国"与"两制"的关系，是构建香港、澳门与祖国内地命运共同体的根本前提。"一国"是"两制"的前提和基础，"两制"要在尊重彼此差异、尊重历史的基础上更好地维护"一国"的主权统一。只有真正将顺了两者的关系，才能构建起香港、澳门与祖国内地更紧密的关系。一方面，中央政府将继续在"一国"的前提下，维护"两制"的和谐稳定关系，促进"两制"的相互借鉴、相互促进、相互发展。习近平同志在 2014 年 9 月庆祝中国人民政治协商会议成立 65 周年大会上指出，"要坚定不移贯彻'一国两制'、'港人治港'、'澳人治澳'、高度自治的方针，推动全面准确落实基本法，推动内地同香港、澳门的交流合作，维护香港、澳门长期繁荣稳定。"①而在 2016 年 7 月庆祝中国共产党成立 95 周年大会上，他也强调，"'一国两制'在实践中已经取得举世公认的成功，具有强大生命力。无论遇到什么样的困难和挑战，我们对"一国两制"的信心和决心都绝不会动摇。我们将全面贯彻'一国两制'、'港人治港'、'澳人治澳'、高度自治的方针，严格按照宪法和基本法办事，支持行政长官和特别行政区政府依法施政、履行职责，支持香港、澳门发展经济、改善民生、推进民主、促进和谐。"②另一方面，香港、澳门同胞也要维护中央权威，尊重中华民族的共同利益，坚决抵制打着言论自由旗号、搞形形色色分裂活动、破坏香港澳门繁荣稳定的政治势力。香港、澳门

---

① 习近平：《在庆祝中国人民政治协商会议成立 65 周年大会上的讲话》，人民日报 2014 年 9 月 22 日，第 2 版。

② 习近平：《在庆祝中国共产党成立 95 周年大会上的讲话》，人民日报 2016 年 07 月 02 日，第 2 版。

特区政府应该注意加强青少年中国历史及国情方面的教育，逐步增强青少年对国家的认同感。在十二届全国人大一次会议闭幕式上习近平同志指出，"香港特别行政区同胞、澳门特别行政区同胞，要以国家和香港、澳门整体利益为重，共同维护和促进香港、澳门长期繁荣稳定。"①在 2013 年 12 月 18 日会见香港特区政府行政长官梁振英时他强调，"实现中华民族伟大复兴的中国梦，需要与祖国内地坚持优势互补、共同发展，需要港澳同胞与内地人民坚持守望相助、携手共进。"②在 2017 年 7 月 1 日庆祝香港回归祖国二十周年大会上讲话时他又强调，"要注重教育、加强引导，着力加强对青少年的爱国主义教育，关心、支持、帮助青少年健康成长。"③

第二，促进共同发展，不断夯实香港、澳门与祖国内地命运共同体的现实基础。"中央政府将一如既往支持行政长官和特别行政区政府依法施政；支持香港发展经济、改善民生；支持香港在推进'一带一路'建设、粤港澳大湾区建设、人民币国际化等重大发展战略中发挥优势和作用。中央有关部门还将积极研究出台便利香港同胞在内地学习、就业、生活的具体措施，为香港同胞到广阔的祖国内地发展提供更多机会，使大家能够在服务国家的同时实现自身更好发展，创造更加美好的生活。"④随着香港、澳门更加紧密地融入祖国内地的整体发展中，在祖国内地日益崛起的时代背景下，两地未来必将获得更加广阔的发展空间。同时中央政府未来的一系列惠及香港、澳门同胞的政策也将会更加落细、落小、落实，更加注重与港澳基层同胞对接，关切他们的实际需要，特别是要为广大青年人提供更加广阔的舞台和发展空间。同时港澳特区政府"要与时俱进、积极作为，不断提高政府管治水平；要凝神聚力、发挥所长，开辟香港经济发展新天地；要以人为本、纾困解难，着力解

---

① 习近平：《在第十二届全国人民代表大会第一次会议上的讲话》，人民日报 2013 年 3 月 18 日，第 1 版。

② 习近平：《习近平谈治国理政》，外文出版社 2014 年版，第 227 页。

③ 习近平：《在庆祝香港回归祖国二十周年大会暨香港特别行政区第五届政府就职典礼上的讲话》，人民日报 2017 年 7 月 2 日，第 2 版。

④ 习近平：《在庆祝香港回归祖国二十周年大会暨香港特别行政区第五届政府就职典礼上的讲话》，人民日报 2017 年 7 月 2 日，第 2 版。

决市民关注的经济民生方面的突出问题，切实提高民众获得感和幸福感"①。真正从源头上消除威胁港澳社会稳定繁荣的深层次社会矛盾。

第三，坚持和合理念，强调沟通合作、求同存异、缩减分歧是构建香港、澳门与祖国内地命运共同体的重要手段。习近平同志指出："'一国两制'包含了中华文化中的和合理念，体现的一个重要精神就是求大同、存大异。香港是一个多元社会，对一些具体问题存在不同意见甚至重大分歧并不奇怪，但如果陷入'泛政治化'的旋涡，人为制造对立、对抗，那就不仅于事无补，而且会严重阻碍经济社会发展。只有凡事都着眼大局，理性沟通，凝聚共识，才能逐步解决问题。从中央来说，只要爱国爱港，诚心诚意拥护'一国两制'方针和香港特别行政区基本法，不论持什么政见或主张，我们都愿意与之沟通。"②对于香港、澳门社会中业已存在的不同意见和声音，只要真心拥护"一国两制"和基本法，不搞所谓分裂活动，即使是反对派成员，中央政府从大局着眼，本着求同存异的原则，愿意积极进行沟通交流，最大限度地维护香港、澳门的稳定繁荣。但是如果什么事情都要上升到政治斗争的层面，为了个人或者小团体的政治利益甚至要发展到乱港活动的程度，这是绝对无法容忍的，同时也不符合香港、澳门繁荣稳定的大局，更不符合港澳同胞的长远利益。正如党的十九大报告所强调的，"我们坚持爱国者为主体的'港人治港'、'澳人治澳'，发展壮大爱国爱港爱澳力量，增强香港、澳门同胞的国家意识和爱国精神，让香港、澳门同胞同祖国人民共担民族复兴的历史责任、共享祖国繁荣富强的伟大荣光。"

二、大陆和台湾是休戚与共的命运共同体

台湾问题涉及中国的核心利益，是新时代中国共产党人必须着力解决的重大问题。它主要是历史遗留的问题，中国人民解放战争接近尾声时，国民党蒋介石集团败退台湾，从此大陆与台湾处于分离状态，随后"冷战"时期，

---

① 习近平：《在庆祝香港回归祖国二十周年大会暨香港特别行政区第五届政府就职典礼上的讲话》，人民日报 2017 年 7 月 2 日，第 2 版。

② 习近平：《在庆祝香港回归祖国二十周年大会暨香港特别行政区第五届政府就职典礼上的讲话》，人民日报 2017 年 7 月 2 日，第 2 版。

台湾成为东西方对峙的前沿阵地，台湾问题逐渐复杂化。"冷战"后期，虽然美国出于共同应对苏联威胁的需要，与中国建交，并断绝与台湾的官方关系，但是美国出于长远遏制中国的需要，仍然颁布了所谓的《与台湾关系法》，保持与台湾地区的联系。"冷战"结束以后，美国逐渐将中国视为战略竞争对手，"中国威胁论"甚嚣尘上，台湾作为美国牵制中国的棋子作用日益凸显。在此背景下，台湾岛内"台独"势力迅速兴起，内外勾结，妄图将台湾从中国分裂出去，台湾问题更加复杂化。为了和平解决台湾问题，20 世纪 80 年代，邓小平同志提出了解决台湾问题的"一国两制"战略方针，并率先在香港、澳门成功实践。20 世纪 90 年代初以来，以江泽民同志为核心的党的第三代中央领导集体、以胡锦涛同志为总书记的党中央，通过开展祖国大陆与台湾地区的务实交流，同时旗帜鲜明地反对台独分裂活动，台海地区局势维持了相对的和平稳定，两岸和平发展关系得到了一定程度的巩固和提升。特别是党的十八大以来，以习近平同志为核心的党中央坚持以习近平新时代中国特色社会主义思想为指导，坚持"和平统一、一国两制"基本方针，"始终从全民族发展的高度来把握两岸关系发展方向"，坚持"大陆和台湾是休戚与共的命运共同体"①的思想，强调"两岸是割舍不断的命运共同体，两岸经济同属中华民族经济。"②坚决反对和遏制台独势力，扩大两岸交流与合作，努力构建祖国大陆与台湾命运共同体，实现两岸和平发展，为最终实现祖国统一创造条件。

（一）坚持"和平统一、一国两制"基本方针

在世界政治经济形势深刻变化，国际秩序走向变革的新时代，中国和平发展成为不可阻挡的历史潮流。中国的稳定发展已经对世界的发展产生巨大的影响。处于世界历史这一巨大转折时期，作为曾经的"亚洲四小龙"之一的台湾地区，与祖国大陆已经建立了越来越紧密的联系，两岸"人员交流是增长最快的领域。台湾居民来大陆，1987 年是 3 万余人次，1992 年突破了 100 万人次，2000 年超过 300 万人次，2008 年超过 400 万人次，到 2011 年超过 500

---

① 孙立极：《习近平总书记会见连战一行　俞正声等参加会见》，人民日报 2013 年 2 月 26 日，第 1 版。

② 习近平：《致全国台湾同胞投资企业联谊会成立 10 周年的贺信》，人民日报 2017 年 5 月 25 日，第 1 版。

万人次。大陆居民赴台，1988 年仅几百人次，1997 年超过 5 万人次，1999 年超过 10 万人次，2008 年达到 100 万人次，2012 年超过 200 万人次。到 2012 年底，两岸人员交流达到 2450 万人次"①。人员往来是经济、政治、文化等交流的前提和基础，台湾的未来可以说与祖国大陆的发展密切相关。习近平同志在 2014 年 2 月 18 日会见中国国民党荣誉主席连战一行时指出，"两岸同胞命运与共，彼此没有解不开的心结。两岸同胞虽然隔着一道海峡，但命运从来都是紧紧连在一起的。民族强盛，是同胞共同之福；民族弱乱，是同胞共同之祸。"②面临新形势下日趋激烈的国际竞争，台湾地区民进党当局妄图通过所谓的"北上东进亲日亲美"以及"新南向"战略拓展国际生存空间，都不可能真正破解台湾地区长远发展的困境。台湾只有坚持"西进战略"，与祖国大陆建立更加紧密的政治经济文化联系，形成两岸命运共同体，才真正符合两岸的共同利益，也才能够真正解决台湾地区未来发展问题。而坚持"和平统一、一国两制"，在充分考虑台海两岸现状、充分尊重两岸社会制度选择的基础上，结束两岸长期分离状态、实现和平统一，是构建祖国大陆与台湾命运共同体的根本目标，也是其核心基础。其中"和平统一"是构建祖国大陆与台湾命运共同体的根本目标，因为"国家统一是中华民族走向伟大复兴的历史必然……中华民族伟大复兴与两岸同胞前途命运紧密相连。台湾同胞的福祉离不开中华民族的强盛"③。台湾地区的未来不可能依靠美国、日本等外部势力，这些国家仅仅将台湾视为遏制和封锁中国的前沿阵地和势力范围，只是当成具有一定利用价值的战略工具，一旦失去利用价值即可弃之如敝屣。台湾地区只有真正与祖国大陆走向和平统一，与祖国大陆构建命运共同体，才能在中华民族的伟大复兴中获得真正的尊严。习近平同志在 2013 年 1 月 1 日全国政协新年茶话会上强调，"我们要坚持'和平统一、一国两制'方针，巩固和发展两岸关系和平发展的基础，造福两岸同胞。"④在 2014 年 9 月 26 日会见台湾和平统一团体联合参访团时习近平同志也表示，"'和平统一、一国两制'是我

---

①　刘红：《台湾"国家认同"问题概论》，九州出版社 2013 年版，第 192 页。

②　习近平：《习近平谈治国理政》，外文出版社 2014 年版，第 238 页。

③　赵博，许雪毅：《习近平总书记会见台湾和平统一团体联合参访团》，新华网 2014 年 9 月 26 日电。

④　习近平：《在全国政协新年茶话会上的讲话》，人民日报 2013 年 1 月 1 日，第 2 版。

们解决台湾问题的基本方针。我们认为，这也是实现国家统一的最佳形式。我们将以最大诚意、尽最大努力争取和平统一的前景，因为以和平的方式实现统一最符合包括台湾同胞在内的整体安排。"①

当然祖国大陆与台湾长期分离，甚至长期处于关系紧张的敌对状态，两岸实行不同的社会制度，这也是必须充分认识到的客观现实。所以两岸关系的发展也要建立在"求同存异"的基础上，这个"同"，就是指："大陆和台湾虽然尚未统一，但同属一个中国，是不可分割的整体。"为此，"我们应该登高望远，看到时代发展、民族振兴大趋势，看到两岸关系和平发展已经成为中华民族伟大复兴的重要组成部分，摆脱不符合时宜的旧观念束缚，明确振兴中华的共同奋斗目标。"②"存异"就是指：要知道"台湾同胞因自己的历史遭遇和社会环境……有着强烈的当家作主'出头天'的意识"，我们要"尊重台湾同胞自己选择的社会制度和生活方式，也愿意首先同台湾同胞分享大陆发展的机遇。历史不能选择，但现在可以把握，未来可以开创"③。"求同存异，就是要本着同舟共济的精神，发挥政治智慧，集聚和扩大推动两岸关系发展的共识，妥善处理和管控分歧。"④"一国两制"就是建立在"求同存异"基础上的两岸关系顶层制度设计。"和平统一"是根本目标，"一国两制"是根本手段。构建祖国大陆与台湾命运共同体，要通过建立在"求同存异"基础上的"一国两制"，包容双方的文化、生活方式及制度差异，同时"要务实进取……本着实事求是的态度，坚持从实际出发，循序渐进，稳步向前，不因遇到困难而停滞，不被任何干扰所困惑，防止和避免出现倒退。"⑤就是要在稳步推进两岸关系的基础上，实现"和平统一"。

（二）坚决遏制"台独"分裂势力

"从中华民族整体利益把握两岸关系大局，最根本、最核心的是维护国家

---

① 赵博，许雪毅：《习近平总书记会见台湾和平统一团体联合参访团》，新华网 2014 年 9 月 26 日电。

② 习近平：《习近平谈治国理政》，外文出版社 2014 年版，第 234 页。

③ 习近平：《习近平谈治国理政》，外文出版社 2014 年版，第 238—239 页。

④ 习近平：《习近平谈治国理政》，外文出版社 2014 年版，第 234 页。

⑤ 习近平：《习近平谈治国理政》，外文出版社 2014 年版，第 234—235 页。

领土和主权完整。"①当前台湾问题中最迫切、最艰巨的任务就是如何有效遏制"台独"分裂势力的活动。台湾地区在国民党蒋介石、蒋经国统治时期，虽然两岸关系长期处于敌对战争状态，但仍主张国家统一，对于"台独"势力及"台独"活动坚决压制。但是 20 世纪 80 年代后期，随着台湾地区领导人蒋经国的去世，继任领导人李登辉在巩固政治权力以后，逐步走上台独的道路，在其治下十余年间，大搞"两国论"，奉行"去中国化"路线政策，"李登辉利用'民主化'推行'本土化'，完成'台独合法化'，直接间接地向民进党提供'奶水'，培养国民党统治的掘墓人……将统治权'和平转移'到坚持'台独党纲'的民进党手中。"②2001 年上台的民进党籍地区领导人陈水扁，更是大搞"台独"分裂活动，推行"去中国化"运动，将台湾地区涉及中国的元素和字眼都要通通去除，"2002 年，台湾'考试院会'决议，自 2003 年起，应试科目凡涉'中国'字样的均改为'本国'……将冠有'中国'名称的企业，改名为'台湾'，如'中国石油公司'更名为'中油公司'"③等。甚至有人嘲讽陈水扁，"其儿子叫陈致中，也要把中字去掉，改为陈致台好了"！经过两任台独领导人的影响，台湾岛内统独民意发生巨大逆转，据台湾岛内"多次的民调显示，主张'统一'包括'尽快统一'和'偏向统一'的人数逐年下降，从 1995 年的 20% 降到 2010 年的 10% 以下，而对台湾人的本土认同则超过了 50%。"④

2008 年中国国民党重新上台后，仍然没有采取有力措施消除李登辉、陈水扁执政时期"去中国化"教育的消极影响。国民党籍领导人马英九上台以后长期奉行"不统、不独、不武"原则，将两岸交流主要限制在人文经济领域，不敢触碰任何政治性话题，实际上是一种追求"台湾主体意识"的"独台"政策取向。2014 年、2016 年台湾地区两次地方选举中，顽固坚持"独立"立场的民进党都大胜政绩不佳、弊案缠身的中国国民党获得台湾地区"立法""行政"全面执政。掌握台湾地区绝对权力的民进党将"去中国化"政策推行到前所未有的程度，连台湾居民的"名字"都要从汉字书写改为"拼音书写"，妄图从文化

---

① 习近平：《习近平谈治国理政》，外文出版社 2014 年版，第 234 页。
② 刘　红：《台湾"国家认同"问题概论》，九州出版社 2013 年版，第 19 页。
③ 本书课题组：《实现共同发展，促进祖国统一》，中央文献出版社 2013 年版，第 260-262 页。
④ 李义虎等著：《"一国两制"台湾模式》，人民出版社 2015 年版，第 110 页。

之根上去"中国化"。同时民进党对台湾岛内赞成统一的政党进行政治打压，在此影响下，目前在台湾地区政坛，即使在与民进党等"泛绿"阵营对立的中国国民党等"泛蓝"阵营中，也鲜有人敢公开喊出"统一"的口号，甚至连公开承认"自己是中国人"都已经成为一个问题。中国国民党中唯一敢公开表明"统一理念"的前党主席洪秀柱，被视为"选战毒药"，在国民党内迅速被边缘化。"台独"活动的恶劣影响可见一斑。所以习近平同志强调："遏制'台独'分裂活动是确保两岸关系和平发展的必然要求。2008年前的一段时间，'台独'分裂势力利用执政推行分裂路线，损害国家主权、领土完整，破坏台海和平稳定，挑动两岸对抗紧张，给两岸民众尤其是台湾同胞带来深重祸害。……需要警惕的是，'台独'分裂势力并未善罢甘休，仍在竭力煽动两岸敌意和对立，阻挠两岸交流合作，仍然是两岸关系和平发展的最大现实威胁。"①当前和今后很长一个时期内，遏制"台独"势力在岛内蔓延成为维护海峡两岸关系和平发展的根本任务。只有真正让"台独"在岛内没有了市场空间，"台独"活动得到有效遏制，两岸才能够真正建构起命运共同体，这才符合两岸人民的共同利益。习近平同志在庆祝中国共产党成立95周年大会上指出，"两岸关系和平发展是维护两岸和平、促进共同发展、造福两岸同胞的正确道路，也是通向和平统一的光明大道。坚持'九二共识'、反对'台独'是两岸关系和平发展的政治基础。我们坚决反对'台独'分裂势力。对任何人、任何时候、以任何形式进行的分裂国家活动，13亿多中国人民、整个中华民族都决不会答应！两岸同胞是命运与共的骨肉兄弟，是血浓于水的一家人。民族强盛，是同胞共同之福；民族弱乱，是同胞共同之祸。两岸双方应该胸怀民族整体利益，携手为实现中华民族伟大复兴的中国梦共同打拼。"②

（三）秉持"两岸一家亲"理念

当前台湾岛内蓝绿主要政党囿于选举需要，只图眼前政治利益，炒作操弄根本无法实现的"台独议题"，挑动岛内蓝绿意识形态矛盾，而置台湾长远

---

① 赵博，许雪毅：《习近平总书记会见台湾和平统一团体联合参访团》，新华网2014年9月26日电。

② 习近平：《在庆祝中国共产党成立95周年大会上的讲话》，人民日报2016年7月2日，第2版。

利益于不顾，"岛内台独势力"嚣张异常气焰。"两岸同胞同属中华民族，是血脉相连的命运共同体，理应相互关爱信赖，共同推进两岸关系，共同享有发展成果。"①面对如此复杂的局面，大陆方面应该保持足够战略定力，以逐渐增长的软硬实力为后盾，秉持"两岸一家亲"理念，直接争取岛内基层百姓理解和支持，逐渐增强基于血缘纽带的中华民族认同，最大限度地孤立"台独"势力，习近平同志在2013年3月17日十二届全国人大一次会议闭幕式上发表讲话时指出，"广大台湾同胞和大陆同胞要携起手来，支持、维护、推动两岸关系和平发展，增进两岸同胞福祉，共同开创中华民族新的前程。"②通过加强两岸同胞沟通交流、特别是心灵的沟通交流，为构建祖国大陆与台湾命运共同体打下坚实的基础。

第一，保持战略定力，对两岸关系和平发展的前景持乐观态度，在保持对台基本方针不动摇的前提下，根据实际情况变化，适当调整具体策略。习近平同志在2013年2月25日会见中国国民党荣誉主席连战一行时强调指出，"两岸关系虽然历经坎坷，但终究能打破长期隔阂，开启交流合作。这是因为，两岸同胞同属中华民族，这种天然的血缘纽带任何力量都切割不断；两岸同属一个中国，这一基本事实任何力量都无法改变；两岸交流合作得天独厚，这种双向利益需求任何力量都压制不住。更是因为，全体中华儿女有决心通过自己的不懈奋斗自立于世界民族之林，这种全民族共同愿望任何力量都阻挡不了。"对于"台独"分裂势力而言，台独是一种谋求独派政党生存的现实需要，并不符合台湾的长远利益。国际社会不可能接受台湾独立，台湾本身所谓的"邦交国"也会越来越少，台独实际上是一条走不通的路。台湾在顽固坚持"台独"理念的民进党领导下，继续去"中国化"、继续疏远祖国大陆，只会让自身更加孤立、封闭，最终损害最广大台湾人民的利益。虽然目前"台独"势力还可以自欺欺人地夸耀所谓"民主制度"优越感，但是当所谓优越"民主制度"只能带来暗淡的发展前景、失业增加和极端的民粹主义，那么这种最后的"自我优越感"也会丧失，相信到最后，除了个别极端死硬的"台独"分子

---

① 本书编写组：《十八大报告辅导读本》，人民出版社2012年版，第46页。

② 习近平：《在第十二届全国人民代表大会第一次会议上的讲话》，人民日报2013年3月18日，第1版。

以外，大多数台湾同胞都不会接受这种结果的。时间是在祖国大陆这边，当然对于祖国大陆而言，正如习近平同志在党的十九大报告中所提到的，"我们坚决维护国家主权和领土完整，绝不容忍国家分裂的历史悲剧重演。一切分裂祖国的活动都必将遭到全体中国人坚决反对。我们有坚定的意志、充分的信心、足够的能力挫败任何形式的"台独"分裂图谋。我们绝不允许任何人、任何组织、任何政党、在任何时候、以任何形式、把任何一块中国领土从中国分裂出去！"①

第二，加强基于普惠原则的经济交流，实现两岸共同发展，让广大台湾同胞能够直接感受到祖国大陆发展所带来的获得感。很长一个时期内，在两岸的经济交流中，祖国大陆给予了台湾大量的优惠政策，作出了巨大的让利，台湾经济直接从这种交流中获益。但是为什么2014年台湾发生的所谓"太阳花"学生运动，要直接将两岸经济交流作为一个斗争的矛盾呢？除开民进党等"台独"政党幕后挑动操弄以外，在两岸经济交流过程中，大量游走于两岸间的投机政客、商人及资本家是最大获利者，但普通台湾民众却没有直接受益，反而还要面临由于岛内经济不景气造成的失业、生活水平下降等现实民生问题的困扰。所以，在两岸经贸往来中，坚持一定的普惠原则，尽可能绕开不必要的中间人，推出可以让普通台湾同胞能够感受得到的优惠政策，就显得尤为重要。要"本着两岸同胞一家人的理念促进两岸经济合作。两岸同胞同属中华民族，两岸经济同属中华民族经济。我们会更多考虑台湾同胞的需求和利益。"②同时"我们将深入了解台湾民众尤其是基层民众的现实需要，采取积极有效措施，照顾弱势群体，使更多台湾民众在两岸经济交流合作中受益。"③习近平同志在党的十九大报告也强调，"我们将扩大两岸经济文化交流合作，实现互利互惠，逐步为台湾同胞在大陆学习、创业、就业、生活提供与大陆同胞同等的待遇，增进台湾同胞福祉。"④

第三，注重两岸人文交流，用中华传统文化凝聚祖国大陆与台湾的文化

---

① 《中国共产党第十九次全国代表大会文件汇编》，北京：人民出版社2017年版，第46页。
② 习近平：《习近平谈治国理政》，外文出版社2014年版，第230-231页。
③ 习近平：《习近平谈治国理政》，外文出版社2014年版，第235页。
④ 《中国共产党第十九次全国代表大会文件汇编》，北京：人民出版社2017年版，第46页。

价值共识，逐步形成不离不弃、守望相助的紧密关系，不断夯实祖国大陆与台湾命运共同体的人文基础。习近平同志指出，"我们要努力增进两岸民众福祉，让更多民众共享两岸和平发展成果，积极促进两岸同胞在厚植共同利益，弘扬中华文化的过程中，增进对两岸命运共同体的认知，增强民族自豪感，坚定振兴中华的共同信念。"①与此同时，"我们将推动两岸同胞共同弘扬中华文化，促进心灵契合。"将厚重的中华优秀传统文化作为两岸同胞心灵相通的纽带和平台，通过共同弘扬中华优秀传统文化，以此不断"扩大两岸社会各界各阶层民众的接触面，面对面沟通，心与心交流，不断增进理解，拉近心理距离"②。在两岸的人文交流中，青年交流显得更为重要，因为多年来"台独"势力正是通过对岛内青年一代推行"去中国化"教育，让青年人在情感认知形成的关键时期内无法了解到中华民族的历史和文化，完全局限在"台独"势力构建的基于"台独"理念的历史文化图景之中。使得岛内年轻一代成为所谓"天然独"，成为民进党等岛内"台独"势力肆无忌惮操弄"统独议题"、实现政治野心的重要工具。所以，"两岸青少年身上寄托着两岸关系的未来。要多想办法，多创造些条件，让他们多来往、多交流，感悟到两岸关系和平发展的潮流，感悟到中华民族伟大复兴的趋势，以后能够担当起开拓两岸关系前景、实现民族伟大复兴的重任。"③必须将两岸青少年的交流放在突出位置，尽最大可能争取台湾岛内的青年人，培养他们对中华优秀传统文化的认同，并最终增强其对中华民族的认同，为两岸构建命运共同体并最终走向和平统一不断累积正能量。

三、中华民族命运共同体：实现中华民族伟大复兴的中国梦

中国共产党第十九次全国代表大会的主题是："不忘初心，牢记使命，高举中国特色社会主义伟大旗帜，决胜全面建成小康社会，夺取新时代中国特色社会主义伟大胜利，为实现中华民族伟大复兴的中国梦不懈奋斗。"从1840年鸦片战争开始，中国屡遭外敌入侵，逐步沦为半殖民地、半封建社会，中

---

① 习近平：《习近平谈治国理政》，外文出版社2014年版，第235页。
② 习近平：《习近平谈治国理政》，外文出版社2014年版，第242-243页。
③ 习近平：《习近平谈治国理政》，外文出版社2014年版，第243页。

华民族数度面临亡国灭族的危险境地。所以"自近代以来，中华民族始终有一个梦想，这就是实现中华民族伟大复兴，为人类作出更大贡献"①。170 余年来，中华民族无数仁人志士为此抛头颅洒热血，确保中华民族没有滑向更苦难的深渊，但是中华民族复兴的美好愿景却没有顺利实现，中华民族的命运只是到了中国共产党的成立之后才得到了根本改变。中国共产党领导中国人民开展了新民主主义革命、社会主义革命以及社会主义建设，使中国真正"站起来、富起来、强起来"。"现在，我们比历史上任何时期都更接近实现中华民族伟大复兴的目标，比历史上任何时期都更有信心、更有能力实现这个目标。"②

但是也必须清醒地认识到，在当前资本主导的国际秩序下，中华民族的复兴梦，虽然强调是基于和平共赢的中国梦，但对于奉行"弱肉强食、赢者通吃"的国际垄断资本而言，中华民族的伟大复兴对国际垄断资本所构建的、在世界范围内榨取国家剩余价值的资本主义世界体系将产生巨大的威胁，国际垄断资本是绝对不会轻易放弃自身利益的。特别是中华民族基于中国特色社会主义道路实现民族复兴，必然使得中国特色社会主义发展模式在全世界范围内产生更加巨大的影响，这无形之中也会对西方资本主义发展模式产生很大的冲击，这是作为资本"国格化"的西方主要资本主义国家无法容忍的。当前，以美国为首的国际垄断资本肯定不会坐视中华民族的顺利复兴，必然从多方面着手予以遏制。其中，利用中华民族内部存在的矛盾，分裂中国、瓦解中国，使中华民族无法形成推动民族复兴的坚强领导，从而延缓甚至终结中华民族的复兴，使中国成为国际垄断资本全球扩张、榨取国家剩余价值的一个附属工具。中华民族伟大复兴的梦想越是接近实现越会遇到更大的助力和困难，这必须始终引起高度重视。实现中华民族伟大复兴是包括港澳台同胞以及海外侨胞在内的全体中华儿女的共同心愿，需要全体中华儿女共同努力才能够实现。中华民族要顺利实现民族复兴的中国梦，必须首先构建起中华民族命运共同体，用中华民族的共同命运增强全民族的忧患意识，用中华

---

① 习近平：《在纪念毛泽东同志诞辰 120 周年座谈会上的讲话》，人民出版社 2013 年版，第 23 页。

② 习近平：《习近平谈治国理政》，外文出版社 2014 年版，第 50 页。

优秀传统文化提升全民族的认同感、归属感，用共同发展增强全民族的团结奋进的现实基础，从而不断为中华民族伟大复兴集聚起强大的动力。

第一，构建中华民族命运共同体，必须牢牢把握中华民族的共同命运，为实现中华民族复兴的中国梦提供重要前提。近代以来，中华民族面临的共同命运是，国家日益屠弱，外敌不断入侵，民族处于危亡之中。"从1840年鸦片战争到1949年新中国成立的100多年间，中国社会战火频频、兵燹不断，内部战乱和外敌入侵循环发生，给中国人民带来了不堪回首的苦难。仅日本军国主义发动的侵华战争，就造成了中国军民伤亡3500多万人的人间悲剧。"①覆巢之下无完卵，身处历史变局中的全体中华儿女，无论阶级阶层、贫富贵贱，都被历史之手拉入到国弱民贱、必须奋起图强方能生存的共同命运中。当外国人在中国拥有"治外法权"时，任何中国人的权利都可能被侵犯；当中华民族被蔑称为"东亚病夫"的时候，任何有良知的中国人都会颜面无光；当洋人在公园门口立上"华人与狗不得入内"的牌匾时，每一个有血性的中国人都会激荡起奋发图强的雄心壮志。中华民族无数仁人志士挽救民族危亡的运动虽一次一次兴起却均归于失败，中华民族的命运没有掌握在自己手上，而是被列强所掌握。中华民族的未来被"帝国主义、封建主义、官僚资本主义"三座大山紧紧压住。"把民族命运掌握在自己手中，做一个走到哪里都受到尊重的堂堂中国人，是近代以来中华儿女为之奋斗的目标。"②中华民族只有在中国共产党成立并担负起拯救民族危亡的重担以后才真正看到民族振兴的希望，中华民族的命运在真正开始掌握在自己手中。中国共产党领导中国人民开展了新民主主义革命、社会主义革命、社会主义建设的伟大斗争，并不断走向胜利。中间虽遇到过挫折，但中华民族的复兴之路已不可阻挡。习近平同志在党的十九大报告中指出，改革开放以来，"我们党团结带领全国各族人民不懈奋斗，推动我国经济实力、科技实力、国防实力、综合国力进入世界前列，推动我国国际地位实现前所未有的提升，党的面貌、国家的面貌、人民的面貌、军队的面貌、中华民族的面貌发生了前所未有的变化，中华民

---

① 习近平：《习近平谈治国理政》，外文出版社2014年版，第266页。
② 习近平：《习近平谈治国理政》，外文出版社2014年版，第238页。

族正以崭新姿态屹立于世界的东方"。在中国特色社会主义进入新时代的今天，中国共产党将继续领导中国人民，团结海内外广大中华儿女，将中华民族的共同命运牢牢掌握在中华民族自己手中，为最终实现中华民族伟大复兴的中国梦而共同努力奋斗。

第二，构建中华民族命运共同体，必须坚持中国道路，必须弘扬中国精神，必须凝聚中国力量①，为实现中华民族复兴的中国梦提供动力支撑。坚持中国道路，就是要坚持中国特色社会主义道路。改革开放以来，中国共产党坚持走中国特色社会主义道路，取得举世瞩目的辉煌成就，焕发出勃勃生机。习近平同志指出，中国特色社会主义这条道路来之不易，"它是在改革开放三十多年的伟大实践中走出来的，是在中华人民共和国成立六十多年的持续探索中走出来的，是在对近代以来一百七十多年中华民族发展历程的深刻总结中走出来的，是在对中华民族五千多年悠久文明的传承中走出来的，具有深厚的历史渊源和广泛的现实基础。"②坚持中国特色社会主义道路是实现中华民族伟大复兴中国梦的根本保障。"实现中国梦必须弘扬中国精神，这就是以爱国主义为核心的民族精神和以改革创新为核心的时代精神……实现中国梦必须凝聚中国力量，这就是全国各族人民大团结的力量。"③爱国主义是中华民族民族精神的核心，它可以凝聚起海内外中华儿女最广泛的共识。改革创新是中国共产党永葆生机与活力的重要支撑，也是不断将中国特色社会主义事业推进到更广阔历史前景的根本动力，是时代精神的核心所在。坚持弘扬以爱国主义为核心的民族精神和以改革创新为核心的时代精神，不断凝聚全国各族人民团结奋斗的力量，形成中华民族不断向前的民族合力。这可以不断增强中华民族命运共同体的向心力、凝聚力、创造力，为实现中华民族伟大复兴的中国梦提供不竭的动力源泉。

第三，构建中华民族命运共同体，必须建立最广泛的爱国统一战线，争取海内外全体中华儿女对构建中华民族命运共同体的认同和支持，促进各民

① 中共中央宣传部：《习近平总书记系列重要讲话读本》，学习出版社、人民出版社2014年版，第30页。
② 习近平：《习近平谈治国理政》，外文出版社2014年版，第39-40页。
③ 中共中央宣传部：《习近平总书记系列重要讲话读本》，学习出版社、人民出版社2014年版，第31页。

族共同发展，为实现中华民族伟大复兴的中国梦提供现实保障。广大海外侨胞是祖国大陆建设发展的重要参与者和长期支持者。身处海外的他们更能感受国家强大、民族复兴对他们的重要意义，所以广大海外侨胞更是国家统一的坚定支持者，必须积极争取并予以大力支持，让他们在国家统一进程中发挥更大的作用。同时广大海外侨胞也是加强中国与所在国沟通联系的重要桥梁，通过他们可以在一定程度上改变外界对中国和平发展的认识，在一定程度上抵制"中国威胁论"的蔓延，减轻国际上部分国家对中华民族复兴的疑惑和干扰。习近平在 2013 年 3 月 17 日十二届全国人大一次会议闭幕式上指出，"广大海外侨胞，要弘扬中华民族勤劳善良的优良传统，努力为促进祖国发展、促进中国人民同当地人民的友谊作出贡献。"①在 2014 年 9 月 21 日庆祝中国人民政治协商会议成立 65 周年大会上习近平也强调，"要加强同海外侨胞、归侨侨眷的联系，维护他们的合法权益，支持他们积极参与和支持祖（籍）国现代化建设与和平统一大业，促进中国同世界各国的文化交流。"②另外，还需要"建立既能体现国家整体利益、又能切实让人民有获得感的新型利益格局，让国家梦、民族梦、人民梦、个人梦真正融合为一体，汇聚利益层面的覆盖全社会的最大公约数，塑造中华民族新型利益共同体"③，实现中华民族共同发展，让包括港澳台同胞、海外同胞在内的全体中华儿女能够通过"共商、共建、共享"，实实在在地感受到中华民族复兴所带来的、不断增加的获得感。

第二节　国家与国家间命运共同体

1648 年欧洲 30 年宗教战争后签订的《威斯特伐利亚和约》，确立了民族国家在国际政治中的主体地位。国家与国家间的现实利益关系，逐步超越了中世纪以来附着在国家间政治经济关系中的宗教神学谜魅。一个民族国家就

---

① 习近平：《在第十二届全国人民代表大会第一次会议上的讲话》，人民日报 2013 年 3 月 18 日，第 1 版。

② 习近平：《在庆祝中国人民政治协商会议成立 65 周年大会上的讲话》，人民日报 2014 年 9 月 22 日，第 2 版。

③ 王公龙：《长风破浪会有时》，上海人民出版社 2016 年版，第 254-255 页。

是一个由一定的、在其国内占统治地位的主流意识形态所凝聚起来的稳定的共同体。超越民族国家范围的国际社会，则是一个由民族国家构成的无政府社会，霍布斯认为这是一种一切人对一切人战争的"自然状态"。国家与国家间交往服从于"永恒的利益原则"，"没有永远的朋友，只有永远的利益"。那么国家与国家间构建的共同体往往是脆弱的、排他的。人类社会历史上，国家与国家构建的共同体有四种主要形式，一是封建朝贡体系下基于现实利益而形成的政治文化共同体；二是资本帝国主义国家为在世界范围内瓜分殖民地和势力范围，争夺世界霸权而组建的以政治军事同盟关系为核心的共同体；三是"冷战"中，苏联为与美国为首的资本主义国家争夺世界霸权而构建社会主义国家共同体；四是广大发展中国家为摆脱对资本主义世界强国依附关系，实现真正的政治、经济以及文化等独立而构建的发展中国家间的共同体。上述四种国家间共同体具有脆弱性和不稳定性，它随着国家利益变化而变迁，并不能真正维护国际秩序的和平、稳定、发展，相反，这些国家间共同体的存在本身就是以对其他共同体的排斥甚至敌对为前提条件的，而这成为催化国际战争与动乱的重要因素。所以，习近平提出的国家与国家间基于彼此联系、相互依存的共同命运而生成的命运共同体则是超越上述四种国家间共同体，是对超越国家间私利而实现更广泛、更持久和平与发展的有益尝试。

一、构建周边命运共同体

从地缘政治的角度看，在目前世界上五个主要大国（联合国五个常任理事国：中国、美国、俄罗斯、英国、法国）以及主要新兴发展中国家（南非、印度、巴西、中国等）中，中国面临的地缘政治环境相对较差，周边主要的海上和陆上战略通道被区域内外大国掌控或者影响。这在很大程度上决定了中国实现民族伟大复兴的中国梦必然面临更大的困难和挑战，需要付出更多、更艰辛的努力，其中处理好与中国周边国家的关系，是基础和前提。2013 年 10 月，习近平在周边外交工作座谈会上强调要"让命运共同体意识在周边国家落地生根"①。积极发展与周边国家的友好关系，构建周边命运共同体，促进共同发展、共同繁荣，是习近平处理周边外交事务的核心指导思想。对于维护区域秩序稳定具有重大作用，可以为中国的和平发展创造良好的外部环境。

（一）构建周边命运共同体的历史背景

周边地区在中国外交棋盘上具有举足轻重的地位。中国在长达上千年的封建历史中，一直以"天朝上国"自居，认为自己处于世界的中心位置。每一个大一统的封建王朝，都会依托较为先进的封建社会生产力以及相较于周边国家的巨大文化软实力，构建起以中央王朝为中心、臣服的藩属国为外围的"朝贡体系"。中央王朝以丰裕的物质财富生产和强大的军事力量为后盾，通过开展中央向外围让利的朝贡贸易，掌控区域财富流通渠道，并为藩属国提供安全保护等国际公共产品，带来周边藩属国对中央王朝的臣服，彼此在某种程度上结成利益共同体和命运共同体，以此建构起较为稳定的周边国际秩序。虽然这样的国际秩序只是区域性的，而不是世界性的，但是这样的国际秩序保持了中国周边地区上千年的和平稳定，为中华民族的繁衍生息、中华文明的传承发展创造了必要的外部环境。鸦片战争以来，在列强的入侵下，中国逐渐沦为半殖民地、半封建社会。从地缘政治角度看，中央王朝的腐败衰弱，使得以朝贡体系为核心的周边国际秩序逐渐瓦解，周边藩属国面对西方列强的入侵，首先沦为殖民地。而这无形之中压缩了中国的战略空间，使得列强具有了进一步入侵中国的战略支撑点，中国的地缘政治环境更趋恶化。

19世纪后期，列强掀起瓜分中国的狂潮，其重要的原因就在于，列强取得了对周边几乎所有藩属国的控制权，侵略势力直接抵近到中国本土，并逐渐通过不平等条约向中国内陆延伸影响力。英国控制了"阿富汗—印度—缅甸—新加坡"一线，继而染指新疆、西藏；法国控制越南等国，染指云南、广西；日本控制了朝鲜和琉球，染指中国东北和福建。19世纪末20世纪初，中国已经彻底沦为半殖民地、半封建社会，直至20世纪30年代，中国面临日本军国主义的全面侵略，中华民族的民族危机达到顶峰，这与中国周边地缘

① 钱彤：《习近平在周边外交工作座谈会上发表重要讲话强调：为我国发展争取良好周边环境推动我国发展更多惠及周边国家》，人民日报2013年10月26日，第1版。

政治环境的恶化都存在很大关系。所以，"无论从地理方位、自然环境还是相互关系看，周边对我国都具有极为重要的战略意义。"①新中国成立以来，中国历代领导人都高度重视周边地缘战略环境的改善。建国初期，通过乘胜进军西北、西南、东南、华南，解放新疆、西藏、云南等地，使得自清朝末年以来由于政治局势持续动荡、中央政府控制力减弱所造成的西北、西南特别是西北地缘政治环境日趋恶化的问题，得到了彻底改观。同时中国实行"一边倒"的外交战略，加入苏联、东欧等新兴社会主义国家组成的世界社会主义阵营，使世界社会主义运动达到高潮。20世纪50年代初，中国还在"一穷二白""国力孱弱"的情况下，果断出兵、抗美援朝，挫败了以美国为首的帝国主义势力侵略朝鲜、染指中国、遏制社会主义革命国际影响力的战略野心，把美国的势力被阻挡在朝鲜半岛三八线及其附近区域，从而稳定了中国在东北亚的地缘政治环境，成为新中国"立国之战"。

朝鲜战争结束以后的整个20世纪50年代，中国地缘政治博弈的焦点和热点则转移到以台湾海峡为中心的东南沿海一线，1949年10月人民解放军因海空军力量缺失，在金门战役中失利，统一台湾的节奏被打乱。1950年6月朝鲜战争爆发，美国趁机出兵台湾，6月27日下令第七舰队进驻台湾海峡，公然以武力干涉中国内政，阻碍了中国统一的进程，中国武力解放台湾的战略规划被长期搁置起来。但台海局势并未因此平静下来，相反，却成为东西方冷战的最重要前沿阵地之一，双方你来我往、剑拔弩张，各种战役战术层面的海空军冲突时有发生，1958年8月—10月的金门炮战使台海紧张局势达到顶点，此后局势逐渐冷却最终达致战略平衡，但海峡两岸在此后依然长期处于敌对状态，这使得中国东南沿海一线的广大地区直接处于对峙前沿，东南地区的地缘政治环境长期陷于不利境地。20世纪60年代，中苏关系破裂，苏联陈兵百万于中苏边境，双方甚至在东北及新疆边界线附近发生武装冲突，中国北方地缘政治环境彻底恶化，使政治中心北京直接暴露在苏联的战略威胁范围之内。与国土北部及东南沿海一线地缘政治环境不利境况相比，1962年中国取得中印边境自卫反击战的胜利，进一步稳固了中国在西北、西南地

---

① 习近平：《习近平谈治国理政》，外文出版社2014年版，第296-297页。

区的地缘政治环境，为应对北部及东南一线的地缘政治威胁提供了战略支撑。整个 20 世纪 60 年代中国与美苏关系同时恶化，只能处于战略上"两个拳头打人"的不利地位。这一时期，中国高举反对"帝国主义、霸权主义及殖民主义"的旗帜，提出国家间"和平共处五项基本原则"，积极发展与巴基斯坦、越南、缅甸、柬埔寨等周边国家的友好关系，支持亚非拉地区的民族独立运动，获得广大第三世界国家的普遍支持，这极大改善了中国所面临的较为不利的周边地缘政治环境。70 年代初，在亚非拉第三世界国家的全力支持下，中国恢复在联合国的合法席位，国际影响力显著提升。与此同时，美国总统尼克松访华，中美关系改善，在此背景下，中国与日本、泰国、新加坡、菲律宾等主要周边国家也相应改善关系，中国周边地缘政治环境得到极大改观，这为 70 年代末、80 年代初中国果断实行"改革开放""百万大裁军"等战略决策创造了必要条件。20 世纪 80 年代，中美关系进一步改善，苏联陷入阿富汗战争的泥潭，中国北方面临的战略威胁相对减小。这一时期，中越关系因越南统一以后在苏联支持下走向对外扩张道路及中美关系改善而持续恶化，最终两国发生局部战争冲突并延续到 80 年代末期。但整体而言，80 年代中国面临的地缘政治压力已经极大减轻，为中国经济社会快速发展营造了良好的地缘政治环境。

20 世纪 90 年代，苏联解体，美苏"冷战"格局终结，世界进入"一超多强"并存的战略格局，多极化趋势日渐明朗，但美国作为唯一的超级大国，其影响力是短期内无法被超越的。这一时期，中国更多关注国内的发展，与周边国家保持了良好的关系，与巴基斯坦、缅甸、柬埔寨等传统友好国家关系进一步深化；与苏联解体以后新独立的俄罗斯、哈萨克斯坦、吉尔吉斯斯坦等国建立友好外交关系，划定了北部及西北数千公里的边界线，解决了历史遗留问题，来自北方和西北的地缘战略压力基本消除；与韩国建立正式外交关系，进一步改善了东北亚地缘政治环境；与越南恢复友好关系，并在"搁置争议、共同开发"原则基础上，与马来西亚、菲律宾、文莱等存在"南海主权争端"的东南亚国家建立了较为友好的关系，维持了地区局势稳定。这一时期，中美关系在经历了 90 年代初期一段时期的紧张对立以后，逐步恢复接触，但美国视中国为长远威胁，实行"接触"与"遏制"两手策略，一方面，双方经贸、文化等交流日益密切，彼此共同利益日益增多；但另一方面，美国实行霸权主义、强权政治，两国关系也曾因台湾问题及美国轰炸中国南联盟大使馆而一度滑向冰点。

进入 21 世纪以后，美国国内保守主义势力抬头，进一步强化了对中国的战略围堵，长期抵近中国的国境线进行侦查活动，最终酿成中美南海撞机事件，中国周边局势高度紧张。但随后发生的针对美国的"9.11"恐怖袭击事件，将美国的注意力从中国周边地区转向中亚的阿富汗和中东的伊拉克，中国周边紧张局势大为缓和，为中国发展赢得了难得的战略机遇期。到 2010 年中国 GDP 超越日本排名世界第二，中国成功克服了 2008 年世界金融危机的影响，逐渐超越美国、日本、欧洲成为世界经济增长的最重要引擎，对世界经济增长的贡献率达到 30% 左右。美国的国家力量却受到很大削弱，其主导的世界秩序受到挑战，其回过头来更加视中国为竞争对手甚至是威胁其霸权地位的主要力量。所以，美国积极推行"亚太再平衡战略"，将先进的海空军力量部署到中国周边，并挑唆中国周边与中国有领土争端的国家向中国发难，妄图遏制中国的快速发展势头。在此背景下，和谐稳定的周边战略环境将成为影响中国实现民族伟大复兴中国梦的重要因素。

(二) 周边命运共同体思想的提出及其践行

党的十八大以来，以习近平同志为核心的党中央高度重视周边外交工作，把优化中国周边战略环境作为周边外交工作的重要目标。2013 年 10 月，中共中央专门召开周边外交工作座谈会，研究部署新时期周边外交工作，习近平在会上强调要"让命运共同体意识在周边国家落地生根"[①]。构建与周边国家的命运共同体成为新形势下开展周边外交工作的基本遵循。习近平在此后很多重要场合对构建周边命运共同体做了深入的阐释说明和强烈呼吁，同时，中国积极通过实施"一带一路"战略规划，积极践行周边命运共同体思想，以实际行动打破了现实主义所不断强调的"远交近攻"地缘战略思想，用和平与发展而不是使用强力、划分势力范围来维系周边的地缘政治安全。

---

① 钱彤：《习近平在周边外交工作座谈会上发表重要讲话强调：为我国发展争取良好周边环境 推动我国发展更多惠及周边国家》，人民日报 2013 年 10 月 26 日，第 1 版。

第一，周边命运共同体属于亚洲命运共同体，中国要与广大周边国家一道，努力打造亚洲命运共同体，通过共同打造亚洲命运共同体，逐步构建周边命运共同体。当前世界权力的中心正从欧美向亚太转移，亚洲是世界经济增长最有活力的地区，必将对世界秩序的未来走向产生极为重要的影响。但是亚洲也是全世界目前整合得最不成功的地区。目前亚洲面临的最为根本的问题是国家间缺乏政治互信，几个重要大国之间存在或明或暗的地缘政治矛盾，俄罗斯虽然绝大部分国土分布在亚洲，但俄罗斯战略重心在欧洲，亚洲只是其欧洲战略的支撑；东北亚地区中日韩三国之间存在严重的历史遗留问题以及现实的领土争端，同时朝鲜核问题也成为牵动三国的焦点问题；中亚地区独特的战略地位，成为域外大国竞相博弈的战场；南亚的印度、巴基斯坦长期处于敌对状态，同时印度对中国也有着很深的戒心和防备；东南亚则自成体系，在大国间保持平衡，更愿在经济上依赖中国，而在安全上依靠美国等域外大国，以实现战略平衡、最大限度维护自身利益。亚洲目前的状态，不仅不利于中国周边地缘政治环境的安全稳定，更不利于亚洲的长远发展。所以，亚洲国家必须立足于共同发展、共同价值基础上构建基于共同命运的命运共同体，才能真正摆脱欧洲几个世纪地缘政治博弈的惨痛教训，为世界和平与发展作出应有的贡献。2015 年 3 月 28 日，习近平在博鳌亚洲论坛 2015 年年会上的主旨演讲中指出："面对风云变幻的国际和地区形势，我们要把握好世界大势，跟上时代潮流，共同营造对亚洲、对世界都更为有利的地区秩序，通过迈向亚洲命运共同体，推动建设人类命运共同体。"[①]同时习近平也强调："亚洲要迈向命运共同体、开创亚洲新未来，必须在世界前进的步伐中前进、在世界发展的潮流中发展。"[②]

第二，中国在长期的国与国交往过程中，已经与很多周边国家结成了相互依存、相互尊重、相互信赖的命运共同体，这为周边命运共同体的构建发挥重要的示范作用。一直以来，中国在"和平共处五项基本原则"的基础发展

[①]　习近平：《迈向命运共同体 开创亚洲新未来——在博鳌亚洲论坛 2015 年年会上的主旨演讲》，人民日报 2015 年 3 月 29 日，第 2 版。

[②]　习近平：《迈向命运共同体 开创亚洲新未来——在博鳌亚洲论坛 2015 年年会上的主旨演讲》，人民日报 2015 年 3 月 29 日，第 2 版。

与周边国家的关系，始终坚持"与邻为善、以邻为伴"的周边外交政策，不搞霸权主义、强权政治，不干涉别国内政，尊重关切彼此核心利益，与很多周边国家结成了深厚的国家友谊，成为不同大小、不同制度国家间友好交往的典范。2015年4月21日，习近平在巴基斯坦议会的演讲中指出："中巴两国都肩负着民族振兴的历史重任，致力于强国富民的伟大梦想。我们比以往任何时候都更需要紧密携手合作，发挥两国传统友好优势、地缘毗邻优势、经济互补优势，共享机遇，共迎挑战，共谋发展，不断充实中巴命运共同体的内涵，更好造福两国人民，促进地区稳定和繁荣、为打造亚洲命运共同体发挥示范作用。"①而"构建中巴命运共同体，是中巴两国政府和人民从两国根本利益出发作出的战略抉择。"②不是仅仅为满足地缘政治的力量均势所作出的权宜之计，是经得起历史考验的。中国对于构建周边命运共同体的真诚务实态度正得到越来越多国家的认同和支持，2016年6月22日，习近平在乌兹别克斯坦最高会议立法院的演讲中强调："我们以共商、共建、共享为'一带一路'建设的原则，以和平合作、开放包容、互学互鉴、互利共赢的丝绸之路精神为指引，以打造命运共同体和利益共同体为合作目标，得到沿线国家广泛认同。"③

第三，中国积极对接亚洲已有的区域性国际组织及合作机制，加强彼此在国际及区域性事务中的多边合作，发展更加紧密的关系，为构建周边命运共同体不断开辟新的道路。亚洲地区已经建立有一些相对较为成熟的区域性合作组织及多边合作机制，如东盟、南亚区域合作联盟等，但是这些组织基本是一些次区域性组织，为了凝聚组织向心力，往往具有一定的封闭性，对组织外的国家力量介入特别是大国力量的介入持警惕、保留态度。比如：东盟，就是由摆脱西方殖民统治以后独立的东南亚国家组成的次区域性组织。这些国家对主权平等原则尤为重视，所以对域外大国介入具有天然的不安全

---

① 习近平：《构建中巴命运共同体　开辟合作共赢新征程——在巴基斯坦议会的演讲》，人民日报2015年4月22日，第2版。

② 习近平：《构建中巴命运共同体　开辟合作共赢新征程——在巴基斯坦议会的演讲》，人民日报2015年4月22日，第2版。

③ 习近平：《携手共创丝绸之路新辉煌——在乌兹别克斯坦最高会议立法院的演讲》，人民日报2016年6月23日，第2版。

感，对中国在保持友好经贸关系的同时，在地缘安全上也持有很强的防备心理，为了平衡中国的影响力，东盟同时积极发展与美国、韩国、日本、印度等域外国家的合作关系，东盟中的新加坡、菲律宾、泰国还是美国的重要盟友，这些国家更是实行大国平衡战略。南亚区域合作联盟则是由印度主导，将南亚及印度洋视为自己势力范围的印度，将域外国家特别是中国与南亚地区相关国家的合作都保持高度警惕。所以，中国构建周边命运共同体，必须要注意加强与这些次区域性国际组织保持沟通、协调，增强彼此政治互信，2015年11月7日，习近平在新加坡国立大学的演讲中指出："中国坚持与邻为善、以邻为伴，坚持奉行睦邻、安邻、富邻的周边外交政策，坚持践行亲诚惠容的周边外交理念，坚持共同、综合、合作、可持续的亚洲安全观，致力于构建更为紧密的中国—东盟命运共同体，推动建设亚洲命运共同体。"①

（三）构建周边命运共同体的主要障碍及基本途径

当前中国构建周边命运共同体面临的主要障碍是：亚洲地区地缘政治环境非常复杂，几个大国同时处于崛起的过程中，由于历史问题及现实的领土争端，国家间政治互信不够，同时大多数国家处于发展中阶段，产业结构相似，经济互补性不强，彼此在经济发展过程中存在很大的竞争，再加上亚洲战略地位日益凸显，域外大国纷纷将此地作为维护其全球战略利益的重要支撑，积极布局，高强度介入，使区域地缘政治环境更加复杂。这些都为中国构建周边命运共同体增添了变数，中国必须积极布局、妥善应对。

第一，中国必须在推进周边外交工作中始终坚持"和平友好、合作共赢"的基本原则，强调互惠互利，不搞制度模式输出，不谋求势力范围，但同时也要坚持国家利益底线，决不会以单方面牺牲国家利益来换稳定、换和平、换发展。习近平在主持十八届中央政治局第三次集体学习时指出，"中国发展绝不以牺牲别国利益为代价，我们绝不做损人利己、以邻为壑的事情，将坚定不移做和平发展的实践者、共同发展的推动者、多边贸易体制的维护者、全球经济治理的参与者。"②中国在与周边国家长期交往过程中，一直担当的是

---

①　习近平：《深化合作伙伴关系　共建亚洲美好家园——在新加坡国立大学的演讲》，人民出版社2015年版，第5页。

②　习近平：《习近平谈治国理政》，外文出版社2014年版，第249页。

建设性、负责任、可信赖的大国角色，中国从而没有侵略过别国一寸土地，在亚洲金融危机、自然灾害、疾病疫情等重大事件的处理过程中，也真正承担了大国的责任。当然，国家间交往应该是相互尊重、彼此关切、合作共赢的，"中国决不会以牺牲别国利益为代价来发展自己，也决不会放弃自己的正当权益，任何人不要幻想让中国吞下损害自身利益的苦果。"①也只有建立在相互尊重、合作共赢基础上的国家关系才是真正长久的、健康的以及可持续的。

第二，必须努力促进亚洲各国共同发展，维护各国共同安全，推进各国文化相互包容、相互交流、相互借鉴，为构建周边命运共同体打下坚实的物质基础和文化基础。2015 年 3 月 28 日，习近平在博鳌亚洲论坛 2015 年年会上的主旨演讲中指出："迈向命运共同体，必须坚持各国相互尊重、平等相待……迈向命运共同体，必须坚持合作共赢、共同发展……迈向命运共同体，必须坚持实现共同、综合、合作、可持续的安全……迈向命运共同体，必须坚持不同文明兼容并蓄、交流互鉴。"②亚洲各国大多数仍然属于发展中国家，推动本国经济社会发展仍然是当务之急。中国构建周边命运共同体，首先是要构建周边发展共同体，通过深入实施"一带一路"战略规划，建立基于相互分工的区域价值链，共同生产并提供国际公共产品，让周边国家能够搭乘中国快速发展的便车；其次是要构建基于主权平等、合作共赢的集体安全机制，强化区域内安全问题的对话、沟通、协调，健全安全应对机制，努力促进各国共同安全；最后是要促进不同文化间的相互交流、借鉴、融合，坚持求同存异的原则妥善处理彼此间的分歧，共同超越不同文化间的隔阂、猜忌、对立，不断走向和谐、包容、共生。

第三，以部分国家双边关系的推进为载体和抓手，形成示范效应，带动与区域内其他国家的合作与发展，逐步形成周边命运共同体。亚洲地缘政治环境复杂，中国的社会制度及发展道路与区内其他国家存在很大的差异，构建周边命运共同体不可能一蹴而就，必须循序渐进，有针对性地先在一些重点国家实现突破，不断累积经验和政治互信，再向其他国家拓展，目前来看，

---

① 本书编写组：《党的十九大报告辅导读本》，人民出版社 2017 年版，第 58 页。
② 习近平：《迈向命运共同体 开创亚洲新未来——在博鳌亚洲论坛 2015 年年会上的主旨演讲》，人民日报 2015 年 3 月 29 日，第 2 版。

可以优先突破的是西北及东南亚方向。中国应积极运用上海合作组织的成熟框架，积极加强与俄罗斯及中亚国家的合作，应充分考虑俄罗斯在中亚地区的地缘政治利益，避免卷入中亚的大国地缘政治博弈，中国与中亚地区国家的合作应重点放在打击恐怖主义威胁、保障丝绸之路经济带的安全上，中国要在平等互利、寻求共同安全、合作共赢的基础上加强与中亚国家的双边关系，但不寻求改变地区力量格局。2016 年 6 月 21 日，习近平在乌兹别克斯坦媒体发表署名文章强调："中乌是平等互利、安危与共、合作共赢的利益共同体和命运共同体。"①次日，习近平在乌兹别克斯坦最高会议立法院的演讲中又指出："乌兹别克斯坦是中亚大国，中国始终从战略高度和长远角度看待中乌关系，把打造平等互利、安危与共、合作共赢的中乌命运共同体和利益共同体作为外交优先方向之一。中乌加强全面合作顺应历史潮流，符合两国和两国人民根本利益。"②在东南亚方向，中国要进一步巩固和发展与泰国、柬埔寨、缅甸等不存在领海争端的传统友好国家的双边关系。2016 年 10 月 12 日，习近平在柬埔寨媒体发表署名文章指出："中国支持柬埔寨作为东盟重要成员在本地区事务中发挥重要作用，愿同柬方在东亚合作、澜沧江—湄公河合作、联合国等地区和多边舞台加强协调和配合，维护两国和发展中国家共同利益，积极打造亚洲命运共同体。"③同时努力加强与越南、菲律宾、马来西亚等有领海争端国家的双边关系，在求同存异的基础上推进务实合作。2015 年 11 月 5 日，习近平在越南媒体发表署名文章指出："中方将坚持与邻为善、以邻为伴的周边外交方针，秉持亲诚惠容的周边外交理念，致力于建设亚洲命运共同体，推动中越关系在新时期持续健康稳定向前发展。"④次日，习近平在越南国会的演讲中又强调："当前，国际和地区形势风云变幻，中越两党两国面临许多相同或相似的新问题新挑战，我们不仅仅是山水相连的友好邻邦，更是利

---

①　习近平：《谱写中乌友好新华章》，人民日报 2016 年 6 月 22 日，第 1 版。
②　习近平：《携手共创丝绸之路新辉煌——在乌兹别克斯坦最高会议立法院的演讲》，人民日报 2016 年 6 月 23 日，第 2 版。
③　习近平：《做肝胆相照的好邻居、真朋友》，人民日报 2016 年 10 月 13 日，第 1 版。
④　习近平：《携手开创中越关系的美好明天》，人民日报 2015 年 11 月 6 日，第 1 版。

益相融、目标相同的命运共同体。"①

二、构建与世界主要大国命运共同体

大国间的矛盾冲突及长远关系走向会对世界力量格局产生深远影响，并推动世界秩序变迁，世界历史上的战争与和平都是伴随着大国间的博弈而发生和实现。二战后确立的联合国安理会五个常任理事国一致同意的决策原则，就是汲取了历史上大国间由于意见分歧、彼此缺乏政治互信和有效化解分歧的机制而走向猜忌甚至战争冲突的惨烈教训。处理好与当今世界主要大国（俄罗斯、美国及欧盟）的关系，构建某种程度上的命运共同体，不仅对于实现中华民族伟大复兴的中国梦具有重要的意义，同时对于人类共同应对全球化挑战、维护世界的和平与发展也同样具有非常重要的意义。

（一）中俄关系发展的历史逻辑：从地缘政治竞合到命运共同体

在传统陆权理论看来，欧亚大陆是控制整个世界的枢纽地带，谁拥有了欧亚大陆的主导权谁就掌握了世界霸权的钥匙。13 世纪崛起于蒙古高原的蒙古部族第一次掌控了整个欧亚大陆，从中国的江南水乡到欧洲的多瑙河畔，全部被纳入强悍的蒙古铁骑的征讨范围，由此建立起横亘欧亚大陆的超级大帝国。但蒙古部族对欧亚大陆的统治较为薄弱，很快就分裂为若干个汗国，其在欧亚大陆北部西部地区是金帐汗国，其在中国的主体部分则建立元朝，成为中国古代正统的王朝之一。这两个由蒙古建立的王朝也很快被当地的主流民族所推翻，金帐汗国被俄罗斯帝国取代，元朝则被明朝取代。俄罗斯帝国迅速向外扩张，逐渐成为纵横欧亚大陆的庞大帝国。在欧亚大陆东部，则相继出现（明清）两个强大的帝国，两个权力中心的出现，深刻影响欧亚大陆的力量格局。自 15 世纪世界地理大发现以来，在欧亚大陆的西部先后崛起了数个海上强权国家，这些国家奉行以海制陆的战略，通过资本及资本动员组织的军事力量，将欧亚大陆以外的世界其他地区纳入其构建的国际体系中，形成对欧亚大陆强势国家的战略压制。在此背景下，欧亚大陆两个传统力量

---

① 习近平：《共同谱写中越友好新篇章——在越南国会的演讲》，人民日报 2015 年 11 月 7 日，第 3 版。

中心，即中国和俄罗斯走向不同的发展道路，更加接近欧洲的俄罗斯在保持传统制度的同时，吸纳欧洲的先进文化科技，国力日渐强盛；中国则陷入封建制度的窠臼，日益封闭保守而跟不上世界潮流，最终由强转弱。两国的兴衰也影响两国的关系走向及世界秩序变迁。

（1）两大陆权的竞争：帝国时代的碰撞与力量均势的不断生成

17世纪的后期，俄罗斯帝国的扩张峰线抵达远东，此时已经取代明朝的大清帝国已经入主中原数十年，牢牢站稳了脚跟，其统治者康熙皇帝在稳定国内政局后，将注意力转向北部和西部地区，这是明朝统治所不及的地方。在这一过程中，大清帝国与俄罗斯帝国产生了巨大的矛盾冲突，这是欧亚大陆两大传统力量中心的第一次正面碰撞，最终结果是国力正盛的清帝国占据上风，清朝军队在1685—1688年的雅克萨之战中击败了入侵的俄罗斯军队，双方签订《尼布楚条约》，划定双方在远东地区的边境线，清朝遏制住了俄罗斯帝国在远东的扩张势头，使其在远东寻求出海口的战略企图落空，奠定了此后接近200年的远东地缘政治格局。俄罗斯暂时放缓了在远东方向的扩张，而加快了在东欧、中亚、外高加索地区的扩张步伐。欧亚大陆两个具有决定性影响力的陆权国家在没有外部力量介入的情况下形成了两国间的第一次力量均势状态。其意义在于大清帝国确立了在欧亚大陆东部及远东地区的主导地位，俄罗斯帝国将战略重心转向欧洲及中亚地区，成为可以深刻影响欧洲的重要力量及中亚的霸主。也因为这样，俄罗斯帝国就此在中亚截断了大清帝国从陆路沟通欧洲的可能性，对于大清帝国来讲，这就意味着便于其作为陆权国家掌控的陆上战略通道被阻隔，只有依靠海上通道才能够与作为近代以来世界文明引领者的欧洲保持联系。

但是大清帝国如同中国历史上的封建王朝一样，奉儒家文化为正统，这是一种趋向内敛的文化类型；在经济上奉行农耕经济，重农抑商、自给自足；在对外关系上，以中央王朝自居，不追求领土的过度扩张，通过构建朝贡体系，薄己厚往，与周边国家建立藩属关系，这维系了远东地区长达两个世纪的和平。但清王朝到后期走上了故步自封的道路，为了维持封建统治，实行海禁，禁止民间的海外贸易行为，断绝与外部世界的联系，思想日益僵化保守，逆历史潮流而行，与西方兴起的科技革命、工业革命失之交臂。终于在

19 世纪 40、50 年代的两次鸦片战争中被欧洲列强击败。内外交困的清王朝为俄罗斯帝国在远东及中亚的扩张创造了条件。俄罗斯通过迫使清王朝签订一系列不平等条约，割占中国 150 多万平方公里的土地，获得了彼得大帝在远东太平洋地区梦寐以求的理想出海口。

大清帝国及俄罗斯帝国都是典型的陆权国家，双方都奉行较为传统的封建统治，在政治经济制度上落后于欧洲兴起的海权国家。但俄罗斯日渐壮大而清帝国却日渐衰落，欧亚大陆两大陆权帝国的竞争以清王朝的失败告终。重要原因在于，俄罗斯作为一个横亘欧亚的帝国，虽然也具有保守统治的一面，但其地缘环境使得其可以很好地适应从欧洲兴起的全球化浪潮，俄罗斯帝国的战略重心一直在欧洲，遥远而广袤的亚洲地区为其构筑了巨大而坚实的战略纵深。与西方毗邻的地缘格局，决定了俄罗斯无法自绝于欧洲先进文化科技的影响，相反，俄罗斯可以较为便利地吸收欧洲的先进科学技术，在文化科技上并未落后于世界潮流。但是俄罗斯的政治经济制度却如同清帝国一样是落后保守的，俄罗斯可以利用不断地对外扩张，凝聚人心士气、维持封建统治，从欧洲吸取的先进科学技术又为其提供了重要武装，从而助推其对外扩张目标的实现。同时俄罗斯横亘欧亚的庞大领土，使得俄罗斯很难被单个欧洲的海权或者陆权国家征服，即使欧洲的资本主义海权强国英国及陆权强国法国联手也无法做到，俄罗斯会被击败，但从来没有被彻底击倒过。相反，俄罗斯积极介入欧洲的地缘政治博弈，往往扮演关键角色，如在 19 世纪初期的反法战争及 19 世纪 40 年代镇压欧洲革命中，俄罗斯帝国都成为欧洲封建势力的救命稻草。

大清帝国虽然国力一度非常强盛，即使到鸦片战争时期，其经济实力仍然位列世界前列。但其影响力局限在亚洲东部，只是一个区域性的强权，与西方的陆路通道被俄罗斯阻断，海路通道则被自我割断，丧失了与西方交流进步的最佳时机。导致对西方的认识少之又少，以至于鸦片战争中与英国已经开战数年，清朝皇帝都还不知道英吉利在何处。大清帝国构筑的以朝贡贸易为基石的区域性国际体系，在全球缺乏联系的时代是稳固的、可控的，但是 15、16 世纪欧洲主导的航海大发现已经将世界联结为一个整体，资本主导的全球化进程使这种联系更加紧密和具有穿透力。大清帝国构建的区域性国际体系迅速瓦解，被强行纳入西方主导的资本主义世界体系中，其在政治、经济、军事及科技制度上的缺陷暴露无遗。面对列强来自海洋方向的战略压力，清王朝在陆地方向进行了战略性的收缩退却。在此背景下，俄罗斯帝国极大扩展了陆上霸权，只是在东北亚地区，与新崛起的海上霸权国家日本的争夺失利，影响力被限制在外兴安岭—日本海北部一线；在西北方向，在左宗棠等有识之士的力争下，清王朝19世纪70年代的海防和塞防之争，最后以实行"海陆并重"战略收场。随后清王朝在左宗棠的指挥下，发动收复新疆之战，攻灭入侵新疆的阿古柏政权，并最终从俄罗斯手中收复新疆伊犁，遏制住了俄罗斯帝国对中国新疆地区的侵略势头，维持了中国西部地缘政治环境的稳定。

1911年清王朝被辛亥革命推翻以后，中国陷入四分五裂的军阀割据时代。1917年11月俄国爆发"十月革命"，变革了落后社会生产关系的苏俄，社会生产力得到迅速提升，综合国力得到极大增强。欧亚大陆两个传统权力中心，因中国的衰弱而变成苏联一家独大。此后，处于内战及抗战时期的中国，中央政府已经无暇顾及边境地区的安全与稳定，外蒙古在外部势力的策动与影响下被分离出去。新疆则在杨增新、金树仁等地方军阀的强力统治下，基本维持了政局稳定，在一定程度上确保了西部边境的安全稳定。整体而言，20世纪前半叶，在欧亚大陆的地缘棋盘上，中国因内战及应对日本这个新崛起的海洋强权国家的侵略，在很大程度上已经丧失了战略性棋手的位置，只能疲于应付，维持最基本的地缘政治利益。

（2）从竞争到合作：世界力量格局变化的外在显现

第二次世界大战结束以后，苏联、美国主导的两极格局形成。以苏联为首的社会主义阵营以及以美国为首的西方资本主义阵营进入长达半个世纪的"冷战"状态。另一个影响世界力量格局的事件是，1949年中国共产党领导的新民主主义革命取得胜利，建立社会主义制度，一个崭新而又日渐强大的新中国开始屹立于世界东方。就欧亚大陆地缘政治格局而言，中国的重新崛起意味着欧亚大陆又将恢复两个力量中心的战略格局。当然，此时中国和苏联都是社会主义国家，具有共同的价值基础。为此，中国一开始也积极实行"一边倒"的外交战略，加入了社会主义阵营。这对于以美国为首的西方霸权主义国家来讲，是极为不利的，因为中苏的联合使得一股强大的力量主导了欧亚大陆格局，这必将影响美苏间的力量对比，使美国的全球霸权受到致命挑战。美国只能充分发挥其海上霸权地位，沿着欧亚大陆边缘积极投入国家力量，构筑战略包围圈，妄图通过海权优势抵消中苏的陆权优势，达到以海制陆的战略目的。此时中苏两个陆权大国的结构性矛盾逐渐显现，苏联在很大程度上继承了旧俄罗斯帝国的大国沙文主义政策，大力推行扩张战略，妄图使中国依附于苏联，服从于苏联的全球争霸扩张。中国则奉行和平友好、独立自主的外交政策，双方矛盾冲突逐渐升级，从 20 世纪 50 年代后期的相互论战发展至 60 年代末期在中国东北珍宝岛及新疆边境地区的武装冲突，两国关系彻底恶化，苏联陈兵百万于中苏边境，对中国形成巨大的战略压力。苏联也因为中苏关系恶化，而不得不将很大一部分战略力量转移到中苏边境，使苏联本来相比美国具有很大优势的地缘政治环境大打折扣。在欧亚大陆东西两端都面临战略僵局的形势下，苏联选择从中部入手，入侵阿富汗，妄图从阿富汗—巴基斯坦一线打开战略缺口，将势力直接延伸至印度洋，从而打破美国构筑的欧亚大陆包围圈。

但在被称为"大国坟场"的阿富汗，苏联步了大英帝国曾经的后尘，陷入阿富汗战争的巨大泥潭之中，白白消耗掉很大一部分国力，在与美国的全球争霸中逐渐处于下风。中国在与美苏关系同时恶化的情况，曾经一度陷入非常孤立的地步。作为一个传统的陆权大国，中国在与另一个陆权强国苏联的竞争中，在传统的陆上战略通道再次被截断的情况下，中国没有走上闭关自守的道路，相反，中国积极发展与广大亚非拉国家的关系并努力维持与周边国家的睦邻友好关系，地缘政治环境得到明显改善。在广大第三世界国家的鼎力支持下，中国恢复在联合国的合法席位，中美关系也在 20 世纪 70 年代得到改善。1978 年党的十一届三中全会后，中国实施了改革开放战略，让冷战中一度处于对峙前沿的东南沿海地区成为改革开放的最前沿，让传统陆权面向海洋的软肋部升级锻造成为支撑新型陆权的钢筋铁骨，从而走出了一条海权陆权兼备的新型地缘政治发展道路。

20 世纪 90 年代苏联解体以后，作为苏联最大加盟共和国的俄罗斯继承了苏联大部分国家力量和在国际组织的代表席位，但俄罗斯的国力已较苏联时有严重的削弱。经济上，奉行新自由主义的"休克疗法"，国家财富被国外资本及国内的新兴寡头一夜掏空，贫富两极分化日益严重，陷入巨大的经济危机之中；政治上，民族矛盾进一步激化，民族分离主义势力乘势崛起，刚从阿富汗战争的泥潭中走出，又被车臣战争撕开巨大的伤口；外部关系上，以美国为首的西方资本主义国家，彻底撕开和解、和平的面具，继续将俄罗斯视为战略对手，冷战中与苏联及东欧社会主义国家所组建"华约组织"对决的西方"北约组织"，并没有随着苏联解体、"华约"解散而退出历史舞台，相反，"北约"乘着冷战胜利之势，进一步实行东扩战略，将原东欧社会主义国家及苏联在欧洲和外高加索地区的加盟共和国也纳入"北约"的势力范围，从而极大压缩俄罗斯的地缘战略空间。俄罗斯处于巨大的困境之中。这一时期的俄罗斯领导人叶利钦，修正了独立初期一边倒向西方的国家战略，实行"双头鹰"战略，更加重视亚洲地区，利用亚洲作为俄罗斯在欧洲对抗"北约"东扩的战略支撑。

同一时期的中国，在顶住了苏东剧变以及西方国家的集体封锁与制裁的压力之后，仍然坚持走中国特色社会主义道路。作为世界范围内剩下不多的几个社会主义国家，中国的社会主义制度在苏东剧变后仍然显示出巨大的发展潜力，社会主义中国并未如很多西方战略家所预言的那样成为第二个苏联，巨大的落差和现实地缘政治利益考量，使得美国为首的西方资本主义国家视中国为巨大的威胁，必须予以坚决遏制。所以整个 20 世纪 90 年代，美国在结束了对中国的短暂制裁与封锁以后仍然不得不继续发展与中国的全方位交往，双方领导人进行了互访，两国关系得到了一定的改善，但以美国为首的西方国家仍然没有放松对中国的战略遏制与打压，通过民主、人权及外贸等问题持续向中国发难、施压，通过支持中国国内的民族分裂势力、台独势力、邪教组织等牵制中国，甚至直接在科索沃战争中轰炸驻南斯拉夫中国大使馆，对中国实行赤裸裸的战争威胁，妄图"以压促变"，颠覆中国的社会主义制度，彻底消除中国的威胁。中国和俄罗斯一样也面临巨大的外部压力，在这样的背景下，中国改变了苏联剧变后一段时间内对俄罗斯及其领导人叶利钦放弃社会主义制度的不满态度，开始与其进行接触。"冷战"后的世界格局变化，让中俄两国超越了意识形态的分歧，恢复并进一步发展了双方的友好关系。

中俄两国解决了长期困扰两国关系的边境问题，双方在经贸、文化、安全等领域开展了全方位的合作。1996 年在中俄两国的推动下，中国、俄罗斯、哈萨克斯坦、塔吉克斯坦、吉尔吉斯斯坦建立"上海五国"定期会晤机制，这是现在影响力日益增大的"上海合作组织"的前身。同时两国在联合国等国际组织以及伊拉克、科索沃等热点地区事务上进行了卓有成效的战略协作，共同抵制以美国为首的西方国家强力推行的霸权主义、强权政治，共同努力推进国际关系民主化进程。

1999 年底普京接替叶利钦成为俄罗斯总统后，表现出更加强势的领导人风格，对待国内民族分裂势力、恐怖主义果断出手、绝不妥协，发动第二次车臣战争并取得重大胜利，遏制住民族分裂势力、恐怖主义在俄罗斯蔓延的趋势。21 世纪初，国际石油价格飙升，使得经济上依赖石油、天然气等资源出口的俄罗斯经济得到迅速恢复和发展，俄罗斯政局稳定，人民生活水平得到很大提升，普京及其领导的政党在国内得到普遍的支持。"9.11"恐怖袭击以后，美国小布什政府实行单边主义的霸权政策，以打击国际恐怖主义的名义，先后发动阿富汗战争和伊拉克战争，进一步强化对中东的战略控制，并通过阿富汗战争第一次将势力延伸到中亚地区，形成对中国和俄罗斯的双重战略牵制。同时美国先后在俄罗斯周边作为原苏联加盟共和国的乌克兰、格鲁吉亚等国家策动"颜色革命"，推翻亲俄政府，扶植亲西方政权，并吸收波罗的海三国加入北约，进一步压缩俄罗斯的战略空间。2008 年美国金融危机以后，世界经济发展整体放缓，国际油价持续下跌，这使得高度依赖石油、天然气出口的俄罗斯经济出现严重困难，以美国为首的西方又不断加大对俄罗斯的经济制裁，使得俄罗斯经济社会发展面临巨大挑战。这一时期，中国保持了经济的快速增长，但是自 2010 年开始，美国实施"亚太再平衡战略"，逐渐从中东等热点地区收缩力量，面向亚太中国周边地区部署，给中国造成巨大的战略压力，中国改革开放以来，打开的海上对外战略通道面临被美国封堵的危险，陆上战略通道则面临中亚恐怖主义扩散的威胁。中俄两国面对各自的地缘政治压力和挑战，如何进一步深化彼此的友好合作关系意义深远。

（3）走向命运共同体：中俄深化全面战略协作伙伴关系的必然选择

中国、俄罗斯位于欧亚大陆的核心地带，两国都是当前世界格局中的重要力量，两国关系的发展不仅对于两个国家自身产生决定性的影响，也牵涉世界秩序的未来走向。两国同是世界上的伟大国家，各自拥有值得回顾和纪念的光辉历史、强大的民族荣誉感和远大的国家抱负，也都经历过民族国家发展的低潮和挫折。从地缘政治角度讲，俄罗斯处于欧亚大陆中心地带，中国虽然处于欧亚大陆的东部地区，但其庞大的人口、稳定的政治环境以及经济社会强劲的发展势头使得中国必将在欧亚大陆乃至世界政治舞台扮演至关重要的角色，欧亚大陆又恢复到曾经的两大权力中心并存的地缘政治格局，中俄关系能否超越传统地缘政治的窠臼，走出力量均势的历史怪圈？当中俄美欧及新兴国家构成的世界力量格局再次发生深刻变革的时候，中俄两国能否还继续保持目前的合作势头，这是我们必须认真思考的问题。对于这个问题，美国肯定持否定态度，比如美国总统拜登（奥巴马执政时期为美国副总统）就公开宣称："中俄边境是世界上看守最严密的边界之一。我不明白它们的共同利益在哪里。有关莫斯科与北京近期会建立长远的伙伴、盟友关系，我不认为是一定的。"[1]实际上目前的"中俄关系是世界上最重要的一组双边关系，更是最好的一组大国关系。"[2]中俄间已经构建起基本合作共赢、相互尊重基础上的全面战略协作伙伴关系，两国关系还拥有巨大的发展空间，不能掉入传统地缘政治博弈的"陷阱"，大国间要超越"均势""力量平衡"等旧思维的束缚，而应该逐渐确立命运共同体意识，正如 2013 年 3 月 23 日习近平在莫斯科国际关系学院演讲时指出，"这个世界，各国相互联系、相互依存的程度空前加深，人类生活在同一个地球村里，生活在历史和现实交汇的同一个时空里，越来越成为你中有我、我中有你的命运共同体。"[3]如果还在拉一派、打一派的国际权力游戏里打转转，从长远看这样的国际权力竞争没有可持续性，最终结局是大家一起陷入权力争斗、相互制衡、自取灭亡的现实主义悲剧之中。放眼未来，中俄间共同利益是在逐渐增多，而不是在减少，中俄间全面战略协作伙伴关系的前景是越来越广阔，而不是越来越狭窄。中俄可以在三

---

① 转引自于文：《美前副总统拜登：中俄无共同利益 中方回应》，环球网，2018 年 1 月 25 日，http://oversea.huanqiu.com/article/2018-01/11554873.html。

② 习近平：《习近平谈治国理政》，外文出版社 2014 年版，第 275 页。

③ 习近平：《习近平谈治国理政》，外文出版社 2014 年版，第 272 页。

个层面结成命运共同体。

一是基于共同发展的命运共同体。中国是目前世界上最大的发展中国家，其 GDP 总量已经在 2010 年超越日本居于世界第二位，按目前这个速度发展下去，在不久的将来最终超越美国成为世界上最大的经济体也是可以实现的。但是中国人口基数大，从经济发展质量看，中国仍然与世界一流水平存在很大的差距，中国还需要一段很长的时间来发展国内经济，作为世界上最大发展中国家的定位还必须长期坚持。俄罗斯虽然国土面积广阔、自然资源丰富，而且继承有苏联的科技、文化、教育及工业基础，具有坚实的发展基础，但是苏联畸形的偏军事重工业经济结构使俄罗斯的经济转型升级面临巨大的挑战，同时苏联的工业体系有很多分布在加盟共和国，如乌克兰的航空、造船业，而苏联的航天发射场则位于中亚的哈萨克斯坦。苏联解体以后，俄罗斯继承的是遭分割的苏联重工业体系，一方面工业发展必须仰仗一些从苏联独立出来的国家，经常面临被卡脖子的风险；另一方面经济改革较为困难，与老百姓生活息息相关的产业发展不起来，即使发展起来也没有太强的竞争力，只有依靠军事工业、能源出口来支撑。在世界能源价格坚挺的一段时期内，俄罗斯经济表现较好，但是近几年由于世界经济危机的影响，世界能源价格持续走低，再加上西方国家的经济制裁，俄罗斯经济发展面临很大的挑战，长期处于低迷状态。

苏联解体以后，中俄经贸关系发展较为迅速，最初，中国主要从俄罗斯引进重工业设备、军事装备、石油天然气资源等，俄罗斯则从中国进口轻工业产品，双方经济有一定的互补性，发展较为迅猛，从 2002 至 2016 年，中俄"双边贸易额 15 年间增长了 10 倍多，合作领域从单纯贸易扩展到投资、融资、能源、航空航天、高技术、高铁、农业、地方等各个领域，合作方式从单纯买卖关系扩展到联合研发、联合生产，合作层次从边境贸易发展到战略性大项目，经济利益深度交融。"①随着中国经济的快速发展，工业体系的日渐完善，重工业及高新技术产业得到长足发展，中国在很多领域已经超越俄罗斯，中俄间的经贸交往力度相较于中国与欧美日韩等国家或地区的经贸关系

---

① 习近平：《习近平谈治国理政》第二卷，外文出版社 2017 年版，第 467 页。

而言，还有很大的提升空间。2016 年 6 月，习近平在《中俄睦邻友好合作条约》签署 15 周年纪念大会上强调："要在业已取得的经济合作成果基础上，深入推进两国发展战略对接和'一带一路'建设同欧亚经济联盟建设对接合作，进而在欧亚大陆发展更高水平、更深层次的经济合作关系，使中俄关系发展带来的福祉不仅惠及两国人民，还要惠及整个地区国家人民。"①面向未来，中俄双方应该进一步密切双边经贸往来，实现经济发展战略对接，提升双方经贸科技合作的层次和水平，形成密不可分、互惠互利的发展共同体。

二是基于共同安全的命运共同体。中俄同是欧亚大陆具有举足轻重地位的国家，双方皆曾经是传统意义上的陆权国家，其国家长远发展都需要走陆海兼备的道路，也都在一定程度上受到域外海权国家的困扰。而两国独特的地缘政治环境，使得双方也具有一定程度的竞争性。但从目前世界力量格局演变的现状看，世界仍然在朝着多极化方向发展，美国的"一超"地位并未有根本性改变，与此同时，呈现出中美俄欧及以印度巴西等为代表的新兴发展中国家多个力量中心，对于美欧而言，中俄都有可能成为现有世界秩序的有力挑战者和改变者，因此在相当长一段时期内不会放松对两国的遏制，两国也没有足够的能力单独应对外部施加的战略压力，双方仍然有巨大的战略合作空间和动力。就传统安全而言，虽然大国间爆发直接冲突的可能性很小，但卷入局部战争冲突的可能性则加大。冷战结束以来，俄罗斯已经经历了两次车臣战争、一次在格鲁吉亚的武装冲突，目前还卷入了在乌克兰、叙利亚的战争冲突。通过这一系列战争冲突俄罗斯虽然获得了可观的地缘政治利益，但也付出了巨大的代价，俄罗斯没有能力支撑长期的战争。中国周边也存在几大潜在的冲突地区，即朝鲜半岛、台海地区、南海地区及中印边境地区，一旦危机爆发，将很有可能引发大国间的战争冲突。所以，中俄需要在传统安全领域加强协作，共同努力防范热点地区爆发大规模冲突，维护世界的和平稳定。在非传统安全领域，中俄双方的合作空间更大。在中东肆虐的恐怖主义势力，经过各国的持续打击，有向中亚、巴基斯坦、东南亚转移扩散的趋势，这已经对中俄的国土安全造成了巨大的现实威胁；在合作应对气候变

---

① 习近平：《习近平谈治国理政》第二卷，外文出版社 2017 年版，第 468 页。

暖、打击跨国犯罪等方面，中俄也迫切需要加强合作，对于俄罗斯而言尤其如此，"通过加强与中国的战略合作，俄罗斯在战略上可保障其东部地区为安全大后方，在政治上可获得中国在国际事务上的支持，在经济上则可搭上中国经济的快车。"①

中俄间要构建更加紧密的安全伙伴关系，维护彼此共同安全，不断增强双方的战略互信非常重要。当然由于已经较为圆满地解决了边界划分等历史遗留问题，双方在国际事务中具有广泛的共同利益并开展了卓有成效的合作，彼此战略互信日渐增强，这为进一步扩展在安全领域的合作创造了必要条件。2017 年 7 月，习近平接受俄罗斯媒体采访时指出：中俄双方已经"建立了高水平的政治和战略互信。双方彻底解决了历史遗留的边界问题，4300 多公里共同边界成为连接两国人民友谊的纽带。双方签署《中俄睦邻友好合作条约》，将世代友好的理念以法律形式确立下来。双方达成"四个相互坚定支持"共识，即坚定支持对方维护本国主权、安全、领土完整等核心利益的努力，坚定支持对方走符合本国国情的发展道路，坚定支持对方发展振兴，坚定支持对方把自己的事情办好。中俄互为最可信赖的战略伙伴。"②中俄加强在安全领域的合作，就是要构建基于共同安全的命运共同体，双方需要努力做到："第一，坚定不移发展面向未来的关系……第二，坚定不移发展合作共赢关系……第三，坚定不移发展两国人民友好关系。"③中俄双方要尊重对方核心利益，在国际事务中相互支持、密切协作，反对霸权主义、强权政治，坚定不移地支持并努力推进世界多极化进程；同时积极发挥联合国、上海合作组织等全球及区域性多边平台的作用，打击恐怖主义，共同应对非传统领域安全的挑战。

三是基于共同价值的命运共同体。习近平在联合国成立 70 周年系列峰会上的讲话中指出："和平、发展、公平、正义、民主、自由，是全人类的共同价值"④。长期以来，以美国为首的国际垄断资本利用其主导的全球化进程，在全世界范围推行所谓的"普世价值"，把民主、自由、人权等抽象的价值理

---

①　阎学通：《历史的惯性：未来十年的中国与世界》，中信出版社 2013 年版，第 98 页。

②　新华社：《习近平接受俄罗斯媒体采访》，人民日报 2017 年 7 月 4 日，第 1 版。

③　习近平：《习近平谈治国理政》，外文出版社 2014 年版，第 275–276 页。

④　习近平：《习近平在联合国成立 70 周年系列峰会上的讲话》，人民出版社 2015 年版，第 15 页。

念作为凌驾于国家主权之上的普遍法则，要求其他民族或者国家必须遵守。而美国等西方发达国家则自命为传播并维护"普世价值"的仲裁者，标准都由其制定，凡是违背西方所谓"普世价值"的民族或者国家，以美国为首的西方发达国家就会抡起大棒予以制裁，甚至不惜发动"颜色革命"推翻所在国政权。西方所谓的"普世价值"理论上存在不可克服的悖论，在国际关系实践中"普世价值"实际上已经成为以美国为首的国际垄断资本维护资本利益的工具，凡是被西方国家以维护"普世价值"为名策动"颜色革命"的国家或地区，绝大多数没有获得真正的自由、民主、人权，反而陷入长期的战乱中。

　　"普世价值"也是以美国为首的西方发达国家遏制中俄两国的工具，美国已经在俄罗斯周边的乌克兰、格鲁吉亚、吉尔吉斯斯坦等国发动了数场"颜色革命"，并持续运用人权、政治民主化等问题向中国政府施压，同时大力支持疆独、港独及"台独"分裂势力作为遏制中国的工具，妄图实现对中国的"和平演变"，从根本上颠覆中国的社会主义制度。美国的这一系列举动确实给中俄两国造成了很大的战略压力，使得两国周边局势高度紧张。西方国家又牢牢掌握了国际话语权，使得世界各国人民往往通过西方国家主导的话语体系来认识中俄两国，甚至中俄两国内部的一些所谓的精英人士也有很多是站在西方的话语体系上，对自己国家的政府进行否定、批判，总认为西方国家什么都好、什么都对，而自己国家的政府则一无是处。所以，中俄两国需要从培育和践行共同价值着手，构建两国基于共同价值的命运共同体。在国际事务上要积极倡导共同价值，推动国际关系的民主化，没有任何一个国家能够成为某种所谓普世性价值的传道者和仲裁者，民主、自由、人权不应该成为某些国家干涉别国内政、维护自身利益的工具，"世界命运必须由各国人民共同掌握。各国主权范围内的事情只能由本国政府和人民去管，世界上的事情只能由各国政府和人民共同商量来办。这是处理国际事务的民主原则，国际社会应该共同遵守。"① 而"中俄同为世界主要大国、联合国安理会常任理事国、新兴市场国家，都坚持以联合国宪章宗旨和原则为基石的国际关系基本准则，倡导世界多极化和国际关系民主化，坚决捍卫第二次世界大战胜利成果和国

---

①　习近平：《习近平谈治国理政》，外文出版社 2014 年版，第 274 页。

际公平正义。"①此外，中俄两国还必须加强彼此间的人文交流，"中俄两国都具有悠久的历史、灿烂的文化，人文交流对增进两国人民友谊具有不可替代的作用。"②要通过人文交流，切实增强两国人民特别是青年人对深化两国全面战略协作伙伴关系的价值认同，使两国命运共同体的底蕴更加深厚、根基更加牢固。

（二）国际话语权的转换与构建中美新型大国关系

美国前国务卿亨利·基辛格（Henry A. Kissinger）认为，世界权力中心转向亚太③。亚太是目前全球经济最具活力的地区，是构成推动全球经济增长最重要的引擎，但亚太地区也是全球地缘政治环境最复杂的地区之一，它的命运与全球政治经济格局变迁息息相关。美国自 2009 年以来采取的日渐清晰的"亚太再平衡战略"主要指向中国，其关键就在于充分发挥美国的硬软实力，主导区域国际政治话语权，将亚太地区最大限度纳入美国的发展轨道，延缓美国全球霸权的衰落。从长远看美国的话语权系统存在话语体系与权力体系失衡的问题，中国通过和平发展，国家综合实力不断提升，构成美国主导区域事务话语权的最大变数，同样美国国家力量的持续性投入，也构成对中国和平发展的重要制约。双方在区域内的竞合博弈将会更加激烈。

（1）国际关系领域话语权的理论阐释

话语权（power of discourse），也可称之为话语权力。话语权具有二重性，它首先是一种语言符号系统，法国后现代思想家福柯（Michel Foucault）认为，"话语是由一组符号序列构成的，它们被加以陈述，被确定为特定的存在方式"，"人类的一切知识都是通过话语而获得的。任何脱离话语的事物都不存在，人与世界的关系是一种话语关系"。④其次话语权又是物质化权力的显现，话语权是话语系统与权力的有机组合，它不仅在于你有说话的权力，而且更重要的还在于你说话的控制力、影响力问题。话语权是国家权力的一种具体表现形式，它反映出一个国家及国际组织基于一定的价值原则和利益诉求，

---

① 新华社：《习近平接受俄罗斯媒体采访》，人民日报 2017 年 7 月 4 日，第 1 版。

② 习近平：《习近平谈治国理政》，外文出版社 2014 年版，第 277 页。

③ 董冠洋."基辛格：世界权力中心转向亚太　中美可合作应对挑战"，《中国新闻网》，2013 年 6 月 28 日，http://finance.chinanews.com/cj/2013/06-28/4983148.shtml。

④ [法]米歇尔·福柯：《词与物：人文科学考古学》，莫伟民译。上海：上海三联书店 2001 年版，第 121 页。

对国际政治经济议题、秩序及规则的设置制定维护等系统性能力，它是一个国家经济、军事、制度和文化等硬软实力以及一个国际组织凝聚力、影响力的重要体现。国际关系领域的话语权由话语体系及国家权力体系共同构成。

第一，话语体系。国际关系领域的话语体系主要是由一个国家或国际组织通过一定的语言载体，综合运用概念、判断、推理等逻辑形式，形成的处理国家间、国家与国际组织间以及国际组织间关系的系统性思想、理论、战略、规则等，它深刻反映了国家间力量对比、国际秩序的发展现状、国家及国际组织在国际事务上的影响力。国际关系领域的话语主要包括三种类型：

①前提性话语。一个国家对外关系的理论和实践根植于这个国家占主导地位的思想文化土壤之中。思想文化传统会深度影响一个国家信奉的国际关系理论、国际关系原则及其所制定实施的国家大战略。西方国家很多人不愿意相信中国会走和平发展、永不称霸的道路，那是因为他们不真正懂得中国的文化语境。中国传统文化强调"德行仁义"、讲求"和为贵"、注重"持盈保泰"，"中华民族战略文化的核心力量在于其大一统理念的亘古守恒，正是因为这一价值取向和理想追求，中国的战略传统更多地指向了内部安定团结而非侵扰外邦，也由此尤其强调战略防御，很少外向进攻"①。这些最核心的思想文化传统是构成国际关系领域的前提性话语，构成了国家间政治最核心的叙事前提和实践遵循。

②基础性话语。由阐释国际关系的基础性理论和原则构成。迄今为止，国际社会存在的两种影响最深远的国际关系理论原则是现实主义和自由主义。汉斯·摩根索（Hans J. Morgenthau）是现实主义理论的典型代表，他在《国家间政治》等著作中强调国家权力在国际关系中的主导性作用，"恰当的权力分配具有良性作用"，同时"权力必须受到控制"，"在国际场合就得依赖权力均衡这一著名的权宜之计"②。罗伯特·基欧汉（Robert O. Keohane）、约瑟夫·奈（Joseph S. Nye）是自由主义理论的典型代表，强调国家间权力的相互依赖，

①　姚有志、阎启英著：《大国雄魂：世界大国战略文化》，北京：解放军出版社2011年版，第34页。

②　参见［美］汉斯·摩根索：《国家间政治：权力斗争与和平》，徐昕等译，北京大学出版社2006年版。

认为国际组织在调和国家间权力斗争中具有积极作用。

③支撑性话语。国际关系话语体系中的支撑性话语是以国家的核心利益为根本出发点，遵循一定的国际关系理论和价值原则，围绕既定对外战略的实施所形成的规范性话语体系。支撑性话语深刻反映了国家间激烈的权力博弈和利益角逐。支撑性话语本身也具有比较复杂的内在结构，在国际政治的诸多领域存在。如在国际价值观领域，有"历史终结论""颜色革命论""人权高于主权论"以及"宗教自由论"等；在地缘政治领域，有"离岸平衡说""中国崩溃论""中国威胁论""无核化"以及"海洋空中自由航行通过权"等；在国际经济领域，有如"全球碳排放责任""人民币升值""贸易保护""技术绿色壁垒"以及"贸易自由化"等。

第二，国家权力体系。汉斯·摩根索（Hans J. Morgenthau）认为，国家权力"作为实现国家目的的手段"[①]，由一个国家的地理、自然资源、工业能力、战备、人口、民族性格、国民士气、外交的素质、政府的素质等要素构成[②]。可见国家权力是一个系统的体系，因为组成这个体系的诸要素是处于不断发展变化着的，所以国家权力体系也处于持续变动之中。国家权力体系是一个要求内在均衡的体系，只有将各种权力要素优化配置，国家权力的效能才能最大化。国家权力既是绝对的，也就是国家权力有量级之分，如美国的国家权力是全球性的，其他国家目前都只能望其项背；国家权力又是相对的，也就是国家权力的区域之别，如以色列的国家权力在量级上属于轻量级，但在中东这个区域内，则属于重量级的。

第三，话语权结构系统。话语体系与国家权力体系共同构成话语权结构系统。国际关系话语总是要通过一定的国家权力来保障其实现，国家权力决定国际关系话语，国际关系话语反映并在一定程度上影响国家权力的增长。国际关系话语体系与国家权力体系要保持动态的均衡才能最大限度地保障国家利益的实现。如果国际关系话语体系超越了国家权力的边界，那么这种话

---

① ［美］汉斯·摩根索：《国家间政治：权力斗争与和平》，徐昕等译，北京大学出版社，2006 年版。

② ②［美］汉斯·摩根索：《国家间政治：权力斗争与和平》，徐昕等译，北京大学出版社，2006 年版。

语体系的效力就会大打折扣；反之，如果国家关系话语体系落后于国家权力的增长，那么国家权力就没有充分转化为维护其国家利益的现实力量。

（2）主导话语权是美国对华战略的关键所在

面向国际秩序的命题是国际关系理论和实践的中心问题之一。国家间的权力斗争无不围绕国际秩序的构建、挑战、维持及重构展开。英国通过先后与荷兰、葡萄牙、西班牙以及法国等国家长达百年的战争，才建立了一个势力遍布全球的"日不落帝国"，确立了一个以英国为中心、以海洋霸权为基础、以资本主义经济全球化分工为纽带的国际秩序。19世纪末德国统一，迅速占据在欧洲大陆的陆权优势地位，对英国主导的国际秩序形成挑战，双方产生激烈冲突，一战最终爆发。一战的结果是德国战败，英法元气大伤，美国日本等新兴国家崛起。英国主导的国际旧秩序被作为新旧霸权博弈妥协产物的凡尔赛体系取代。凡尔赛体系作为一战后的国际秩序是极不稳定的，时隔不到20年二战爆发，德意日战败，英法力量削弱，美苏国家权力增大，最终形成以美苏为主导的雅尔塔体系，这构成了二战后国际秩序的基石。国际秩序的构建与重构需要通过一定的国际关系话语来框定、导引与把握，更需要与之配套的国家权力来支撑。可见，由话语体系和国家权力构成的话语权是国际秩序的重要基础。"话语权关系到国际事务的定义权，其对国际标准的制定权、对国际议题的设置权、对是非曲直的裁判权以及对国际行为合法性的构建都具有重要意义"①。话语权是综合展现一个国家或者国际组织硬软实力的重要窗口，话语权与国家崛起以及国际组织影响力提升存在相辅相成的关系。

美国的对华战略，关键就在于回应中国崛起对美国主导的国际霸权秩序的挑战。它不只是将美国的军事、经济等反映硬实力的战略资源更多地配置到亚太地区，而是通过系统性配置硬软战略资源，实现美国在亚太地区话语权结构系统的升级，对以中国为主的潜在战略性竞争对手以强大的战略威慑，维系美国在亚太地区事务中的话语主导权，在亚太地区构建一个符合美国利益的政治经济秩序，以亚太地区话语权主导、秩序掌控为重心，实现全球财富

① 陈小鼎、王亚琪：《从"干涉的权利"到"保护的责任"——话语权视角下的西方人道主义干涉》，《当代亚太》，2014年第3期，第98页。

以美国为中枢、以美元为载体、以美国控制的海路和互联网为通道的全球自由流动，抵消以中国为首的欧亚大陆新兴崛起国家对美国全球霸权利益的挑战。

（3）美国对华战略的话语权结构分析

美国在国际关系领域的话语权由一整套美国框定的国际关系话语体系和作为其支撑的美国国家权力体系有机构成。美国在实施对华战略过程中，就是以美国的国家利益为核心，以区域性国际政治军事经济议题为指向，提出各种类型的国际关系话语，并通过军事、经济等国家权力要素持续投入，最大限度支撑其话语的合法性、权威性、实效性，以此实现美国国家利益的最大化。美国的对华战略，无论是接触还是遏制，都是重点针对中国的快速崛起而展开，其国际关系话语主要涉及如何平衡中国国家权力的增长及其在亚太地区经济安全等事务中的话语权提升。

第一，前提性话语。美国的战略文化既受到皮尔士（Peirce）、詹姆斯（William James）、杜威（John Dewey）等人的实用主义哲学影响，强调在是非判断上，所谓"'真的'就是有价值的、有用的、方便的、切实可行的、成功的、有益的等等"①。同时也深受强调"自然选择""生存竞争""优胜劣汰"思想的社会达尔文主义影响。美国战略制定者认为，"国际竞争中最有效的是强权而不是道义；在竞争中没有永恒的朋友，国家利益是处理一切国际问题的出发点和归宿点"②。同时师承英国全球霸权思想的美国，自诩为"上帝的选民"，有强烈的民族优越感和价值观输出使命。所以美国常以"民主、人权及宗教信仰自由"等为借口干涉他国内政。

第二，基础性话语。美国对华战略的基础性话语是围绕中美关系的根本性定位展开。美国在处理国际事务时，同时受到现实主义和自由主义的影响，既强调国家权力对国际事务的决定性作用，信奉"强权即真理"，同时也在很大程度上承认权力的"复合相互依赖性"③，注重发挥国际机制的作用。美国在"亚太再平衡战略"中体现出的是一种"自由—现实混合主义"。一方面从自

---

① ［美］D. J. 奥康诺：《批判的西方哲学史》，洪汉鼎等译，东方出版社2005年版，第846页。

② 姚有志、阎启英著：《大国雄魂—世界大国战略文化》，解放军出版社2011年版第34页。

③ ［美］罗伯特·基欧汉、约瑟夫·奈：《权力与相互依赖》，门洪华译，北京大学出版社2012年版。

由主义的角度看，中美之间有共同的经济利益，在诸如反恐、应对气候变暖等议题上也有共同利益；另一方面从现实主义的角度看，美国认为中国国家权力增长对美国的全球利益是一个重大挑战。由此可见在美国视野中的中美关系定位是复杂的，其"亚太再平衡战略"的基础性话语存在二律背反的倾向，一方面有"中国威胁论"的影子，美国知名政治学者约翰·米尔斯海默（John J·Mear sheimer）认为，"在21世纪前期，崛起的中国将是美国最大的潜在威胁"①，这构成美国遏制中国的基础性语境。另一方面美国又不可能完全视中国为"敌人"，中美间存在权力相互依赖性，使得中美可以"共同努力建设相互尊重、互利共赢的经济合作伙伴关系"②。

第三，支撑性话语。美国对华战略的支撑性话语集中表现在其炒作设置的议题上。美国前总统国家安全事务助理赖斯（Susan Rice）在谈及美国"亚太再平衡战略"时强调，美国将"继续深化对（亚洲）这一至关重要地区的持久承诺"。"美国亚太政策的长期目标是建立更加稳定的安全环境，开放和透明的经济环境，尊重所有人普世权利和自由的、公正的政治环境"③。从中我们可以清晰地看出美国"亚太再平衡战略"将主要围绕安全环境、经济环境及政治环境三个方面的议题展开国家权力的投入。其支撑性话语将主要围绕这三个方面展开。在安全事务上，以强调"中国威胁论""中国打破现状论"为主轴，辅之以"朝鲜导弹核武威胁""钓鱼岛主权未定论""与台湾关系法""自由航行权""国际争端解决的法治原则"及"中国南海地区军事化"等，介入钓鱼岛、南海争端等区域性问题，在地缘战略态势上给中国以压力；在经济事务上以"人民币汇率"问题对冲中国在经济议题上话语权的提升；在政治价值观上强调"自由民主人权"，以"中国人权问题""新疆西藏民族分裂问题"以及"香港特首普选"等为切入点，抢占所谓国际道德制高点。

（4）建构命运共同体：应对美国话语霸权的重要途径

中国和美国本质上传承了两种不同的文化基因，中美两国的话语权竞争

① ［美］约翰·米尔斯海默：《大国政治的悲剧》，王义桅、唐小松译，上海人民出版社2003年版，第508页。

② 吴庆才，德永健：《中美建设相互尊重互利共赢的合作伙伴关系》，中新社华盛顿2011年1月19日电。

③ 赵明昊：《美国亚太再平衡战略"失速"了吗?》，《美国研究》，2014年第3期，第112页。

实际上体现了两种文化基因间的竞争。美国传承了西方自古希腊以来在社会结构中根深蒂固的基于个体本位的理性主义文化传统，从个体主义的视角和立场出发，不断彰显人的主体意识，并将自然作为客体来与主体对立，从而通过构建起"主体—客体"的理性主义认识结构，来作为推导演绎世界秩序的重要认识论前提。这样一种文化传统呈现出一种不断趋于外向的扩张图景，近代以来这种扩张式的文化传统孕育了资本这一人类有史以来最具扩张性的社会制度，资本背后的资本主义社会关系则成为一种扩张性的社会关系，不断将全世界纳入其主导的关系网络中。实现不断的扩张是资本以及作为国格化资本的资本主义国家政权不断取得合法性和话语权的根本前提。资本的扩张悖论所不断展现的资本内在否定的历史命运和前景则不断销蚀资本的话语权根基。中国则受到中华传统文化中整体主义思维的巨大影响，强调关系本位，注重"主—主"关系，忽视"主—客"关系，从整体的视角出发来生成"人—社会—自然"的秩序，中华文明一直以来都是内敛型的文明，并不具有西方文明那般的扩张性。中美各自依托的文化基因实际上具有很强的互补性，正如"主—主"关系和"主—客"关系本身都是人类生存与发展的历史进程中无法割弃的两个重要维度。

面对美国目前主导国际话语权的客观现实，在完善国际话语体系方面：第一，紧扣"和合"理念设置前提性话语，抓住当前世界和平与发展的主要潮流，将中美关系放置于人类社会和平与发展的更大的格局中，用基于命运共同体的和平与合作话语超越基于霸权主义的对抗与遏制的话语，将中国的可持续发展与世界各国的共同发展紧密结合，抢占国际话语权制高点。2013 年6 月，习近平在同美国总统奥巴马共同会见记者时指出："中国梦要实现国家富强、民族复兴、人民幸福，是和平、发展、合作、共赢的梦，与包括美国梦在内的世界各国人民的美好梦想相通。"①中国需要始终高举和平与发展的大旗，中国的和平发展过程也是世界和平与发展的有益因素不断累积的过程。第二，基于中美两国面临的一系列共同威胁设置基础性话语，中美两国面临全球核扩散、国际恐怖主义、气候变化、经济发展等一系列共同利益，这些

---

① 习近平：《习近平谈治国理政》，外文出版社 2014 年版，第 279 页。

共同利益使得中美两国可以在非传统安全领域以及经贸关系领域结成一定程度的命运共同体，"中国是黑客攻击的受害国。中国是网络安全的坚定维护者。中美双方在网络安全上有共同关切……双方应该消除猜忌、进行合作，使网络安全成为中美合作新亮点。"[①]中国需要立足这些领域，完善中美基于互利合作的命运共同体话语体系，抵消美国国内右翼保守势力通过"普世价值""中国威胁论""中国崩溃论"等话语体系对中国国际形象的消极影响以及对中美关系良性发展的掣肘，要通过基于命运共同体的话语体系，向美国社会各阶层以及其他国家政府和人民清晰地表明："中美两国合作好了，就可以做世界稳定的压舱石、世界和平的助推器。"[②]当前中美在传统安全、社会制度以及发展道路等领域存在很大的差异，中美两国在一些领域存在矛盾和竞争，但彼此的矛盾并不是结构性的，彼此的竞争也不是你死我活的竞争，"中美新型大国关系前无古人、后启来者……只要双方拿出决心和信心，保持耐心和智慧，既大处着眼、登高望远，又小处着手、积微成著，就一定能够完成这项事业。"[③]第三，基于人类命运共同体关系设置支撑性话语，对于美国在国际事务上展现出来的话语霸权，中国在构建"和平发展"的话语体系的同时，还应该针对美国的霸权话语体系设置反制性的话语体系作为重要支撑。当然这种反制性的话语体系应该以构建人类命运共同体作为基础，用"和平共处"反制美国的"霸权主义"；用"共同发展"反制美国的"排他性发展"；用国际关系"民主化"、世界文化文明的交流互鉴反制美国的"普世价值"。

在优化国际话语权内在结构方面：国际话语权涉及的是中国话语体系的现实影响力问题，它是立足于中国特色社会主义发展道路之上的制度、理论及文化，需要通过道路自信的不断积累，实现制度、理论及文化自信的积累，同时要通过制度的不断完善实现中国特色社会主义发展道路的不断向前推进，彰显中国特色社会主义道路对于资本主义发展模式的优越性，还要通过对中国特色社会主义道路及制度的理论提炼、阐释及建构，不断夯实道路、制度及理论的中国特色社会主义文化基础，切实增强中国特色社会主义道路的吸

①　习近平：《习近平谈治国理政》，外文出版社2014年版，第281页。
②　习近平：《习近平谈治国理政》，外文出版社2014年版，第279页。
③　习近平：《习近平谈治国理政》，外文出版社2014年版，第280页。

引力、制度的包容力、理论的说服力以及文化的凝聚力；注重将硬实力与软实力建设密切结合，努力形成巧实力，不断优化中国的国际话语权结构，切实改变中国的综合国力与国际话语权极不匹配的现状。

(三)构建命运共同体：中欧深化全面战略伙伴关系的历史性选择

欧洲是近代以来世界发展潮流的引领者，曾长期处于世界政治经济舞台的中心地位。虽然两次世界大战以后，全球权力中心已经从欧洲转向美国，但是冷战结束以来世界格局呈现多极化发展趋势，欧洲作为当今世界力量格局中的重要一极，仍然对世界秩序的走向具有举足轻重的影响力。中欧关系发展历史较为悠久，很多欧洲国家在西方资本主义国家阵营中率先承认新中国并建立外交关系，中欧间不存在根本性、结构性矛盾，在国际事务中有着相较于美国而言更多的利益交汇点以及更广泛的合作领域。2014 年 4 月，习近平在布鲁日欧洲学院的演讲中指出："1975 年，周恩来总理和索姆斯爵士审时度势，作出了中欧建交的决定。现在，中欧建立了全面战略伙伴关系，在60 多个领域建立了对话磋商机制……中欧关系已经成为世界上最具影响力的双边关系之一。"①在世界力量格局进一步重组变化的背景下，中欧作为世界文明的两个重要发源地和维持世界和平发展的两股战略性力量，双方有需要有责任也有能力通过共同努力，进一步深化彼此全面战略伙伴关系，积极构建中欧命运共同体，为人类和平发展事业作出应有的贡献。

(1)中欧构建命运共同体的必要性

中华文明作为人类四大文明中唯一存续不断并影响深远的文明，曾长期处于人类经济、政治、文化及科技等发展的翘楚位置，虽近代以来遭遇挫折险滩，跌入文明传承发展低谷，但中华文明具有强大的韧性及自我调适修复能力，而今日之中华文明正在中国共产党的坚强领导及中华儿女的同心戮力下迈上勃勃复兴之路。欧洲的古希腊也同样是人类文明的重要发源地之一，古希腊文明至今仍然在对人类文明的传承发展发挥着巨大的影响力。欧洲文艺复兴运动以后，欧洲逐渐成为世界文明发展的中心，从欧洲肇始的资本主

---

① 习近平：《出席第三届核安全峰会并访问欧洲四国和联合国教科文组织总部、欧盟总部时的演讲》，北京：人民出版社 2014 年版，第 40-41 页。

义全球化进程拉开了世界近现代史的序幕，使人类世界从分割孤立走向交流融合，使人类文明从溪水江河汇聚为四海大洋，这曾经为人类文明传承发展展现了一幅极为美妙壮观的画卷图景。但欧洲文明"成也资本主义，败也资本主义"，其在享受资本主义所带来的磅礴生产力时，也必然承受资本主义的内在否定性及其对文明的破坏腐蚀力。当今世界由西方资本主义主导的全球化已经遭遇了巨大困境，各种全球性顽疾肆虐丛生，诸如修昔底德陷阱、中等收入陷阱、金德尔伯格陷阱等周期性出现，世界处于持续动荡不安之中。

在此背景下很多西方有识之士将目光转向东方的中国，想从中华文化中找寻破解西方文明发展困境的秘诀药方。当然中华文化有其顽强的生命力，也有其值得传承借鉴的精华瑰宝，但也存在需要扬弃的文化糟粕。正因为有文化糟粕存在，中华文化自近代以来逐渐赶不上西方文化所引领的世界发展潮流，中华民族一度因此陷入被动挨打、亡国灭族的危险境地。近代以来中国的无数仁人志士无不努力学习西方的先进文化，意图实现中华民族的伟大复兴，这中间经历了无数的挫折失败，最终中国共产党人找寻到了一部可拯救中华文明及中华民族于危难之中的马克思主义真经、探寻到一条适合中国国情的社会主义发展道路，使中华文明重新开始走向人类文明传承发展的舞台中心。处在今天这个新的历史背景下，中华文明与西方文明有必要进一步互鉴、融合以汲取对方之长、弥补己方之短，从而实现各自文明的发展进步，这是中国与欧洲国家在新时代需要肩负文明传承之责、历史发展之任。

与此同时中欧同是世界力量格局中的重要力量，加强彼此间务实的交流合作、促进世界和平发展符合双方的共同利益。正如2014年3月，习近平在比利时布鲁塞尔同欧洲理事会主席范龙佩会谈中所强调的，"要从战略高度看待中欧关系，将中欧两大力量、两大市场、两大文明结合起来，共同打造中欧和平、增长、改革、文明四大伙伴关系，为中欧合作注入新动力，为世界发展繁荣作出更大贡献。"①因此，双方应该顺应人类世界交流融合发展的历史潮流，进一步深化双方全面战略伙伴关系，加强在全球及区域性事务中的紧

① 杜尚泽、许立群、刘歌：《习近平同欧洲理事会主席范龙佩举行会谈》，人民日报2014年4月1日，第1版。

密合作，构建命运共同体，共同努力破解当前人类和平发展的难题。这不仅符合中欧双方的共同利益，也是中欧两个世界性文明的责任与使命。

（2）中欧构建命运共同体的主要障碍

"当前，影响中欧关系的三大因素是欧洲对华武器禁运、人权问题和不承认中国市场经济地位。"①欧盟作为一个政治一体化程度很高的国际行为体，虽然被很多信奉自由主义思想的学者推崇为超越威斯特伐利亚体系的典范，但是其成员国发展不平衡问题日渐突出，特别是随着欧盟东扩，东南欧一些经济发展水平相对较低的国家加入欧盟，欧盟一体化光环掩盖下的新老欧洲、东西欧及南北欧矛盾日益凸显，英国已经脱离欧盟，未来不排除还有其他欧洲国家跟进的可能性。这种发展的不平衡决定了欧盟国家各自国家利益的迥异，欧盟中如德国、法国、意大利、西班牙等这些经济实力较强的国家，在国际事务中独立性较强，与中国经贸往来较为密切，共同利益较多，并不会唯美国马首是瞻，愿意进一步加强与中国的双边关系，并不会从官方及国家战略层面设置交往的障碍，而出于防范中国的需要，其国内的政治人物会在人权、承认市场经济地位等问题上不时发出与主流不相符的杂音。北欧及东欧一些国家则更容易在美国的挑动下，在人权、领土主权等领域挑战中国的利益底线。欧盟的成员国一致决策机制，使得影响中欧关系的三大问题无法在短期内得到解决，中欧间深化全面战略伙伴关系，建构命运共同体仍然需要双方"共同努力建造和平、增长、改革、文明四座桥梁，建设更具全球影响力的中欧全面战略伙伴关系。"②

（3）中欧构建命运共同体的基本途径

在新的历史条件下，中欧双方需要加强沟通协作，将中欧全面战略伙伴关系继续引向深入，积极构建中欧命运共同体。2014年3月，习近平在比利时布鲁塞尔同欧洲理事会主席范龙佩会谈中强调"要从战略高度看待中欧关系，将中欧两大力量、两大市场、两大文明结合起来，共同打造中欧和平、增长、改革、文明四大伙伴关系，为中欧合作注入新动力，为世界发展繁荣

---

① 阎学通：《历史的惯性：未来十年的中国与世界》，中信出版社2013年版，第202页。
② 习近平：《习近平谈治国理政》，外文出版社2014年版，第282页。

作出更大贡献。"①2015 年 5 月，习近平在就中国欧盟建交 40 周年致欧盟领导人的贺电中也强调指出："中方高度重视中欧关系发展，愿同欧盟领导人一道，以中国欧盟建交 40 周年为契机，积极推进中欧四大伙伴关系，推动互利共赢的中欧全面战略伙伴关系取得更大发展。"②

第一，中欧要共同努力，维护世界和平，打造中欧和平伙伴关系。中国欧盟都处在发展的关键时期，彼此都面临很多问题，都需要一个和平的环境来解决这些问题。双方并不存在根本性的地缘政治矛盾，相反，中欧双方在维护世界和平方面具有共同利益。为此，中欧双方应该加强在安全领域的战略性对话与合作，欧盟部分国家应该摈弃过时的冷战思维，不应该再陷入谋求地缘政治力量"平衡"与"均势"的窠臼中。一方面需要中国在安全领域的合作与支持，需要在欧盟周边营造一个和平的环境，另一方面，却又想在中国周边搞地缘政治介入，妄图平衡中国的地区及国际影响力，这样搞双重标准的后果是欧盟周边的安全环境越来越恶化。中欧双方需要相互尊重彼此的核心利益，增强政治互信，为维护中欧、欧亚乃至世界的和平稳定不断累积正能量。

第二，中欧要共同努力，促进共同发展，打造中欧增长伙伴关系。中欧经济互补性很强，双方经贸往来频繁，"国际金融危机以来，中国对欧盟出口年均增长 1.8%，欧盟对华出口年均增长 5.8%。现在每分钟双边贸易额超过 100 万美元，每两天贸易额相当于建交时一年的贸易额，每周有 600 多个航班往返于中欧之间，每月中欧班列运行多达 150 列。中欧合作是优势互补的必然结果，双方人民都从中受益。"③中国近几年来，在世界经济整体低迷的情况下仍然保持了较高的增长速度，对世界经济增长的贡献率达到 20%～30%，成为推动世界经济增长的最重要引擎。中欧要加强战略对接、市场对接、技术对接，实现共同发展，双方"要积极探讨把中欧合作和丝绸之路经济带建设结

---

① 杜尚泽、许立群、刘歌：《习近平同欧洲理事会主席范龙佩举行会谈》，人民日报 2014 年 4 月 1 日，第 1 版。

② 习近平：《习近平谈治国理政》第二卷，外文出版社 2017 年版，第 455 页。

③ 李克强：《共同奏响高水平互利合作新乐章——在第 12 届中欧工商峰会上的演讲》，中国政府网，2017 年 6 月 3 日，http://www.gov.cn/xinwen/2017-06/03/content_ 5199599. htm。

合起来，以构建亚欧大市场为目标，让亚欧两大洲人员、企业、资金、技术活起来、火起来，使中国和欧盟成为世界经济增长的双引擎。"①

第三，中欧要共同努力，着力深化改革，打造中欧改革伙伴关系。中国当前正处在全面深化改革之中，通过改革，要进一步激发社会创新活力，为经济社会长远发展打下坚实的基础。中国的改革进程对于欧盟来讲也是一个巨大的合作机会。同时欧盟也面临一系列挑战，经济发展不平衡，政治经济一体化进程受挫，欧盟必须深化改革，才能有发展前景。在此背景下，中欧可以在改革领域加强经验交流和合作，实现共赢。"双方要加强在宏观经济、公共政策、区域发展、社会民生等领域对话和合作，尊重双方的改革道路，借鉴双方的改革经验，以自身改革带动世界发展进步。"②

第四，中欧要共同努力，深化文明交流，打造中欧文明伙伴关系。中欧都是世界优秀文明的重要代表。中欧要有责任通过彼此的共同努力，汲取人类文明冲突的惨痛教训，走出一条不同文明间对话交流、和谐共生的新路。双方要尊重对方选择的发展道路、社会制度和历史文化，可以对话交流互鉴，但不要将己方的发展道路、社会制度、文化思想强加于对方，为此甚至不惜干涉别国内政、侵犯别国主权。"中国主张'和而不同'，而欧盟强调'多元一体'。中欧要共同努力，促进人类各种文明之花竞相绽放。"③

三、构建与发展中国家命运共同体

当今世界，广大发展中国家已经成为世界力量格局中一股不可忽视的力量。中国作为世界上最大的发展中国家，其国际地位的恢复离不开亚非拉广大发展中国家的鼎力支持。中国在国际事务中也坚定地站在发展中国家一边，努力维护发展中国家的共同利益，并力所能及地给予发展中国家支持和帮助。2015年9月，习近平在第七十届联合国大会一般性辩论时的讲话中强调："中

---

① 习近平：《出席第三届核安全峰会并访问欧洲四国和联合国教科文组织总部、欧盟总部时的演讲》，北京：人民出版社2014年版，第47页。

② 习近平：《出席第三届核安全峰会并访问欧洲四国和联合国教科文组织总部、欧盟总部时的演讲》，北京：人民出版社2014年版，第47页。

③ 习近平：《出席第三届核安全峰会并访问欧洲四国和联合国教科文组织总部、欧盟总部时的演讲》，北京：人民出版社2014年版，第48页。

国将继续同广大发展中国家站在一起，坚定支持增加发展中国家特别是非洲国家在国际治理体系中的代表性和发言权。中国在联合国的一票永远属于发展中国家。"①在国际垄断资本主导的世界秩序中，广大发展中国家处于边缘地位，被发达国家视为转移资本主义危机的低端环节，许多发展中国家无法突破国际垄断资本构筑的金字塔式国际经济政治格局，而陷入"中等收入陷阱"中无法自拔而沦为失败国家。以美国为首的西方发达国家甚至将部分所谓不友好国家列为"邪恶轴心"予以孤立封锁打压。广大发展中国家是推动全球经济政治秩序变革的至关重要的力量，如果广大发展中国家无法真正实现共同发展、共同繁荣，人类世界的前途命运将是暗淡的。长期以来，中国与广大发展中国家在友好交往、互利合作中已经结成密不可分的命运共同体。2013年3月，习近平在坦桑尼亚尼雷尔国际会议中心的演讲中强调："中非从来都是命运共同体，共同的历史遭遇、共同的发展任务、共同的战略利益把我们紧紧联系在一起。"②中国与广大发展中国家结成的命运共同体关系已经成为国际交往的典范，对于维护世界和平发展具有重要的意义。

（一）共同经历：中国与广大发展中国家构建命运共同体的历史背景

中国作为目前世界上最大的发展中国家，与亚非拉地区广大发展中国家一样，都经历过国家孱弱、民族危亡的惨痛历程，现在也都在为发展本国经济、增强国力而不懈努力。在国际垄断资本主导的世界体系中，广大发展中国家只有精诚团结、密切协作，共同努力变革不公正的国际秩序，才可能真正改变贫穷挨打、被边缘化的共同命运。相似的经历使得中国与亚非拉广大发展中国家结成了深厚的友谊和基于互利共赢的合作关系，"作为第三世界的一员，中国十分重视加强同第三世界国家特别是阿拉伯国家和非洲国家的团结，以及发展友好合作关系。因为，中国同这些国家在过去有着相似的苦难经历，今天又面临着共同的艰巨任务。"③中国高举反对帝国主义、霸权主

---

① 习近平：《习近平在联合国成立 70 周年系列峰会上的讲话》，北京：人民出版社 2015 年版，第 20 页。

② 习近平：《永远做可靠朋友和真诚伙伴——在坦桑尼亚尼雷尔国际会议中心的演讲》，人民日报 2013 年 3 月 26 日，第 2 版。

③ 方连庆、刘金质、王炳元主编：《战后国际关系史（1945—1995）下》，北京大学出版社 1999 年版，第 797 页。

义、殖民主义的旗帜，坚定支持广大发展中国家的民族独立和国家建设事业，而第三世界国家也坚定支持中国在国际事务中的立场，并通过不懈努力，排除超级大国的干扰和影响，恢复了中华人民共和国在联合国的合法席位。为此，中国政府历来都将发展与亚非拉广大发展中国家的友好关系作为其外交关系的战略支柱。2015年12月，习近平在中非合作论坛约翰内斯堡峰会开幕式上强调："中非历来是命运共同体。共同的历史遭遇、共同的奋斗历程，让中非人民结下了深厚的友谊。"[1]这种建立在共同历史遭遇和共同奋斗历程上的命运共同体关系是超越了单纯国家利益的范畴的，也是很多西方国家所无法真正理解和做到的。

(二)共同命运：中国与广大发展中国家构建命运共同体的历史契机

在世界力量格局发生深刻变化的今天，以美国为首的国际垄断资本主导的世界体系已经不能适应全球化的深度发展而掀起"逆全球化"潮流。在当前仍然由资本主导的世界体系中，以美国为首的国际垄断资本虽然在政治、经济及军事等实力上被极大削弱而呈现出从全球收缩的态势，但是国际垄断资本仍然牢牢掌控着国际政治经济秩序的主导权和话语权，在全球化的困境面前，以美国为首的国际垄断资本有将责任和利益分离的动向，死守利益不放而回避应尽的责任。在新的历史条件下，中国与亚非拉广大发展中国家面临着实现国家发展与民族复兴的艰巨任务，这也为双方进一步密切命运共同体关系，丰富合作内容提供了新的历史契机。

第一，中国与广大发展中国家对未来有共同的愿景和追求，这使得双方可以有一个长远的合作前景，可以将彼此的互利合作建立在更加广阔的历史空间之中。2014年7月，习近平在中国—拉美和加勒比国家领导人会晤上指出："当前，中国人民正在为实现中华民族伟大复兴的中国梦而奋斗，拉美和加勒比各国人民也在为实现团结协作、发展振兴的拉美梦而努力。共同的梦想和共同的追求，将中拉双方紧紧联系在一起。让我们抓住机遇，开拓进取，

---

① 习近平：《开启中非合作共赢、共同发展的新时代——在中非合作论坛约翰内斯堡峰会开幕式上的致辞》，人民日报2015年12月5日，第2版。

努力构建携手共进的命运共同体，共创中拉关系的美好未来！"[①]共同的历史愿景为中国与广大发展中国家间构筑了非常广阔的合作空间，双方的交往不是建立在零和博弈的基础上，而是建立在互利共赢的合作基础上。面对资本全球扩张对广大第三世界国家发展空间的集体性压缩，中国与广大发展中国家不应该也不可能再走上西方发达资本主义国家扩张式、排他型的发展道路，只有相向而行，将本国的发展建立在别国发展的基础上，才能够有效应对广大发展中国家面临的共同挑战，改变发展中国家被日益边缘化的命运。

第二，中国与广大发展中国家对世界未来发展潮流的认知上日渐保持高度一致，这是双方不断增进彼此政治互信、开展务实合作的重要前提和基础。2015 年 1 月，习近平在中国—拉共体论坛首届部长级会议开幕式上指出："中拉关系全面快速发展，得益于双方对世界发展潮流认知更加一致，对中拉关系发展前景信心更加坚定，对互为发展机遇共识更加清晰，对构建中拉命运共同体愿望更加强烈。"[②]和平与发展是当今世界的主要潮流，但是在资本主导的世界体系中，广大欠发达国家必然处于资本所构造的"中心—外围边缘"结构中的边缘地带，并且大多数发展中国家无法真正突破资本主导的等级式国际政治经济秩序，只能被迫处于对国际垄断资本的依附状态，从而被长期限制在第三世界国家的状态中。国际垄断资本主导的世界秩序，由于资本本身具有的内在否定性，也处在不断的自我否定中，这一过程也是新的、基于人类共同命运基础之上，能够真正体现并维护世界各国共同利益的世界新秩序的逐渐生成过程。当然这一新的世界秩序，并不是凭空而来的，它需要中国与广大发展中国家共同努力，是在不断克服资本主导霸权主义世界秩序的弊端的国际社会政治经济实践中逐渐生成的。包括中国在内的广大第三世界国家将是变革世界旧秩序的中坚力量，这是其共同的历史使命。

（三）共同发展：中国与广大发展中国家构建命运共同体的历史选择

在新的历史背景下，中国与广大发展中国家需要携起手来，凝聚力量，

---

① 习近平：《努力构建携手共进的命运共同体——在中国—拉美和加勒比国家领导人会晤上的主旨讲话》，人民日报 2014 年 7 月 19 日，第 2 版。

② 习近平：《共同谱写中拉全面合作伙伴关系新篇章——在中国—拉共体论坛首届部长级会议开幕式上的致辞》，人民日报 2015 年 1 月 9 日，第 2 版。

促进共同发展，并进一步增加广大发展中国家的政治互信，推动双方发展战略对接，推进全球治理体系变革，增加发展中国家的话语权，维护发展中国家共同利益。中国需要以"一带一路"倡议为战略重心和战略平台，广泛吸纳广大发展中国家的参与，切实坚持共商、共建、共享的原则，将"一带一路"倡议与亚非拉广大发展中国家的建设规划和长远发展战略紧密对接，实现资源整合、优势互补，构建基于互利共赢、平等开放的国际产业分工链、产业链和价值链，真正实现全球共同发展。2014年6月，习近平在中阿合作论坛第六届部长级会议开幕式上指出："中阿共建'一带一路'，应该坚持共商、共建、共享原则。共商，就是集思广益，好事大家商量着办，使'一带一路'建设兼顾双方利益和关切，体现双方智慧和创意。共建，就是各施所长，各尽所能，把双方优势和潜能充分发挥出来，聚沙成塔，积水成渊，持之以恒加以推进。共享，就是让建设成果更多更公平惠及中阿人民，打造中阿利益共同体和命运共同体。"①共同发展应该建立在共商、共建、共享原则的基础上，立足共同协商，使国际分工能够超越立足于比较优势的分工阶段，构建起更加符合各国共同利益的相互分工体系；强调共同建设，通过建立完善立足于相互分工的产业链和价值链，让世界各国特别是广大发展中国家都可以更加公平地参与到国际经济社会生产与扩大再生产的历史进程中，实现各国共同繁荣；强调成果共享，逐渐变革全球产业分工链和价值链，让广大发展中国家能够更加公平地分享到全球发展的成果。站在新的历史起点上，中国与广大发展中国家的命运共同体关系必将迎来新的发展机遇，实现新的历史飞跃，从而为推动世界的和平与发展作出新的历史性贡献。

第三节　国家与区域间命运共同体

国家与区域间命运共同体是习近平"命运共同体"概念的重要层面，其"包

---

① 习近平：《弘扬丝路精神　深化中阿合作——在中阿合作论坛第六届部长级会议开幕式上的讲话》，人民日报2014年6月6日，第2版。

含着中国同其他区域、洲际以及国际组织之间的休戚与共关系，它也是国家—国家命运共同体的拓展与提升。"①在全球化潮流与区域化进程并存的今天，各种全球性及区域性合作组织大行其道，在国际政治经济舞台上正发挥着越来越重大的影响力。构建中国与其他区域及国际组织的命运共同体关系具有重要的意义，习近平也把构建这种与国际组织间的命运共同体关系作为其命运共同体思想的重要组成部分，在很多重要场合都给予了重点阐释和说明，受到国际社会的广泛关注。

一、构建与区域间命运共同体的重要价值

当今世界，与全球化潮流并行不悖的是国际政治经济区域化、集团化，以地缘及文化传统为纽带，世界各国之间的合作得到不断强化，合作层次和水平得到不断提升，区域性政治经济一体化进程明显提速；与此同时，各种基于功能区分的政府间合作组织和非政府组织也得到极大发展，深刻改变了威斯特伐利亚体系以民族国家为主体的国际行为体现状，全球治理体系、治理结构、治理方式和治理效果发生重大变化。在这样的历史背景下，积极构建中国与其他区域及全球性、区域性国际组织的命运共同体关系具有非常重要的价值。

第一，构建与区域间命运共同体是中国积极发展对外友好关系的必然历史结果。中国构建与区域间命运共同体是中国与世界各国间命运共同体关系的自然延伸，体现出中国与世界各国对世界发展潮流的共同认知，对彼此友好合作关系发展前景的积极认同，对彼此处于互利共赢、互为发展机遇的相向而行友好关系这一共识的广泛认同，2015 年 1 月 8 日，习近平在中国—拉共体论坛首届部长级会议开幕式上的致辞中指出，"中拉关系全面快速发展，得益于双方对世界发展潮流认知更加一致，对中拉关系发展前景信心更加坚定，对互为发展机遇共识更加清晰，对构建中拉命运共同体愿望更加强烈。"②总之，构建与区域间命运共同体既全方位展示了中国对外友好关系的历史发

---

① 姚满林：《命运共同体思想的四个层次》，学习时报 2017 年 1 月 18 日。
② 习近平：《共同谱写中拉全面合作伙伴关系新篇章——在中国—拉共体论坛首届部长级会议开幕式上的致辞》，人民日报 2015 年 1 月 9 日，第 2 版。

展进程，同时也反映了中国与世界各国互利合作关系进入到新的历史阶段的新任务、新要求。

第二，中国构建与区域间命运共同体关系是各国互利合作关系可持续发展的现实需要。当前世界各国为了应对经济全球化带来的挑战，纷纷构建起区域性政治经济一体化合作组织，通过加入区域性政治经济一体化历史进程，很多国家可以更好地规避经济全球化所带来的冲击，形成集体合力。中国与很多处于区域性政治经济一体化组织中的国家，保持了长期紧密的友好合作关系，彼此也有进一步推进友好合作关系的意愿和意图，但在一定程度上会受到区域性合作组织集体抉择、集体意志的影响，所以，中国需要从整体关系发展着手，积极构建区域间的命运共同体关系，带动与所在区域内各国命运共同体关系的可持续发展。2013年10月7日，习近平在亚太经合组织工商领导人峰会上指出："我们要牢固树立亚太命运共同体意识，以自身发展带动他人发展，以协调联动最大限度发挥各自优势，传导正能量，形成各经济体良性互动、协调发展的格局。"①中国与区域间命运共同体关系的构建，也会在很大程度上形成良性示范效应，向所在区域及其他区域各国政府和人民传递出中国推动互利友好关系发展的善意和决心。

第三，中国构建与区域间命运共同体关系体现了中国与各区域间多元共生、包容共进友好合作关系的不断发展，将造福于本区域及世界各国人民。2013年10月3日，习近平在印度尼西亚国会的演讲中指出："中国—东盟命运共同体和东盟共同体、东亚共同体息息相关，应发挥各自优势，实现多元共生、包容共进，共同造福于本地区人民和世界各国人民。"②中国与世界各区域间构建基于合作共赢的命运共同体关系，并不是现实利益博弈的结果，把命运共同体内部的团结与合作建立在共同体以外成员的猜疑、竞争以及对立的基础上，不利于命运共同体关系的可持续发展，因为这必然陷入传统国家间利益博弈引发激烈纷争的陷阱之中去，不利于命运共同体内部长远的团结、

---

① 习近平：《深化改革开放　共创美好亚太——在亚太经合组织工商领导人峰会上的演讲》，人民日报 2013 年 10 月 8 日，第 3 版。

② 习近平：《携手建设中国—东盟命运共同体——在印度尼西亚国会的演讲》，人民日报 2013 年 10 月 4 日，第 2 版。

稳定与可持续的发展。因此，中国与各区域间命运共同体关系的建构、维护是建立在彼此包容共生的基础上，命运共同体内部各个成员间以及各个命运共同体间是相向而行的良性互动、共同发展的关系，这必将为本区域人民和世界各国人民带来更加持久的福祉。

二、构建与区域间命运共同体关系的主要障碍

当然中国构建与区域间命运共同体关系也面临一系列障碍。第一，各国间核心利益诉求的差异对国家行为会产生巨大的影响。各个区域间、各个区域内部各个组成国家间，由于国家大小强弱的差异、发展阶段的不同，核心利益存在极大的差异，维护核心利益的方式和手段也存在极大的不同，这必然导致这些国家对构建命运共同体关系的认识上存在偏差，而各区域性国际组织的集体决策机制使得任何一个国家都可以对整个区域性组织的决策产生重要影响，那么这必然从整体上影响中国与区域间命运共同体的构建，可能由于某一个国家对华关系的变化调整而对整个区域组织对华关系的健康发展产生不利影响，中国与东盟关系的发展就是较为典型的例证。第二，世界范围内各个区域性组织发展的不平衡也会对区域组织的组织原则、行为及利益诉求产生重大影响。主要由发达国家所组成的区域性组织，已经处于经济发展水平较高的阶段，在国际社会拥有比较强势的话语权，在区域政治经济一体化进程中会更加侧重生态环境、人权、民主等价值理念，也更加会超越国家主权的限制；但是主要由发展中国家所组成的区域性组织，由于大多数国家处于欠发达阶段，发展仍然是这些国家及所组成的国际组织的主要任务，那么这样的区域性国际组织会更加注重国家主权的独立原则，将维护民族国家主权独立放置在一个较为突出的位置，对大国介入的合作持有一定的戒心。这些都将会影响中国与区域间命运共同体关系构建的原则、内容和手段。第三，霸权主义国家在世界范围内推行霸权主义、强权政治，仍然用"冷战"思维看待中国与各区域间的互利合作，认为中国是在拓展势力范围、挑战其霸权地位，这些国家往往会利用其对相关区域内部分国家的影响力，形成对中国构建与区域间命运共同体关系的掣肘。

三、构建与区域间命运共同体的根本途径

中国构建与区域间命运共同体关系首先要着力强化命运共同体意识，坚持主权平等，互相尊重主权和领土完整，不搞制度模式输出，不干涉对方内政，彼此照顾对方核心利益以及合理关切；坚持合作共赢，务实开展互利合作，从整体入手，围绕中国与区域间经贸政治文化交流合作，作出顶层制度设计；坚持对外开放，不搞贸易保护主义，积极协调全球宏观经济政策，将本国经济发展建立在其他国家经济共同发展的基础之上，而不是以牺牲其他国家经济利益换取本国的霸权利益，各国之间要结成利益共同体，最终形成各国经济协同发展的合作共赢新格局，为变革全球经济治理体系、促进全球经济更加平衡的增长作出积极贡献。2014 年 11 月 15 日，习近平在二十国集团领导人第九次峰会第一阶段会议上的发言中指出，"面对世界经济面临的各种风险和挑战，二十国集团成员要树立利益共同体和命运共同体意识，坚持做好朋友、好伙伴，积极协调宏观经济政策，努力形成各国增长相互促进、相得益彰的合作共赢格局。我们要通过这样的努力，让二十国集团走得更好更远，真正成为世界经济的稳定器、全球增长的催化器、全球经济治理的推进器，更好造福各国人民。"①其次，中国构建与区域间命运共同体关系需要紧密结合实际差异化推进，要坚持实事求是的原则，与各区域间国家寻求利益和价值的最大公约数，可以将安全政治合作与经贸合作适当分离，如果能够整体性开展经贸与政治安全领域合作更好，如果不能，可以单独开展某一个方面的合作；同时要进一步细化安全领域合作，也可以将传统领域安全合作与非传统领域安全合作分离，适合于整体推进就整体推进，只适合于开展非传统领域安全合作，就将非传统安全领域合作作为命运共同体关系构建的重点，总之，要灵活设置命运共同体关系的重点合作领域。再次，充分考虑大国地缘政治经济博弈的风险，不要轻易卷入大国的地缘政治博弈之中，要根据国家利益的层次，谨慎投入国家战略性资源，不要在战略上四面出击，要

---

① 习近平：《推动创新发展 实现联动增长——在二十国集团领导人第九次峰会第一阶段会议上的发言》，人民日报 2014 年 11 月 16 日，第 2 版。

有所为、有所不为，要集中力量重点推进与重点区域国家的友好合作关系，形成战略合力，形成示范效应，确保国家核心利益的实现。

第四节 人类命运共同体

随着全球化进程的不断推进，人们联系越来越紧密，四通发达的交通网络、先进的通信工具缩短了人们的时空距离；横向纵向的国际产业分工越来越精细，使得世界各国的利益相互交织；全球化时代凸显的如恐怖主义、跨国犯罪、生态危机等全球性问题已经超过单独一个国家的承受范围，需要各国协作才能有效应对和解决，"当今世界，人类生活在不同文化、种族、肤色、宗教和不同社会制度所组成的世界里，各国人民形成了你中有我、我中有你的命运共同体。"①人类世界迫切需要超越利益的藩篱、种族的冲突、文化的偏见，走向更高层次的联合，所以，人类命运共同体是立足于民族命运共同体、国家与国家间命运共同体之上的更高形态的共同体，是民族、国家命运共同体历史发展的必需选择和结果。

一、构建人类命运共同体的提出

冷战结束以来，世界格局持续向多极化方向发展，但"一超多强"的世界力量格局并未根本改变，美国仍然是唯一的超级大国，以美国为首的西方发达资本主义国家仍然牢牢掌控着世界秩序的主导权。西方发达资本主义国家背后所潜藏的则是国际垄断资本力量，这是推动近几个世纪以来世界秩序变迁的决定性力量。以美国为首的国际垄断资本主导了二战结束以来资本主义世界秩序的走向，并随着冷战的结束而成为主导全球秩序的霸权力量。它通过推动冷战结束前后所兴起的新一轮全球化进程，冲破了冷战中存在的东西方意识形态藩篱，将世界各个民族国家强行纳入了以美国为首的国际垄断资本主导的资本主义世界体系中，成为国际垄断资本扩张的一个组成环节。在

---

① 习近平：《习近平谈治国理政》，外文出版社2014年版，第261页。

这样一个资本主导的世界秩序中，资本通过生产关系的国际化，通过其掌控的资本主义国家及国际组织进行着资本的全球治理。但是很显然，面临着资本疯狂扩张所直接或者间接造成的全球化顽疾，资本的全球治理体系是无效，全球化进程在其推动者哪里走向了"逆全球化"，世界发展失衡、国际局势持续动荡、世界经济复苏乏力等全球性问题无法得到有效解决，人类的和平与发展显得遥遥无期。在此背景下，习近平站在世界历史发展的制高点上，发出了中国破解全球难题、实现世界和平与发展的中国声音，即构建人类命运共同体的思想。

（一）资本逻辑与人类共同命运

资本逻辑就是资本不断通过扩张追求市场权力极大化。马克思已经在《共产党宣言》《资本论》等著作中科学分析了资本扩张的机制及资本扩张所带来的资本主义必然走向灭亡命运的后果。但是马克思、恩格斯逝世以后的一个多世纪以来，面对着社会主义的竞争和挑战，资本主义并没有马上走向灭亡，反而不断通过资本扩张，牢牢掌握了世界秩序的主导权，最终形成资本的全球霸权。这难道意味着马克思、恩格斯的论述失效了吗？当然不是这样的。资本主义摆脱自身命运的秘诀在哪里呢？就在于，资本通过全球的扩张，利用欧洲发达资本主义国家的先发优势，在世界范围内构建起资本主导的以发达资本主义国家为中心，其他落后国家或者地区为外围的资本主义世界体系，从而不断将资本主义生产关系国际化，实现世界规模的资本积累，榨取落后国家或地区生产的国际剩余价值。在这一过程中，资本通过空间的拓展，将资本主义大工业生产的内在矛盾转移，将劳资矛盾转化为民族国家矛盾。所以，在两次世界大战中，各国工人阶级仍然会响应资本主义国家的号召，在战场中相互厮杀。

两次世界大战结束以后，居于霸权地位的英国工业资本被以美国为首的国际垄断资本替代，国际垄断资本构建起新的资本主义世界体系。随着20世纪60、70年代世界反殖民主义运动的兴起，工业资本构建的世界殖民主义体系的最终瓦解，世界进入政治经济大觉醒的新时代。以美国为首的国际垄断资本构建起新的"中心—外围边缘"结构，发达资本主义国家是中心，广大发展中国家是外围。与之相应的是国际垄断资本构建起了一套的新的国际分工链、产业链、价值链，国际垄断资本驱动传统高耗能、高污染的劳动密集型产业向外围转移，在发达资本主义国家则布局低污染、低耗能的科技密集型产业，同时，以美国为首的发达资本主义国家通过金融化掌控全球资本流动，对外围国家进行深度控制，榨取比传统工业资本生产更多的超额剩余价值。在这样一个资本主义世界体系中，传统的中心—外围边缘结构进一步升级为虚拟金融国家—实体经济国家的结构。通过金融化构建了一个普遍金融化的世界，其结果是：一方面世界联系越来越紧密，各个民族、各个国家间越来越相互依赖；另一方面各个民族、各个国家间的相互依赖是不对等的，在这样一个资本主义世界体系中，广大发展中国家越来越依赖以美国为首的国际金融垄断资本，发达资本主义国家不仅获得了从实体经济国家榨取的超额剩余价值，同时还将污染和劳资矛盾彻底向广大发展中国家构成的实体经济国转移。在这一过程中，国际金融垄断资本则实现了在全球的疯狂扩张，它已经成功地将资本必然灭亡的命运转化为全人类的共同命运。如果工业资本在其主导的资本主义世界体系中，是通过国际分工，榨取落后国家的剩余价值，那么在国际垄断资本特别是金融垄断资本主导的资本主义世界体系中，国际金融垄断资本无限制地汲取人、社会及自然中所蕴含的有限"自然力"以实现在全球的疯狂扩张，它透支的是整个人类的资源，从而也就透支了整个人类的未来，使得整个人类世界不得不为资本主义危机买单。

在这样的历史背景下，人类必须真正超越资本逻辑，才能够有一个光明的未来。现阶段则要努力变革资本主导的全球治理体系，在一定程度上抑制资本特别是国际金融资本的疯狂逐利性，才能真正破解全球性顽疾，从而改变人类的命运。正如 2015 年 9 月习近平在第十届联合国大会一般性辩论时所强调的那样，"2008 年爆发的国际金融危机告诉我们，放任资本逐利，其结果将是引发新一轮危机。缺乏道德的市场，难以撑起世界繁荣发展的大厦。"[①]而在中共十九大报告中，习近平也强调指出："世界的命运掌握在各国人民手中，人类前途系于各国人民的抉择。"[②]只有真正将世界的前途命运真正掌握到

---

①　习近平：《习近平在联合国成立 70 周年系列峰会上的讲话》，人民出版社 2015 年版，第 17 页。

②　本书编写组：《党的十九大报告辅导读本》，人民出版社 2017 年版，第 59 页。

世界各国人民自己的手中，而不是被资本所绑架和左右，世界各国人民才会有一个光明的前景，人类社会也才会有一个值得期待的未来。

（二）中国特色社会主义道路取得举世瞩目的成就

中国共产党领导的新民主主义革命的伟大胜利使中华民族解决了民族的生存问题，社会主义革命的胜利则在中国确立了社会主义制度，这具有世界性意义。随之而来的问题是中国如何更好地建设社会主义，实现民族的发展复兴、人民的幸福安康。"我们不但善于打破一个旧世界，我们还将善于创造一个新世界"①。中国共产党带领中国各族人民以对苏联社会主义发展模式的反思为起点，在砥砺中前行，开启了对社会主义发展道路的初步探索与实践，取得了一系列有益的理论成果，但在实践层面却出现了曲折反复，对社会主义事业造成了很大损失。面对危局，邓小平同志继承和发展马克思主义、毛泽东思想，在准确地总结中国社会主义建设的经验教训的基础上，开创了中国特色社会主义道路，真正实现了对苏联社会主义模式的扬弃超越，这在世界共产主义运动史上具有举足轻重的地位。中国沿着中国特色社会主义道路扎实推进社会主义建设事业各项工作，取得了举世瞩目的成就，党的十八以来，在以习近平同志为核心的党中央的坚强领导下，坚持以"中国梦"为价值引领，着眼"四个全面"战略布局，将中国特色社会主义事业推进到一个新的历史境界。2008 年世界金融发生以后，中国通过不断深化改革开放，仍然保持了较为强劲的增长势头，2011 年以来，中国经济对世界经济增长的贡献率连续几年保持在 20%~30%，"中国特色社会主义道路、理论、制度、文化不断发展，拓展了发展中国家走向现代化的途径，给世界上那些既希望加快发展又希望保持自身独立性的国家和民族提供了全新选择，为解决人类问题贡献了中国智慧和中国方案。"②

二、构建人类命运共同体的基本目标及重要意义

习近平在党的十九大报告中指出："中国共产党是为中国人民谋幸福的政

---

① 毛泽东：《在中国共产党第七届中央委员会第二次全体会议上的报告》，人民出版社 2004 年版，第 24 页。

② 本书编写组：《党的十九大报告辅导读本》，人民出版社 2017 年版，第 10-11 页。

党，也是为人类进步事业而奋斗的政党。中国共产党始终把为人类作出新的更大的贡献作为自己的使命。"①人类命运共同体思想就是习近平代表中国共产党人为谋求人类社会和平与发展所提供的中国智慧和中国方案。

(一)构建人类命运共同体的基本目标

构建人类命运共同体强调保持国家自主权利与国际社会权力的和谐，国际社会实践应该以尊重各国的主权平等为前提，国际社会权力的维持和拓展必须以尊重民族国家的主权为边界和底线。

第一，各国间要彼此尊重主权独立、维护主权完整，特别是大国对小国要坚持正确义利观，要重义轻利。在国家间交往中，大国不能将意志肆意凌驾于弱国小国之上，搞"人权高于主权"，大肆干涉别国内政；小国也要尊重大国合理的国家利益诉求和现实关切，不挑衅、不挑事，从而构建起和谐发展的大国小国关系。大国与大国之间，更要平等相待，不断累积政治互信，力避大国冲突的国际政治悲剧。2015年10月，习近平在伦敦金融城市长晚宴的演讲中指出："中国倡导国际社会共同构建人类命运共同体，建立以合作共赢为核心的新型国际关系，坚持国际关系民主化，坚持正确义利观，坚持通过对话协商以和平方式解决国际间的分歧和争端。"②

第二，在尊重民族国家主权平等的基础上，各国间应加强互利合作，积极构建利益共同体、安全共同体、发展共同体以及责任共同体。对于国际合作中国家主权与国际社会权力的矛盾问题，人类命运共同体强调，世界各国要共同努力形成并管理国际社会权力，国际社会权力不应该成为某一个国家或国家集团的私人工具，而应该服务于国际公共事务。2017年11月，习近平在亚太经合组织工商领导人峰会上的主旨演讲中指出：要"坚持多边主义，谋求共商共建共享，建立紧密伙伴关系，构建人类命运共同体，是新形势下全球经济治理的必然趋势。"③2016年4月，习近平在华盛顿核安全峰会上强调，"核恐怖主义是全人类的公敌，核安全事件的影响超越国界。在互联互通时

① 本书编写组：《党的十九大报告辅导读本》，人民出版社2017年版，第56—57页。

② 习近平：《共倡开放包容 共促和平发展——在伦敦金融城市长晚宴上的演讲》，人民出版社2015年版，第8页。

③ 习近平：《抓住世界经济转型机遇 谋求亚太更大发展——抓住世界经济转型机遇 谋求亚太更大发展》，人民日报2017年11月11日，第2版。

代，没有哪个国家能够独自应对，也没有哪个国家可以置身事外。在尊重各国主权的前提下，所有国家都要参与到核安全事务中来，以开放包容的精神，努力打造核安全命运共同体。"①其次，要坚持利益与责任紧密挂钩的原则，不能搞利益与责任分离，而是要实现共同发展、共担职责。

第三，努力推进国际关系民主化。当前，在国际关系领域，霸权主义、强权政治仍然具有很大的影响力。民族国家主权与国际社会权力间的矛盾不仅没有缩小而且还有激化的可能性，关键就在于国际关系领域的长期不民主问题的存在。以美国为首的国际垄断资本主导国际政治经济秩序，将霸权主义政策作为维持垄断利益的重要手段，千方百计阻挠国际关系民主化的努力。构建人类命运共同体就是要提供一个推进国际关系民主化的契机和平台，通过国际关系民主化，化解国家主权与国际社会权力之间的矛盾，为人类携手应对挑战创造条件，为构建人类命运共同体打下坚实的基础。2015 年 4 月，习近平在亚非领导人会议上的讲话中指出："新形势下，万隆精神仍然具有强大生命力。我们要大力弘扬万隆精神，不断赋予其新的时代内涵，推动构建以合作共赢为核心的新型国际关系，推动国际秩序和国际体系朝着更加公正合理的方向发展，推动建设人类命运共同体，更好造福亚非人民及其他地区人民。"②

（二）构建人类命运共同体的重要意义

习近平人类命运共同体思想的提出，立足中国发展实际，着眼于解决世界和平与发展这一根本性难题，在新的历史条件下，科学回答了"建设一个什么样的世界、如何建设这个世界"这一重大而基本的问题，顺应了世界各国人民对世界新秩序的呼唤，具有重要的历史意义。人类命运共同体思想继承发展了中国政府一直以来追求相互尊重、互利合作、和平发展的外交思想，从毛泽东的"三个世界"的重要思想，到邓小平的"裁军一百万"战略决策以及"搁置争议、共同开发"的处理国际领土纠纷的重要方针，再到胡锦涛构建和

---

① 习近平：《加强国际核安全体系 推进全球核安全治理——在华盛顿核安全峰会上的讲话》，人民日报 2016 年 4 月 3 日，第 2 版。

② 习近平：《弘扬万隆精神 推进合作共赢——在亚非领导人会议上的讲话中》，人民日报 2015 年 4 月 23 日，第 2 版。

谐世界，都体现了中国共产党人对推动世界和平与发展不懈努力，这些都为习近平人类命运共同体思想提供了重要的理论依据和实践支撑，新时期构建人类命运共同体的思想传承了中国政府以往的外交思想和理念，并结合新的历史条件作出了新的探索和实践。同时，习近平人类命运共同体思想，在当前全球化进程陷入困境，全球治理体系失灵、世界政治经济秩序失序、世界和平发展面临巨大挑战的情况下，为人类社会的未来走向指明了新的方向，为世界的和平与发展提供了中国方案、发出了中国声音，使得广大发展中国家在资本主导的发展模式之外可以有另外一个可供选择的方案，以及在当前暗淡的前景之外有另外一个可供期待的未来，从而增添了世界各国人民追求和平与发展的信心。

三、中国在构建人类命运共同体中的角色

在这样一个人类命运共同体时代，中国的命运和世界紧密联系在一起，面对当前全球化的一系列困境，中国应该积极作为，提出中国方案，贡献中国力量。但是我们必须量力而为，中国仍然是一个新兴的发展中国家，以美国为首的西方发达国家不可能放松对中国的防范和遏制，广大发展中国家也不会期望看到中国成为另外一个霸权国家，中国不可能通过复制美国等西方霸权国家的道路，实现中华民族伟大复兴的中国梦。中国应该成为以合作共赢为主要特征的新全球化秩序的倡导者、推动者和平等的参与者，而不是所谓的领导者。

第一，以平等身份积极参与推动更具包容性的全球化。当前由国际垄断资本主导的全球化，使大多数发展中国家都没有机会跨越"中等收入陷阱"，不能实现共同发展。中国应该坚持"创新、协调、绿色、开放、共享"五大发展理念，走合作共赢的中国特色社会主义全球化道路，增强全球社会主义驾驭资本的力量，既充分释放资本的巨大能量，利用资本作为手段，推动经济社会发展，累积全球社会财富，又积极克服资本的弊端，注重公平正义，避免资本盲目扩张造成全球发展失衡。"要让经济全球化进程更有活力、更加包

容、更可持续"①。要坚持创新发展，中国首先必须加大科技研发投入，建立健全科技研发、转化体制机制，增强自身创新发展能力，并加强与其他国家的技术交流与合作，构建与广大发展中国家的协同创新机制，全面整合发展中国家的创新资源，提升发展中国家整体创新能力，使全球增长更具活力；要坚持协调、绿色及开放发展，更加注重全球发展的整体性，走人与人、人与社会、人与自然和谐的可持续发展道路，并深入实施"一带一路"倡议，与世界各国共同努力形成互利共赢的开放发展新格局；要坚持共享发展，与广大发展中国家一道，共同倡导并维护"和平、发展、公平、正义、民主、自由"的人类共同价值，共同争取在全球治理体系中的话语权，共同努力建构更加公平合理的全球治理模式和更加公平包容的发展模式，让全球发展能够更加公平的惠及全球人民。

第二，努力构建新型大国关系。中美两个大国之间的关系不仅影响各自国家的命运，更牵动世界的和平与发展。中美两国在政治制度、发展道路方面存在巨大差异，但两国在长期的交往过程中也结成了越来越多的共同利益。中国一直以来都坚持"和平发展"道路，"推动共建'一带一路'、设立丝路基金、倡议成立亚洲基础设施银行等，目的是支持各国共同发展，而不是谋求政治势力范围"②，美国应该摒弃冷战思维，用发展的眼光来看待中国。中美双方应该加强战略沟通、尽量减少战略误判，应该求同存异、实现共同发展，应该加强人文交流、夯实民意基础，"世界上本无'修昔底德陷阱'，但大国之间一再发生战略误判，就可能自己给自己造成'修昔底德陷阱'"③。中美之间要积极构建"不冲突不对抗，相互尊重，合作共赢"的新型大国关系，中国可以尊重美国的合理关切和核心利益，但是这并不意味着，在涉及大是大非和中国自己的核心利益问题时，中国要放弃自己底线，迎合美国。相反，中国要坚决守住自己的底线，维护自己的核心利益，要埋头苦干，增强自身实力，对于美国针对中国核心利益发起的挑衅，要坚决给予回击。中国不搞"霸权主

---

① 习近平：《习近平主席在出席世界经济论坛 2017 年会和访问联合国日内瓦总部时的演讲》，人民出版社 2017 年版，第 5 页。
② 习近平：《习近平在对美国进行国事访问时的讲话》，人民出版社 2015 年版，第 18 页。
③ 习近平：《习近平在对美国进行国事访问时的讲话》，人民出版社 2015 年版，第 20 页。

义"，对于美国的"霸权主义"政策，要以实力为后盾，既讲策略又讲原则，不主动挑起冲突，但绝不惧怕冲突。只有这样，中美关系才能真正走向良性发展的轨道，双方新型大国关系也才有可能真正得到有效建构。

第三，强调在国际事务中承担"共同但有区别的责任"。中国作为一个负责任的大国，一直以来积极履行国际责任，在本身也处于发展中阶段的现实条件下，仍然对广大第三世界国家进行力所能及的援助，为促进人类社会的共同发展作出了重要贡献；中国还积极参与联合国在世界各地的维和行动，派遣军舰参与印度洋索马里海域反海盗巡逻任务；积极参与全球气候变化治理，在自身认真履行二氧化碳减排承诺的基础上，积极支援广大发展中国家特别是自然生态环境非常脆弱的海岛国家应对气候变化的努力；同时中国通过提出并认真践行"一带一路"倡议，成立亚洲基础设施投资银行等金融机构，为世界各国特别是广大发展中国家提供投融资服务，推进欠发达国家或地区的基础设施建设。展望未来，中国应该进一步加强与世界各国和各种国际组织在应对重大传染性疾病、生态危机、恐怖主义等非传统安全领域的合作，力所能及地为国际社会提供公共产品。但必须实事求是地落实"共同但有区别的责任"，"发达国家和发展中国家的历史责任、发展阶段、应对能力都不同，'共同但有区别的责任'原则不仅没有过时，而且应该得到遵守。"①

---

① 习近平：《携手构建合作共赢、公平合理的气候变化治理机制——在气候变化巴黎大会开幕式上的讲话》，人民出版社 2015 年版，第 5 页。

第四章　伟大构想的实践路径
——建设基于人类命运共同体的"五个世界"

构建人类命运共同体对于推动世界和平与发展具有重要的实践价值和历史意义。而构建人类命运共同体具有丰富的内涵，2017年12月，习近平在中国共产党与世界政党高层对话会上的主旨讲话中强调："人类命运共同体，顾名思义，就是每个民族、每个国家的前途命运都紧紧联系在一起，应该风雨同舟，荣辱与共，努力把我们生于斯、长于斯的这个星球建成一个和睦的大家庭，把世界各国人民对美好生活的向往变成现实。"[①]可以看出，人类命运共同体立足于各个民族国家前途命运紧密相连这个现实基础，强调要通过人类社会的共同努力，实现共同繁荣。推动世界和平与发展的伟大构想，要从构想逐步通过国际关系实践转变成为现实，需要着力建设基于人类命运共同体的"五个世界"。

第一节　新型交往观：建设永久和平的世界

人类社会的持久和平有赖于超越基于现实主义的传统地缘政治博弈，国家间不应该无休止地陷入争夺国家权力和地缘政治影响力的陷阱之中；不应该走上冷战时期结成泾渭分明的政治军事同盟、通过对抗划分势力范围、寻

---

① 习近平：《携手建设更加美好的世界——在中国共产党与世界政党高层对话会上的主旨讲话》，人民日报2017年12月2日，第2版。

求力量均势和平衡的老路。要坚持相互尊重、平等协商的原则，世界的和平不是通过推行强权可以得来的，不存在所谓的霸权稳定论，霸权治下的和平只是相对的，因为霸权统治下的世界虽然大国冲突的频率和可能性降低，但是霸权国家为维护统治秩序而发动对弱小国家的战争冲突却增多了。所以，合作共赢、相互尊重、对话协商才是解决分歧、实现和平的正确道路。

一、霸权主义逻辑下的国家交往观

霸权的核心是权力、控制及其所产生的影响力，争夺、使用并维护霸权是权力政治的重点。霸权问题古而有之，在欧洲 17 世纪确立"威斯特伐利亚"体系以来，民族国家兴起，在一个由众多民族国家组成、同时缺乏中央权威的国际社会中，霸权主义成为国际关系中的常态性问题。伴随着资本在全球的扩张，资本逻辑与霸权主义结合起来，两者相互勾连、相互促进，国际社会被分化成资本所主导的"中心—外围边缘"结构，全球所有国家和地区都被纳入资本的全球扩张体系中，成为资本实现世界规模积累的工具。资本不断强化在世界范围内的霸权，特别是政治经济霸权以及作为其支撑的军事文化霸权，"世界政治经济中的霸权，是指一个国家必须能够自由使用关键的原料，控制主要的资本来源，维持庞大的进口市场，以及在高附加值商品的生产上拥有比较优势。"①那么资本及其国格化的资本主义国家必然在与其他国家的交往中奉行霸权主义、强权政治，以此维护满足资本全球扩张的霸权主义世界秩序。

首先，依附关系赖以存在的国际环境已经发生巨大改变。资本主义世界权力中心已经由欧洲转移到美国，这决定了西欧已经不再是资本扩张世界权力的中心区域，而成为次级中心区域，这极大减弱了欧洲资本主义国家间再次爆发激烈冲突的可能性和必要性。同时苏联时期社会主义阵营在欧洲势力的扩大，对欧洲资本主义生产方式形成了巨大的外在否定压力，迫使西欧资本主义国家必须通过联合，积极管控资本主义扩张中的矛盾分歧，实现某种

---

① ［美］罗伯特·基欧汉：《霸权之后：世界政治经济中的合作与纷争》，苏长和等译，上海人民出版社 2012 年版，第 32 页。

程度的互助互利才能够发展。内外面临的巨大压力，使得西欧资本主义国家还必须依靠美国强大的实力来提供其发展所必需的安全保障及其他国际公共产品，作为交换，这些国家必须服从以美国为首的国际垄断资本主导的国际秩序。而在冷战中与美国为首的资本主义阵营对抗竞争的苏联社会主义阵营也发生巨大变化。1949 年新中国成立以后，在经历一段时间的苏联模式之后，中国开始探索走独立自主发展道路，与奉行"大国沙文主义"的苏联矛盾日益加剧，中苏关系最终在 20 世纪 60 年代走向破裂，世界社会主义阵营呈现分化瓦解的趋势。同时亚非拉反殖民主义运动兴起，各欧洲国家的殖民地纷纷走向独立，这些独立后的国家同中国一道作为"第三世界"力量登上国际政治经济舞台，使得美苏两极的"雅尔塔体系"开始出现松动的迹象。二战后的社会主义革命以及亚非拉地区民族独立运动的蓬勃兴起带来了"以中国为代表的广大发展中国家"的政治经济觉醒，这对战后的国际秩序产生了巨大影响。

其次，以美国为首的国际垄断资本，榨取剩余价值、实现资本积累的方式已经发生深刻变化。这一时期，国际金融垄断资本在国际垄断资本中处于主导地位，很显然作为资本的一种积累方式，国际金融垄断资本与国际产业资本间具有非常大的差异。国际产业资本需要掌控整个资本主义生产过程，通过在国内剥削工人的剩余劳动源源不断生产出剩余价值，在国际则通过殖民主义掠夺等方式获取廉价的原材料和商品倾销市场，剥削欠发达地区的剩余劳动，榨取"国家或地区剩余价值"。金融资本在这个时期只是产业资本的附属和补充，仅仅以借贷利息的方式获取产业资本转移的剩余价值。但是资本不断追求自身无限增殖的特性，仅仅靠在生产领域获取剩余价值以实现资本积累的方式很显然已经不能满足。而随着产业资本的发展，对银行金融服务的需求越来越大，银行资本的作用越来越突出，"产业资本的一个不断增长的部分不属于使用它的产业资本家了。他们只有通过代表同他们相对应的所有者的银行，才能获得对资本的支配权。另一方面，银行也不得不把资本的不断增长的部分固定在产业之中。因此，银行在越来越大的程度上变为产业资本家。我们把通过这种途径实际转化为产业资本的银行资本，即货币形式的资本，称为金融资本。"①19 世纪末 20 世纪初，资本主义进入垄断阶段，各国垄断资本通过组建国际间联盟瓜分国际剩余价值，金融资本也转化为国际金融垄断资本，并随着二战结束后美国的崛起而占据资本主义国际秩序的主导地位。

美元成为世界主导货币，不仅要获得作为世界储备货币所享有的铸币税，而且借助超级大国的综合实力，彻底改变了金本位制，在 1971 年美国"砸碎了货币的黄金锁链，把国际金融体系引入了信用货币时代的轨道，其他国家只能接受没有含金量而仅以美国国家信用保障发行的美元纸币……美元本位制赋予美联储和美国政府几乎可以任意印制美元和发行美国国债的权力，却不必承担保证美元币值稳定以维护世界金融体系稳定运行的责任。"②为美国推行金融霸权创新开辟了道路。以美国为首的国际垄断资本构建了一个以金融主导型国家、制造业国家、资源型国家组成的"中心—外围—边缘"结构。在这个结构中，美国是主要的金融主导型国家，处于最高端，其国内经济日益金融化、虚拟化，国内制造业向外围扩散，同时美国凭借强大的科技创新能力和军事经济实力，掌握国际财富流通渠道，使世界财富源源不断地流向美国，并迅速转化为资本又向全球输出，从而形成资本积累的正反馈效应。其他发达资本主义国家处于相对高端，先进制造业国家则处于外围，广大资源型国家则处于边缘。通过这样一个结构体系，以美国为首的国际垄断资本层层盘剥制造业国家以及资源型国家所生产的超额"国家剩余价值"。

再次，国际垄断资本间的矛盾转化。以美国为首的国际金融垄断资本已经不再通过直接介入资本主义生产领域，而是通过对实体经济国家的间接支配，获取剩余价值，实现世界规模资本积累。通过前所未有的金融创新和金融衍生品研发力度，国际垄断金融资本可以更加充分地调动起全世界一切闲散的资源，而美元与黄金脱钩，更让国际金融垄断资本可以跨越实体经济，直接将美元货币转化为资本，实现金融资本更大规模的全球扩张。同时通过战争冲突、金融投机等催化出巨量的全球资本流动性，国际垄断金融资本通

①　[德]鲁道夫·希法亭：《金融资本》，福民等译，商务印书馆 1994 年版，第 252 页。
②　王湘穗：《币缘论：货币政治的演化(定制版)》，中信出版社 2017 年版，第 166-167 页。

过介入其中榨取超额国家剩余价值。很多国家几十年积累的财富在一夜之间被搜刮一空，1997年亚洲金融危机就是如此。而"随着虚拟资本主义的发展，生产不足的现象日益严重，对廉价制成品和实体经济剩余价值的争夺更加激烈，金融利益成为虚拟资本主义时代的核心利益。"①为什么国际垄断资本间不再爆发如两次世界大战一样的战争冲突呢？那是因为国际垄断资本主要是以跨国公司为载体，实现全球扩张，各民族资本间已经打破国别界限，可以互相持股，相互渗透、利益均沾，已经结成了一定程度的利益共同体。此时，国际垄断资本间的矛盾已经转化为虚拟经济与实体经济的矛盾，现实有限资源与过度透支未来的矛盾，国际垄断资本积累与全球贫困、生态危机积累的矛盾。这种矛盾比之列宁论述的帝国主义之间的矛盾并未降低反而加重，因为国际垄断资本已经不断生成人类社会对资本主义生产方式的依附关系，资本将内在被否定的命运成功与人类的未来捆绑在一起，通过不断透支人类社会的未来维系资本逻辑的延续。但国际金融垄断资本的内在否定性并未根除，其过度贪婪地追求权力扩张，必然带来上述矛盾的激化，引发国际金融危机，使资本主导的世界秩序出现巨大变化。

在以国际垄断资本扩张为中心的霸权逻辑支配下，一切都要服从和服务于国际垄断资本的全球扩张，国家间的正常交往关系被异化为对国际垄断资本的依附关系。对资本的单向依附在国际关系领域表现为，广大第三世界国家对发达资本主义国家的依附，这些国家虽然在政治上摆脱了殖民主义统治，但是在经济上并不能摆脱国际垄断资本的影响和控制，被强行纳入国际垄断资本主导的全球扩张体系中。国际垄断资本主导的经济发展模式，是一种不平等的发展，现实的国际经济秩序是建立在这种不平等的发展基础上，经济上不独立使得广大发展中国家政治上也并不能真正独立。发达资本主义国家运用自身在国际政治经济秩序中的主导地位，将反映国际垄断资本利益的"自由、民主、平等、人权"等所谓普世价值作为世界各国交往的价值基础，并根据自身需要对普世价值设置国际标准，通过政治、经济、军事等手段作为后盾，要求世界各国必须遵守。如果不按照发达资本主义国家的要求和标准执

---

① 王湘穗：《币缘论：货币政治的演化(定制版)》，中信出版社2017年版，第234页。

行，就会被扣上不民主、不自由、不尊重人权的帽子，受到政治孤立、经济制裁，霸权主义国家甚至直接通过军事手段推翻对其利益实现有巨大阻碍的国家政权，这些都是在维护"普世价值"的口号下堂而皇之地进行。冷战结束后，以美英为首的发达资本主义国家打着"人权高于主权"的旗号肆意干涉他国内政，把国内法当成国际法，通过强力手段要求世界各国遵照执行；通过发动一系列战争，推翻对西方不友好的领导人及其国家政权。

霸权主义逻辑下的国家交往观呈现出来的是一幅崇尚权力、等级森严的世界秩序图景，遵循的是"弱肉强食"的森林法则，只不过披上了所谓现代文明的外衣。随着广大发展中国家在政治经济领域的觉醒，霸权主义的国家交往观将愈来愈不可持续，20世纪40年代末至六七十年代兴起的民族解放运动使得亚非拉地区原西方国家的殖民地纷纷走上民族独立的道路，这是广大发展中国家政治经济觉醒的开端，西方发达资本主义国家已经不能再将这些国家或地区作为自身殖民主义体系的低端组成部分而任意掠夺和压迫。在以美国为首的国际垄断资本主导的霸权主义世界秩序下，广大新兴的发展中国家取得了政治上的独立，却不能真正处于与发达资本主义国家平等的地位上，因为国际垄断资本获取剩余价值的方式已经发生巨大的改变，它们不再需要谋求对发展中国家的领土进行直接占领，而是通过构建资本占主导地位的国际产业分工链和价值链，榨取超额剩余价值。与此同时，发达资本主义国家牢牢掌控着发展中国家实现经济社会发展所必需的资金、技术等稀缺经济要素，这使得发展中国家对国际垄断资本仍然只能被迫处于一种单向的依附关系，其外在表现为发达资本主义国家在国际交往中对发展中国家施行霸权主义、强权政治。

二、人类命运共同体的新交往观

国际垄断资本为了维护全球扩张的需要，必须将处于边缘地带的广大发展中国家纳入其构建并主导的等级森严的资本主义世界体系中，维持广大发展中国家对国际垄断资本的依附关系。这决定了发达资本主义国家必然要继续坚持冷战思维，推行霸权主义的交往观，用霸权主义强权政治为国际垄断资本从发展中国家榨取超额剩余价值服务。但是当前人类社会已经进入一个相互依存、休戚与共的命运共同体时代，霸权主义交往观已经愈来愈不符合世界发展潮流，人类命运共同体及其坚持的新型交往观正逐渐取代霸权主义的国家交往观。

（一）从霸权主义交往观到新交往观

霸权主义交往观是建立在国际垄断资本所构建的"中心—外围边缘"体系结构基础之上的。国际垄断资本的内在否定性导致这一体系结构本身也是极不稳定的。国际垄断资本的扩张一方面带来市场权力的不断拓展，但另一方面国际垄断资本所获得的市场权力伴随着由其推动的全球化进程也在发生转移和扩散，这个转移和扩散过程主要就是沿着国际垄断资本主导的"中心—外围边缘"体系结构展开的，不断由处于资本扩张中心区的发达资本主义国家向处于外围边缘地带的广大发展中国家转移。为什么会发生这种转移呢？主要因为国际垄断资本在全球范围内获取剩余价值的方式发生了巨大改变，在殖民主义世界秩序下，资本通过生产关系的国际化，将全球欠发达地区纳入资本扩张的链条之中，彻底控制全球欠发达地区的政治、经济、文化，通过赤裸裸的武力掠夺等手段，获取廉价的原材料和商品倾销市场，使得这些作为殖民地的地区只能作为资本权力不断拓展的来源和工具，而欠发达地区自身的权力并不能得到拓展。在霸权主义世界秩序下，广大欠发达地区纷纷摆脱殖民主义世界体系实现民族独立。国际垄断资本不再需要谋求对领土的绝对控制，而是通过其构建并由其主导的国际产业链、分工链、价值链，将劳动密集型、高耗能、高污染的制造业向处于外围边缘地带的广大发展中国家整体性转移，在其国内仅仅保留技术密集型、低污染、低耗能的高新技术产业、现代服务业，发达资本主义国家产业日渐脱实向虚，金融化的兴起更加剧了这一趋势。传统的"中心—外围边缘"体系结构现在表现为"虚拟经济国（金融国）—实体经济国"的新的体系结构。新的体系结构极大地满足了国际垄断资本加快推进全球扩张、最大化榨取差额剩余价值的需要。在这一过程中，国际垄断资本获取了源源不断的市场权力，使其在全球范围内的扩张达到前所未有的深度和广度；但是，另一方面，处于外围边缘地带的实体经济国，由于承接了发达资本主义国家较为完整的制造业，实际上也在不断获得作为资本扩张中心区的虚拟经济国（金融国）向外扩散和转移的部分市场权力，特别是对于像中国、印度、南非、巴西等这样一些体量巨大、拥有完整工业体系的国家来说更是如此。

作为国际垄断资本扩张中心区的西方发达资本主义国家对处于边缘地带的广大发展中国家实行霸权主义、强权政治，这是维系霸权主义世界秩序的重要政治手段。但是随着权力从中心向外围边缘的转移，原来处于外围边缘地带的发展中国家特别是发展中的大国政治经济文化的进一步觉醒，原有的"中心—外围边缘"结构受到极大的冲击。霸权主义国家所推行的霸权主义交往观已经变得愈来愈不可持续。冷战结束以后特别是进入21世纪以来，世界力量格局已经发生深刻变革，广大发展中国家逐渐兴起，人类社会已经走入一个更加相互依存、休戚与共的命运共同体时代，世界各国呼唤构建一个更加包容民主的国与国交往关系。

(二)新交往观的基本内涵

构建人类命运共同体及其所坚持的新型交往观，反映了世界各国特别是广大发展中国家对于构建更加包容民主的国际交往关系的现实需要，它强调在"政治上，要相互尊重、平等协商，坚决摒弃冷战思维和强权政治，走对话而不对抗、结伴而不结盟的国与国交往新路"[①]。其主要包括以下基本内涵：

第一，它是基于相互尊重、平等协商基础之上的国与国交往观。相互尊重就是全世界各个国家不分大小强弱贫富一律平等，切实在国际交往中尊重彼此的主权独立，不干涉别国内政，不将自己的发展道路、制度模式强加于其他国家。切实遵守国际关系基本准则，发挥联合国等国际组织在多边合作中的重要作用。对于涉及全球及区域事务中的重要问题，要通过相关国家平等协商的方式解决，不将本国意志凌驾于别国主权之上；要坚持多边主义，强调多边协商与合作，强调不能绕过相关权威国际组织而通过军事、经济政治制裁等强力手段解决纷争。"要在国际和区域层面建设全球伙伴关系，走出一条'对话而不对抗、结伴而不结盟'的国与国交往新路。"[②]一直以来中国都秉承相互尊重、平等协商的国与国交往理念，创造性地提出并积极践行"和平

---

① 本书编写组：《党的十九大报告辅导读本》，人民出版社2017年版，第91页。
② 习近平：《习近平在联合国成立70周年系列峰会上的讲话》，人民出版社2015年版，第16页。

共处五项基本原则"，与世界各国发展了不同层次的伙伴关系，树立了国与国平等交往、和平交往的典范，得到世界各国的普遍认同。作为世界上最大的发展中国家，中国坚定地站在广大发展中国家一边，坚定地维护广大发展中国家的利益，从支持亚非拉地区的民族解放运动，到当前推动全球治理体系变革、创建更加公平正义的世界秩序，中国都尽力发挥自己在国际事务中的影响力，为广大发展中国家发声，努力维护广大发展中国家的利益诉求。

第二，它是基于大国间不冲突、不对抗的国与国交往观。自从17世纪中叶欧洲威斯特伐利亚体系确立民族国家作为国际关系的主体以来，大国间由于追逐权力而导致的战争冲突是国际关系的常态，20世纪的前半叶爆发的两次世界大战是大国间对抗与冲突的极端形态。第二次世界大战以后，殖民主义世界秩序瓦解，以美国为首的国际垄断资本主导的霸权主义世界秩序兴起。由于美苏两个大国及其主导的阵营间第一次拥有了可以彼此毁灭对方并且让整个世界终结的核武器，敌对双方达成了一种恐怖的"核均势"，世界格局处于一种人类历史上从未有过的冷战状态。但这并不意味着大国间没有了对抗与冲突，相反这种对抗、冲突持续时间更长、破坏力更大，大国间的长期对峙，并选择在广大第三世界地区发动代理人战争，使世界局势陷入长期的动荡之中。冷战结束以后，以美国为首的国际垄断资本所主导的霸权主义世界秩序达到权力的顶峰。美国对中国、俄罗斯等潜在大国竞争对手采取了防范和遏制的战略，虽然也有接触，但接触的目的也主要是为了促使中俄朝着符合自己利益的方向"和平演变"。大国间的对抗与冲突仍然存在着，只不过更多地体现为大国在全球热点地区的剧烈博弈，这种博弈的副产品——难民问题及国际恐怖主义，已经成为全球性的难题。

人类命运共同体思想强调要构建新型大国关系，也就是大国要超越传统地缘政治中"霸权、均势"思维的束缚，多进行战略沟通与对话，努力增加彼此政治互信，做到不冲突、不对抗。这不是一种空洞的理想和说教，而是汲取了人类历史发展的经验教训，立足国际关系现实发展需要并且符合世界发展潮流的大国关系构想。如果还死守大国对抗冲突的所谓历史教条，在大国间相互联系、相互依赖程度变得愈来愈高的今天，各国之间的战略回旋空间都已经被压缩得越来越小，彼此战略空间正产生越来越多的交集，在这样的历史背景下再贸然走大国对抗与冲突的老路，只会意味着使彼此连带整个世界走向毁灭与终结的绝路。所以，构建人类命运共同体就是要超越大国间必然走向对抗与冲突的历史定律，强调要通过对话协商缩小分歧、化解矛盾，从而不断累积政治互信，力避大国冲突的国际政治悲剧；要结伴而行，开展互利合作，共同应对风险与挑战，但是不要陷入通过结盟形成彼此对抗的利益集团，并以此谋求势力范围、获取集团私利的传统地缘政治博弈中。当然寻求不冲突、不对抗的国家间交往之道，并不意味着放弃本国的核心国家利益，在一些并不涉及核心利益的领域，可以协商沟通甚至让步，但是在重大核心问题上绝对不能依靠委曲求全、息事宁人换取别的国家暂时的友好关系以及相对和平的外部环境。而是要坚持"底线思维"，从最坏处着手准备，但争取最好的结果。这就需要以雄厚的综合实力作为后盾，面对霸权主义国家的挑衅，要有敢于亮剑的决心和勇气，不侵犯别国利益，但也坚决维护自身的正当利益。总之，要有敢冲突、敢对抗的底线，但不是通过冲突、对抗搞霸权主义、强权政治，而是以此争取不冲突、不对抗的最好结果。

第三，它是基于正确义利观基础之上的国与国交往观。大国对小国要坚持正确义利观，努力做到义利兼顾、重义轻利。重义，就是在国家间交往中，大国要有责任感和使命感，自觉带头维护国际关系的基本准则，谨慎使用国际权力，正确发挥国家影响力，不将本国意志肆意凌驾于弱小国家之上，不尊重弱小国家的主权独立，搞"人权高于主权"，输出本国的制度模式，大肆干涉别国内政；轻利，就是大国要有整体思维和长远战略眼光，不斤斤计较眼前的私利，而是要根据实际需要，给弱小国家力所能及的让利。小国也要坚持正确义利观，努力做到义利兼顾、有利有义，而不能见利忘义。有利有义，就是对于弱小国家而言，在国际交往中秉持灵活务实原则，努力维护自身生存与发展的考虑，这在某种程度是完全可以被理解和尊重的，因为弱小国家由于体量和实力差距的缘故，在国际上的战略空间较小，对现实利益所带来的影响和冲击远比大国要更加敏感。但是小国不能因此义利分离，甚至见利忘义。要尊重大国合理的国家利益诉求和现实关切，不挑衅、不挑事，从而构建起和谐稳定的大国与小国间良性发展的关系。当然大国与大国之间，更要坚持正确义利观，做到义利兼顾、以义取利，不追求不义之利，不唯利是图，为了一己之利而损害其他国家的正当利益。2015年10月，习近平在伦敦金融城市长晚宴的演讲中指出："中国倡导国际社会共同构建人类命运共同体，建立以合作共赢为核心的新型国际关系，坚持国际关系民主化，坚持正确义利观，坚持通过对话协商以和平方式解决国际间的分歧和争端。"①

（三）新交往观与霸权主义交往观的根本区别

人类命运共同体倡导的国家交往观与霸权主义国家交往观之间存在着根本的区别，构建人类命运共同体的国家交往观是对霸权主义国家交往观的超越。

第一，人类命运共同体倡导的国与国之间的交往关系，是建立在共商、共建、共享的基础上。霸权主义交往观强调国际秩序是由某个霸权国家或者某几个强权国家单独或者共同掌控，体现了霸权主义国家的意志和利益。但人类命运共同体倡导的国与国交往是立足于双边或者多边平台，在涉及所在国国家利益的全球及区域性问题上，注重通过基于主权平等原则的共同协商、集体协商进行解决；同时在国际经济领域，共同建设开发包容的国际市场，共同促进全球及区域经济全面均衡发展，并积极构建互惠互利的国际分工体系，让世界各国共享发展成果。总之，霸权主义下的国与国交往关系不可避免地被打上大国强权政治的烙印。构建人类命运共同体是由世界各国在平等协商、互利共赢基础上形成的多层次的共同体，满足世界各国多层次的需要。2016年6月，习近平在乌兹别克斯坦最高会议立法院的演讲中强调："我们以共商、共建、共享为'一带一路'建设的原则，以和平合作、开放包容、互学互鉴、互利共赢的丝绸之路精神为指引，以打造命运共同体和利益共同体为合作目标，得到沿线国家广泛认同。"②这种新型国家交往观既是摆脱霸权主义下国与国交往关系困境的现实需要，也是构筑新型国际关系的前提和基础。

第二，人类命运共同体的新型国家交往观面向的是整个人类社会的长远发展，其导向的是全人类全面合作、共同发展繁荣的美好前景。当前霸权主

---

① 习近平：《共倡开放包容　共促和平发展——在伦敦金融城市长晚宴上的演讲》，人民出版社2015年版，第8页。
② 习近平：《携手共创丝绸之路新辉煌——在乌兹别克斯坦最高会议立法院的演讲》，人民日报2016年6月23日，第2版。

义下的国与国交往关系，是一种建立在以国际垄断资本扩张为中心的等级制国际关系，其不可避免地将世界各国划分成"三个世界"的分裂结构，并又形成各种地区性的政治、经济、文化及军事等方面的合作组织（国际共同体），这些国际共同体其存在很大程度上也是建立在对世界范围内存在的共同体的对立竞争甚至敌对的基础上，这是凝聚共同体内部团结的重要手段。但是这些共同体往往需要在内部团结而一致对外，而对外则不能真正做到团结，这是霸权主义下国际共同体的"团结悖论"所在。可见，在霸权主义条件下，国与国的交往关系容易走向彼此对立的集团，从而使得国际社会更加碎片化、分散化，使得国际社会处于割据纷争的状态。构建人类命运共同体则要建立基于平等交往、合作共赢基础上的新型国家交往观，以此逐渐超越国际社会的分歧对立，建立促进全人类共同发展、共同繁荣的共同体，促进全人类整体的发展进步。当然前景是光明的，但是道路却是异常曲折的，肯定会遇到很多意想不到的困难和挑战。习近平指出："当今世界充满挑战，前面的道路不会平坦，但我们不会放弃理想追求，将以更大的作为，同各方携手建设持久和平、普遍安全、共同繁荣、开放包容、清洁美丽的世界。"①这条道路是建立在国与国新型交往关系的基础上，定能凝聚世界各国的强大力量，形成发展合力，逐步生成人类美好的发展前景。

第三，人类命运共同体所倡导的国与国间新型交往关系，是建立在多边主义而不是霸权国家主导的单边主义的基础上。多边主义是维持当前国际关系稳定的重要基石，它也反映了世界格局往多极化方向发展的历史趋势，但是霸权主义下的国与国交往关系却不愿意或者无法适应这一发展趋势。以国际垄断资本扩张为中心的霸权主义，将其他国家主要当成是其获取超额剩余价值的工具，并根据国家综合实力的强弱、是否有利于国际垄断资本扩张、是否符合所谓西方的普世价值标准，将这些国家纳入国际垄断资本所构建的"中心—外围边缘"结构中，并进一步细分为盟友、合作伙伴、竞争对手或者政治敌人。霸权国家也会建立一系列的多边合作组织，但是这些多边合作组

---

① 习近平：《抓住世界经济转型机遇 谋求亚太更大发展——抓住世界经济转型机遇 谋求亚太更大发展》，人民日报 2017 年 11 月 11 日，第 2 版。

织也必须建立在维护霸权主义国家霸权利益的基础上，并且这些组织带有非常明显的战略针对性，必然将存在竞争关系的国家或者不友好的国家排斥在外，如美国在欧洲主导的北约组织，其主要针对和防范的主要就是俄罗斯；其在亚太地区曾经主导构建的 TPP（跨太平洋伙伴关系协定）很明确地将中国排除在外，而美国退出以后由日本主导的 CPTPP（全面与进步跨太平洋伙伴关系协定）同样把中国排除在外。霸权主义国家在国与国的交往过程中会将多边组织作为实现自身利益的工具，甚至也会尽量打着多边组织的旗号，但是一旦发生这些多边组织不能满足自己的需要，就会一脚踢开，赤裸裸地实行单边主义。如美英等国绕开联合国直接发动对南联盟战争，以及打着"反恐"的名义，发动第二次海湾战争，推翻伊拉克萨达姆政权。美国前任总统特朗普打着"美国优先"的旗号，直接退出了巴黎气候协定，甚至退出了一直由其主导的 TPP，令其在亚太地区的盟友错愕，其原因就在于特朗普政府认为这些多边协定损害了美国的利益。人类命运共同体所倡导的国与国新型交往关系是建立在多边主义的基础上。中国一直以来都坚定不移地反对霸权主义、强权政治，强调无论什么时候都不称霸，支持世界格局朝多极化方向发展。人类命运共同体本身就是基于多边主义的理念构想，强调通过共同价值形成多边共识，凝聚各方力量，努力促进多边合作，实现人类社会更加美好的前景。

三、两种交往观与两种类型国际关系

国家间交往关系是国际关系存在和发展的最基本形态，而霸权主义国家交往观与人类命运共同体的新型交往观，会随着国际社会实践的深入推进而生成两种不同类型的国际关系，并分别产生两种不同人类社会和平前景。

（一）霸权主义交往观生成的国际关系：建立在"零和博弈、赢者通吃"基础上的霸权主义国际关系

霸权主义交往观生成的是一种建立在霸权逻辑基础上的国家关系，这种国际关系遵循的是"弱肉强食"的丛林法则，奉行的是"零和博弈、赢者通吃"的国际行为准则。

第一，实现国际垄断资本全球扩张是霸权主义国际关系的根本目的。资本主义世界体系进行着"肯定—否定—否定之否定"的周期性历史演变。在这一过程中，资本主义生产方式通过内生出不同的资本形态作为世界规模资本积累的中心，以满足不断延展资本主义全球扩张链条，延缓资本的内在否定从否定之否定上升到彻底否定，最终被社会主义全面替代的历史命运，从而维系资本主义生产方式的长期存在。同样，作为"国格化资本"的资本主义国家，通过国家政权的力量构建了为资本全球扩张服务的世界秩序，随着资本主义体系积累中心的周期演变，也就形成由不同资本主义国家主导的世界秩序。当前资本主导的世界秩序正处于不断的调整变革中，作为以美国为首的国际垄断资本，特别是金融垄断资本，其现有的积累方式已经通过金融危机的爆发显示出巨大的弊端，那么美国及其国际垄断资本的积累方式是否会被超越，下一个资本主义积累中心和方式出现了吗？现实证明，美国资本主义体系还未真正终结，欧洲、日本以及其他可能的资本主义国家也并不能替代美国成为资本主义世界体系新的中心。而人类也不可能有耐心等到美国的积累中心地位被代替的那一刻，因为那一刻的到来，是以牺牲整个人类社会的利益为代价的！

第二，"零和博弈、赢者通吃"是霸权主义国际关系的基本行为准则。以美国为首的国际垄断资本，特别是金融垄断资本主导的世界秩序是一个金字塔式的等级制世界秩序，这种旧世界秩序生成的是一种"赢者通吃"的霸权利益格局，以美国为首的国际金融垄断资本获得霸权利益，却是以牺牲广大发展中国家的利益为代价的，这已经越来越不能适应人类命运日益相互依存的现实。资本逻辑决定了资本必须不断生成对资本的依附关系才能满足其追求最大程度增殖的内在要求，这也决定了资本主导的世界秩序必然是基本对资本依附的世界秩序。以英国为首的产业资本生成的是作为边缘的广大欠发达地区(国家)对产业资本的依附关系；以美国为首的国际垄断资本生成的是人类社会对资本主义生产方式的依附关系，它将全人类的命运同资本主义的命运捆绑在一起，资本用全人类的共同未来作为筹码来延缓资本主义必然走向灭亡的命运。随着权力在不同国家间转移，资本主导的等级制世界秩序已经越来越不可持续，当前以美国为首的国际金融垄断资本主导的世界秩序逐渐走向瓦解，以其为中心的霸权利益格局越来越不能适应全世界共同发展的需要，人类世界迫切需要超越这种崇尚丛林法则的等级制世界秩序，生成一种能够更加平等地关照各方诉求、更加注重公平正义、互利共赢的共生性利益格局，让世界各国的命运能够掌握在自己手中，让人类社会未来的前景能够更加光明和美好。

第三，霸权主义交往观导向的是战争与冲突的世界图景。资本逻辑主导的霸权主义交往观，将全球都纳入资本主义世界体系中，这一历史过程本身就伴随着战争与革命。欧洲文艺复兴运动以后，欧洲逐步成为世界文明的中心，逐渐引领世界的发展潮流。由欧洲开启的世界近现代史从某种意义上可以说是一部战争与革命史。早期欧洲的战争与革命主要围绕着消除封建生产关系对资本主义先进生产力的束缚、推动资本原始积累，并最终确立资产阶级及资本主义生产方式的统治地位而展开，16世纪的尼德兰革命、17世纪中叶的英国资产阶级革命、18世纪末19世初的美国独立战争和法国大革命是典型代表。特别是法国大革命对欧洲封建主义以沉重打击，为确立资本主义生产方式在欧洲的统治地位打下了坚实的基础。整个19世纪更是战争与革命的世纪，1830年法国"七月革命"、1848年欧洲革命、德国和意大利的统一战争最终扫除了欧洲的封建残余，最终确立资本主义在欧洲乃至世界的统治地位。通过交织着血与火的战争与革命，"资产阶级在它已经取得了统治的地方，把一切封建的、宗法的和田园诗般的关系都破坏了。它无情地斩断了把人们束于天然尊长的形形色色的封建羁绊，它使人和人之间除了赤裸裸的利害关系，除了冷酷无情的'现金交易'，就再也没有任何别的联系了。"[1]

虽然第二次世界大战以后，世界反殖民主义运动兴起，亚非拉地区广大西欧国家的殖民地纷纷实现了民族独立，在这一过程中经典意义上的战争与革命随着民族革命的完成而走下历史的舞台，取而代之的是和平与发展世界历史潮流。但是取代殖民主义的霸权主义世界秩序，却通过构建的"中心—外围边缘"结构，将原来国际垄断资本之间不可调和的矛盾由资本扩张中心区向处于外围边缘的广大发展中国家转化。资本扩张中心区超越了战争与革命，实现了某种程度上的和解、合作与和平，但这是建立在广大外围地区持续动

---

① 马克思、恩格斯：《共产党宣言》，《马克思恩格斯文集》第2卷，人民出版社2009年版，第34页。

荡的基础之上的。国际垄断资本及其所掌控的资本主义国家政权，对广大发展中国家奉行霸权主义的交往观，这是资本逻辑使然。在这种交往观下，世界的和平与发展只能是遥不可及的梦想，它至多只能实现资本主义国家间的相对和平。

（二）人类命运共同体新交往观生成的国家关系：建立在"相互尊重、公平正义、合作共赢"基础上的新型国际关系

构建人类命运共同体新型交往观，要"推动建设相互尊重、公平正义、合作共赢的新型国际关系"①。这一种与霸权主义国际关系截然不同、代表世界各国人民现实需要、体现人类历史前进方向的国际关系。

第一，这种新型国际关系立足点在于世界各国间的相互尊重。自欧洲17世纪中叶确立威斯特伐利亚体系以来，民族国家的主权原则就被确立为国际关系的基本准则，相互尊重是构建良性国际关系的重要前提，没有相互尊重就没有相互的政治信任，也就谈不上有效的国际合作。无论是在殖民主义世界秩序还是在霸权主义世界秩序下，受资本逻辑驱使的各个资本主义国家间无法真正做到相互尊重，而是彼此围绕着原材料产地和商品销售市场而相互猜忌、激烈争夺，在这一过程中虽然可以因为共同的利益或者共同的敌人而结成盟友，但是一旦共同利益或者敌人消失，则相互的关系又会发生巨大的改变，甚至可以很快从盟友转变为敌人。处于资本所构建的"中心—外围边缘"结构中的广大第三世界国家则更加不可能得到发达资本主义国家的尊重，这些国家仅仅只是满足资本全球扩张的工具。如果有利于资本的全球扩张，发达资本主义国家可以将它们纳入其区域性的盟友体系中，但是这往往是为了达到其维持所在区域的战略"均势"目的，如果该区域总体战略格局发生改变，这些国家的地位就会发生巨大的改变。例如美国与伊拉克的关系，在两伊战争期间，为了消弱伊朗的战略影响力，美国选择扶持伊拉克的萨达姆政权，但是两伊战争结束以后，面对实力大涨的伊拉克，美国又选择了打压与遏制的战略，发动了二次海湾战争最终推翻了伊拉克萨达姆政权。

无论是殖民主义世界秩序还是霸权主义世界秩序，都是资本所主导的等

---

① 本书编写组：《党的十九大报告辅导读本》，北京：人民出版社2017年版，第57页。

级制秩序，在这样的秩序下，世界各国之间不可能形成相互尊重的国际关系。人类命运共同体则要构建一个平等的世界新秩序，形成相互尊重的新型国际关系。这样的国际关系是建立在尊重民族国家主权平等的基础上，各国间通过加强彼此的互利合作，积极构建利益共同体、安全共同体、发展共同体以及责任共同体。对于国际合作中国家主权与国际社会权力的矛盾问题，人类命运共同体强调，世界各国要共同努力形成并管理国际社会权力，国际社会权力不应该成为某一个国家或国家集团的私人工具，而应该服务于国际公共事务。同时坚持各个国家间利益与责任紧密挂钩的原则，不能搞利益与责任分离，而是要实现共同发展、共担职责。

第二，这种新型国际关系最重要的价值取向在于维护世界的公平正义。当前在国际关系领域，霸权国家凭借自身强大的实力作为后盾，对其他国家大搞霸权主义、强权政治，任意欺凌弱小国家主权，并利用发达资本主义国家掌握的国际话语权，将这些都装扮成符合国际道义的行为，反而将其他影响其国家利益的国家贴上"邪恶轴心""独裁专制"以及"国际秩序破坏者"等反面标签。在霸权逻辑主导下，国际关系已经变得没有公平正义可言。弱小民族国家生存与发展的最基本权利，正遭受来自霸权主义逻辑的极大侵蚀和破坏，国际社会已经陷入"富者愈富、贫者愈贫，强者愈强、弱者愈弱"的两极分化怪圈之中，长此以往，人类社会整体的生存与发展都会受到极大的影响。国际社会只有真正恢复公平正义，才能让人类社会走上和平与发展的道路，这其中最关键的就在于实现国际关系的民主化。以美国为首的国际垄断资本主导国际政治经济秩序，将霸权主义政策作为维持垄断利益的重要手段，千方百计阻挠国际关系民主化的努力。人类命运共同体所构建的新型国际关系就是要提供一个推进国际关系民主化的契机和平台，通过国际关系民主化，化解国家主权与国际社会权力之间的矛盾，为人类携手应对挑战创造挑战，为构建人类命运共同体打下坚实的基础。正如习近平所指出的那样，"新形势下，万隆精神仍然具有强大生命力。我们要大力弘扬万隆精神，不断赋予其新的时代内涵，推动构建以合作共赢为核心的新型国际关系，推动国际秩序和国际体系朝着更加公正合理的方向发展，推动建设人类命运共同体，更好造福亚非人民及其他地区人民。"①

　　第三，这种新型国际关系的核心就在于促进世界各国的"合作共赢"。民族国家主权与国际社会权力之间的矛盾是长期存在的，这使得国际社会呈现出长期的无政府状态，使得国家间不能进行有效的合作，从而影响人类的和平与发展。国际社会契约论思想并不能很好地解决这个问题，其通过社会契约论的精神构建的国际契约共同体在理论上存在悖论，在现实层面则面临巨大的困境。其根本原因在于资本扩张逻辑对国家间合作关系的侵蚀。在资本主义世界体系中，资本构建起以发达资本主义国家为中心、广大欠发达国家或地区为外围的资本主义世界共同体。这个共同体以资本扩张为中心，以满足资本获取剩余价值、实现价值增值为普遍的道德准则。资本逻辑贯通一切，资本通过扩张不断获得市场权力，从而成为左右国际社会契约的深层次结构，国际社会契约共同体实际上是资本共同体。资本主义文化及其意识形态（所谓普世价值）成为加剧国际社会内在矛盾的放大器，"资本主义文化所创造和强化的种族或族群之间常常会相互冲突，因为他们要为稀缺的工作岗位和资源相互竞争，在英国和美国的爱尔兰人的情况就说明了这一点。"②构建人类命运共同体强调保持国家自主权利与国际社会权力的和谐，国际社会实践应该以尊重各国的主权平等为前提，国际社会权力的维持和拓展必须以尊重民族国家的主权为边界和底线，新型国际关系是建立在现实平等的前提之上，建立在共同命运所凝聚的共识和不断增加的共同利益基础之上。习近平指出："为了和平，我们要牢固树立人类命运共同体意识。偏见和歧视、仇恨和战争，只会带来灾难和痛苦。相互尊重、平等相处、和平发展、共同繁荣，才是人间正道。世界各国应该共同维护以联合国宪章宗旨和原则为核心的国际秩序和国际体系，积极构建以合作共赢为核心的新型国际关系，共同推进世界和平与发展的崇高事业。"③

---

　　① 习近平：《弘扬万隆精神　推进合作共赢——在亚非领导人会议上的讲话中》，人民日报 2015 年 4 月 23 日，第 2 版。

　　② [美]理查德·罗宾斯：《资本主义文化与全球问题》，姚伟译，北京：中国人民大学出版社 2010 年版，第 68 页。

　　③ 习近平：《在纪念中国人民抗日战争暨世界反法西斯战争胜利 70 周年大会上的讲话》，人民日报 2015 年 11 月 6 日，第 1 版。

如果国际社会发展越来越失衡，广大第三世界国家与发达国家的差距越来越大，那么建立在这样一个发展基础上的国际合作，不仅不会推进公平，反而会加剧现实的不平等。不仅仅自由民主是民族国家不能剥夺的权利，发展更是每个国家不能剥夺的权利。霸权主义国际关系罔顾广大发展中国家发展的权利，即使是由发展中国家构建的国际合作组织也不可避免地受到霸权国家的影响和左右。只有通过构建以"合作共赢"为核心的新型国际关系，促进世界各国特别是广大发展中国家实现平等的发展，实现全球共同发展、共同繁荣，人类社会的和平与发展才真正有前途和希望。

(三) 人类命运共同体新交往观：生成"永久和平"的世界图景

实现永久和平是人类社会一直以来普遍追求的理想。康德在《永久和平论》中曾经对人类社会的"永久和平"问题有过论述，他认为："理性从其最高的道德立法权威的宝座上，又要断然谴责战争之作为一种权利的过程，相反地还要使和平状态成为一种直接的义务；可是这一点没有一项各民族之间的契约就不可能建立起来或者得到保障。——于是就必须有一种特殊方式的联盟，我们可以称之为和平联盟（foedus pacificum）；它与和平条约（pactum pacis）的区别将在于，后者仅仅企图结束一场战争，而前者却要永远结束一切战争。这一联盟并不是要获得什么国家权利，而仅仅要维护和保障一个国家自己自身的，以及同时还有其他加盟国家的自由，却并不因此之故（就像人类在自然状态之中那样）需要他们屈服于公开的法律及其强制之下。"①康德以社会契约论为重要理论依据，设想通过各个民族国家让渡一部分国家权利给处于主权国家之上的"和平联盟"，并以此保障各个民族国家的自由并维持国家间秩序的和平稳定。康德从理性主义出发得出的实现人类社会"永久和平"的道路，有它的历史意义，它准确地看到了国际关系领域民族国家主权与国际社会权力之间的矛盾，并指出处理好这一对矛盾是实现世界秩序和谐稳定、实现"永久和平"的关键所在。但是康德并没有看到隐藏在这一对矛盾背后的深层力量恰恰是他那个时代正在兴起的资本力量。资本力量不仅无法破解这

---

① ［德］伊曼努尔·康德：《永久和平论》，何兆武译，上海：上海人民出版社2005年版，第22页。

一对矛盾，反而加剧了矛盾，在资本逻辑的主导下，民族国家被强行纳入资本的全球扩张体系中，世界的和平不单纯是民族国家让渡部分权利给超国家的国际组织就可以维护和维持的，它体现的是民族资本力量的斗争与平衡。不彻底超越资本，人类社会的"永久和平"只能是一个可望而不可即的理想。

只有当无产阶级作为一支与资本力量对立的政治力量登上历史的舞台，社会主义革命改变了人类社会战争与革命的性质与面貌之后，人类社会的永久和平才露出了曙光。19世纪中后期最引人注目的事件是1871年爆发的法国巴黎公社运动，它已经超出此前一切资产阶级革命的范畴，标志着一个新的无产阶级革命时代的到来。巴黎公社运动虽然最终失败了，却具有历史性意义，正如马克思在给路德维希·库格曼的信中写到的，"不管怎样，巴黎的这次起义，即使它会被旧社会的豺狼、瘟猪和下贱的走狗们镇压下去，它还是我们党从巴黎六月起义以来最光荣的业绩。"[1]随着两次工业革命的推动，资本主义社会生产力得到长足发展，以铁路、汽车、飞机、电报电话等为代表的新型交通及通信工具的出现，使得人们的活动能力极大地突破地理空间的限制。"在19、20世纪之交，一国能够攻击敌国领土内一个目标的最大距离是几英里；第一次世界大战中，火炮把最远攻击点推进到76英里，效力低、载弹量轻的战机把最远攻击点推进到几百英里；第二次世界大战中，战机深入敌境的攻击点已达约1500英里。"[2]同时资本主义社会由自由资本主义转向垄断资本主义阶段，新崛起的资本主义强权（德国、意大利等国）与老牌的资本主义霸权（英国、法国等国）围绕资本全球扩张空间的竞争（主要表现为殖民地市场争夺）加剧。双方各自结成军事同盟，战争冲突逐渐升级，从局部战争发展到全域战争，从国家战争发展到民族战争、国际战争，最终发展成总体性的、世界规模的战争。20世纪前半叶的两次世界大战就是人类社会到此为止战争发展的终极形态，其战争规模与破坏性在人类历史上前所未有，对现代世界秩序的变迁和国际关系的走向产生了极为深远的影响。

一战间接催生了1917年的俄国十月革命的爆发，俄国通过十月革命建立

---

① 《马克思恩格斯文集》第10卷，人民出版社2009年版，第353页。

② ［美］汉斯·摩根索：《国家间政治：权力斗争与和平》，徐昕、郝望、李保平译，北京大学出版社2006年版，第414页。

了人类历史上第一个社会主义国家，它标志着无产阶级通过成功的革命第一次掌握了领导权，同时它也标志着世界现代史的开端。二战以后，伴随着反法西斯战争的胜利推进，东欧等国相继取得社会主义革命的胜利，纷纷建立社会主义制度。特别是中国共产党领导的新民主主义革命取得最终胜利，于1949年建立新中国，并通过社会主义革命完成了对资本主义工商业的社会主义改造，确立了社会主义制度。两次世界大战特别是二战后爆发的一系列社会主义革命，建立了一个可以和资本主义阵营相抗衡的社会主义阵营，确立了20世纪后半叶国际秩序的基本走向，具有历史性意义，"如果认为20世纪几次伟大革命（俄国、中国，或许还有伊朗）没有对世界政治产生深刻影响，那将是愚蠢的。"①

战争与革命的时代已经走远，取而代之的是和平与发展的世界潮流，尽管战争、冲突与动荡仍然在世界各地频繁地发生着，但是当今"世界正处于大发展大变革大调整的时期，和平与发展仍然是时代主题"②。随着资本主导的殖民主义世界秩序的消亡，霸权主义世界秩序也会面临同样的命运，其无法克服的内在矛盾，将会使这个秩序逐步退出历史舞台。以中国为代表的广大发展中国家作为一种能克制国际垄断资本弊端的力量，正逐步走上历史舞台。作为一种对世界新秩序的伟大构想，构建人类命运共同体也是一种寻求人类社会"永久和平"的积极尝试，这是其题中应有之义。人类命运共同体所倡导的国与国间的新型交往观，让世界范围内的民族国家，无论大小强弱、社会制度及文化传统差异，第一次真正具有了建立平等交往关系的可能性，并以此构建起"相互尊重、公平正义、合作共赢"的新型国际关系，必将逐步达成人类社会"永久和平"的美好愿景。

---

① ［美］罗伯特·吉尔平：《世界政治中的战争与变革》，宋新宁、杜建平译，上海人民出版社，2007年版，第206页。

② 本书编写组：《党的十九大报告辅导读本》，北京：人民出版社2017年版，第57页。

第二节　新型安全观：建设普遍安全的世界

安全领域问题是威胁民族国家主权独立的首要问题，如何通过施行有效的安全举措，维护各主权国家、各个区域及世界的安全稳定，是促进人类社会和平与发展的重要保障，其已经成为各种国际关系理论流派普遍关注的领域。冷战结束以来，世界各国的安全环境发生了巨大的改变，建立在美苏两大阵营恐怖核均势基础上的冷战安全格局终结，随之而来的是世界多极化进程中的整体性与碎片化相统一的安全格局的逐渐形成。一方面，在传统安全领域，冷战结束后国际社会长期处于"一超多强"的力量格局中，美国主导的北约组织及其在亚太的安全同盟仍然将中俄作为遏制对象，形成战略竞争态势，并投射到前南斯拉夫、中东及北非等地区的地缘政治博弈中，引发战争冲突，影响到整个世界的安全稳定；另一方面，形形色色的非传统安全领域问题日益突出，呈现出来势汹、扩散快、覆盖广的特征，世界各国疲于应付。中国也面临比较严峻的安全问题，习近平人类命运共同体思想也把破解安全难题作为重要主题，提出维护和促进共同安全的重要主张，强调"实现各国共同安全，是构建人类命运共同体的题中应有之义"[1]。

一、旧安全观及其主要缺陷

资本逻辑是影响资本主义社会安全的根本力量所在，在资本主义生产方式占据统治地位的历史条件下，资本安全成为凌驾于资本主义社会一切安全之上的普遍安全。资本维护自身安全的最根本任务就在于转移资本主义社会基本矛盾，克服资本被彻底内在否定的历史命运。为此资本必须通过不断地拓展外部空间实现矛盾的转移，以空间的生产换取一定时间范围内资本的相对安全。随着资本推动的全球化进程，资本主义生产关系实现国际化，资本

---

[1]　习近平：《坚持合作创新法治共赢 携手开展全球安全治理——在国际刑警组织第八十六届全体大会开幕式上的主旨演讲》，人民日报 2017 年 9 月 27 日，第 2 版。

的安全问题也同时向国际社会转移，资本为了更好地推动其在全球的扩张，逐渐构建起以资本扩张为中心的全球安全秩序。这个安全秩序并不能从根本上改变资本内在否定的历史命运，资本主导的全球安全秩序具有排他性、封闭性、等级化等特征，但在这样一个你中有我、我中有你的命运共同体时代，这种安全秩序观存在着无法克服的安全悖论，世界各国呼唤全球安全新秩序。

(一) 旧安全观的理论基础

对于安全领域问题，西方主流的国际关系学派，如现实主义(新现实主义)、自由主义(新自由主义)从理性主义的视角出发给予了理论建构，在批判理性主义的基础上，建构主义则提出了建构安全共同体的理论及政策主张。无论是理性主义，还是建构主义，其安全观都存在缺陷。

国际关系领域的现实主义传统比较悠久，从马基雅维利开始，一直到近代的梅特涅、俾斯麦，再到现当代的汉斯·摩根索、华尔兹，都是现实主义者。在当今的国际关系实践中，世界各国的政治精英们都或多或少会受到现实主义观点的影响，很多甚至是现实主义的忠实支持者。当一些政治人物把"没有永远的朋友，只有永远的利益"这句名言挂在嘴边的时候，他已经受到现实主义潜移默化般的影响。现实主义理论的历史可以追溯到古希腊的修昔底德，而马基雅维利则将这一理论传统从中世纪弥漫着理想主义气息的宗教信仰氛围中重新恢复，霍布斯指出了权力的世俗基础。摩根索则是现实主义国际关系理论的集大成者，他指出了政治现实主义的六项原则，其中首要的一条就是"政治现实主义认为，像社会的一般现象一样，政治受到根植于人性的客观法则的支配。"[①]同时"国际政治像一切政治一样，是追逐权力的斗争"[②]通过以国家为中心的分析框架，以权力为核心的概念体系，探讨了国家间的战争与和平等问题，以华尔兹为代表的新结构现实主义，立足国家所处的结构体系分析解释国家行为，"总的来说，华尔兹是从国际政治的无政府性和国家是理性的假定出发，力图在系统层次上解释国家行为的规律性，以使其理

---

① [美]汉斯·摩根索：《国家间政治——权力斗争与和平》，徐昕等译，北京大学出版社2006年版，第28页。
② [美]汉斯·摩根索：《国家间政治——权力斗争与和平》，徐昕等译，北京大学出版社2006年版，第55页。

论与传统的现实主义区别开来"①就现实主义的安全观而言，权力是一个核心概念，处于无政府状态中的国家，只有通过不断拓展权力才能够获得必要的安全，如约翰·米尔斯海默（John J. Measheimer）所认为的那样，"国际体系是一个险恶而残忍的角斗场，要想在其中生存，国家别无选择，只得为权力而相互竞争……理想的结果是成为体系中的霸权国，因为拥有如此多相对权力的国家，其生存几乎可以得到保证"②。

自由主义与现实主义一样都属于理性主义的范畴，其主要强调国际制度、机制在促进国际合作中的作用。"建构主义的两个基本信条是：（1）人类社会的结构主要由人类共同的观念而不是由物质力量决定；（2）人类的身份地位和利益都是人为构成的，或者说是由共同观念产生的，而不是天生的。"③"简言之，建构主义讨论的是人的意识及其在国际生活中的作用。"④自由主义已经发展到新制度自由主义，基欧汉主要从机制构建层面探讨了"霸权稳定论"，并分析了机制在促进后霸权时代国际合作中的重要价值及作用机理。"新自由主义和建构主义的基本分歧在于：前者强调国际制度影响行为的作用，是制度与利益的关系；后者重视国际制度建构身份的作用，是文化与身份的关系。"⑤

无论是经典现实主义、新结构现实主义，还是自由主义（新自由主义）都是建立在形而上学唯物主义世界观的基础上，都崇尚理性主义的理论，强调通过逻辑演绎的方法建构起经得起检验的科学理论。这样一套演绎的国际政治理论体系，其逻辑前提是抽象的理性政治人假设。从抽象人性论出发，推出国家的理性，从而建立国家—权力—体系结构或者机制（制度）—权力—合作之间的紧密关系。但是将理论基石建构在抽象人性论的基础上，虽然从形

①　[美]肯尼思·华尔兹：《国际政治理论》，信强译，上海人民出版社2003年版，第9页。

②　[美]约翰·米尔斯海默：《大国政治的悲剧》，王义桅、唐小松译，上海人民出版社2003年版，第38页。

③　[美]罗伯特·吉尔平：《全球政治经济学：解读国际经济秩序》，杨宇光、杨炯译，上海人民出版社2006年版，第14页。

④　[美]彼得·卡赞斯坦、罗伯特·基欧汉、斯蒂芬·克拉斯纳：《世界政治理论的探索与争鸣》，秦亚青、苏长和等译，上海人民出版社2006年版，第256页。

⑤　秦亚青：《国际关系理论的争鸣、融合与创新》，载于[美]彼得·卡赞斯坦、罗伯特·基欧汉、斯蒂芬·克拉斯纳：《世界政治理论的探索与争鸣》，秦亚青、苏长和等译，上海人民出版社2006年版，第6页。

式逻辑的角度为各个概念范畴之间建立起具有很强确实性的逻辑联系，从而在形式上体现出了理论的严密性。但是这样建构起来的理论模型，却是封闭的、孤立的。也正因为如此，现实主义和自由主义国际政治理论存在理性的悖论，抽象的、建立在功利主义基础上的人性设定，需要追求自身利益的最大化，但是由这样的理性政治人构成一个行动集体，则会出现个体理性与集体理性的矛盾、个体利益与集体利益的矛盾，从而产生集体行动的悖论，使得集体变成非理性，其国家理性的假设就不能成立，从而发生理性的悖论。就现实层面看，自由主义和现实主义作为世界观基础的唯物主义本身也存在很大的缺陷，正如马克思所指出的，"从前的一切唯物主义（包括费尔巴哈的唯物主义）的主要缺点是：对对象、现实、感性，只是从客体的或者直观的形式去理解。"①和自由主义以及现实主义相反，建构主义的世界观基础则是形而上学的唯心主义，它把意识及其所引发的身份属性看成"是决定一国外交政策的最重要或者唯一的因素。"②

自欧洲威斯特伐利亚体系确立民族主权国家为国际社会最主要的行为体以来，超越民族国家主权之外就没有再能构建起如中世纪基督教神学意识形态这般更高的权威，国际关系处于一种无政府状态，各个民族国家在涉及生死存亡的安全问题上是一种"自助"关系，国家通过结盟及战争，形成国家间的力量均势以维护自身安全。位于这个国际体系中的小国只有靠依附大国换取战战兢兢的生存空间，大国则运用结盟的方式，孤立削弱另外的敌对大国，不断拓展国家权力，确立由自己所主导的国际秩序，建立区域性霸权以维护自身的绝对安全。这一切都仿佛如现实主义者所论述的那样，权力是核心。但是无论现实主义、自由主义还是建构主义都忽略了一个问题，那就是无政府状态并不意味着没有制约国家行为的国际规范以及牵动国际秩序变迁的超主权力量。实际上国际社会无政府状态背后却还潜藏着一股深层力量，即资本力量。民族国家处于一种无政府状态符合资本全球扩张的需要，威斯特伐利亚体系祛除了基督教神学意识形态这一超国家主权的权威力量，资本力量

---

① 《马克思恩格斯选集》第 1 卷，北京：人民出版社 1995 年版，第 54 页。
② ［美］罗伯特·吉尔平：《全球政治经济学：解读国际经济秩序》，杨宇光、杨炯译，上海人民出版社 2006 年版，第 16 页。

则取而代之。资本通过全球扩张构建起以资本扩张为中心的世界秩序，资本逻辑就是国际社会的强制性规范。资本通过全球扩张不断获取市场权力，在这一过程中不同民族国家的资本间会有一个竞争或者冲突，最能获取剩余价值并迅速投入全球再生产，实现世界规模积累的资本战胜其他较弱的资本，从而优胜劣汰，资本及其所获得的权力不断集中，从而形成资本霸权。这种资本霸权的形成过程，表现为资本力量的世俗代表即资本主义国家间的霸权争夺。

(二) 资本扩张：影响资本主义社会安全的深层力量

"资本逻辑就是资本扩张的逻辑，是资本吸收一切可能吸收的资源以追求其市场权力扩张的过程。"[①]资本对外部社会环境的安全度非常敏感，任何细小的风险都会极大地影响资本主导的社会再生产过程，维护资本的绝对安全是资本主义社会必须着力解决的中心问题，其实质就是要维护资本不断追逐市场权力、实现自身无限增值的资本逻辑的绝对安全，资本主义社会一切安全问题都是围绕这一核心问题展开，一般而言，"市民社会没有借助安全这一概念而超出自己的利己主义。相反，安全是他的利己主义的保障"[②]。

第一，资本与劳动在安全领域的对立。资本能够不断获取市场权力的一个重要前提在于形成一条将资本与劳动以及资本家与劳动者相互隔离的社会安全断层线。在资本统治下，资本与劳动处于极为不平等的社会安全秩序中，资本通过安全地吸取工人社会劳动中所蕴含的"自然生产力"，让劳动力转化为商品，为实现资本扩张创造必要条件，为此资本必须首先剥夺劳动者的生产资料，让劳动者成为无产者从而只能依附于资本及其背后的资本主义生产关系才能够生存，劳动者的生产资料丧失得越彻底，越是处于一种不安全、不稳定的状态；与此同时，资本主义社会通过保护私有财产神圣不可侵犯的名义实际上确保了资本及资本家的根本利益，确保了资本逻辑对全社会的统治地位，与生产资料分离后的劳动者，要想获得相对安全的环境就必须依附于资本，成为资本追逐市场权力扩张的工具。可见，资本主义社会安全的实

---

① 鲁品越：《鲜活的资本论——从深层本质到表层现象》，上海人民出版社 2015 年版，第 290 页。

② 《马克思恩格斯文集》第 1 卷，北京：人民出版社 2009 年版，第 42 页。

质是资本可以安全地实现扩张，而劳动者则只能安全地成为资本扩张的工具。

第二，资本逻辑主导社会安全治理。在资本主义条件下，资本会积极运用市场化手段，将社会安全问题转化为资本获取市场权力的工具和手段，以此构建起资本主义社会的安全秩序，实现资本的社会安全治理。一方面千方百计规避甚至转嫁所面临的安全风险，以不断满足资本扩张与资本积累的需要，将所面临的安全风险完整地反馈到剩余价值的生产中去，将预期到的安全风险全部计入资本的社会生产成本，从而最终将安全风险转嫁给工人或者消费者；另一方面积极利用不安全的因素甚至不断创造不安全的环境，以此开辟资本扩张的新领域，例如交通、食品及医疗等社会安全问题可以增加相关安全产品的需求，而对外战争引发的国防安全问题可以极大刺激军工产品的生产和销售，等等。

第三，资本权力对公共安全的侵蚀。资本通过侵蚀影响资本主义国家政权力量，掌控资本主义国家的军队、警察、监狱等暴力机器以及意识形态领域的话语权，将获得的市场权力转化为公共权力，以维护社会公共利益的名义，广泛介入和影响人们的生产生活，把维护资本的安全问题通过国家政权力量上升为全社会的集体意志，以维护自身的绝对安全。亚当·斯密（Adam Smith）在《国富论》中提出资产阶级政府应该作为市场经济守夜人的角色出现，解决国防安全、社会秩序稳定等公共安全问题就是其核心职能所在，但在资本主义生产方式占据统治地位的情况下，公共安全问题虽然涉及全社会所有阶级包括无产阶级的利益，但其核心仍然是维护资本扩张的安全和资本家的根本利益。如果说资产阶级政权力量还可以发挥某种作用，"那么这都是仅仅为了保证'公共安全'，也就是为了保证资产阶级的安全。"[①]维护公共安全的借口无法掩盖资产阶级追求资本安全的本质。当然不同产业部门资本家的具体安全利益诉求也是存在一定的差异的，就金融资本家而言，"它要求的首先是它的金融活动所需的太平和安全"[②]，至于其他领域的安全都必须满足这一基本前提。

---

① 《马克思恩格斯文集》第2卷，北京：人民出版社2009年版，第484页。
② 《马克思恩格斯文集》第4卷，北京：人民出版社2009年版，第541页。

（三）资本全球安全治理：资本扩张的安全悖论及其国际效应

不可否认，资本扩张所带来的安全技术的提升和维护安全的物质力量的累积在一定程度上改善了资本主义社会的安全环境，缓解了资本与劳动在社会安全领域的对立，但是资本的疯狂逐利性决定了在资本主义社会存在着一个无法克服的资本扩张的安全悖论，那就是资本扩张必然带来资本安全的私有化趋向与社会化安全之间的矛盾，其结果是资本主义社会的安全结构日益分裂断层，这必然侵蚀破坏资本扩张以之为前提的社会安全环境。资产阶级将本阶级狭隘的安全利益凌驾于整个社会的安全利益之上，"在这个阶级的领导下，社会就像司机无力拉开紧闭的安全阀的一辆机车一样，迅速走向毁灭。"①

为了克服资本扩张的安全悖论，资本通过全球扩张，将资本主义生产关系国际化，持续不断地进行外在空间的生产和拓展，构建起以"中心—外围边缘"为基本结构的全球安全秩序，实现资本的全球安全治理，以军事干涉等强力手段作为后盾，通过资本主导的国际分工体系将资本扩张所面临的安全风险由中心地区的发达资本主义国家转嫁给外围边缘的国家及地区，例如在英国产业资本的扩张过程中，就曾"用驱逐佃户和强制移民的办法使爱尔兰的人口尽量减少，少到能够让英国资本（租佃资本）'安全地'在这个国家里发挥作用"②。处于"无政府"状态的国际社会，国际化的资本力量成为影响国际社会安全格局的深层力量，民族国家的安全实际上被资本安全所左右。资本全球扩张所遵循的"优胜劣汰，适者生存"的丛林法则决定了资本统治下所形成的安全观以及所建构的国际安全秩序是一种具有竞争性、排他性的不平等安全观和安全秩序。在殖民主义时代，西欧资本主义国家为了争夺殖民地以获得民族资本的全球扩张空间，彼此进行了长期而又惨烈的斗争。为了维护本民族资本扩张的安全利益，资本主义国家间结成不同的安全联盟，建立排他性的集体安全体系，对潜在的地缘政治经济对手进行战略威慑与遏制，随着矛盾不断激化，安全利益冲突逐渐加剧，最终演变成民族国家间的总体性战争。

---

① 《马克思恩格斯文集》第9卷，北京：人民出版社2009年版，第165页。
② 《马克思恩格斯文集》第10卷，北京：人民出版社2009年版，第328页。

与此同时处于外围边缘的独立国家或者殖民地、半殖民地只能依附于某个资本主义国家集团，将自身的安全利益与其捆绑在一起，一损俱损。

在这一过程中，虽然部分民族资本被淘汰，其所控制的资本主义政权也被削弱或者推翻，但是资本主义生产关系在世界范围内却获得了可持续的安全发展环境。因为区域性或者全球性战争冲突造成的主要是全球化资本的体系积累中心和资本霸权的地理转移而已，并不危及资本主义生产关系本身，例如两次世界大战中，虽然整个欧洲都处于毁灭性的战争冲突中，欧洲各个民族国家的民族资本受到沉重打击，但是随着资本体系积累的中心由英国向美国转移，资本扩张中心区也由西欧转移到北美，世界范围内资本主义没有因为战争而走向终结，而是通过新的积累中心和积累方式的变化而获得生存与发展的机会。二战后兴起的社会主义运动和民族独立运动，也使得整个资本主义世界的安全秩序面临前所未有的挑战。

（四）全球安全矛盾加剧：资本全球安全治理的严重危害

冷战时期由于面对苏联社会主义阵营这一共同的外在威胁，西方资本主义阵营通过建立北约组织而结成安全共同体，从而达到维护资本主义世界整体安全之目的。冷战结束后以美国为首的国际垄断资本主导形成霸权主义全球安全秩序，其建立在资本获取剩余价值方式的巨大改变基础之上。但是霸权主义全球安全秩序呈现出国际垄断资本依靠自身修复机制无法克服的矛盾。

第一，中心与外围边缘的安全矛盾。在资本主导的全球安全秩序下，世界安全形势沿着国际垄断资本所构建的"中心—外围边缘"体系结构呈现出两极分化的趋势，作为中心的西方发达资本主义国家与外围边缘地区的广大发展中国家存在着严重的安全对立。大国间发生直接军事对抗的可能性已经大为降低，取而代之的是在广大发展中国家进行间接的地缘政治经济争夺，最常见的形式是发动代理人战争（如俄罗斯、美国在叙利亚内战中的角力），或者直接通过对发展中国家的军事行动控制战略要地（如阿富汗、伊拉克以及利比亚战争等），这使得外围边缘地区国家（如中东、北非国家等）的传统安全形势急剧恶化。

第二，中心地区发达资本主义国家之间的安全矛盾。虽然国际垄断资本全球扩张的方式发生了一定的改变，使得国际垄断资本之间的共同安全利益日渐增多，但是这仍然无法根本消除国际垄断资本之间在安全领域的矛盾和竞争。美国所属的国际垄断资本在资本主义世界体系中处于霸主地位，与欧洲、日本等发达资本主义国家所属的国际垄断资本之间虽然有合作，但是出于战略防范的需要或者当美国所属的国际垄断资本安全利益受损时，美国会选择牺牲其他资本主义国家的安全利益，例如为了先发制人消除所谓国际恐怖主义对美国的威胁，美国在毗邻欧洲的中东、北非地区连续发动几场反恐战争，使得大量难民涌入欧洲，造成欧洲周边局势持续动荡，严重影响欧洲国家的安全。

第三，人类社会当代与未来的安全矛盾。以美国为首的国际垄断资本特别是金融垄断资本，为了获得更广阔的扩张空间、榨取超额国际剩余价值，通过不断的金融化，最大限度地吸取地球资源并投入到资本的国际社会再生产过程中，其对自然资源等的过度汲取使得人类社会的可持续发展能力受到极大削弱，这极大侵蚀了整个人类社会未来的安全基础；与此同时，世界各国面临的恐怖主义、难民问题、生态危机、跨国犯罪以及流行疫病等非传统安全问题日益严峻，国际垄断资本对此采取两种态度，其一是妄图用战争等传统安全手段解决，其二是实行责任与利益分离，形成传统安全与非传统安全的恶性循环，而人类社会却陷入非传统安全治理的"奥尔森陷阱"，无法凝聚起破解安全困境的集体合力，这使得人类社会未来面临越来越大的安全压力，人类社会当代与未来的安全矛盾日渐加深。

二、人类命运共同体的新型安全观

资本统治下的全球安全秩序是一种基于零和博弈的安全秩序，人类社会面临的"安全困境"不仅没有解决，反而被不断放大。西方发达资本主义国家在安全领域一直以来都是采取双重标准，坚持西方国家优先的狭隘立场，凡是影响其国家安全的问题都会被作为重点问题来关注，但是同样的问题如果发生在发展中国家或者是与其有竞争关系的国家则不会被认定为是一个重要的问题，例如西方在反恐领域的双重标准就是明显的例证。同时这些国家追求自我的绝对安全，为达目的甚至不惜采取以邻为壑、先发制人的安全战略，将战火引向别的国家，在这样一个命运共同体时代，世界各国都面临着严峻的全球性安全问题，离开相互尊重、相互支持、相互协作是不可能真正解决问题的，发达资本主义国家追求自身绝对安全往往适得其反，美国遭受恐怖袭击以及欧洲国家当前面临的难民问题就是很好的例证。中国同样面临严峻的安全挑战，习近平的"人类命运共同体"理念也把破解安全难题作为其重要主题，提出维护和促进世界各国共同安全的战略构想，习近平指出："要摒弃冷战思维、零和博弈的旧观念，倡导共同、综合、合作、可持续安全的新理念，坚持通过对话协商和平解决分歧争端，共同应对恐怖主义、公共卫生、网络安全、气候变化等非传统安全问题和全球性挑战，建设命运共同体，走出一条共建、共享、共赢的安全新路，共同维护地区和世界和平稳定。"①党的十九大报告强调构建人类命运共同体，在"安全上，要坚持以对话解决争端、以协商化解分歧，统筹应对传统和非传统安全威胁，反对一切形式的恐怖主义"②。这是习近平总书记代表中国人民为构建新型全球安全秩序、破解人类社会"安全困境"而提出的中国方案，体现了中国为世界和平与发展积极贡献中国智慧和中国力量的责任担当。

(一) 共同安全观的基本特征

党的十九大强调新形势下构建人类命运共同体，在"安全上，要坚持以对话解决争端、以协商化解分歧，统筹应对传统和非传统安全威胁，反对一切形式的恐怖主义"③。作为一种对新型全球安全秩序的战略构想，其具有以下基本特征：

第一，共同安全是根本目标。习近平指出："实现各国共同安全，是构建人类命运共同体的题中应有之义。促进和平与发展，首先要维护安全稳定；没有安全稳定，就谈不上和平与发展。中国愿同各国政府及其执法机构、各国际组织一道，高举合作、创新、法治、共赢的旗帜，加强警务和安全方面合作，共同构建普遍安全的人类命运共同体。"④但是资本所主导的传统安全

---

① 习近平：《弘扬万隆精神 推进合作共赢——在亚非领导人会议上的讲话中》，人民日报 2015年4月23日，第2版。

② 本书编写组：《党的十九大报告辅导读本》，北京：人民出版社 2017年版，第92页。

③ 本书编写组：《党的十九大报告辅导读本》，北京：人民出版社 2017年版，第92页。

④ 习近平：《坚持合作创新法治共赢 携手开展全球安全治理——在国际刑警组织第八十六届全体大会开幕式上的主旨演讲》，人民日报 2017年9月27日，第2版。

观，立足于各民族国家具有相同的安全利益基础上的，实际上是一种相同安全观。相同安全观强调各民族国家具有相同的安全利益需要，但是相同的安全利益意味着彼此之间在安全上会产生矛盾对立。为了协调这种矛盾，不同民族国家间就会根据地缘政治的需要，结成军事政治盟友。这种结盟关系具有极大的针对性，必然以另一个国家或者国家所组成的集团为假想敌，为了应对共同威胁，结成盟友的民族国家间会暂时搁置相同安全利益所产生的矛盾冲突，把主要矛头对准更大的威胁。但是结盟并不能保持长久的安全，随着地缘政治大环境的变化，各民族国家间的力量均势会发生巨大的改变，与之相应，国际社会中的盟友关系也发生调整，昨天的盟友可能变成今天的敌人。欧洲地缘政治实践就是一个非常典型的例子。英国奉行"大陆均势"的战略，其宗旨就是防止欧洲出现强势崛起的国家力量，所以当法国大革命后，拿破仑通过发动对外战争取得在欧洲的霸权，英国与欧洲的普鲁士、奥地利、俄罗斯结成盟友关系，共同针对法国；而在两次世界大战中，由于德国的强势崛起影响了欧洲的力量均势，英国则与法国、俄罗斯(苏联)结成盟友共同针对德国。比结盟更进一步的手段是构建集体安全机制，但是集体安全同样是建立在外在的假想敌基础上，只能协调各民族国家相同利益所带来的矛盾冲突，其核心是军事力量的整合，并不排斥战争，相反是把发动战争或者威胁发动战争作为维持集体安全的根本手段。这决定了此种安全恰恰是一种最大的不安全，因为它取决于外部假想敌是否被战争吓退，但很有可能其假想敌也有同样的企图，如此发展下去，事态会逐步升级，最终敌我双方都会陷入战争冲突这一最不安全的状态中。

人类命运共同体的新安全观倡导共同安全。"共同，就是要尊重和保障每一个国家安全。"①强调世界各国无论大小、强弱，无论是选择资本主义制度还是社会主义制度，在这样一个相互依存、休戚与共的命运共同体时代，无孔不入的交通物流网、通信网、互联网等使得地球上任何一个角落所发生的安全危机都有可能产生全球影响力，任何国家都不可能把自身安全建立在构筑

---

① 习近平：《积极树立亚洲安全观 共创安全合作新局面——在亚洲相互协作与信任措施会议第四次峰会上的讲话》，人民日报 2014 年 5 月 22 日，第 2 版。

边境墙、封锁线的基础上。

各个国家的安全需要是共同的，虽然安全领域的竞争仍然无法完全避免，但是不应该再陷入你死我活的零和博弈中，而是应该处于相互联系、相互促进以及相向而行的安全利益共生关系中。每个国家的安全利益都应该得到平等的照顾，不应该把大国的安全利益凌驾于小国弱国之上，也不应该把自身的安全建立在别的国家不安全的基础之上，必须同等地尊重和保障每一个国家的安全利益，让彼此成为对方安全的前提和基础。

第二，综合安全是基本要求。"综合，就是要统筹维护传统领域和非传统领域安全。"①一直以来，有效应对战争威胁、维护国家主权完整等传统领域安全问题是人类社会所关注的主流安全问题。但随着全球化的深入推进，世界各国越来越融合成为一个整体，世界局势正经历着广泛而深刻的变化，自从人类社会拥有原子弹、氢弹等足以毁灭自身的终极武器以来，恐怖的核均势已经让大国之间直接发生大规模战争冲突的可能性变得微乎其微，虽然战争冲突仍在世界各地频繁发生，但整体而言，传统领域安全问题目前处于相对可控的状态，相反，气候变化、恐怖主义以及流行疫病等非传统领域安全问题的现实影响力愈来愈巨大，成为人类社会安全治理的薄弱环节。资本所主导的安全观造成世界安全的结构化，世界安全形势沿着国际垄断资本所构建的"中心—外围边缘"体系结构呈现出两极分化的现象，作为资本扩张中心区的西方发达资本主义国家的安全因素积累，造成外围边缘地区的广大发展中国家不安全因素的不断积累。大国间几乎不会再发生大规模的直接军事对抗，取而代之的是在广大发展中国家的地缘争夺，最常见的形式是直接军事控制全球战略要地(如美国对阿富汗、伊拉克的军事行动)，或者发动代理人战争(如俄罗斯、美国在叙利亚内战中的角力)。这导致作为外围边缘地区的广大发展中国家传统领域安全问题依然十分突出。但是外围边缘地区的持续动荡、战乱、贫困却引发了国际恐怖主义、全球难民问题等非传统领域安全问题，同时还加剧了本已存在的全球气候变化、生态危机、大规模流行疾病等非传

---

① 习近平：《积极树立亚洲安全观 共创安全合作新局面——在亚洲相互协作与信任措施会议第四次峰会上的讲话》，人民日报 2014 年 5 月 22 日，第 2 版。

统领域安全问题。外围边缘地区引发或者进一步加剧的非传统领域安全问题反过来对资本扩张中心区产生了巨大的破坏效应,可以说外围边缘地区传统领域安全问题的不断积累会带来包括资本扩张中心区在内的世界各国非传统领域安全的不断积累。

人类命运共同体思想坚持综合安全的基本要求,就是要统筹传统领域安全和非传统领域安全,强调只有真正解决了作为外围边缘地区的广大发展中国家的和平与发展问题,让这些国家摆脱战争动乱的威胁、实现真正的和平,从而缓解其面临的传统领域安全压力,才能真正解决全球所面临的严峻的非传统领域安全问题。而资本主义霸权国家妄图用解决传统领域安全问题的办法(如军事打击、封锁国门等方式)解决非传统领域安全问题,注定是无法取得成功的。世界各国必须摒弃狭隘的安全观,不能将传统领域安全与非传统领域安全割裂开,要抛开国家大小、强弱、制度差异之分,共同努力应对传统领域以及非传统领域安全威胁。

第三,合作安全是实现途径。"合作,就是要通过对话合作促进各国和本地区安全。"[1]世界各国如果不能够开展持久有效的合作,促进各国安全就只是一句空话。在安全领域的合作必须坚持平等协商的原则,努力增进政治互信,如果在国际安全合作中坚持霸权主义国家的霸权逻辑,安全合作是不能有效开展的,因为在霸权主义安全秩序下,各国安全受到霸权主义国家安全政策的巨大影响。作为霸权主义国家而言,安全合作仅仅只是一种贯彻其意志以及维护其利益的工具和手段,安全合作的目标、范围、程序及途径等都由其所主导和掌控,别的国家并没有多少话语权,霸权主义国家对权力政治的推崇与依赖使得其不可能真正平等地与其他国家开展安全合作;作为霸权主义国家的合作国而言,在安全上依附于强权,虽然会丧失一部分国家主权,但是可以获得相对暂时的安全,这种合作实际上是一种基于现实国家利益交换的地缘政治依附。霸权主义国家所主导的安全合作是建立在树立外敌的基础上,其所组建的各种排他性同盟成为加剧地区紧张局势的重要推手,这种小

---

① 习近平:《积极树立亚洲安全观 共创安全合作新局面——在亚洲相互协作与信任措施会议第四次峰会上的讲话》,人民日报 2014 年 5 月 22 日,第 2 版。

圈子的安全合作并不能真正解决区域安全问题，相反在一定历史条件下还会成为破坏区域稳定的重要原因。人类命运共同体思想的新型全球安全秩序构想倡导合作安全，强调世界各国立足平等协商，逐渐累积政治互信，不断夯实安全合作的基础；同时在安全合作中坚持求同存异、循序渐进的原则，注重开展务实合作。另外，各个国家由于地缘政治环境、发展阶段不同，其安全利益诉求也就不一样，对安全领域问题的认识及处理方式上也会存在巨大差异，这就决定了在安全合作上各国不能搞一刀切，而应该秉持求同存异的原则，先开展有共同利益基础、有思想共识的安全合作领域，不断累积政治互信，再向其他合作领域延伸，从而逐渐扩大合作范围、提升合作层次。

第四，可持续安全是发展方向。"可持续，就是要发展和安全并重以实现持久安全。"①历史经验证明，通过军事政治结盟、构建排他性集体安全体系等方式获得的安全都是暂时的，并不具有长期的有效性，极易受到地缘政治环境改变的影响。当前世界各国所面临的日益严峻的非传统领域安全问题，从根本上来讲其实就是一个发展问题，南北发展差距持续拉大导致南北矛盾扩大，部分第三世界国家发展长期滞后，人民生活水平低下，成为滋生战乱动荡、难民问题及各种极端恐怖主义等的温床。而发达资本主义国家为了消除恐怖主义对自己的威胁而单纯采取武力打击的方式不仅不能从根本上解除恐怖主义的威胁，反而造成相关地区长期战乱，为国际恐怖主义的聚集、扩散创造了条件。资本统治下的全球安全秩序并不可能产生可持续的安全效应，也不能实现世界的持久安全。人类命运共同体思想的新型全球安全秩序构想倡导可持续安全，强调将促进世界各国特别是广大发展中国家的共同发展与维护世界持久安全目标紧密配合，将发展与安全并重。以发展促安全，即通过共同发展实现世界各国共同繁荣，彻底消除世界热点地区长期战乱、动荡的现实根源，彻底铲除国际恐怖主义产生的现实土壤，为实现持久安全打下坚实基础；以安全促发展，将安全合作转化为促进世界各国共同发展的重要平台和机会，不断丰富安全合作的形式和内涵，让安全合作主题从维持世界

---

① 习近平：《积极树立亚洲安全观 共创安全合作新局面——在亚洲相互协作与信任措施会议第四次峰会上的讲话》，人民日报 2014 年 5 月 22 日，第 2 版。

稳定转向促进世界共同繁荣发展，总之，要建立发展与安全之间的良性互动关系，通过共同发展逐渐累积促进安全的积极因素，通过安全因素的累积不断创造发展所需的外部环境，从而真正实现人类社会的可持续安全和持久安全。

（二）新旧两种安全观所主导形成全球安全秩序的根本区别

第一，安全秩序的价值基础不同。人类命运共同体所倡导的新型全球化安全秩序坚持共同价值，而不是抽象虚假的"普世价值"。习近平提出："和平、发展、公平、正义、民主、自由，是全人类的共同价值。"[1]共同价值构成新型全球化安全秩序的价值基础以及合法性的重要支撑。作为资本主导全球安全秩序价值支撑的"普世价值"，立足于形而上学的世界观，以抽象人性论为前提，抽象出人类社会交往过程中一些具有共性的理念，作为一种超现实、历史的具有永恒性的价值原则，并且将这一套价值原则凌驾于人类社会和现实之上，使之成为人人都必须遵守的所谓客观标准。在资本主导全球安全秩序下，霸权国家自命为"普世价值"的传道士，凭借其掌握的国际话语权，将维护资本全球扩张的安全利益包装成"普世价值"在全世界强力推行，其结果是进一步加剧现实安全利益的竞争和矛盾，使世界安全局势更加动荡不安。共同价值并不否认人类世界共性的存在，只是强调这种共性是社会性，而不是自然性，只有立足社会性，从人类的社会实践活动中，才能找寻到基于人类共性的价值原则的真正来源，只有这样才不至于如"普世价值"一样陷入宗教般的神秘主义。而共同价值是全世界各个民族国家在合作共赢的国际社会交往实践中，共同努力建构并维护的，其支撑的是一种共同安全格局，通过构建国家间多层次的伙伴关系，实现对传统地缘政治的"结盟"和"均势"战略的超越。在这一过程中，新型全球化秩序的合法性也会得到逐步强化。

第二，安全秩序的物质基础不同。不平等发展是资本主导全球安全秩序的现实基础，在资本统治下，全球发展被资本的疯狂逐利性所绑架，贫富两极分化问题愈来愈严重，大多数发展中国家陷入"中等收入陷阱"而无法自拔，

---

[1]　习近平：《习近平在联合国成立 70 周年系列峰会上的讲话》，北京：人民出版社 2015 年版，第 15 页。

其结果是人类社会的安全断层线越来越明显。人类命运共同体则是坚持共同发展，通过各国间合作与创新，为全球发展提供持久动力；加强全球经济治理，实现各国协调发展，破解全球发展失衡的问题；加强全球生态治理，促进生态绿色经济发展，建设美丽清洁的世界；坚定不移地推进更加公平的新型全球化进程，反对"逆全球化"和形形色色的贸易保护主义，构建开放型市场经济体系；促进全球共享发展，注重维护全球发展的公正性，提升全球发展的普惠性。总之，通过共同发展，形成互惠互利的发展共同体，不断增加各国间的共同利益，以此逐渐消除各国间存在的安全鸿沟，形成安全命运共同体，从而为构建新型全球安全秩序打下坚实的物质基础。

第三，安全秩序的构建及维护手段不同。推行霸权主义强权政治是资本维护其所主导的全球安全秩序的根本手段，资本通过霸权主义的方式决定了在这个秩序中"谁的安全应当被保护和研究。"①其必然形成"小圈子"安全利益格局，进一步恶化国际安全环境。新型全球安全秩序秉持开放包容的共同安全观，坚持"共商、共建、共享及共护"的原则，将安全秩序的构建及维护立足于人类命运共同体的坚实基础上。共商，就是不能由部分霸权国家主导安全议题，从而将部分国家的安全风险强加给区域内的所有国家，这使得部分国家的个体意志绑架了所有国家的集体意志，从而增加整个区域国家的安全风险，而是要在安全议题设置、安全举措选定等问题上充分吸纳相关国家参与并给予这些国家应有的话语权；共建，就是要在平等互利、相互尊重的基础上共同建设区域及全球性安全机制，形成基于安全命运共同体的新型安全秩序；共享，就是所有国家都能够分享安全利益，不搞安全利益垄断，要让安全利益成为所有国家都能享有的国际公共物品；共护，就是世界各国要共同遵守并且努力维护所构建的新型安全秩序，结成安全责任共同体。

三、积极构建安全命运共同体

人类命运共同体思想所倡导的新型安全观，要实现"共同、综合、合作及

---

① ［英］巴里·布赞，［丹麦］琳娜·汉森著，《国际安全研究的演化》，余潇枫译，杭州：浙江大学出版社 2011 年版，第 23 页。

可持续"的安全，其核心要旨和根本途径就在于构建安全命运共同体，将世界各国结成安全利益、安全命运相互依存、相互实现、休戚与共的命运共同体，让世界各国自己掌握安全命运，而不是被资本力量及其控制的霸权国家所操控，正如 2016 年 4 月，习近平在华盛顿核安全峰会上所强调的那样，"核恐怖主义是全人类的公敌，核安全事件的影响超越国界。在互联互通时代，没有哪个国家能够独自应对，也没有哪个国家可以置身事外。在尊重各国主权的前提下，所有国家都要参与到核安全事务中来，以开放包容的精神，努力打造核安全命运共同体。"①只有结成安全命运共同体，世界各国才能真正实现持久安全。

首先，构建安全命运共同体以促进世界和平发展为根本目标。和平发展是人类社会孜孜以求的目标。只有在和平稳定的环境下，人类社会才得以繁衍生息，世界文明才得到传承发展。中国历史上的"文景之治""贞观之治""开元盛世""康乾盛世"等都有赖于中原王朝与北方各游牧民族达成了长期的和平协议，为发展营造了和平的外部环境，而这些王朝的衰败也直接是由于内乱或者外来的战争。在世界其他地方也同样如此，强盛的古罗马帝国直接毁于北方民族的入侵，被分裂为东罗马和西罗马帝国，使欧洲历史进入黑暗的中世纪。西方世界的数次十字军东征以及蒙古人的西征对亚非欧的文明造成了巨大的破坏。世界上各个民族都在积极探寻和平发展之道，其中中华民族作出了极大的贡献。中国传统的道家的"无为而治"思想、儒家的"仁义""大同"等思想都对统治者处理与其他民族、国家关系产生过重大影响。汉唐宋明清等中原王朝都曾建构过一套以朝贡体系为核心的国际秩序，通过平等交往、利益共沾的方式维系和平，而不是仅仅靠武力征服确保安全，武力仅仅只是作为一种手段，而不是目的，要懂得"中庸之道、持盈保泰"。中华文明绵延五千多年，虽数次面临巨大的生存危机却仍然能屹立世界东方。中华文明具有巨大的韧性，其根本原因在于中华文明具有很大的开放性和包容性，不具备侵略性，不以扩张为根本目的，本身就蕴含着和平发展的基因。欧洲

---

① 习近平：《加强国际核安全体系 推进全球核安全治理——在华盛顿核安全峰会上的讲话》，人民日报 2016 年 4 月 3 日，第 2 版。

17世纪建立起"威斯特伐利亚"体系，确立了现代国际关系"平等主权原则"，虽然其无法根本遏制战争，但却将战争的爆发从狂热的意识形态原则中解脱出来，将国家利益摆在了更加突出的位置，"1660年以后，列强舞台上最重要的特征是欧洲列国之间名副其实的多极体制的形成，各国不再为跨国利益、宗教信仰而战，他们对战争或和平的决断，越来越多地受'国家利益'所左右。"①这在很大程度上限制了战争的范围，这对维系民族国家间稳定和平、持续发展的外部关系具有重要的意义。威斯特伐利亚合约签订"75年之后，在《乌得勒支条约》(Treaty of Utrecht)中，所有签约国正式宣称遵守此一原则，他们把这个原则在一个制度中具体化，因而以战争的手段为强国与弱国建立了生存的互相保证。在19世纪同样制度所产生的结果却是和平而非战争"②。1815年法国拿破仑战争最终失败之后到1914年第一次世界战争爆发之前，欧洲处于接近一个世纪的相对和平时期，一战的爆发终结了这种和平状态。一战结束后，主要大国尝试建立"国际联盟"来协调彼此的利益冲突，虽然"国际联盟"仍然摆脱不了被帝国主义国家用来维护国际垄断资本利益、维系自身殖民主义统治的工具，在确保弱小国家利益方面显得软弱无力，并不为强权国家所尊奉，二战爆发也最终宣告其失败破产，但是"国际联盟"的成立也为后来人类社会通过建立国际性组织维护世界和平发展作出了有益的探寻。

二战结束以后，世界各国为了汲取两次世界大战带给人类的惨重教训，寻求世界永续的和平发展之道，"建立了联合国这一最具普遍性、代表性、权威性的国际组织，寄托人类新愿景，开启合作新时代……制定了联合国宪章，奠定了现代的国际秩序基石，确立了当代的国际关系基本准则。这一成就影响深远。"③与此同时，分别以美苏为首的"资本主义和社会主义"两大阵营逐步走向对立，世界进入"冷战格局"。美国、苏联分别组织建立了军事政治同盟，即北约和华约组织，两大阵营处于确保能够相互摧毁的"核均势"状态。

---

① [美]保罗·肯尼迪：《大国的兴衰——1500—2000年的经济变迁与军事冲突》，王保存、陈景彪、王章辉、马殿君等译，求实出版社1988年版，第87页。

② [英]卡尔·波兰尼：《巨变——当代政治与经济的起源》，黄树民译，社会科学文献出版社2013年版，第56-57页。

③ 习近平：《习近平在联合国成立70周年系列峰会上的讲话》，人民出版社2015年版，第13-14页。

中国以及广大二战后新独立的亚非拉广大发展中国家构成第三世界，并逐渐成为国际政治舞台上日益重要的力量。冷战时期，由于核武器的终极毁灭性，超级大国之间爆发直接冲突的可能性降低，世界性大战没有再次发生，虽然世界各热点地区常发生局部的国家间冲突或者代理人战争，如朝鲜战争、越南战争、苏联入侵阿富汗的战争、数次中东战争、美国入侵格林纳达和巴拿马等，但是整体而言，国际局势仍然朝着和平发展的方向转变。"要和平、要发展"成为世界各国特别是广大新兴发展中国家的共同期盼，也逐渐成为当今世界的主要潮流。当前构建安全命运共同体也必须以促进世界和平发展为根本目标，只有建立在人类社会和平发展基础上的安全命运共同体才能真正保持内部的团结稳定，也才能不断累积促进世界持久安全的现实因素。

其次，构建安全命运共同体要坚持"共商、共建、共享"的原则。要秉持开放包容的共同安全原则，而不是搞小圈子安全利益、实行以邻为壑的狭隘安全观。共商，就是要在安全议题的设置、安全举措的选定等问题上要充分吸纳相关国家参与并给予这些国家应有的话语权，不能由部分霸权国家主导安全议题，从而将部分国家的安全私利强加给区域内的所有国家，这使得部分国家的意志绑架了所有国家的集体意志，从而带来整个区域国家的安全风险，比如美国利用东盟一些国家对美国的安全需求，挑唆南海争端，妄图将整个东盟捆绑到遏制中国的战车上，有同样战略企图的还有日本，这会使整个区域内的国家陷入激烈对抗的不安全困境之中；共建，就是要共同建设国际安全机制，共同构建、遵守和维护国际安全秩序；共享，就是所有国家要能够共享安全利益，不能搞安全利益垄断，要让安全利益成为所有国家都能共享的国际公共物品。

再次，构建安全命运共同体要努力促进国际安全治理体系变革。要充分发挥联合国在国际安全治理中的主导作用，提升联合国的代表性，增加广大发展中国家在国际安全治理中的话语权，同时努力增强联合国应对全球安全危机的能力。要积极发挥上海合作组织在应对区域安全问题上的积极作用，适当扩大成员国数量，设置多边安全应对机制，以此为平台，强化组织内成员国在国际安全问题特别是反对国际恐怖主义等问题上的互利合作，当前恐怖主义势力有向中亚及中国新疆地区渗透回流的趋势，必须加强区域内国家在打击恐怖极端势力上的务实合作，将恐怖主义活动消灭在萌芽状态。要以打击国际恐怖主义这一所有国家关注的重点安全问题为基础，深化在其他安全领域问题的合作，推动国际安全治理体系变革，使其更加符合新形势下国际安全合作发展的需要，从而构筑起维护世界长久安全的重要战略屏障。

四、新型安全观的理论价值

马克思主义安全观科学分析了资本主义社会的安全结构，指出资本扩张是影响资本主义社会安全的深层力量。为了克服资本扩张的安全悖论，资本通过外部空间的生产与拓展，构建起资本主导的以"中心—外围边缘"为结构特征的全球安全秩序，在人类社会划设了一条泾渭分明的安全断层线，资本主导下的全球安全秩序存在资本安全利益的私有化倾向与安全需要的社会化、全球化之间的基本矛盾，必然引发全球性安全危机。构建人类命运共同体及其倡导的新型全球安全秩序是对马克思主义安全观的历史传承和创新发展，其与资本所主导的全球安全秩序之间存在着本质差别，是对后者的根本性超越。

第一，构建人类命运共同体与马克思主义安全观整体思维的一脉相承。当前西方主流国际安全理论，无论是现实主义、自由主义，还是建构主义，无不将个体主义的抽象理性人假设作为理论体系建构的重要前提，这深刻反映出个体主义思维在西方文化中的根深蒂固。近代以来，西方个体主义思维从欧洲封建生产关系的薄弱环节中催生出了资本这一最具扩张性的力量，资本的安全结构异化为整个资本主义社会的安全结构，从个体主义思维出发并不能真正洞悉资本统治下社会安全的本质。马克思主义安全观坚持整体思维，其对资本主义社会安全结构及资本安全治理的分析与批判建立在辩证唯物主义和历史唯物主义的基础之上。资本所主导安全秩序的合法性基础在于最大限度满足资本全球扩张的需要，任何不安全的因素，对于最大限度追求剩余价值的资本来讲，是绝对无法容忍的，而资本扩张又遵循"弱肉强食"的丛林法则，那么维护资本扩张的安全本身则具有强烈的排他性和激烈的竞争性；资本主导的安全秩序从一开始就矛盾丛生，资本内在否定性决定了其最终会被内在否定的历史命运。构建人类命运共同体建立在整体主义思维的基础上，真正超越了民族国家的视野，从世界这个整体来认识世界、改造世界，其所倡导的新型全球安全秩序，坚持总体安全观，将整体安全与个体安全以及世界安全与民族国家安全有机融合，强调在主权平等、互相尊重的基础上，安全问题共同协商、安全机制共同构建、安全秩序共同维护、安全环境共同享有，从而为世界带来真正的安全。

　　第二，构建人类命运共同体是对马克思主义安全观核心价值的积极彰显。马克思主义安全观坚持人民群众在安全领域的主体地位，这里的人民群众并不是抽象意义上的理性人假设，而是现实的具有各种安全利益需求的人；同时其对资本安全治理的批判又体现了公平正义的原则，资本统治下的人类社会安全结构呈现出愈来愈严重的两极分化问题，人类社会无法摆脱"安全困境"，只有彻底消除资本扩张所划设的安全断层线，构建基于人类命运共同体的安全秩序，才能够满足世界各国人民的共同安全需要。人类命运共同体思想"坚持人民安全、政治安全、国家利益至上有机统一。"[①]强调把包括中国人民在内的全世界各国人民的安全摆在首要位置，切实维护世界各国人民共同的安全利益；必须看到当今世界"富者愈富、穷者愈穷的局面不仅难以持续，也有违公平正义"[②]，必须切实改变全球不平等发展的现状，为共同安全打下坚实的物质基础。中国通过实施"一带一路"倡议，努力推动世界各国共同发展，坚持公平正义原则，积极构建安全命运共同体，推进全球安全治理体系变革，充分发挥联合国在全球安全治理中的主导作用，提升联合国的代表性，着力提升广大发展中国家在全球安全治理中的话语权；同时努力增强联合国应对全球安全危机的能力，以打击国际恐怖主义、应对全球气候变化等各国重点关注的安全问题为基础，并深化在其他安全领域的互利合作，使其更加符合新形势下国际安全合作发展的需要，从而构筑起维护世界长久安全的重要战略屏障。

　　第三，构建人类命运共同体是新时代的马克思主义安全观。资本扩张不

---

　　①　中共中央宣传部：《习近平新时代中国特色社会主义思想三十讲》，北京：学习出版社 2018 年版，第 255 页。

　　②　习近平：《习近平在联合国成立 70 周年系列峰会上的讲话》，北京：人民出版社 2015 年版，第 17 页。

断加剧全球"安全困境"，使得人类社会面临越来越严峻的全球性安全危机，在此历史背景下，"人类有两种选择。一种是，人们为了争权夺利恶性竞争甚至兵戎相见，这很可能带来灾难性危机。另一种是，人们顺应时代发展潮流，齐心协力应对挑战，开展全球性协作，这就将为构建人类命运共同体创造有利条件。"①而构建基于人类命运共同体的全球新型安全秩序，从根本上来讲必须超越资本逻辑。当然超越资本逻辑并不是要彻底否定资本，而是要科学理性地利用资本扩张动力，抑制资本的疯狂逐利性，克服资本扩张的安全悖论。这就需要将资本扩张纳入促进全球共同发展的正确轨道，增强世界各国人民驾驭资本的力量，逐步解决全球发展失衡的问题，为实现人类社会合作及可持续安全不断夯实物质基础，彻底消除人类社会的安全断层线，共同努力建设一个普遍安全的世界。构建人类命运共同体标志着全球安全秩序新时代的到来，这是一个和平与发展超越霸权与战争的新时代；是一个安全利益相互交织、平等共生超越安全利益人为隔绝对立的新时代。构建人类命运共同体并不是建立在通过外部力量彻底否定资本所主导的全球安全秩序的基础上，而是在不断克服其弊端的历史进程中逐渐生成的。

第三节　新型全球化观：建设共同繁荣的世界

全球发展失衡是当前世界经济发展的最根本性挑战，在国际垄断资本主导的经济全球化进程中，发展效率被摆在了突出的位置，而公平正义则被忽视，国际垄断资本在全球范围疯狂地追逐利润，实现资本的世界规模积累，带来的却是全球范围内贫困的积累。当经济全球化面临困境后，国际垄断资本为了维护自身的利益，选择的是回避全球治理的责任。一波波"逆全球化"潮流在以美国为首的西方发达资本主义国家出现，打着"美国优先的旗号"，大力推行贸易保护主义。当前经济全球化出现困境的根本原因在于全球范围

---

① 习近平：《携手建设更加美好的世界——在中国共产党与世界政党高层对话会上的主旨讲话》，人民日报 2017 年 12 月 2 日，第 2 版。

内发展过程中两极分化问题的日益严重，这已经严重影响到世界经济的可持续发展，"从建设人类命运共同体的战略高度看，南北关系不仅是一个经济发展问题，而且是一个事关世界和平稳定的全局性问题。"①所以，"要用好'看不见的手'和'看得见的手'，努力形成市场作用和政府作用有机统一、相互促进，打造兼顾效率和公平的规范格局。"②正如2017年5月习近平在"一带一路"国际合作高峰论坛开幕式上的演讲中所指出的那样，"我们欢迎各国结合自身国情，积极发展开放型经济，参与全球治理和公共产品供给，携手构建广泛的利益共同体。"③中国对于发展开放型市场经济，推动全球经济治理体系变革，促进各国共同发展、共同繁荣是持积极支持态度的，同时也在采取相关务实举措朝着这些方向努力。

一、资本主导的全球化及其困境

我们目前所经历的全球化进程，始于15、16世纪的西欧，是伴随着资本的全球扩张而不断兴起发展的。这是一场由西方国家主导的全球化。资本扩张从原始积累到资本全球扩张，再到国际垄断资本的扩张，推动全球化兴起并得到发展，在这一过程中葡萄牙、西班牙、荷兰、英国及美国先后取得全球性霸权地位。全球化在以美国为首的国际垄断资本的推动下，达到一个顶峰，但随着美国绝对霸权的衰落，全球政治经济体的觉醒，人类社会进入了一个相互依存的命运共同体时代，全球化进程也进入了一个新的阶段。

（一）资本扩张与殖民主义时代全球化的兴起发展

"资本逻辑就是资本扩张的逻辑，是资本吸收一切可能吸收的资源以追求其市场权力扩张的过程"④。在封建社会，统治者主要通过政治权力、宗教权力等配置社会资源，社会生产仅仅停留在简单再生产的阶段，社会经济结构

---

① 习近平：《弘扬万隆精神　推进合作共赢——在亚非领导人会议上的讲话中》，人民日报2015年4月23日，第2版。

② 习近平：《习近平在联合国成立70周年系列峰会上的讲话》，人民出版社2015年版，第17页。

③ 习近平：《携手推进"一带一路"建设——在"一带一路"国际合作高峰论坛开幕式上的演讲》，人民日报2016年7月2日，第2版。

④ 鲁品越：《鲜活的资本论——从深层本质到表层现象》，上海人民出版社2015年版，第290页。

以自给自足的封建自然经济为主，商品经济被限制在一定的经济领域之内，依附于封建自然经济而存在。建立在土地等主要生产资料私人占用及垄断地位基础上的封建统治阶级，以这种生产资料私有制为权力根基，不断实现政治权力的积累，形成金字塔式的社会权力结构。虽然这种社会权力结构也具有一定的开放性，除去一些特定阶层（如贱民、奴隶等），其他被统治阶级也可以通过科举选拔等方式进入这个社会权力结构，从而被统治阶级同化，成为统治阶级的一员或附庸。这一方面确保了封建社会统治秩序处于周期性稳定状态，而另一方面，社会生产力越来越受到封建生产关系的束缚。当封建社会权力结构日渐膨胀，超出自然经济条件下社会物质生产系统的承受极限时，原有社会权力结构就会重组，但不会超出封建生产关系的底线。

伴随着封建社会生产力的发展，封建生产关系已经越来越不适应其发展需要，原有的封建社会权力结构的周期性变革也无法再彻底解决上述生产力和生产关系的矛盾。资本的出现彻底打破了资本主义社会权力结构，作为一种新型社会生产关系载体的资本，以不断追求市场权力为根本目的。以市场权力为基础的资本权力，通过所建立的现代民主政治制度，不断转化为政治权力、精神文化权力等社会权力。而资本想要长久生存，就必须不断扩张，实现市场权力的持续积累，扩张就是资本的生命线。资本的持续扩张必然打破封建生产关系条件下的封闭状态，打破建立在此基础上的地理隔绝，将一切非资本主义生产关系的地区不断转化为资本主义生产关系的统治区域。这首先在相对较小的区域出现，然后扩展到一国，最后超出国家的界限，沿着海洋和陆地通道迅速向全球扩展。这成为从西欧肇始的资本主义全球化的动因，搭上此轮全球化首班快车的葡萄牙、西班牙及荷兰等国，相继成为具有国际影响力的霸权国家。在早期资本主义全球化进程中，在封建国家政治军事力量的支撑下，暂时依附在封建统治者羽翼下的资产阶级，跟随封建统治者在世界范围内进行军事征服和殖民。封建统治者获得维持奢侈享乐生活及政治统治地位的巨大财富，资产阶级则获得实现资本原始积累的重要物质基础。与此同时，"不断扩大产品销路的需要，驱使资产阶级奔走于全球各地。它必须到处落户，到处开发，到处建立联系——资产阶级，由于开拓了世界市场，使一切国家的生产和消费都成为世界性的了。"①同时资本主义全球化"使未开化和半开化国家从属于文明的国家，使农民的民族从属于资产阶级的民族，使东方从属于西方。"②而真正使资本主义全球化进程达到一个发展顶峰的是英国，作为资本主义生产关系最早确立统治地位的大国，英国具有其他仍然受封建生产关系统治的欧洲大陆国家所无法比拟的巨大优势。英国资本主义生产关系极大解放了社会生产力，资本全球扩张带来市场权力的持续积累，而市场权力的拓展必然带来政治权力的拓展，英国成为世界历史上第一个真正具有全球性领导地位的霸权国家，号称"日不落帝国"。

资本主义大工业的发展壮大伴随着激烈的市场竞争，在这一过程中出现"大鱼吃小鱼"的企业兼并现象，资本逐渐集中形成垄断。19世纪70—80年代兴起了以电力、内燃机和有机化学工业为主要标志的第二次工业革命，德国、法国等后起资本主义国家相继完成工业化，实现国家崛起。电力及内燃机的广泛使用，彻底打破了地域对资本扩张的限制，资本主义生产的社会化程度增加，企业兼并加剧，"从19世纪90年代开始，企业兼并的三种形式（即横向兼并、纵向兼并和混合兼并，笔者注）就已形成"，通过这三种兼并，资本在更广阔的范围内集中起来首先垄断国内市场，再通过联盟的形式形成国际垄断资本以获取超额垄断利润，正如列宁所言，"资本家的垄断同盟卡特尔、辛迪加、托拉斯，首先瓜分国内市场……随着资本输出的增加，随着最大垄断同盟的国外联系、殖民地联系和'势力范围'的极力扩大，这些垄断同盟就'自然地'走向达成世界性的协议，形成国际卡特尔"③。取得主导地位的国际垄断资本具有在全球范围内掌控资源的权力，这种权力从根本上来说是一种市场权力，外在表现为政治权力、文化权力。

（二）美国霸权与全球化顶峰

资本扩张悖论所展现出来的内在否定性，使得资本必须通过形成垄断，并不断扩展外在空间，将世界各地纳入资本主导的"中心—外围边缘"结构，

① 马克思、恩格斯：《共产党宣言》，《马克思恩格斯文集》第2卷，人民出版社2009年版，第35页。

② 马克思、恩格斯：《共产党宣言》，《马克思恩格斯文集》第2卷，人民出版社2009年版，第36页。

生成了资本主导的依附性世界秩序，以榨取世界范围内的剩余价值，实现世界规模的资本积累，从而延缓资本主义危机。世界规模的资本积累，其积累方式经历了从商业资本、产业资本到国际垄断资本的历史演变。在这一过程中，维护资本利益的世界秩序发生了巨大变迁。20世纪上半叶的两次世界大战彻底终结了以英国为首的产业资本主导的资本主义全球化进程，正式将以美国为首的国际垄断资本送上世界权力的中心。当前主导世界秩序的国际金融垄断资本主要是通过跨国公司为载体，实现全球扩张，不断通过金融衍生品、证券化等金融创新手段，将一切可以利用的资源都转化为资本，纳入资本全球扩张的权力体系中，现实世界愈来愈成为一个金融化的世界，这为国际垄断资本扩张提供了超越全球地理空间的巨量空间，但也使得人类社会的未来逐渐被透支，从而可能陷入更大的危机之中。

（1）以苏联模式为基础的社会主义全球化所带来的巨大挑战

资本主义世界权力中心已经由欧洲转移到美国，这决定了西欧已经不再是资本扩张世界权力的中心区域，而成为次级中心区域，这极大减弱了欧洲资本主义国家间再次爆发激烈冲突的可能性和必要性。同时苏联社会主义阵营在欧洲势力的扩大，已经对欧洲资本主义生产方式形成了巨大的外在否定压力，西欧资本主义国家必须通过联合，积极管控资本主义扩张中的矛盾分歧，实现某种程度的互助共生、利益共享才能够生存。内外面临的巨大压力，使得西欧资本主义国家还必须依靠美国强大的实力来提供其发展所必需的安全保障及其他国际公共产品，作为交换，这些国家必须服从以美国为首的国际垄断资本主导的国际秩序。

俄国十月革命后，建立社会主义制度，并在20世纪二三十年代建立苏维埃社会主义共和国联盟（简称苏联）。列宁、斯大林等苏联早期领导人对苏联社会主义建设道路进行了不断的实践探索，最后在20世纪30年代后期逐渐形成了以计划经济体制为主体、政治上高度集中为主要特点的苏联模式。这一模式在苏联经济恢复发展过程中起到了巨大作用，使苏联在较短时间内初步完成了工业化、现代化，为第二次世界大战苏联成功抗击德日法西斯打下了坚实的物质基础。苏联模式随着二战后期苏联红军向德国本土反击并解放东欧诸国的伟大历史进程而不断扩展影响力，但接踵而来的美苏冷战，使得全世界迅速分裂为以美国为首的资本主义阵营和以苏联为首的社会主义阵营。与之相应，全球化进程也出现了巨大的分裂，生成了以社会主义阵营为主体、以苏联模式为基础的社会主义全球化进程，并在二战结束后的一段时期显示出勃勃生机，给资本主义全球化进程带来巨大的挑战。但苏联模式的弊端也日益显现，完全彻底的计划经济体制，排斥市场经济，片面实行重工业优先政策，社会经济体制愈来愈僵化保守没有活力，社会生产力被极大束缚，居民消费空间被压制，长期处于短缺经济状态。同时苏联在与美国的冷战过程中，越来越将苏联模式作为控制社会主义阵营的工具，并推行"社会帝国主义"政策。这种以苏联模式为基础的社会主义全球化，其实质是苏联以计划经济为核心的社会生产关系的国际化，苏联构建起以苏联为中心，以东欧为外围，以部分亚非拉发展中国家为边缘的社会帝国主义体系。苏联以强大军事实力为后盾，以历史累积的综合国力为物质基础，将外围边缘国家纳入美苏全球争霸的世界体系中。

与此同时，冷战中苏联社会主义阵营也发生巨大变动。1949年新中国成立以后，在经历一段时间的采用苏联模式之后，逐渐发现了苏联模式存在的一些弊端，开始探索走独立自主发展道路，与奉行"社会帝国主义政策"的苏联矛盾日益加剧，中苏关系最终在20世纪60年代走向破裂，世界社会主义阵营呈现分化瓦解的趋势，同时亚非拉反殖民主义运动兴起，各欧洲国家的殖民地纷纷走向独立，这些独立后的国家同中国一道作为"第三世界"力量登上国际政治经济舞台，使得美苏两极的"雅尔塔体系"开始出现松动的迹象。这使得苏联模式推动下的社会主义全球化进程越来越陷入困境之中。

（2）以美国为首的国际垄断资本推动的全球化进程达到历史顶峰

20世纪80年代末90年代初，苏东剧变，美国最终赢得冷战的胜利，美国的全球霸权达到顶峰。而自20世纪80年代开始，一股新的全球化浪潮在美国推动下兴起。以美国为首的国际垄断资本构建了一个以金融主导型国家、制造业国家、资源型国家组成的"中心—外围边缘"结构。在这个结构中，美国是主要的金融主导型国家，处于最高端，其国内经济日益金融化、虚拟化，国内制造业向外围扩散，同时美国凭借强大的科技创新能力和军事经济实力，掌握国际财富流通渠道，使世界财富源源不断地流向美国，并迅速转化为资本又向全球输出，从而形成资本积累的正反馈效应。其他发达资本主义国家处于相对高端，先进制造业国家则处于外围，广大资源型国家则处于边缘地位。通过这样一个结构体系，以美国为首的国际垄断资本层层盘剥制造业国家以及资源型国家所生产的超额"国家剩余价值"。

国际金融垄断资本已经不再通过直接介入资本主义生产领域，而是通过对实际经济国家的间接支配，获取剩余价值，实现世界规模资本积累。通过前所未有的金融创新和金融衍生品研发力度，国际垄断金融资本可以更加充分地调动起全世界一切闲散的资源，而美元与黄金脱钩，更是让国际金融垄断资本可以跨越实体经济，直接将美元货币转化为资本，实现金融资本更大规模的全球扩张。同时通过战争冲突、金融投机等催化出巨量的全球资本流动性，国际垄断金融资本通过介入其中榨取到超额国家剩余价值。很多国家几十年积累的财富被一夜搜刮殆尽，1997 年亚洲金融危机就是如此。而"随着虚拟资本主义的发展，生产不足的现象日益严重，对廉价制成品和实体经济剩余价值的争夺更加激烈，金融利益成为虚拟资本主义时代的核心利益。"①那为什么国际垄断资本间不再爆发如两次世界大战一样的战争冲突呢？那是因为国际垄断资本主要是通过跨国公司为载体，实现全球扩张，各民族资本间已经打破国别界限，可以互相持股，相互渗透、利益均沾，已经结成了一定程度的利益共同体。此时，国际垄断资本间的矛盾已经转化为虚拟经济与实体经济的矛盾，现实有限资源与过度透支未来的矛盾，国际垄断资本积累与全球贫困、生态危机积累的矛盾。

（三）国际垄断资本与当前的全球化困境

以美国为首的国际垄断资本推动的全球化，是一种将资本主义生产关系在更深层次上推向全球的历史进程。在这一过程中资本所构建的"中心—外围边缘"体系结构被固化下来，大多数发展中国家无法突破资本所框定的金字塔式等级秩序，而陷入"中等收入陷阱"长期无法自拔，全球发展失衡的问题越来越突出，发展过程中表现出来的"两极分化"问题愈来愈严峻。这不仅导致广大发展中国家无法公平享受全球发展所带来的成果，使得经济社会发展及

---

① 王湘穗：《币缘论：货币政治的演化（定制版）》，中信出版社 2017 年版，第 234 页。

人民生活长期在低水平徘徊，很多国家因此处于长期的战乱动荡之中，并对区域乃至全球的和平稳定产生消极影响。国际垄断资本所构建和主导的"中心—外围边缘"体系结构是一个密切联系的整体，作为资本扩张中心区的西方发达资本主义国家，由于过度追求资本扩张，导致经济金融化程度大大超过了实体经济发展的需要，而造成经济体"虚—实"严重脱节，国际垄断资本的全球扩张链条断裂，发生严重的金融危机。美国金融危机沉重打击了国际垄断资本特别是金融垄断资本，其依靠美元霸权所实行的"量化宽松"政策，暂时缓解了中心区的危机，但却将危机效应向外围边缘地区转移，这使得全球经济发展失衡问题更加严峻。外围边缘地区经济社会发展更加雪上加霜，人民生活水平显著下降，被迫走上街头进行抗争，这使得很多国家处于社会动荡之中，如希腊的债务危机及由此造成的局势动荡，已经波及到整个欧元区经济的发展。

面对出现的全球化困境，西方发达资本主义国家不从自身寻找原因，反而通过逆全球化，妄图将全球化中不利于自身的因素祛除，只保留有利于资本利益的，从而达到利益与责任的剥离，只想享受全球化的利益而不愿意再承担全球化的责任，如美国前特朗普政府顽固坚持"美国优先"的狭隘立场，退出巴黎气候协定，甚至对自己推动的 TPP 也毫不犹豫地反悔，同时大搞贸易保护主义，不惜挑起贸易战，对中国出口美国价值 500 亿美元的商品加征关税。发达资本主义国家对待全球化困境的霸权主义做法，只会使全球化陷入更大的困境之中。

二、人类命运共同体及其新全球化观

西方全球化进程已经走入自我否定的历史困境中，这不仅将资本主义国家置于极为尴尬的矛盾境地，资本扩张需要全球化，但全球化带来的实体性产业转移又造成大量社会底层群众失业，从而引发国内阶层矛盾，使这些国家民族主义、民粹主义高涨；同时西方全球化进程的困境也带来国家间矛盾的日益激化，部分西方资本主义国家更加奉行赤裸裸的霸权主义政策，通过责任利益分离，妄图进一步甩掉应该承担的国际责任，减少资本扩张的制度成本，以维持对广大发展中国家的剥削，这必然造成国际局势的持续动荡。

为此，习近平提出的构建人类命运共同体的理论，就蕴含了对西方全球化的反思以及对新型全球化进程的伟大战略构想。构建人类命运共同体的一个非常重要的方面就是要在"经济上，要同舟共济，促进贸易和投资自由化便利化，推动经济全球化朝着更加开放、包容、普惠、平衡、共赢的方向发展。"①从而中国要与世界各国一道，努力建设共同繁荣的世界。

（一）开放的全球化是前提

资本所主导的全球化让人类社会成为一个密不可分的有机整体，各个不同民族国家、地域文化、区域文明被迫打开大门接收资本逻辑的洗礼和通约，成为资本主义世界体系的一个组成部分，无法适应时代潮流的被彻底淘汰，具有较强活力和包容性的区域文明也不得不主动变革以适应新时代的发展要求。开放是全球化最鲜明的特征之一，人类世界伴随着全球各个本来互不联系的地理坐标通过资本主义生产关系在世界各地的生产与再生产而连接成一个开放的整体。冷战后以美国为首的国际垄断资本所主导的新一轮全球化，其深度、广度和影响力已经超越了历史上的任何时期，它不仅为国际垄断资本实现世界规模的资本积累创造了必要条件，同时也带来了以中国为代表的广大发展中国家政治经济文化的进一步觉醒，这使得全球化进程中除了资本力量之外，又多了一股新兴的力量。自此全球化不再仅仅只是资本的专利，受资本逻辑的绝对主导和掌控，它已经开始有它自己的生命力、发展规律和历史趋势。当前西方主导的全球化发生了重大而深刻的变化，在这一轮全球化进程中，发达资本主义国家出现经济"虚—实"严重脱节的问题，现在这些国家为了满足国际垄断资本最大化榨取剩余价值的需要，开始有选择性地推进全球化进程，其中很重要的一点就在于"逆全球化"趋势而动，对于开放问题进行自我设限，大搞贸易保护主义，但是这是有悖全球化潮流的，也是不可持续的。

基于人类命运共同体的新型全球化，不断开放是前提，没有开放，全球化进程也就无从谈起。中国通过改革开放，全程参与到全球化进程中，享受到全球化所带来的各种便利，这为"中国奇迹"的产生创造了必不可少的外部

---

① 本书编写组：《党的十九大报告辅导读本》，人民出版社 2017 年版，第 92 页。

环境。新时期中国面临国内经济社会发展的各种难题以及部分国家掀起逆全球化潮流所带来的种种外部压力，但即便如此，中国不应该同时也不可能走封闭保守的老路，相反，只有进一步推进改革开放才可能有可持续的发展前景。习近平强调："我们将继续深入参与经济全球化进程，支持多边贸易体制。我们将加大放宽外商投资准入，提高便利化程度，促进公平开放竞争，全力营造优良营商环境。"①为此，中国一方面需要妥善应对当前西方全球化进程中"去中国化"的不好苗头，善于在现有国际政治经济秩序下争取自身国家利益最大化；另一方面中国要与广大发展中国家及友好发达国家共同推进新型全球化进程，推动变革不公正的国际秩序，不断生成各个国家之间新的利益平衡点，夯实共同利益基础。

(二) 包容普惠的全球化是目标

资本主导的全球化已经面临巨大的困境，"当前，经济全球化进程遭遇逆风，一个重要原因是发展的包容性不足。"②冷战结束后，国际垄断资本力量推动新一轮全球化飞速向前发展，将世界各国纳入其主导的"中心—外围边缘"体系结构中，通过其构建并占据主导地位的国际分工链、产业链、价值链，榨取处于外围边缘地位的广大发展中国家所生产的剩余价值。广大发展中国家只能沦为发达资本主义国家的廉价商品的来源地和高科技产品的销售市场，使得发展中国家与发达国家之间出现巨大的贸易剪刀差，中国在很长一段时期内曾经要向美国出口数十万双鞋子才能换来一架波音飞机，发展中国家创造的剩余价值绝大多数被发达国家搜刮走，同时发达资本主义国家由于是向发展中国家整体性转移劳动密集型、高耗能、高污染的产业，变相将污染向发展中国家转移。所以，广大发展中国家以遭受环境污染为巨大代价，却只能分配到微不足道的商品价值，从而成为发达资本主义国家的"血汗工厂"。

所以，"我们要为开放型世界经济鼓与呼，坚定支持多边贸易体制，反对

---

① 习近平：《中国发展新起点 全球增长新蓝图——在二十国集团工商峰会开幕式上的主旨演讲》，人民日报 2016 年 9 月 4 日，第 3 版。

② 习近平：《深化互利合作 促进共同发展——在新兴市场国家与发展中国家对话会上的发言》，人民日报 2017 年 9 月 6 日，第 3 版。

保护主义，引导经济全球化实现包容、普惠的再平衡。"①就是要努力推动全球化进程朝着更加包容和普惠的方向发展，通过健全多边贸易体制的包容性，维护广大发展中国家的正当权益，让发展中国家能够更加公平地享受到全球发展所带来的成果；要积极搭建包容普惠的合作平台，让更多国家特别是广大发展中国家能够更加公平地参与全球发展，能够在全球化进程中享有必要的发言权和话语权，从而为全球化的深入推进，为世界的持续繁荣稳定不断夯实经济基础。

（三）平衡的全球化是要求

"当前，世界经济发展仍不平衡，技术进步对就业的挑战日益突出。"②在当前由国际垄断资本所主导的全球化历史进程中，科学技术革命正发挥着越来越至关重要的作用，新一轮科技革命正推动着全球化向更深更广的维度发展，但同时也加剧了人类社会的发展鸿沟。首先，使得当前人类社会的就业问题日渐突出，以网络信息化、人工智能技术为重要代表的新技术，其在人类社会生活中的运用越来越广泛，在便利人们的日常生活的同时，也对传统的就业结构造成巨大冲击，使很多重要工作岗位、工作机会由于逐渐走向自动化、智能化而极大减少，在现有的教育及劳动力结构下，社会很难迅速开辟出新的工作岗位和机会来解决劳动力过剩的问题。其次，使西方发达资本主义国家与科研势力较为弱小的发展中国家之间的发展差距进一步拉大，大部分发展中国家根本无力支撑科技创新所需要的巨大人力、物力及财力的投入，早早地就在世界科技竞争中败下阵来，处于一个极为不利的境地之中。这些都会随着全球化进程而被不断放大，最终结果必然是全球化本身受到挑战，世界的共同繁荣将变成无法企及的梦想。在这样的历史背景下，习近平强调："二十国集团应该更加重视在教育培训、就业创业、分配机制上交流合作。这些工作做好了，也有利于经济全球化健康发展。"③基于人类命运共同体

---

① 习近平：《深化互利合作 促进共同发展——在新兴市场国家与发展中国家对话会上的发言》，人民日报 2017 年 9 月 6 日，第 3 版。
② 习近平：《坚持开放包容 推动联动增长——在二十国集团领导人汉堡峰会上关于世界经济形势的讲话》，人民日报 2017 年 7 月 8 日，第 2 版。
③ 习近平：《坚持开放包容 推动联动增长——在二十国集团领导人汉堡峰会上关于世界经济形势的讲话》，人民日报 2017 年 7 月 8 日，第 2 版。

的新型全球化进程，要构建促进世界各国平衡发展的调控机制，要着力缩小各国之间的发展差距而不是进一步扩大。

(四) 共赢的全球化是保障

资本推动的全球化所奉行的是"赢者通吃"的零和游戏规则，以美国为首的国际垄断资本从全球化进程中赢得最多利益而广大发展中国家只会是利益的受损者。等级制的霸权主义世界秩序不会主动允许利益均沾，而是会通过国际垄断资本所主导的全球分工体系，会充分运用其占据的高端产业，对处于中低端产业位置的广大发展中国家进行剥削，以榨取掉大部分剩余价值，广大发展中国家则只能从中得到很少一部分利益。正如习近平所指出的那样，"我们要主动适应全球产业分工调整变化，积极引领全球价值链重塑，确立新定位，构筑新优势。我们要支持多边贸易体制，坚持开放的区域主义，帮助发展中成员更多从国际贸易和投资中受益。"[1]基于人类命运共同体的新型全球化进程，其根本推动力仍然是资本，但中国坚持中国特色社会主义发展道路，资本是手段而不是根本目的，这决定了中国在推动全球化进程中可以有效驾驭资本，让资本力量沿着社会主义方向最大化运行。中国不会通过全球化进程去追求超额剩余价值，而是希望与其他国家建立一种合作共赢的关系，通过"共商、共建、共享"，共同努力构建更加普惠、可持续发展的国际产业链、价值链，为合作共赢打下坚实的物质基础。

与此同时，中国要积极做新型全球化的推动者和维护者，一方面坚持独立自主、平等互利的多边主义原则，不搞霸权主义、强权政治；另一方面需要强调共同规则意识，注重通过平等协商解决矛盾分歧。习近平在 2017 年二十国集团领导人汉堡峰会上关于世界经济形势的讲话指出："作为世界主要经济体，我们应该也能够发挥领导作用，支持多边贸易体制，按照共同制定的规则办事，通过协商为应对共同挑战找到共赢的解决方案。"[2]通过合作共赢，共同应对发展中面临的难题挑战，不断累积各个国家间的共同利益、共同

---

① 习近平：《抓住世界经济转型机遇 谋求亚太更大发展——在亚太经合组织工商领导人峰会上的主旨演讲》，人民日报 2017 年 11 月 11 日，第 2 版。

② 习近平：《坚持开放包容 推动联动增长——在二十国集团领导人汉堡峰会上关于世界经济形势的讲话》，人民日报 2017 年 7 月 8 日，第 2 版。

价值。

三、两种国际力量与两种全球化的前景

当前国际社会存在着两股重要力量,一个是以美国为首的国际垄断资本力量,另一个是以中国为代表的广大发展中国家,这两股力量的产生都是一个长期的历史过程,其中以美国为首的国际垄断资本力量仍然在世界力量格局中处于主体地位,而以中国为代表的广大发展中国家已经逐渐成为世界力量格局中无法忽视的重要组成部分,并对世界力量格局的未来走向产生非常大的影响。在当前全球化进程面临重大风险和挑战的历史关键时刻,两股力量代表了全球化可能的发展方向和发展前景。

(一)以美国为首的国际垄断资本力量:导向两极分化的全球化前景

资本力量随着资本主义制度在美国的确立而实际上逐渐成为美国国内的统治性力量。在美国资本不断向全世界扩张的过程中,以美国为首的国际垄断资本力量取代以英国为首的国际垄断资本力量成为世界力量格局的中心力量,冷战结束以后,这种主导地位更得到进一步强化。"美国在全球力量四个具有决定性作用的方面居于首屈一指的地位。在军事方面,它有无可匹敌的在全球发挥作用的能力;在经济方面,它仍然是全球经济增长的主要火车头……在技术方面,美国在开创性的尖端领域保持着全面领先地位;在文化方面,美国文化虽然有些粗俗,却有无比的吸引力……这四个方面加在一起,使美国成为一个唯一的、全面的全球性超级大国。"①这个超级大国在国际政治经济舞台上的登场过程中,实际上反映的是以美国为首的国际垄断资本力量逐渐在世界力量格局逐渐占据主导地位的历史过程。

1775—1784 年的独立战争使美国摆脱英国的殖民统治、正式走上世界政治经济舞台。1861—1865 年的南北战争,代表工商业资产阶级的北方(美利坚合众国)取得最后胜利,废除了奴隶制,进一步为美国资本主义开辟了广阔的空间,使美国资本主义走上了发展的快车道。如果说在第一次工业革命中美

① [美]兹比格涅夫·布热津斯基:《大棋局:美国的首要地位及其地缘战略》,中国国际问题研究所译,人民出版社 2007 年版,第 21 页。

国还仅仅只是一个后来的跟随者，但是在第二次工业革命中美国则成为引领者、推动者。也正是在第二次工业革命中，美国开始超越英国逐渐成为新的具有世界性影响力的权力中心。

　　得益于优异的地缘政治环境，大西洋和太平洋将美国与一切传统意义上的强国隔离开，北部和南部毗邻的都是实力明显较弱的国家，无形之中提升了其参与国际竞争的战略空间。这些都使得美国可以超脱于欧亚大陆惨烈的地缘政治博弈，从而很好地扮演世界力量格局中"离岸平衡手"的角色。同时美国作为一个移民国家，"没有封建制度和贵族政治机构的拖累，它可以采用自由市场的资本主义，而不会招致前资本主义力量在意识形态上的反对。相对于欧洲的资本主义，美国的资本主义一直具有更多的自由—市场导向……美国社会不是一个理想的社会——没有一个社会是理想的——但是，它的充满活力的民主主义传统和社会的平等主义风气，把数以百万计的移民融进美国经济发展的过程中，起着至关重要的作用。"①美国的资本主义制度具有更多的灵活性和更强的创新力。所以在19世纪后期兴起的第二次工业革命中，美国走到了资本主义国家发展的前列，"19世纪90年代，外国人在美国的投资开始由美国本国的资本取代，而且美国资本还首次在海外拉开了同英国以及欧洲其他投资商竞争的序幕……由于储蓄率高得令人难以置信，而工业又在'加足马力'生产，美国人的资本开始富足起来。据估计，美国人的海外投资在不景气的90年代一跃增加了2.5亿美元。"②"1898年的美西战争及战后上台的这一代美国人，成功地使美国成为世界头号强国的努力达到高潮。"③美国总的工业潜力以及在世界制造业产量中所占的相对份额仅仅用了20年时间（1880—1900）就超越了英国，而总的工业潜力在二战爆发前的1938年是英国的4倍，在世界制造业产量中所占的相对份额则是英国的3倍。这一发展速度也是其他同时期大国无法望其项背的，美国的资本主义发展在这一时期具有相对于其他大国的绝对优势地位。正因为如此，在深刻改变世界格局的两

---

① ［英］梅格纳德·德赛：《马克思的复仇——资本主义的复苏和苏联集权社会主义的灭亡》，汪澄清译，中国人民大学出版社2006年版，第230—231页。

② ［美］孔华润主编：《剑桥美国对外关系史上》，王琛等译，新华出版社2004年版，第389页。

③ ［美］孔华润主编：《剑桥美国对外关系史上》，王琛等译，新华出版社2004年版，第378页。

次世界大战中，美国都发挥了关键性作用，左右了战争的最终走向。

美国在一战初期保持"中立"，同时与交战国双方保持经贸往来，大发战争横财，这一时期"美国在海外的投资和借贷迅猛增长，当欧洲各国将自身在美资产都用来购买美国商品并开始从美国寻求借贷时，美国一夜之间就从一个纯粹的资本输入国变成了债权国。同时，越来越多的美国资金也流向欧洲以外的地区并投资于当地的银行、铁路和工厂（为弥补失去欧洲进口后的各种新兴工业化运动在亚洲和拉美相继出现。"[1]在战争的最后时刻美国决定参战，使战局迅速明朗化。由于欧洲各参战国在战争中遭受巨大损失，但是美国却在战争中进一步发展壮大，所以，美国在战后国际秩序建构中攫取到了巨大的利益，为美国垄断资本的全球扩张创造了更加宽松的条件。战后 10 年是美国经济异常繁荣的十年，"截至 1929 年，美国仍然占据着世界工业总产量的40%、世界黄金储备的 50% 和整个国际贸易的 16%。"[2]被称之为"柯立芝繁荣"。

1929—1933 年的世界经济危机打破了美国的繁荣，世界经济陷入整体萧条。各主要资本主义国家为克服危机采取了不同的战略举措，德国、意大利、日本走向法西斯主义扩张道路，而美国则通过"罗斯福新政"，加强了政府对经济的调控，成功摆脱了经济危机的消极影响。世界性经济危机同时也加剧了各主要大国间的矛盾冲突，最终演变为第二次世界大战。第二次世界大战对世界秩序的影响比一战更加深远和深刻。如果说一战中还有日本等强国在战争中壮大，而传统的英国、法国、意大利等传统资本主义强国虽然损失巨大，但仍然能对世界格局产生巨大影响，美国还不能单独主导世界局势。二战则彻底改变了世界力量格局，除美国之外所有大国（无论失败方还是获胜方）都受到惨重的损失，世界力量格局的中心已从欧洲彻底转移到美国，美国已经处于世界权力之巅，可以说，"第二次世界大战结束后的世界是一个美国军事力量、经济资源与文化影响比以往任何时候都更加显现的世界……正当美国走向全球化之时，世界也正在变得美国化了。"[3]二战后美国凭借其巨大的

---

① ［美］孔华润主编：《剑桥美国对外关系史下》，王琛等译，新华出版社 2004 年版，第 24 页。
② ［美］孔华润主编：《剑桥美国对外关系史下》，王琛等译，新华出版社 2004 年版，第 107 页。
③ ［美］孔华润主编：《剑桥美国对外关系史下》，王琛等译，新华出版社 2004 年版，第 196 页。

影响力，主导了战后国际政治经济秩序。当然除开美国正式获得世界霸权之外，二战的另一个重要成果就是，社会主义革命浪潮在欧洲和亚洲风起云涌，以苏联为首的社会主义阵营建立，并迅速成长为具有世界性影响力、并能与以美国为首的资本主义阵营分庭抗礼的政治力量。美苏两极争霸的冷战格局逐渐形成。

美苏冷战格局实际上是以美国为首的国际垄断资本与苏联社会主义发展模式的竞争。苏联社会主义模式以政治、经济、思想、文化等的高度集中为显著特征，政治上坚持共产党的长期执政，经济上坚持计划经济体制，思想文化上坚持社会主义意识形态的主导地位。该模式使苏联能够在短时间内集中动员各种生产资源，迅速实现社会主义工业化，这为苏联在二战中战胜德日等法西斯主义国家，打下了坚实的基础，为世界反法西斯战争的胜利作出了卓越的贡献，同时在战后各社会主义国家恢复国民经济、实现国家发展的历史进程中也发挥了至关重要的作用。但是这种模式越往后越显得僵化保守，已经不能适应新技术革命发展的需要。同时苏联依托军事力量为支撑，通过行政命令，构建了一个以苏联为中心，其他社会主义国家为外围的扩张体系。在这个扩张体系下，苏联国内大部分资源被用于支撑军事重工业发展，其他处于外围地位的社会主义国家的经济社会发展绝对服从苏联的全球争霸战略，任何摆脱苏联模式的尝试都被视为对社会主义的背叛而遭到苏联的坚决镇压。苏联模式越来越蜕变为社会帝国主义，越来越成为世界社会主义运动良性发展的制约因素。

作为这种模式核心示范区和扩散策源地的苏联，二战后经历了 20 世纪 50—60 年代赫鲁晓夫不成功的改革，整个 70 年代又在继任领导人勃列日涅夫的领导下，将苏联模式偏重重工业的弊端发挥到极致，在行政力量的强力推动下，苏联将大部分资源配置到与美国争霸的相关军事工业上。加上同时期西方资本主义国家面临 70 年代严重的经济危机威胁，而美国陷入越战的泥潭无法自拔，苏联在美苏冷战中处于攻势，使整个苏联处于一种虚假的胜利状态中，对苏联模式的反省与修复显得不再紧迫，各种矛盾与问题日积月累，为苏联于 20 世纪 90 年代的解体埋下了伏笔。苏联国内的经济在冷战结束前 10 年已经陷入了巨大的困境之中，其国内"工业生产开始停滞，甚至还由于僵化的中央调控、健康问题和工人士气低下而逐渐下滑，由此导致了住房、公共商品越来越不足，使得人民的积极性进一步降低。经济增长停止了，而分配给军工生产的资源却越来越多，几乎占到国民收入的1/3，这就相应减少了其他投资或消费品需要的资金。年轻一代的领导人最初是私下谈论，他们现在开始承认整个制度已经濒临崩溃了。"①到80年代戈尔巴乔夫上台后，苏联已经积弊难返，各种改革要取得成效已经非常困难，关键时刻，戈尔巴乔夫在改革上又出现严重失误，彻底葬送了苏联，并使世界社会主义运动遭遇巨大挫折。

冷战中以美国为首的资本主义阵营是一种资本帝国主义。两次世界大战彻底削弱了除美国之外的其他资本主义国家，战后社会主义运动的蓬勃发展使得资本主义第一次真正具有了被替代的现实可能性，资本主义生产方式面临生死存亡的威胁，各国垄断资本全球扩张的深刻矛盾被暂时搁置，而成为相互依存、相互联合的命运共同体，以美国为首的国际垄断资本在其中处于主导地位。二战结束初期，美国在西欧实施了"马歇尔计划"，通过巨额援助，使西欧几个主要资本主义国家摆脱了战后的困境，避免了这些国家因国内深刻的矛盾而走向社会主义道路。同时，资本主义阵营以应对共同安全问题为基础，构建了一个资本主义政治、经济、军事大联盟，这实际上是一个以美国为中心的资本积累(扩张)体系，以美国为首的国际垄断资本主导的跨国公司在其中扮演着关键性角色。"通过提高美国劳动力的'消费标准'和将世界购买力纳入美国政府和企业组织的组织范畴之内，美国体系成为主导体系。通过把这种购买力重新分配给一批精英盟国和仆从国家，以及这些国家采用美国提高了的消费标准，美国体系引起了一次世界范围的贸易扩张。通过跨国公司把第三世界国家的物资(尤其是石油)加速转移到第一世界国家，美国体系维持了这一扩张。"②

相对于"苏联模式"及其扩张体系的封闭僵化保守，以美国为首的国际垄

① ［美］迈克·亚达斯、彼得·斯蒂恩、斯图亚特·史瓦兹：《喧嚣时代：20世纪全球史》，大可、王舜舟等译，北京生活·读书·新知三联书店2005年版，第535页。

② ［意］杰奥瓦尼·阿锐基：《漫长的20世纪——金钱、权力与我们社会的根源》，姚乃强、严维明、韩振荣译，江苏人民出版社2001年版，第410页。

断资本主导的资本主义体系，越往后越显示出其创新力、适应力和竞争力，这种优势地位在 20 世纪 80 年代以后表现得更加明显。苏联陷入内外交困之中，社会主义阵营内部矛盾重重，苏联的影响力和控制力减弱，苏联领导人戈尔巴乔夫的改革不仅没有改变这一状态，反而使局势向相反方向发展。相对于 80 年代苏联社会主义阵营的颓势，西方资本主义阵营保持了进一步的扩张态势。20 世纪 80 年代末 90 年代初苏东剧变，以美国为首的国际垄断资本获得了全球扩张的巨大空间，西方国家长期积累的过剩资本及先进科学技术显示出巨大的威力，"国际垄断资本+先进技术"迅速将原苏联和东欧社会主义国家纳入资本主义世界体系之中，成为以美国为首的国际垄断资本全球扩张的一个环节。冷战后，世界格局虽然朝向多极化方向发展，但是美国作为唯一的超级大国，仍然具有举足轻重的影响力，美国在世界力量格局中处于主导地位，这在可以预见的未来是不会有根本性改变的。

首先，美国主导了现存几乎所有具有全球影响力的国际政治经济军事组织。作为世界上唯一的超级大国，美国的军事基地遍布全球，具有全球实力最为雄厚的军事力量，美国是当今世界最大的军事联盟组织，即北约组织的领导者。作为在冷战中与华约对峙的军事联盟，北约在冷战结束后并未如华约一样解散，相反，却成为美国及其欧洲盟国进一步压缩俄罗斯战略空间，实现全球扩张的工具。同时美国对联合国也有着巨大的影响力，最为关键的是，美国通过控制世界银行、国际货币基金组织以及世界贸易组织，打造了一个维护以美国为首的国际垄断资本利益的资本全球治理体系，"其实美国一直是主宰国际货币基金组织、世界银行和关税及贸易总协定/世界贸易组织的大国。在几次影响世界经济的金融危机中（包括 1994—1995 年墨西哥危机和 1997 年后的东亚危机，美国实际上左右了国际货币基金组织的反应……美国经常带头对付西欧和其他大国的抗衡。甚至对西欧施加压力，要它们参加乌拉圭回合谈判。"[1]通过政治经济军事紧密结合，有效维护美国主导的全球霸权秩序。

---

① ［美］罗伯特·吉尔平：《全球资本主义的挑战——21 世纪的世界经济》，杨宇光、杨炯译，上海人民出版社 2001 年版，第 14 页。

其次，美国具有其他国家无法比拟的雄厚科技实力和制度修复能力。"9.11"恐怖袭击以后，美国先后卷入了阿富汗、伊拉克等数场战争，国力受到巨大损耗，同时2008年爆发的金融危机也使得美国陷入巨大的困境之中，尽管如此，美国仍然具有雄厚的实力和发展后劲。"美国拥有不到5%的世界人口，却占据了27%的全球制造业产出。2006年，在全球《财富》500强公司中(以市值排名)，有184家美国企业，占了全球《财富》500强企业总市值的2/5。此外，美国占了全球家庭消费的31%，占了全球个人财富的34%。在全球1250强企业中(以研发支出排名)，美国占了2/5，这些企业是全球技术进步的核心。在全球1250强企业中，有336家企业属于信息技术硬件、软件与计算机服务领域……在这336家信息技术企业中，超过219家(65%)企业总部设在美国。也就是说，美国是资本主义全球化的中心。"[①]2016年特朗普当选美国总统后实行了一系列"逆全球化"的政策举措，强调美国要进行"再工业化"，大力发展环保、生物等面向未来的高新技术产业，这实际上是要修复美国由于金融垄断资本过度扩张所带来的发展困境，为美国垄断资本的新一轮全球扩张创造必要条件。

再次，美国的国家软实力也是非常强大的。软实力是一个国家力量的重要组成部分，甚至在一定程度上比硬实力更能反映这个国家的国际影响力，更能说明这个国家的发展水平，因为一个国家的硬实力可以通过经济社会稳步发展而迅速实现，但软实力的获得却要难得多。美国的软实力表现在美国的文化价值观、制度及其生活方式对其他国家巨大的影响力上。"由于美国主宰全球通讯、大众娱乐和大众文化的巨大又无形的影响，也由于美国技术优势和全球军事作用的潜在的有形影响……美国大众文化具有一种磁铁般的吸引力，尤其是对全世界的青年……美国的电视节目和电影大约占世界市场的四分之三……同时，美国的时尚、饮食甚至穿着，也越来越在全世界被模仿。互联网的语言是英语……最后，美国已经成为那些寻求高等教育者的圣地……当对美国方式的模仿逐渐遍及全世界时，它为美国发挥行使间接的和似

---

① [英]彼得·诺兰：《十字路口：疯狂资本主义的终结和人类的未来》，丁莹译，中信出版社2011年版，第100页。

乎是经双方同意的霸权创造了一个更加适宜的环境。"①美国的这种文化软实力使得以美国为首的国际垄断资本通过世界规模的积累，对广大发展中国家剩余价值的榨取更加隐蔽，更能迷惑人。

以美国为首的国际垄断资本力量所主导的全球化进程，是一种立足于国际垄断资本狭隘利益的全球化，其中心就是国际垄断资本的全球扩张，它对资本逻辑的过度放任，必然带来全球发展的失衡以及世界各国日渐严重的国家间"两极分化"的后果。这个全球化进程已经被国际垄断资本亲手推进现实困境之中，并且由于资本的贪婪而走向全球化的反面——逆全球化潮流。

(二) 以中国为代表的新兴发展中国家力量：生成共同繁荣的全球化前景

随着资本的全球扩张，广大亚非拉地区相继成为西方资本主义国家的殖民地，成为其原料生产地和商品销售市场。第二次世界大战以后，西方主要资本主义国家力量受到极大的削弱，以英国为首的国际垄断资本主导的旧殖民主义世界体系逐渐瓦解，其亚非拉各个殖民地纷纷走向民族独立，成立现代主权国家。这些国家在美苏冷战时期成为独立于美国、苏联以及其他发达国家的第三世界力量，在国际舞台中扮演了重要角色，正是在这些国家的努力下，中国在 1971 年恢复了在联合国的合法席位，使中国能够在国际舞台上发挥重要影响力。独立后的广大第三世界国家由于在旧殖民主义世界体系中，只是处于外围和边缘的地位，充当的只是资本的原料供应者及商品销售市场，"第二次世界大战以前，殖民制度迫使国际分工采取'古典的形式'。殖民地提供'贸易经济'产品(由欧洲海外的农民提供的'热带'农产品)……发达的中心提供制成的消费品。这种体系尤其有使外围贫穷化的作用"②。作为资本主义世界体系外围和边缘的广大第三世界地区，其工业基础非常薄弱，经济发展水平整体较为落后。亚非拉反殖民主义运动取得胜利以后，虽然广大第三世界国家获得了政治上的独立，但是在经济上仍然处于对西方发达资本主义国家的依附状态，处于以美国为首的国际垄断资本构建的当代资本主义世界体

---

① [美]兹比格涅夫·布热津斯基：《大棋局：美国的首要地位及其地缘战略》，中国国际问题研究所译，人民出版社 2007 年版，第 22—23 页。

② [埃及]萨米尔·阿明：《世界规模的积累——欠发达理论批判》，杨明柱、杨光、李宝源译，社会科学文献出版社 2017 年版，第 3 页。

系的一个最低端的环节。美国的国际垄断资本以美国雄厚的综合国力为后盾，通过垄断全世界最先进的科学技术，主导国际金融系统，占据联通全球的销售流通渠道等手段，进一步巩固了与广大发展中国家的"中心—外围边缘"关系，实现世界规模的资本积累，通过不平等交换攫取国际间的超额剩余价值。20 世纪 60 年代，"在拉丁美洲，例如橡胶部门，我们看到 58.1% 的产品掌握在美国资本手中。我们应该考虑，这是拉美的总括性数据，所以在许多情况下，在某些国家的百分比可能会更高。①"拉丁美洲国家还属于"第三世界"中独立时间较早、发展相对较为成熟的国家，还处于这种状态，何况非洲大量刚独立的发展中国家，情况肯定会更严峻。

以美国为首的国际垄断资本掌控了广大"第三世界"国家的经济命脉，必然利用某些国家经济等方面出现的问题，通过提供国际货币基金组织贷款、国家援助等各种手段影响其内外政策，以维护其既得利益。20 世纪 70 年代美国在智利扶持军政府上台推翻了民选的具有共产主义倾向的阿连德政府。同时美国等西方国家也经常介入非洲国家内部的民族矛盾和冲突，以反对"苏联共产主义"的名义，资助拉拢反对派，推翻对美国不友好的政权，以维护美国资本在非洲的经济利益。这往往导致非洲很多国家冲突不断、战火连连。虽然第三世界国家发展困难重重，但整体来讲，仍然在努力进步，也在通过联合国、不结盟运动等平台积极发挥影响力，特别是在 1971 年以非洲为主的广大第三世界国家共同努力推动联合国恢复了中国的合法席位并把台湾从联合国驱逐出去，这一举动具有历史性意义。这标志着以中国为首的广大发展中国家走上世界历史的舞台，逐渐成为世界力量格局中的重要力量。而"随着'南北差距'不断扩大，由于发展中国家谋求抗拒西方政治制约性和经济自由化的压力，'南南合作'开始复苏。拉美国家在 1994 年联手组建了自己的地区组织——'南方共同市场（Mercosur）'。从诸多方面看，东盟是冷战的产物，但该组织也开始向新的方向扩展，接纳了印度支那地区的国家。与此同时，

① ［巴西］特奥托尼奥·多斯桑托斯：《帝国主义与依附》，杨衍永、齐海燕、毛金里、白凤森译，社会科学文献出版社 1999 年版，第 49 页。

南非非洲人国民大会于 1994 年取得胜利，这也是发展中世界复兴的转折点。"[1]中国在 20 世纪 70 年代末，走上改革开放的道路，经济得到快速发展，综合国力得到很大提升。20 世纪 90 年代，中国保持年均 10% 以上的经济增长速度，被称之为"中国奇迹"。

进入 21 世纪以来，以中国为代表的新兴发展中国家更加快速崛起，深刻改变了世界力量格局，中国、俄罗斯、印度、巴西、南非"金砖五国"从 2006 到 2016 十年间"在世界经济中的比重从 12% 上升到 23%，贸易总额比重从 11% 上升到 16%，对外投资比重从 7% 上升到 12%，30 亿人民的生活质量日益改善，金砖国家在国际上的地位和作用不断提升"[2]。广大新兴发展中国家快速崛起，在国际政治经济秩序中的话语权得到提升，使得发展中国家与发达国家之间不对等依附关系有了一定的改观，新兴发展中国家现在可以对发达国家的经济社会发展产生比以前更大的影响，"IMF 发布的《2014 年溢出效应报告》估算，如果新兴市场国家增长放缓 1 个百分点，发达国家的增长便会随之降低 0.25 个百分点"[3]。特别是中国的表现尤为突出，通过改革开放 40 多年的持续发展，综合国力显著增强，已经成为世界多极化中的重要一极。

首先，虽然面临各种困难，但通过全面深化改革，中国经济得到稳定增长，综合国力持续增强，国际影响力不断提升。中国在历经 2008 年美国金融危机，世界各国经济陷入普遍衰退的情况下，仍然能够维持经济中高速增长，这在世界范围内较为罕见。中国已经在 2010 年超越日本成为世界第二大经济体，按照目前的增长速度，中国也会在不长的时间内超越美国成为世界第一大经济体。与此同时，中国经济对世界经济的贡献率也得到显著提升，据统计"2011、2012、2013、2014、2015 年，中国增长的贡献率分别为 28.6%、31.7%、32.5%、29.7%、30.0%，而美国分别为 11.8%、20.4%、15.2%、

---

① ［英］珍妮·克莱格：《中国的全球战略：走向一个多极世界》，葛雪蕾、洪漫、李莎译，新华出版社 2010 年版，第 50-51 页。文中"南非非洲人国民大会"又被称为"非国大"，其于 1994 年取得胜利，指的是 1994 年非国大领袖蒙德拉正式就任南非总统，结束了白人长达 3 个世纪的统治。

② 习近平：《坚定信心 共谋发展——在金砖国家领导人第八次会晤大范围会议上的讲话》，人民日报，2016 年 10 月 17 日，第 2 版。

③ 王宪磊主编：《全球要事报告 2014—2015》，时事出版社 2015 年版，第 92-93 页。

19.6%、21.9%"①，中国已经成长为世界经济增长的最重要的引擎。

其次，中国通过各种渠道积极参与全球治理，和广大发展中国家一道，努力寻求全球治理朝更加公正合理的方向变革，在世界政治经济舞台上发挥着越来越重要的作用。中国是现有国际秩序的创建者、推动者、获益者以及维护者。中国几乎加入了所有的多边性国际组织，如联合国、世界银行、国际货币基金组织、世界贸易组织等，中国也推动创建了上海合作组织，并与各大全球性或区域性国际组织保持着友好合作关系。但是当前大多数国际政治经济组织是由以美国为首的国际垄断资本主导，是资本全球治理体系的重要组成部分。而这样一个资本全球治理体系必然首先要维护以美国为首的国际垄断资本的利益，很多时候会损害其他国家利益，比如中国加入世界贸易组织时，按照相关规定中国 15 年后可以自动获得市场经济地位，从 2001 年至 2015 年来中国较好地履行了"入世"的承诺，但以美国为首的西方发达国家却仍然拒绝承认中国的市场经济地位，并将其作为遏制中国的重要筹码。以美国为首的国际垄断资本主导的全球治理体系本身存在先天的不足，其资本的扩张悖论必然通过世界规模的资本积累带来世界范围贫困的积累和生态危机的积累。2008 年爆发的美国金融危机及其后续发展已经证明，这样的资本全球治理体系存在巨大问题，它已经造成全球发展的失衡，使"富国愈富、穷国愈穷"。

中国一直在通过自身努力，推动全球治理体系更加公正合理，特别是中国筹建了亚洲基础设施投资银行并通过实施"一带一路"倡议为国际社会提供了变革全球治理体系的中国方案。这一系列举措不仅为探索有别于资本全球治理，并且符合中国以及广大发展中国家利益的全球治理体系开辟了新的道路，同时也极大提升了中国在现有全球治理体系中的话语权。在世界银行"中国的投票权从 2.77%提高到 4.42%，位列第三……2015 年 12 月，国际货币基金组织执行董事会将人民币纳入特别提款权（SDR）货币篮子，并将篮子货币的权重调整为：美元占 41.73%，欧元占 30.93%，人民币占 10.92%，日元占 8.33%，英镑 8.09%，标志着人民币成为美元、欧元、英镑、日元之外，国

---

① 郭同欣：《中国对世界经济的增长的贡献不断提高》，人民日报，2017 年 1 月 13 日，第 9 版。

际货币基金组织的第五种官方储备货币。"①2017年10月1日国际货币基金组织总裁克里斯蒂娜·拉加德(Christine Lagarde)正式对外宣布人民币成为可自由使用的国际货币。这是中国在国际金融治理体系中话语权增强的重要表现。不仅如此,中国在其他国际性组织中的话语权和影响力同样得到很大提升,国际上重大的全球性或者区域性问题的解决,已经离不开中国的参与。

再次,中国特色社会主义道路的成功实践,让世界各国特别是广大发展中国家更加关注中国的发展模式,在这一过程中,中国的"软实力"得到很大提升。20世纪90年代以来,以美国为首的国际垄断资本在全世界大力推行新自由主义,形成"华盛顿共识"。但推行"华盛顿共识"的结果是国际垄断资本在全球范围能够更加自由地流动,广大作为外围和边缘的发展中国家,其大量国家财富被作为资本主义世界体系中心的西方发达国家赚取,而只留下贫困、环境污染和社会动荡,世界发展的鸿沟不仅没有缩小反而被进一步拉大。据统计,"美国—加拿大区域有3.5亿人口,其人均产出是4万欧元,而拉丁美洲6亿人口的人均产出是1万欧元……撒哈拉以南的非洲拥有9亿人口,年均产出仅为1.8万亿欧元(少于法国的2万亿欧元),年人均产出仅为2000欧元,是全球最为贫困的地区"。② 苏联及东欧社会主义国家在转型过程中照搬西方模式,采用新自由主义,强力推行私有化,搞"休克疗法",大量国有资产在一夜间流失,经济发展受到极大影响,国家发展程度、人民生活水平甚至长期达不到转型前的标准。与之相反,20世纪90年代,中国顶住"苏东剧变"、西方发达国家联合制裁中国的巨大压力,坚持了社会主义制度,不断通过改革开放,走出了一条中国特色社会主义发展道路,取得了举世瞩目的成绩,被称为"中国奇迹""中国模式"而受到世界各国的关注,中国和平崛起已经成为一个具有世界历史意义的事件。"2004年,乔舒亚·库珀·雷默,一位在英国外交政策研究中心任职的美国人,提出了一个引起广泛讨论的概念:

---

① 李建平、李闽榕、赵新力、周天勇主编:《二十国集团(G20)经济热点分析报告(2016—2017)》,经济科学出版社2016年版,第191页。

② [法]托马斯·皮凯蒂:《21世纪资本论》,巴曙松、陈剑、余江等译,中信出版社2014年版,第64页。

北京共识。"①"俄罗斯经济学教授波波夫（Vladimir Popov）在 2006 年 9 月就这样评价过中国模式：'中国的发展模式对所有发展国家具有无法抗拒的诱惑力，因为这种模式引发了世界经济史上前所未有的一轮增长，这种模式与美国开出的西方民主和新自由主义处方可谓背道而驰。'塞内加尔总统阿卜杜拉耶·瓦德（Abdoulaye Wade）也指出：'虽然西方国家抱怨中国在推进民主改革方面步履缓慢，却无法掩盖中国人比批评者更有竞争力、更有效率、更能适应非洲商业环境的事实。不仅是非洲需要向中国学习，西方也有很多需要向中国学习的地方。'美国前财长萨默斯也感叹：再过两三百年，历史学家会发现，"9.11"事件、伊拉克战争都不重要，21 世纪唯一重要的事件就是中国的崛起。"②当然中国特色社会主义发展道路也存在诸如环境污染、贫富差距、贪污腐败等亟待解决的问题。但是自党的十八大以来，在以习近平同志为核心的新一代领导集体的坚强领导下，通过深入实施"四个全面"战略布局，不断对中国特色社会主义发展道路进行完善，以进一步激活中国特色社会主义道路的生机与活力，目前已经取得阶段性成果，未来前景也同样可期。中国作为发展中国家的代表，必将在国际政治经济舞台上发挥出更加重要的作用。

以中国为代表的新兴发展中国家，作为全球化进程中的一股至关重要的正能量，是对国际垄断资本力量的矫正。与初期被西方发达资本主义国家强行纳入其所主导的全球化进程中不同，现在这些新兴发展中国家从全球化进程中受益并且可以重新塑造全球化的未来，让当前的全球化更加开放、包容互惠、平衡以及共赢，从而彻底走出当前的全球化困境，共同努力生成一个共同繁荣的全球化前景。

四、中国在新型全球化进程中的历史角色

随着新型全球化进程的深入推进，世界权力格局必然发生深刻变化，世界秩序涉及国际利益的安排问题，深刻反映了各个历史阶段在国际政治经济

---

① 中共北京市委宣传部、中共北京市委讲师团、北京电视台组织编写：《正道沧桑：社会主义 500 年》，北京出版社、中共党史出版社 2013 年版，第 297 页。

② 转引自张维为：《中国震撼：一个'文明型国家'的崛起》，上海人民出版社 2011 年版，第 112 页。

舞台上各种力量的消长与对比。16世纪以来，资本在不断推进全球扩张的过程中，逐渐建构起由资本主导的依附性世界秩序。到目前为止，对资本主导的世界秩序最具影响力和塑造力的国家是英国和美国。其中英国曾经拥有遍布全球的殖民地，是殖民主义时代世界权力的中心，号称"日不落帝国"，那个时期的世界秩序代表了以英国为首的世界产业资本的利益，满足了产业资本汲取全球资源实现扩张的需要；而美国则是国际垄断资本时期世界权力的中心，美国构建的世界秩序，反映了以美国为首的国际垄断资本、特别是金融垄断资本的利益，满足国际垄断资本以跨国公司为载体向全球输出资本，利用金融化手段，榨取实体经济国家超额剩余价值的需要。但资本的内在否定性使得资本主导的世界秩序也不断面临被内在否定的命运。虽然过去几个世纪以来，通过资本主义世界霸权的不断扩张以及周期性转移，这种内在否定的命运被不断延缓。但是每一次这种延缓，只会积累更多的否定性因素，最终使资本主导的世界秩序无法再延续。当然这肯定会是一个比较漫长的历史过程。

在此背景下，很多国家将目光转向中国，认为美国霸权在衰落，"中国如今是全球化进程的实际领导者"，中国迟早要填补美国国家力量从全球收缩所带来的权力真空，国内也有很多人对此持乐观支持态度。实际上当前世界各国确实需要一股新的国际力量来推动构建更加公平、更加包容的国际新秩序，但这并不意味着需要再塑造一个新的领导者、新的霸权力量来填补国际垄断资本暂时退潮后的权力真空，中国不能够、更不需要去争夺作为世界旧秩序产物的全球领导者虚名。

必须看到，资本主义世界体系进行着"肯定—否定—否定之否定"的周期性历史演变。在这一过程中，资本主义生产方式通过内生出不同的资本形态作为世界规模资本积累的中心，以满足不断延展资本主义全球扩张链条，延缓资本的内在否定从否定之否定上升到彻底否定，最终被社会主义全面替代的历史命运，从而维系资本主义生产方式的长期存在。同样，作为"国格化资本"的资本主义国家，通过国家政权的力量构建了为资本全球扩张服务的依附性世界秩序，随着资本主义体系积累中心的周期演变，形成了由不同资本主义国家主导的依附性世界秩序。当前资本主导的全球化秩序正处于不断的调整变革中，作为以美国为首的国际垄断资本，特别是金融垄断资本，其现有的积累方式已经通过金融危机的爆发显示出巨大的弊端。

人类社会现在就应该行动起来，现在不是要从外部彻底否定并终结资本，资本只能被内在否定和自我终结。人类社会需要做的是不断团结整合全球性、区域性抑制资本的社会主义因素和力量，将资本作为发展的手段，而不是目的，抑制资本的过度逐利倾向。现阶段特别要抑制国际垄断金融资本的过度膨胀，"在经济制度上将不再以资本持续积累为基本目标，采取以生产资料社会所有为主导的混合体制，发展中介式金融，保持虚拟经济的经济结构；在政治上，应改变主权国家'排他性利益最大化'的传统，改为奉行'合作最大化'的新原则；在安全理念上，提倡'共同安全'与'合作安全'；在文化上，表现出更多的包容，能够有效地化解文明冲突。"①世界社会主义将在不断克服资本发展弊端及其危机的历史进程中不断生成。

在这样一个人类命运共同体时代，中国和世界的命运紧密联系在一起，面对当前人类共同面临的全球性难题，国际垄断资本所主导的全球化进程及其所构建的依附性世界秩序，正面临巨大困境，全球治理出现缺位，中国应该积极作为，提出中国方案，贡献中国力量。但是必须量力而为，中国仍然是一个新兴的发展中国家，以美国为首的西方发达国家不可能放松对中国的防范和遏制，广大发展中国家也不会期望看到中国成为另外一个"霸权国家"，中国不可能通过复制美国等西方霸权国家的道路，实现中华民族伟大复兴的中国梦。中国应该成为以合作共赢为主要特征的世界新秩序的倡导者、推动者与平等参与者，而不是所谓领导者。同样，中国也需要看到依附性世界秩序终结的历史性、阶段性及内在性，构建人类命运共同体与现有世界秩序在一定时期内是可以共存的。人类命运共同体是在不断克服依附性世界秩序内在矛盾的基础上逐渐生成的，这一过程也是依附性世界秩序历史性退潮及消亡的过程。中国人民只需要认真踏实地做好自己的事情，坚持走合作共赢的经济全球化道路，团结全世界一切可以团结的力量，共同努力增强全球驾驭资本的力量。既充分释放资本的巨大能量，利用资本作为手段，推动全球经

---

① 王湘穗：《币缘论：货币政治的演化（定制版）》，中信出版社 2017 年版，第 331 页。

济社会发展，累积全球社会财富，又积极克服资本的弊端，注重公平正义，避免资本盲目扩张造成全球发展失衡，在实现中华民族伟大复兴中国梦的伟大历史进程中惠及世界人民，为世界的和平发展作出中国应有的大国担当，这才是中国在基于人类命运共同体的新型全球化进程中所应该扮演的历史角色。

第四节　新型文明观：建设开放包容的世界

一、文明冲突论的理论根源及谬误

冷战结束以后，一些西方学者认为，文明冲突已经取代冷战时期资本主义和社会主义两种意识形态的冲突而成为国家间关系的基本样态。文明冲突论的文化基因在于西方文化传统中的个体本位。西方文化的个体主义倾向发端于古希腊文明，古希腊文明的基本范式是以个人为本位，个人自由是最高准则，服从客观的理性标准。以个人自由为最高准则的社会中，鼓励个人自由竞争，个人尽其最大努力把潜能发挥出来，尽最大力量扩张。这种扩张型文明鼓励发挥每个人的最大力量，带来了生产力的高度发达，但其存在的最重要的问题，则是容易追求极端，对客观标准的无穷探索在逻辑上也会导致思维方式上的"一根筋"而产生危机。欧洲文艺复兴运动以后，古希腊文明中的个体本位的文化基因被重新恢复，这导致两个重要的思维倾向，一是人的主体意识的过于膨胀，陷入人类中心主义；二是在人类中心主义基础上，西方文明在征服自然、征服世界的道路上越走越远，并将世界其他文明远远地抛在了后面，并因此走入西方文化中心主义的历史迷途中，西方文化文明与世界其他民族的文化文明间处于征服与被征服的地位中，矛盾确实有不断增大的趋势，冷战中这种对立还被同生于西方文化的社会主义意识形态与资本主义意识形态的对立所遮蔽，那么冷战结束以后，资本主义意识形态一统天下，西方以资本主义文化为主体的文明形态与世界其他民族文明间的矛盾加大。但是这种加剧的矛盾不是从天而降的，相反，他根植于现实世界在经济社会等物质领域矛盾的基础之上。

从美国、英国等西方发达资本主义国家在中东、北非地区的一系列军事行动来看，看似从一个侧面印证了这个论述，但实际却不是这样。中东的伊斯兰文明与西方基督教文明的所谓冲突只是一个表面现象，深层次的冲突则是广大第三世界国家与国际垄断资本力量的冲突，以美国为首的国际垄断资本主导的经济全球化进程，将所有国家都纳入其构建的"中心—外围边缘"资本主义世界体系中，成为推动国际垄断资本扩张的一个必要环节，资本扩张空间的极速拓展是以压缩广大第三世界国家的生存空间为代价的，这必然引发广大第三世界国家的极大反抗，作为世界最重要石油产地的中东北非地区，更是国家垄断资本必须重点掌控的战略要地，国际垄断资本在这一地区的力量投入是最大的，激发出来本区域民族国家的反抗也是最激烈的，所以，这一地区成为全球最为动荡的地区。可见在全球化日益深入推进的今天，各个民族、各个国家的联系应该更为紧密，各个文明间应该更加融合，不是文明冲突引发了国家间的冲突与动荡，而是国际垄断资本的全球扩张，在全球范围内疯狂的逐利，导致了国家间冲突，文明冲突只是其附属品。习近平指出："文明是多彩的，人类文明因多样才有交流互鉴的价值……文明是平等的，人类文明因平等才有交流互鉴的前提……文明是包容的，人类文明因包容才有交流互鉴的动力……历史告诉我们，只有交流互鉴，一种文明才能充满生命力。只要秉持包容精神，就不存在什么'文明冲突'，就可以实现文明和谐。"①在这样一个纷争动荡的时代，世界各个文明不应该成为冲突的借口，而应该成为各个民族、各个国家改善关系、互利合作的润滑剂，这也是人类命运共同体思想重要的价值诉求和取向。

二、人类命运共同体的文明观

人类命运共同体强调在"文化上，要尊重世界文明多样性，以文明交流超越文明隔阂、文明互鉴超越文明冲突、文明共存超越文明优越。"②其所展现的

---

① 习近平：《习近平谈治国理政》，外文出版社 2014 年版，第 259 页。
② 本书编写组：《党的十九大报告辅导读本》，人民出版社 2017 年版，第 93 页。

文明观是一种与西方中心主义的文明观截然不同的新型文明观。人类命运共同体的新型文明观根植于中华传统文化的土壤之中。中华传统文化强调整体主义思维，注重实用主义的内敛包容，强调从整体的视角审视个体，这对于构建人类命运共同体具有重要的借鉴意义，构建人类命运共同体思想也继承了中华传统文化整体主义思维的核心要义。

（一）寻求文明交流的文明观

西方中心主义的文明观，对待世界上其他文明的态度是以社会达尔文主义意识形态为基础的，强调西方文明的优越性，并以此为西方资本主义国家对全世界的侵略和征服提供合法性依据。所以，建立在西方资本主义主流意识形态基础上的文明观注重的是扩张、征服，对其他文明是西化、同化而不是平等的交流。资本主导的全球化进程，将世界各国强行纳入资本主义的全球扩张体系中，妄图用资本逻辑通约一切不同的价值观，但是资本主义并不能做到完全统摄一切。资本通过资本主义国家政权的力量，对各个民族国家的民族独特性进行压制，图谋用西方设定的文化价值观构建一个普世价值体系，消除世界其他民族文化的特性，确立西方资本主义文化在全球的统治地位，以更好地满足国际垄断资本全球扩张的需要。但是西方发达资本主义国家的压制，不仅没有消灭各个民族国家的独特性，反而在强大外在压力下，激发了民族国家的民族意识，其中最根本的一点就是对自己民族国家所传承的文化文明的重新认识，处于全球化弱势地位的广大发展中国家纷纷用强化自身文化文明主体地位的方式维护自身的主权独立。

在这样的历史背景下，西方中心主义的文明观已经不能适应世界文明融合发展的时代潮流。构建人类命运共同体及其所倡导的新型文明观秉承实用主义的精神，强调与不同文明间的交流合作，通过平等交流，开拓文明视野，弥补自身文明的不足，为推动各国间的互利合作打下坚实的文化基础。当然这种实用主义精神并不是毫无原则，其中的"实用"并不是一种建立在功利主义基础上的价值观，而是坚持实事求是的态度，不以国家大小强弱、制度差异及意识形态划界，而是强调世界各国都要一视同仁、平等相待，都应该相互尊重，努力实现合作共赢。"实用"是强调可以摒弃文化、种族及社会制度上的偏见，可以保留彼此的分歧而寻求文明间的共通点，务实开展文明间的对话，不让分歧演变成隔阂和对立，而要在保持彼此的独特性基础上不断寻找文化文明交融点，从而引导现实的互利合作，实现共赢。2015 年 11 月，习近平在亚太经合组织工商领导人峰会上指出："要坚持合作共赢理念和命运共同体意识，在竞争中合作，在合作中实现共同发展。要坚持多元发展，尊重彼此根据自身实际选择的发展道路，通过对话协商的方式解决分歧。"①"交流"不是西方行使文化霸权，将自己的文化模式强加给对方，而是不同文明间的良性互动，中国不照搬别国的发展模式，也不会搞制度模式输出，不会干涉其他国家的内政。

（二）注重文明互鉴的文明观

人类命运共同体的新型文明观倡导和合理念，具有很强的包容性。促进人类的和平与发展是构建人类命运共同体的重要目标。在当今世界，世界各国人民的利益日益多样化，价值观日益多元化，不同文化文明间既有交流，又存在差异和竞争，在这样的背景下，西方奉行的文化价值观同化的政策不仅无法消除文明间的差异，反而会极大地激化文明间的矛盾，使文明冲突成为常态，所以才会有文明冲突论赖以存在的市场空间。构建人类命运共同体坚持和平、合作、包容的原则，强调求同存异，以对话解决分歧和矛盾，以相互尊重取代相互猜忌，不断凝聚不同种族、不同文化国家间的政治互信。2014 年 3 月，习近平在联合国教科文组织总部的演讲中指出："当今世界，人类生活在不同文化、种族、肤色、宗教和不同社会制度所组成的世界里，各国人民形成了你中有我、我中有你的命运共同体。"②在这样一个命运共同体时代，各种文明之间也是一种命运共同体关系，如果按照西方的霸权主义思维，只存在西方一种文明样式，那么这无疑对人类社会来说是灾难，因为多样性是一种客观的自然规律，世界因多样性而繁衍生息、多姿多彩，多样性也是人类社会历史发展的规律，正因为有多样性，人类文明才会不断发展进步；同时从长远看，单一文明样式对西方文明本身来说也是一种巨大的灾难，因为如果没有其他的文明共存，西方文明就不会有借鉴，也就不会有进步，最

---

① 习近平：《发挥亚太引领作用 应对世界经济挑战——在亚太经合组织工商领导人峰会上的主旨演讲》，人民日报 2015 年 11 月 19 日，第 2 版。

② 习近平：《习近平谈治国理政》，外文出版社 2014 年版，第 261 页。

终只会故步自封，不可避免地走向消亡。

所以，文明之间是一种命运共同体关系，位于其中的各种不同文明间应该相互借鉴，彼此取长补短，相互交融、共同进步，只有这样世界文明才能长盛不衰。在 2016 年新年贺词中习近平也衷心希望："国际社会共同努力，多一份平和，多一份合作，变对抗为合作，化干戈为玉帛，共同构建各国人民共有共享的人类命运共同体。"①文明间的互鉴要坚持的和平发展的理念，彼此少一点戾气多一份平和，只有和平相处才能真正发现其他文明的优点和长处，也才能真正发现己方文明的缺点和短处；文明间的互鉴要多一份合作少一点对抗，文明间由于存在差异而可能出现争论、竞争甚至对抗，但是需要将文明间存在的对抗对立限制在一定的范围内，不能让对抗对立影响文明间和平合作的主流；文明间互鉴的目的不是通过借鉴对方的长处，提升己方的文明，最终超越并压制其他文明，而是通过互鉴，互相促进、互相提升，为构建世界各国人民共有共享的人类命运共同体夯实文明的基础。

(三)导向文明共存的文明观

人类命运共同体的新型文明观，强调从全世界这个整体视角来审视民族国家的行为，来审视世界文明的发展。虽然结构现实主义也是从国际体系和结构出发来认识国家行为，强调体系和结构对国家行为的决定性作用，但是其出发点却是个体理性主义，其作为视角的国际体系或者结构仍然不是真正意义上的世界整体，而至多只是由美国等超级大国构成体系或者本身就是资本主义世界体系，在这样一个视角下，世界文明就是指西方资本主义文明。西方文明观及其主张的文明秩序是一种等级制的文明观和文明秩序，其中占据统治地位的是西方资本主义文明，世界其他地区的文明则是被西方文明所战胜和支配的。西方资本主义文明观必然导向文明冲突，因为面对西方文明的扩张，其他文明要么被同化、西化，成为西方文明的附庸，要么就只有采取对抗的方式，才能够获得有限的生存空间。

人类命运共同体则是一种整体主义的文明观，审视关注的不是民族国家层面的私利，而是全人类的共同利益以及长远利益，其文明观的重要基础及

---

① 习近平：《国家主席习近平发表二〇一六年新年贺词》，人民日报 2016 年 1 月 1 日，第 1 版。

重要诉求是文明间的共存。习近平在 2017 年新年贺词中指出："中国人历来主张'世界大同，天下一家'。中国人民不仅希望自己过得好，也希望各国人民过得好。当前，战乱和贫困依然困扰着部分国家和地区，疾病和灾害也时时侵袭着众多的人们。我真诚希望，国际社会携起手来，秉持人类命运共同体的理念，把我们这个星球建设得更加和平、更加繁荣。"①这种整体主义的文明观深受中华传统文明的影响，具有一种浓烈的天下情怀，文明是天下的文明，天下文明是一家。中华文明从来都不是一种崇尚扩张的文明，而是一种内敛内向的文明，其所关注的是人与人、人与社会以及人与自然秩序的稳定，并且中华文明从来都是靠吸引而不是靠强力凝聚与周边其他国家的价值共识。人类命运共同体的新型文明观坚持"天下一家"理念，强调文明间并不遵循"优胜劣汰、适者生存"的自然进化规律，而是一种良性竞争关系，它们共存于这个人类共有的地球家园上，所以"世界各国人民应该秉持'天下一家'理念，张开怀抱，彼此理解，求同存异，共同为构建人类命运共同体而努力。"②

三、构建人类命运共同体对传统文明观的跨越

构建人类命运共同体，正在通过践行"一带一路"倡议不断实现对西方文明的成功跨越。在实施"一带一路"建设规划的过程中，中国始终坚持联合国宪章、和平共处五项基本原则等国际公认的准则，切实尊重所在国的文化传统、社会习惯、政治制度及发展道路，不搞制度模式输出和文化霸权，努力促进不同文明间的和谐共生、交融共进。2017 年 5 月，习近平在"一带一路"国际合作高峰论坛开幕式上的演讲中强调："'一带一路'建设要以文明交流超越文明隔阂、文明互鉴超越文明冲突、文明共存超越文明优越，推动各国相互理解、相互尊重、相互信任。"③

(一) 对文明隔阂论的超越

人类命运共同体的文明观是建立在中华文明强大包容性的基础上。中国

---

① 习近平：《国家主席习近平发表二〇一七年新年贺词》，人民日报 2017 年 1 月 1 日，第 1 版。

② 习近平：《携手建设更加美好的世界——在中国共产党与世界政党高层对话会上的主旨讲话》，人民日报 2017 年 12 月 2 日，第 2 版。

③ 习近平：《习近平谈治国理政》第二卷，北京：外文出版社 2017 年版，第 513 页。

哲学世界观朝向的是包容性的形成路径，先设立源于人伦关系的范畴体系，然后将万物包容于内，建立万物之间的"同构关系"。我们将其称为"包容逻辑"。这种方法可以说是现代"模型方法"的雏形。它完全不同于西方的演绎逻辑与归纳逻辑。西方哲学注重的是主体—客体关系，是一种立足反思的理性主义思维，它与古希腊作为一个商业社会，作为商人需要探求对全体社会成员都具有约束力的普遍社会规则来维护商业利益，这锻造出了一种透过纷繁复杂的现象找寻其背后不变规律的理性思辨思维；同时也绝对化了西方文化的理性主义传统，不断地通过理性的思维、通过逻辑推理去认识世界、改造自然，这一方面为西方在近代科学技术的崛起、思想的解放打下了坚实的文化基础，但是这也导致西方文化走向外向型扩张。从文化层面看，在西方文化的熏陶和培育下，基督教得到发展壮大，但这一宗教共同体并不具有多样文化的包容性，相反，通过欧洲漫长中世纪的思想控制和世俗政治统治，压制所谓"异端"思想，并在所谓"圣战"的旗帜掩盖下，进行了数次十字军东征，造成无数生灵涂炭。从西方文化的胚胎孕育出的资本主义文明，则更加显示出西方文明的扩张性。但是西方文明的扩张体系只有正反馈机制，而没有负反馈机制，所以西方文明结构具有强烈的不稳定性。

　　而中国哲学关注的是主体—主体关系，理论视野聚焦在主体际性，这一维度西方直到现代才被哈贝马斯系统阐明。中国哲学关注主体际性，中华传统文化则在主体际性的维度空间中不断发展，对于中国传统文化而言，主体际性并不是虚空般的存在，而是实体性的存在。因为在中国社会中，人与物、物与物的关系都会通过人与人的主体性关系来展现。在中国社会传统中一直是重人伦、轻器物。伴随着人伦关系的拓展，中华文明展现出了极大的包容性。中华文明的主流意识形态从来都讲求内敛而不外放。中国社会存在两个层次政治体制，即社会体系和政治权力体系。社会体系是以儒家作为根基，以血缘伦理为基础的自治社会结构，它们是构成中国社会的细胞；政权体系则以法家作为根基，实行中央集权的政治权力体系，以行政法令为管理手段。儒家则用血缘伦理塑造该权力体系。中国传统文化中具有浓烈的家国情怀，这是使中华文明保持大一统的伟大的文化基因。由此产生了中华传统文化的独有特征：中和与包容。中国政治文化本质在于包容稳定型政治文化，以社会伦理为基础，以中央集权的政治权力为骨架，以民间血缘系统自治单元为细胞的政治构架，构成中国的超稳定结构。可见中华传统文化讲求包容，中华文明强调"有容乃大"的理念，对世界其他文明一直秉持开放包容的心态，2016年1月，习近平在阿拉伯联盟总部演讲中指出："中华文明与阿拉伯文明各成体系、各具特色，但都包含有人类发展进步所积淀的共同理念和共同追求，都重视中道平和、忠恕宽容、自我约束等价值观念。我们应该开展文明对话，倡导包容互鉴，一起挖掘民族文化传统中积极处世之道同当今时代的共鸣点。'一带一路'延伸之处，是人文交流聚集活跃之地。"①人类命运共同体倡导的新型文明观是一种开放包容的文明观，它强调用包容超越文明间的隔阂和对立，需求文明间的最大公约数，并以此携手共进，促进人类社会的和平与发展。

(二)对文明冲突论的超越

人类命运共同体的文明观建立在和平发展的基础上。中华传统文化注重和合理念，强调和平与合作，中华文明从来都不是一个扩张型的文明，而是一个内敛型的文明。中国过去不称霸、现在不称霸，即使将来实现了民族复兴也不会称霸，这是由中华民族的文化基因所决定的。人类命运共同体所倡导的新型文明观是一种和平与发展的文明观，它强调通过共商、共建、共享来构建促进人类社会生存与发展的共同文化价值形态。在这个共同文化价值中各个民族国家自身所属的文明，可以相互交流借鉴，共同繁荣进步，同时这个共同文化价值也不需要由某一个强势的国家来主导并监督其他国家遵守，它是在各个文明间相互交流、相互借鉴的基础上生成的，会随着人类社会实践的深入推进而不断演变，世界各国人民也会在国际社会实践中平等地遵守大家共同确立的国际价值原则和标准，当然这些原则和标准不是某一个或几个霸权国家制定的，而是世界各国在平等协商的基础上共同制定的。世界各国人民也将公平地享受到文明交流进步的成果，成为世界文明圈的受益者。2016年6月22日，习近平在乌兹别克斯坦最高会议立法院的演讲中强调："我们以共商、共建、共享为'一带一路'建设的原则，以和平合作、开放包

---

① 习近平：《习近平谈治国理政》第二卷，外文出版社2017年版，第464页。

容、互学互鉴、互利共赢的丝绸之路精神为指引，以打造命运共同体和利益共同体为合作目标，得到沿线国家广泛认同。"①

（三）对文明优越论的超越

人类命运共同体的文明观注重交流互鉴。文化文明间存在差异这并不奇怪，也不成其为一个大的问题。关键在于如何看待差异和处理彼此的差异。西方文明的处理方式是，用西方文明的标准强行同化其他民族的文化文明，西方在世界范围内通过发动"颜色革命"推行"普世价值"就是一个最典型的例证。中国传统文化的整体思维注重现实社会生活的需要，而不是离开现实的理论构想。从古希腊以降，西方传统文化弥漫着浓重的理性主义色彩，轻感官感觉，认为感官感觉所面对的是处于流变中的"多"，这只是"意见"，而需要去准确把握的是"多"之后的"一"，也就是作为真理的"逻各斯"。中国传统文化则是重视感觉体悟，强调知行合一。具体而言，儒释道三家各有侧重，构成中国传统文化的完整的世界观，而这几种世界观都浸透着实用主义的精神。长期居于主流的儒家思想讲求"修身、齐家、治国、平天下"，本身就是一种积极入世的心态；道家讲求"天人合一""道法自然"，强调出世，但作为道教却迎合了人们对生命的敬畏，寻求修道羽化，从这个意义上看又与道家的思想相悖，是违背自然规律的；佛教则强调来世和轮回，佛教传入中国后，迅速被中国传统文化的实用主义精神所改造，实现了佛教思想的中国化。一直以来，"中国的圣人提供的是澄明事物变化之理，以使自身行止和其相符，因此，他并没有构想一种纯属认知的观看活动，并把这活动当作是其自身的目的，甚至就是至上的目的（幸福），并且是一种无利害关系的活动。对中国的圣人而言，'世界'不是一个思辨的对象，而'知'与'行'则不能分离。"②人类命运共同体的文明观秉承了中华文明务实精神，对于世界不同文化文明间的差异，强调"求同存异""和而不同"，强调彼此尊重对方差异，文明间没有高低贵贱之分，应该交流互鉴、共同进步，正如习近平所强调的，"人文交流

---

① 习近平：《携手共创丝绸之路新辉煌——在乌兹别克斯坦最高会议立法院的演讲》，人民日报 2016 年 6 月 23 日，第 2 版。

② ［法］朱利安：《功效：在中国与西方思维之间》，林志明译，北京大学出版社 2013 年版，第 21 页。

合作也是'一带一路'建设的重要内容。真正要建成'一带一路',必须在沿线国家民众中形成一个相互欣赏、相互理解、相互尊重的人文格局。"①

第五节　新型生态观：建设清洁美丽的世界

人类只有一个地球,这是各个民族、各个国家必须珍惜和爱护的家园。过去几个世纪以来,人类的活动遍布世界的每一个角落,人类社会创造的生产力超过了过去所有时代的总和,人们的生活更加便捷、生活水平显著提升,但随之而来的是人口暴增、自然资源日渐枯竭、生态环境日益恶化,人类社会如果再以当前这样的步伐和方式发展下去,必然面临被自我终结的命运。所以,必须善待自然、尊重自然,构建人类命运共同体不仅要促进世界上各个民族、各个国家间的和谐共处、共同繁荣,还要促进人类与自然环境的和谐共生,实现人类社会的可持续发展。

一、资本统治下形成的旧生态观及其根本缺陷

人与自然的关系问题是人类在经济社会发展中所需要面对和处理的最基本问题之一。通过社会劳动,人类不断地将自然界纳入其活动范围,逐渐改变自然界原有的内在联系,人类社会对自然环境的影响日益加深,当这种影响超过生态环境系统本身所具有的承载能力就会引发生态环境问题。人类社会所面临的生态环境问题,在资本主义生产方式占据统治地位的情况下,达到了前所未有的严峻程度。作为一种"在私有财产和金钱的统治下形成的自然观"②,资本逻辑主导的旧生态观具有严重的缺陷。当前,随着资本的全球扩张而不断显现其巨大的破坏力,人类社会呼唤新型生态观。

(一)劳动二重性与生态环境问题的产生及其本质

劳动二重性思想是马克思主义政治经济学的核心思想,马克思在《资本

---

① 习近平:《习近平谈治国理政》第二卷,外文出版社 2017 年版,第 502 页。
② 《马克思恩格斯文集》第 1 卷,北京:人民出版社 2009 年版,第 52 页。

论》中指出："劳动就它表现为价值而论，也不再具有它作为使用价值的创造者所具有的那些特征。商品中包含的劳动的这种二重性，是首先由我批判地证明的。这一点是理解政治经济学的枢纽"①。劳动是人类改造自然、实现生存与发展的重要手段，是人区别于其他动物的根本标志，"整个所谓世界历史不外是人通过人的劳动而诞生的过程，是自然界对人来说的生成过程"②。生成自然界及世界历史的劳动本身具有二重性，它既是一种具体劳动，同时又是一种抽象劳动，是具体劳动和抽象劳动的辩证统一，其劳动过程也同时涉及两重关系，"一方面是自然关系，另一方面是社会关系"③。作为具体劳动，展现的是人与自然之间的关系，反映了劳动的自然物质过程；作为抽象劳动，则不断生产人与人之间的社会关系，而对人与人之间社会关系的不断生产，是社会劳动的本质所在，当然这种生产建立在劳动的自然物质过程基础之上，需要劳动的自然物质过程来实现。社会劳动过程实质上是劳动不断被物化的过程，其主要表现为"生命的物化与生产关系的物化"④。

其一，人类通过社会劳动，将自己的主观意志及其精神力量倾注到客观自然环境之中，人类的集体生命和个体生命被不断地物化，由此形成了人类的自然物质生产系统，在人与自然的相互影响、相互塑造的过程中，人类的生命得到不断的生产。在社会生产力极度低下的历史时期，人类的社会劳动是必要劳动，只能维持人类生命繁衍的最基本需要，人与自然环境之间结成了一种相互依赖的关系，人类只有依赖自然才能够满足基本的生存需要，自然也因人类的实践活动而展现出独特的对象性价值。而同时人对自然环境的影响是极为有限的，自然环境可以通过自我修复机制在一定程度上消解人类活动的不良影响，人与自然处于一种原始的命运共同体状态。

其二，随着社会生产力的不断提升，人类除了通过社会必要劳动来满足最基本的生存需要之外，还可以通过剩余劳动来实现人类社会的发展。剩余劳动不断生产人与人之间的社会关系，并将这种社会关系物化，形成人类的

---

① 《马克思恩格斯文集》第5卷，北京：人民出版社2009年版，第54—55页。
② 《马克思恩格斯文集》第1卷，北京：人民出版社2009年版，第196页。
③ 《马克思恩格斯文集》第1卷，北京：人民出版社2009年版，第532页。
④ 鲁品越：《鲜活的资本论：从深层本质到表层现象》，上海：上海人民出版社2015年版，第100页。

社会物质生产系统，其不断生产并面向自然拓展人类的社会权力结构。人类的自然物质生产系统是社会物质生产系统的物质载体，但人类的社会权力结构则决定了人类以何种方式、程度利用自然，也决定了从自然所获取的"自然力"如何分配以及如何承担为此所带来的生态环境效应。人类的社会物质生产系统是比自然物质生产系统更核心、更深层次的生产系统。在阶级社会，处于社会权力结构中主导地位的统治阶级，会运用其所控制的社会权力，把狭隘的阶级意志转化为全社会的集体意志，将等级制的社会关系投射到人与自然环境的关系上，使人与自然关系也被打上了人与人不平等社会关系的烙印，人与人不平等关系转化为人对自然环境畸形的索取占有关系，统治阶级为了满足自身不断膨胀的物质需要以及维持日益庞大的社会权力体系的正常运转，必然加大对自然环境的压榨盘剥力度。这一方面使得人类社会的生产力逐渐提升，物质财富逐渐累积，另一方面人类社会在生产劳动中形成社会简单再生产循环圈，并嵌入到原有的生态环境系统，当人类社会对自然环境所蕴含"自然力"的过度汲取超出自然环境本身的承载力之后就会逐渐打破原有的生态平衡，不断消解人与自然命运共同体的现实基础，生态环境问题由此产生。

可见，生态环境问题具有二重性，一方面涉及人与自然的矛盾关系，反映了人类活动对自然环境的过度影响，另一方面又涉及人与人之间的生态性社会关系，呈现出一种人类社会生态权力结构，它最终决定人与自然的矛盾关系，但与此同时人与自然的矛盾也会不断转化为人类社会内部的矛盾关系。生态环境问题本质上是一种社会关系问题，是人与人不对等社会关系在自然界的物化，正如习近平所指出的，"生态环境问题归根结底是发展方式和生活方式问题"①，而发展方式和生活方式不仅涉及人们如何对待自然环境的问题，而且更核心地是如何处理人与人之间生产生活关系问题。在漫长的前资本主义时期，由于社会生产力水平的低下，人类整体而言仍然处于被自然压制的状态，其繁衍生息受到自然因素的极大影响，人与自然的矛盾冲突还处于一种较为初级的状态之中，并没有因为局部性的失控而使整个人类社会面临生

---

① 习近平：《在全国生态环境保护大会上的讲话》，中共中央办公厅通讯，2018 年第 7 期，第 9页。

态环境危机的威胁。

（二）资本扩张与生态环境问题的加剧

人与自然的关系问题是人类在经济社会生活中所需要面对和处理的最基本的问题之一，在漫长的前资本主义世界，地球上的主要文明间除了欧亚大陆因为在地理上处于一个整体而有所联系以外，全球的其他地区都几乎处于彼此隔绝的状态，即使欧亚大陆本身的几个地区文明也由于路途遥远、交通不便联系并不紧密。与此同时，社会生产力水平的低下，人类社会整体而言仍然处于被自然压制的时代，人类的繁衍生息受到自然因素的极大影响，人与自然的矛盾与冲突还处于一种最原始的状态之中，并没有因为整体性的失控而使整个人类面临环境危机。只有当资本主义生产关系出现以后，人与自然的矛盾才以前所未有的强度被凸显出来。资本主义生产方式不同于历史上的所有存在过的生产方式，它使得人类社会对自然的征服与影响达到人类历史从未有过的深度和广度，在人类实践活动的影响下，"自然"这个概念正不断地扩充它的内涵和外延，从自在自然到自为自然，从天然自然到人化自然，自然已经不再是原来意义上的自然。马克思、恩格斯在《共产党宣言》中指出："资产阶级在它的不到一百年的阶级统治中所创造的生产力，比过去一切世代创造的全部生产力还要多，还要大。"①这不仅是对资本主义巨大生产力的感叹，也从一个侧面反映出资本生产力对自然的巨大影响力，资本力量使得人与自然一直以来的整体平衡关系被打破。人与自然的生态环境问题被凸显出来，资本主义条件下产生了两种截然不同的生态观，"第一种传统是以塞尔波恩的牧师、自然博物学者吉尔伯特·怀特为代表的对待自然的'阿卡狄亚式的态度'。这种田园主义观点倡导人们过一种简单和谐的生活，目的在于使他们恢复到一种与其他有机体和平共存的状态。第二种是'帝国'传统……要通过理性的实践和艰苦的劳动建立人对自然的统治。"②这实际上代表人类对待自然的两种倾向，即自然中心主义和人类中心主义。两种对自然的态度处于两个

---

① 马克思、恩格斯：《共产党宣言》，《马克思恩格斯选集》第一卷，北京：人民出版社1995年版，第277页。

② ［美］唐纳德·沃斯特：《自然的经济体系：生态思想史》，侯文惠译，北京：商务印书馆1999年版，第19-20页。

不同的极端，其背后的原因则是资本逻辑使然。

资本逻辑就是资本不断寻求市场权力扩张的逻辑，为获取扩张所需要的动力，资本必然不断地汲取自然环境中所蕴含的"生产力"，如水能、煤炭、石油等。资本对市场权力的追逐是无止境的和极度贪婪的，资本及其人格化（资产阶级）在短时间所创造出来的庞大生产力是建立在自然环境这一重要基础之上的。当资本对自然环境"生产力"的过度汲取超出自然环境本身的承载力之后就会产生生态危机。在这样的情况下，人们对如魔盒一般的资本会产生两种态度，一是深深的敬畏，敬畏资本的强大生产力，使得人类面对自然不再战战兢兢，而是可以用统治者的身份与之对话，它使人类的生存与发展以一种对自然环境的霸权主义方式得到确保，所以它很轻易地就可以使得人类产生一种人类中心主义的幻觉；二是极度的恐惧，资本的生产力太过于惊人，以至于它已经超出了一般人可以理解的范畴，它对人与人的关系特别是人与自然关系的极大破坏使得很多人从恐惧转向对其的彻底否定，人类应该回到过去的"自然"状态，这个自然是较少人类影响的自然，过上传统田园式的生活，较少影响自然环境，只有这样人类才不会因为资本的侵蚀而腐败堕落，从而回归人的自然本性，这恰恰是人的本真状态。所以它使得很多人因为厌弃资本所造成的悲观现实而走向自然主义的道路。无论是人类中心主义还是自然中心主义都是一种对待自然的科学理性态度。人类应该以平等的姿态认识并且对待自然，人类本身就是自然的一部分，人类社会的生产与再生产应该融入整个自然的生产与再生产之中，人与自然不应该是主从关系或者奴仆关系，而应该是伙伴关系，人类不应该傲视自然，也不需要在自然面前表现得卑微低下，正确态度是按照自然规律利用自然，构建一个稳定和谐可持续发展的人与自然关系。

资本主义生产方式不同于历史上所有已经存在过的生产方式，它使得人类社会对自然的征服与影响达到前所未有的程度。在资本统治下，以资本扩张为中心的生态观成为资本主义社会对待自然的主流态度，这深刻反映了资本主义条件下人与自然关系以及人与人的社会关系被资本逻辑所左右的客观现实。

其一，资本对自然的征服和影响建立在资本逻辑的基础之上，这是一种资本不断寻求市场权力扩张的逻辑。自然环境中所蕴藏的巨大"自然力"构成推动资本扩张的重要动力，为实现不断的扩张，资本必须最大化地汲取自然环境中所蕴含的自然力，如水能、煤炭、石油等，资产阶级在短时间内所创造出来的强大生产力是建立在对自然的疯狂索取之上。在资本主义社会再生产过程中，纯粹的自然资源由于并没有凝结"无差别的人类劳动"，所以从这个意义上讲并不具有价值，但却具有使用价值，同时也具有交换价值，其外在表现形式就是由市场供给需求决定的价格，这被马克思称之为"虚幻价格"，而"自然资源虚幻的价格形式构成了资本主义超额利润的一部分。"①自然资源通过这种形式参与商品价值的分割，而资本一旦掌握自然资源的所有权，就可以根据市场行情随意取用，为了维持超额利润，资本家必然千方百计压低自然资源的价格，这使得其在商品价值分割中处于最末端位置，遭受产业资本、商业资本以及金融垄断资本等的层层盘剥，往往越是初级原始的生产资料或产品，其价格相对而言越低。低廉的价格也使得自然资源的需求量及使用量急剧膨胀。故而伴随着资本不断积累的是自然资源贫困的不断积累，在这一过程中人与自然关系被极大地扭曲。

其二，随着被资本权力所建构并统治的资本主义生产关系不断拓展，资本权力得到不断扩张，这使得人与人之间的社会关系成为一种被资本逻辑所异化了的关系。人与人之间因为资本逻辑的中介，在面对自然时处于一种极度的不公平状态，掌握资本权力的资产阶级从自然索取最多，也得到最多，但却只需要承担很小的生态成本，大部分的生态成本则需要全社会来共同分担，这意味着对自然资源的索取与占有的不平衡增长。而与前资本主义社会通过宗教神学权威或者行政权力占有自然资源不同，资本主义社会则是通过货币化的资本权力来占有自然资源，这一方面使得自然资源的使用权被不断分散化，全社会对自然资源的使用更加频繁；另一方面货币不断转化为资本并被纳入资本主义社会再生产过程，以实现资本的不断增值，资本权力控制社会物质劳动不断生成社会扩大再生产循环圈，并以前所未有的深度和广度嵌入自然生态环境系统中，它已经大大超越自然环境本身的承载能力，这正

---

① 孙道进：《马克思主义环境哲学研究》，北京：人民出版社2008年版，第78页。

在摧毁资本扩张所必需的自然前提，从而产生越来越严重的生态问题，出现"资本扩张的生态悖论"。

其三，"资本扩张的生态悖论"所展现的人与自然间的结构性矛盾，其实质是资本主义社会基本矛盾在人与自然关系领域的投射与转化。资本扩张一方面促使人与自然环境更加紧密地联系在一起，人与自然只有结成命运共同体关系才能够有效应对生态环境问题的威胁，但另一方面资本扩张所形成的以疯狂逐利为中心的社会生态权力结构却在不断摧毁这种命运共同体关系的现实基础。这使得维系人与自然命运共同体所迫切需要的社会化大生产与资本主义私有制对自然的霸权统治之间存在着巨大矛盾，其不仅要摧毁资本扩张所依赖的自然前提，而且最终还会终结资本主义生产关系本身。而资本主要有两种途径来克服其"扩张的生态悖论"，从治本角度来看，必须超越资本主义，建立社会主义制度才能真正破解这一悖论，但这意味着资本主义的自我彻底否定；从治标角度来看，资本可以通过经济空间的不断生产与拓展来暂时转移生态危机，很显然，资本主义国家只可能采取后一种途径方法。

(三) 生态危机全球化：推行旧生态观的严重危害

资本通过其主导的全球化，实现资本主义生产关系的国际化，将全球都纳入资本主义世界体系中，通过构建"中心—外围边缘"的全球生态体系结构，将资本扩张中心区的生态环境问题向广大外围边缘地区转移。资本统治下所形成的旧生态观伴随着资本的全球扩张而向世界各国强力推行，成为霸权主义国际关系在人类与自然关系上的畸形反映，对人类的生存与发展产生了严重危害。资本治下的生态环境问题，不仅没有得到有效解决，反而不断扩散，其影响力越来越广、破坏力也越来越大。当前以美国为首的国际垄断资本，通过其主导的全球化进程，将传统的"中心—外围边缘"的资本主义世界体系结构升级为"虚拟经济(金融)国—实体经济国"的体系结构，将高耗能、高污染的传统制造业向广大发展中国家整体性转移，形成"中心发展—外围污染"的国际生态循环圈，一方面利用发展中国家较低的劳动力成本进行商品生产以榨取更多的剩余价值，实现剩余价值从发展中国家向发达国家的流动；另一方面将污染源向发展中国家整体性迁移，同时发达国家生产生活中所产生的污染物也通过不平等的国际产业分工体系向发展中国家转移，以确保资本扩张中心区较高的环境质量和生活质量。

这虽然在一定程度上缓解了发达资本主义国家的生态环境问题，但是却将生态问题转移到了人口众多、自然环境承载力更弱的发展中国家，这造成生态危机的全球化，使得生态危机从区域走向全球，成为影响整个人类生存的问题。在当前迫切需要全球合作应对生态危机的关键时刻，国际垄断资本表现了其一贯的逐利性和贪婪性。发达资本主义国家不仅不愿意从自身这一根源着手解决全球生态问题，反而将生态危机作为推动国际垄断资本全球扩张的新契机，强力推行"绿色霸权"，利用其垄断的生态环保技术和较为发达生态产业经济作为后盾，进一步主导以生态经济为发展方向的国际经济秩序，运用环保技术专利、绿色壁垒和高环保标准，抵消发展中国家的劳动力成本优势，在新的国际生态经济产业链、分工链、价值链中继续占据霸权地位，最大化地榨取发展中国家所生产的超额剩余价值。近年来在西方发达资本主义国家中掀起了一股逆全球化潮流，发达国家在生态环境保护问题上坚持资本利益与国际责任分离的趋势更加明显，美国前特朗普政府公开退出巴黎气候协定，以美国为首的发达国家各怀私利导致全球应对气候变化问题的长期努力面临毁于一旦的巨大风险。资本统治下推行的旧生态观已经陷入巨大的困境之中，这将严重挫伤世界各国破解全球生态危机的共同努力，并最终影响到整个人类社会的生存与发展。

二、构建生命共同体：人类命运共同体的绿色生态观

如何走出国际垄断资本扩张所引发的全球生态危机是摆在全人类面前的时代课题，但是资本的疯狂逐利性使得资本只有当生态危机切实威胁到其切身利益时资本才会有所行动，虽然当前生态危机已经愈演愈烈并且威胁到整个人类的生存与发展，但是资本仍然有很多的手段来减轻生态危机对资本全球扩张的不利影响，从某种意义上讲，全球生态危机还是资本获取超额剩余价值的新契机，资本仍然可以通过技术创新，提高对自然环境所蕴含"生产力"的利用效率，从而在一定程度上缓解资本对自然环境过度索取所导致的人与自然间的矛盾，将生态危机向未来推移。但是资本的这种全球生态治理模式只能缓解全球生态危机并不能彻底铲除全球生态危机产生的土壤，同时资

本将生态环境危机由中心向外围边缘地区转移，使生产力水平较低的发展中国家生态危机加剧。资本将生态危机向发展中国家转移和向未来推移只会让引发生态危机的因素继续累积，这意味着人类命运的未来被透支，人类社会将面临更大的生态环境风险和挑战。对于生态危机这个时代性课题的解决直接关系到人类的未来。实现人与自然的和谐共生，是人类命运共同体思想的重要诉求以及重要理论维度，也是推动构建人类命运共同体实践的重要任务。构建人类命运共同体一个重要层面就是要在"生态上，要坚持环境友好，合作应对气候变化，保护好人类赖以生存的地球家园。"①。党的十九大报告指出："人与自然是生命共同体，人类必须尊重自然、顺应自然、保护自然。"②构建人与自然的生命共同体是人类命运共同体所倡导的新型生态观。

（一）资本主义社会生产关系统治下人与自然"生命共同体悖论"的形成及后果

以资本扩张为中心的生态观是资本主义社会对待自然的主流态度，这深刻反映了人与自然关系被资本逻辑所左右的客观现实。生产资料资本主义私人占有与社会化大生产之间的基本矛盾，决定了资本主义社会生产关系统治下，人与自然间存在无法克服的"生命共同体悖论"。

（1）人与自然生命的"生存与发展"被资本逻辑同一化为剩余价值的生产

人类的社会物质劳动过程实质上是劳动被不断物化的过程，其主要表现为"生命的物化与生产关系的物化"③，劳动产品上同时凝结了人与自然的"生命"以及促使"生命物化"的社会生产关系。在资本主义社会生产关系占据统治地位的条件下，人类的社会物质劳动过程及其产品被不断地异化，会反过来成为一种支配劳动者及自然环境的强大异己力量。资本主义社会生产关系要生产的不仅仅是"劳动产品"，更重要的是商品，也就是"用来交换的劳动产品"。物化到劳动产品上的人与自然的生命被通过商品的形式用于资本主义"生产、交换、分配、消费"的全过程。资本主义生产与再生产的根本目的就

---

① 本书编写组：《党的十九大报告辅导读本》，人民出版社 2017 年版，第 93 页。
② 本书编写组：《党的十九大报告辅导读本》，人民出版社 2017 年版，第 49 页。
③ 鲁品越. 鲜活的资本论：《从深层本质到表层现象》，上海：上海人民出版社 2015 年版，第 100 页。

是要最大限度地榨取剩余价值，实现资本的不断积累。无论是在保持必要劳动时间不变的情况下，通过扩大剩余劳动时间来进行"绝对剩余价值"生产；还是通过提高劳动生产力，极大缩短必要劳动时间，从而间接延长剩余劳动时间来进行"相对剩余价值"生产，人与自然生命的"生存与发展"都已经被资本逻辑所严密控制和左右，都被同一化为"剩余价值"生产。在这两种情形下，人与自然的生命都被限制在维持最基本"生存"的界限，只能维持"自然生命"的生产，而满足其"社会生命"生产的剩余劳动时间，则被资本所剥夺。资本主义生产实质上就是用人与自然的生命来共同生产"资本及其背后的资本主义社会生产关系"的生命。

（2）资本的不断积累导致人与自然"生命生产"的日益分化对立

资本扩张不断实现的资本积累，实质是资本所获得的市场权力的不断积累，而这种市场权力来源于资本对剩余价值的榨取。在这一过程中，人与自然之间的联系前所未有地加深，仿佛更加强化了人与自然的生命共同体关系，但这却是一种建立在资本对自然剥削、压榨以及人与自然生命对资本依附基础之上的"虚幻共同体"。

与前资本主义社会通过宗教权威或者封建世俗政权的行政权力占有自然资源不同，资本主义社会是通过不断扩张的市场权力来占有自然资源。自然环境中所蕴藏的巨大"自然力"构成推动资本扩张的重要动力，为实现不断扩张的目的，资本必须最大化地汲取自然环境中所蕴含的"自然力"，如水能、核能及热能等。资产主义社会在短时间内所创造出来的强大生产力是建立在对自然的疯狂而廉价的索取之上。资本扩张的重要前提和基础就在于不断地将资本主义生产关系向自然环境嵌入，不断生产面向自然的社会权力结构。在资本主义社会权力结构中占据主导地位的资产阶级，不断运用其所控制的市场权力，把资本的扩张意志转化为全社会的集体意志，将建立在生产资料私有制基础上的不平等社会关系投射到人与自然环境的关系上，使人与自然关系也被打上了人与人不平等社会关系的烙印，人与人不平等关系转化为人对自然环境畸形的索取占有关系。伴随着资本的疯狂扩张，自然资源被不断地私有化，资本一旦掌握自然资源的所有权和使用权，就可以根据市场行情随意取用，自然环境原有的公共空间被极大压缩。资本不断积累带来自然资源贫困的不断积累，使得人与自然环境之间的关系日益紧张，人与自然的"生命生产"日益分化且对立，最终导致生态危机的积累。

资本主义生产关系赖以存在的前提是人与自然间结成生命共同体关系，但资本扩张不仅导致人与自然的"自然生命生产"和"社会生命生产"分化对立，同时还导致人的"生命生产"与自然的"生命生产"日益分离对立。资本越扩张，这种分离对立就越严重，建立在对资本的"物的依赖性"基础上的人与自然命运共同体关系就越虚幻，越丧失其存在的合法性基础，从而形成资本主义生产关系统治下人与自然间无法克服的"生命共同体悖论"。

(3)人与自然"生命共同体悖论"的实质：资本主义基本矛盾在人与自然关系领域的投射与转化

"生产社会化和生产资料资本主义私人占有之间的矛盾，是资本主义的基本矛盾。"①人类的社会物质劳动过程是"用人与自然的生命来生产新的生命"的过程。随着社会劳动分工的日益专业化、精细化，人与自然的"生命生产"愈来愈社会化，这使得人与自然需要在更广阔、深层的时空维度上结成生命共同体关系。只有这样，人与自然生命共同体才能有效应对总体性的"生存与发展"危机。而由于生产资料的资本主义私有制的存在，人与人之间的社会生产关系成为一种被资本逻辑所异化了的关系。一方面资本逻辑驱动货币不断转化为资本并被纳入资本主义社会再生产过程，以实现资本的不断增值，资本通过不断获取的市场权力操控社会(自然)物质生产系统，形成资本主义生产循环圈，并以前所未有的深度和广度嵌入到自然生态环境系统中，它所因此激发出的强大资本主义社会生产力越来越超越自然环境本身的承载能力，越来越影响自然的"生命生产"，使人与自然的"生命生产"越来越不平等；而另一方面生产资料的资本主义私人占有，又使得人类社会在面对自然环境时处于一种极度的不平等状态，掌握市场权力的资本从自然索取最多，也得到最多，但却只需要承担很小的生态成本，大部分的生态成本则需要全社会来共同分担，这意味着人与人对自然资源的索取与占有的不平衡增长，也意味着人与人的"生命生产"越来越不平等。

---

① 本书编写组：《马克思主义基本原理概论》，北京：高等教育出版社 2018 年版，第 199 页。

　　总之，人与人、人与自然"生命生产"的越来越不平等、越来越分化对立，使得资本主义生产关系统治下人与自然生命共同体的合法性基础被不断削弱及不断内在否定。人与自然"生命共同体悖论"所反映的人与自然间的结构性矛盾，实质上是维系人与自然命运共同体所迫切需要的社会化大生产与生产资料资本主义私人占有条件下资本对自然的霸权统治之间巨大矛盾的投射与转化。这个"悖论"的长期存在，必然削弱人类社会应对总体性生态环境危机的能力。那么如何破解？从根本上看，必须彻底超越资本主义，逐步建立"以生产资料公有制为基础"的共产主义社会生产关系，逐步生成超越人与自然、人与人矛盾对立的"真正的共同体"，才能真正破解这一难题，这意味着资本主义的自我彻底否定。

（二）中国特色社会主义生产关系：构建人与自然生命共同体的历史选择

　　在资本统治下，人与自然并不能真正结成稳固的生命共同体，资本主义社会面临着愈来愈严重的生态环境危机，虽然资本主义国家可以通过部分调整社会生产关系来缓解生态危机，但在资本主义社会生产关系所造成的人与自然的极度扭曲、对立关系无法得到根本改变的情况下，这只是将危机向其他国家、地区以及向未来转嫁，必然使得整个人类社会日益面临总体性的生态环境危机。但目前人类社会处于多种社会生产关系和发展阶段并存的时代，真正意味着人与自然走向和谐共生的共产主义社会生产关系，目前还仅仅处于初期生长阶段。在资本主义社会生产关系仍然占据人类社会主导地位的历史背景下，不断探索完善中国特色社会主义生产关系，努力构建人与自然生命共同体，是有效应对人类社会面临的总体性生态危机的根本和希望所在。

　　我国目前处于并将长期处于社会主义初级阶段，"实行的是以公有制为主体、多种所有制经济共同发展的基本经济制度。"[①]其构成了中国特色社会主义生产关系的基础。这种社会生产关系既具有理想性，又具有现实性。作为理想性而言，其本质是社会主义，并以共产主义作为最终的发展方向；作为现实性而言，其充分借鉴资本主义社会生产关系的有益经验，并将资本作为推

---

　　① 本书编写组：《中国特色社会主义理论与实践研究》，北京：高等教育出版社2018年版，第73页。

动生产力发展的重要手段。在这两种情况下，构建人与自然生命共同体都是中国特色社会主义生产关系的应有之义。

一方面，共产主义是坚持和发展中国特色社会主义生产关系的终极理想。马克思、恩格斯指出："代替那存在着阶级和阶级对立的资产阶级旧社会的，将是这样一个联合体，在那里，每个人的自由发展是一切人的自由发展的条件。"①在共产主义社会生产关系条件下，人与自然的"生命生产"的分化对立，将随着人与人"真正的共同体"也就是"自由人的联合体"的建立而逐步走向最终的和解。从长远历史发展看，人与自然"生命共同体统一于真正的共同体，人与自然的和解统一于人与人自身的和解过程。"②人的"生命生产"与自然的"生命生产"将互为前提条件和生产边界；而人与自然的"自然生命"和"社会生命"的生产将实现有机统一。在中国特色社会主义生产关系条件下，构建人与自然生命共同体是构建人与人"真正的共同体"在社会主义初级阶段的重要表现形式。另一方面，当前我国大力发展社会主义市场经济，积极利用资本力量，在坚持公有制的主体地位的同时，也努力促使包括非公有制在内的多种所有制经济共同发展。这必然在一定范围内使得人与自然的"生命生产"无法摆脱对"作为'物'的资本的依赖关系"，资本逻辑会在一定程度上制约人与自然的生命共同体关系形成，并造成国内局部地区、领域的生态环境恶化。但由于占主体的仍然是生产资料公有制，而"生态环境是关系党的使命宗旨的重大政治问题，也是关系民生的重大社会问题。"③作为国家和社会公共利益代表的党和政府可以有效驾驭资本，从而避免人与自然的"生命共同体悖论"，在凝聚全社会公共力量应对生态环境危机的过程中，人们可以更加自觉地认识到"人与自然是生命共同体"，人与自然生命共同体将会越来越巩固、越来越具有存在的"合法性"。

(三) 构建人与自然生命共同体与社会主义生态文明新时代

习近平指出："走向生态文明新时代，建设美丽中国，是实现中华民族伟

① 《马克思恩格斯选集》第 1 卷，北京：人民出版社 1995 年版，第 294 页。

② 穆艳杰，于宜含：《"人与自然是生命共同体"理念的当代建构》，吉林大学社会科学学报 2019 年第 3 期。

③ 中共中央宣传部：《习近平新时代中国特色社会主义思想学习纲要》，北京：学习出版社；人民出版社 2019 年版，第 168 页。

大复兴的中国梦的重要内容。"①构建人与自然生命共同体为社会主义生态文明建设注入了新的动力和时代内涵，其根本在于围绕社会主义现代化建设的总体目标和现实需要，遵循人与自然关系的客观规律，积极变革中国特色社会主义生产关系，不断夯实人与自然生命共同体的合法性基础，努力推动生态环境治理能力现代化，并积极拓展基于人与自然生命共同体的国际生态空间。

（1）转变思想认识：构建人与自然生命共同体的重要前提

转变思想认识，就是要在本体论、认识论上澄清人与自然的关系。人类中心主义的生态观，将理性的生态人作为其世界观的本体论基础。这里的理性生态人与理性经济人一样，是通过形而上学的思维方式从人的诸多属性中抽象出来的共同属性，以追求自身利益最大化为重要特征，是一种孤立的、静止的存在。自然中心主义的生态观（或者是荒野生态观），将客观的自然（没有人类实践活动所指向和影响的自然）作为其世界观的本体论基础。无论是人类中心主义还是自然中心主义都存在本体论上的困境，人类中心主义将理性生态人作为其本体论的基础，看似彰显了人类的绝对主体地位，实际上是在否定人类的主体地位，因为理性生态人遵循理性至上和自身利益绝对优先的原则，并且是一种相互孤立的存在，主体之间必然缺乏交往维度，这样的人类仅仅只是由一群抽象的、毫无联系的个人所组成的集合体，那么，这些绝对理性的个体绝对地追求自身的利益，其组成的"人"作为一个集体恰恰是非理性的，同时丧失一切人的社会属性的抽象"人"，只是抽象出了人的自然属性，仅仅剩下自然属性的人组成的"类"，只是一种非人"类"的存在，所以其彰显的人"类"实际上是非人类，所以其实际上成为一种非人类中心主义；自然中心主义将脱离人类的客观自然作为其本体论的基础，看似通过抛开人类的因素彰显了自然的主体地位，但实际上脱离了人的影响的自然是一个什么样的存在，只是存在于人类的反思中，对其的认识只是人类思维推论的结果，将这样一个存在作为本体与将上帝作为本体是一样的效果，同时人本身也是自然的产物，属于自然的一部分，所以，自然中心主义的自然也不成其为绝

---

① 中共中央文献研究室：《习近平关于社会主义生态文明建设论述摘编》，北京：中央文献出版社 2017 年版，第 20 页。

对的自然，也仅仅只是相对的自然。两种生态观在本体论上的困境也造成了其认识论上的困境，就在于无法真正摆脱西方文化"主—客"二分的认识论模式，其缺乏主体间性，导致其认识论上也存在无法克服的悖论。

解决问题的关键，在于发现人现实的实践活动的重要意义。构建人与自然生命共同体的世界观基础是马克思主义实践生成论，其世界观的本体论基础在于现实的实践的人，马克思在关于《费尔巴哈的提纲》中指出："人的本质不是单个人所固有的抽象物，在其现实性上，它是一切社会关系的总和。"①现实的实践的人是一种对象性的类存在，但并不是一种抽象的、立足于其自然属性的类存在，而是一种社会性的类存在，现实的实践的人既是抽象的人，又是具体的人，是抽象和具体的辩证统一，也就是人确实可以具有一些抽象的共性，但是这些抽象的共性并不是凭空而来的，它来源于人们的具体的现实的实践活动，并因为这些现实的实践活动的存在而获得实体性内容。作为现实实践主体的人不断将自己的主观意志作用于"自然"，使得"自然"逐渐从自在自然转化为自为自然，自在自然向自为自然的转化过程既是人类主体地位的彰显过程，同时其转化的强度和力度也反映出自然力对人的主观能动性的限制，从而在一个侧面也彰显出自然的客观价值。从认识论方面看，人现实的实践活动，将"主—客"关系与"主—主"关系很好地沟通起来，从而走出传统生态观的本体论和认识论困境。立足这样一个新的本体论和认识论，就可以很自然地得出构建人与自然生命共同体的方法论，那就是要辩证地处理好"主—客"关系与"主—主"关系，改造自然但不是征服自然，将自然作为人类命运相连的伙伴，合理地汲取自然中所蕴含的"生产力"，其使用限度在于人类社会的再生产不能破坏自然的再生产，将两种再生产有机融合在一起，彼此结成和谐共生的伙伴关系；同时人与自然关系实际上是一种人与人社会关系的反映，在生态危机面前，人与人之间应该是生命共同体，但是资本逻辑侵蚀了这种生命共同体关系，使得人与人之间的社会关系是一种被资本异化了的关系，人与人之间因为资本逻辑的介入，在面对自然时处于一种极大

① 马克思：《关于费尔巴哈的提纲》，《马克思恩格斯选集》第一卷，北京：人民出版社1995年版，第56页。

的不公平状态之中，部分掌握资本权力的人从自然索取很多，也得到很多，并承担很小的成本与负面后果，但是其他不直接掌握有资本权力的人则从自然得到很少，却要承担大部分成本和负面后果。所以，处理人与自然的关系，首先要解决好人与人的关系，构建和谐的人与自然关系首先需要构建和谐的人与人之间的社会关系。

（2）实现更高质量的"生存与发展"：人与自然生命共同体在新时代的合法性基础

"生存与发展"是维系人与自然生命共同体的基本价值所在。新中国成立70年以来，中国经济社会发展取得举世瞩目的成就，但与此同时也对生态环境造成了很大的破坏，这促使人与自然间必须结成更加紧密的生命共同体关系，才能有效应对生态危机的影响。一段时期以来，为了推动社会生产力的快速发展，中国曾走过一段资源密集型、劳动密集型的经济发展道路，立足于解决基本生存问题的发展成为人与自然生命共同体存在的合法性基础。这在发展基础较为薄弱的历史背景下，有其存在的合理性，但在发展过程中过度汲取人与自然的"自然生命力"，则越来越对人与自然的"生命生产"造成不利影响，不利于人与自然的"生存与发展"。进入新时代，中国已经解决了基本生存问题，现在需要在更全面系统的层面审视人与自然的关系并进一步审视经济发展方式的问题。因为"生态环境问题归根到底是经济发展方式问题。"[①]这还关系到中国特色社会主义生产关系条件下维系人与自然生命共同体的合法性基础的最新变化问题。当前维系人与自然生命共同体的合法性基础不仅在于外在的生态危机的威胁，更重要的在于能够通过更高质量的发展，确保人与自然的生命力能够不断转化为劳动者所拥有的经济权力，并在此基础上更好地实现人与自然的"生命生产"，实现人与自然的和谐共生。其中推动经济发展方式向绿色生态发展方向转变至关重要，而努力"推动形成绿色发展方式和生活方式，是发展观的一场深刻革命。"[②]这也必将对构建人与自然生命共同体产生深刻的影响。

---

① 中共中央文献研究室：《习近平关于社会主义生态文明建设论述摘编》，北京：中央文献出版社 2017 年版，第 25 页。

② 习近平：《习近平谈治国理政（第二卷）》，北京：外文出版社 2017 年版，第 395 页。

（3）生态环境治理能力现代化：中国特色社会主义生产关系的重要调整方向

生态环境治理能力现代化是国家治理体系和治理能力现代化的重要组成部分，其实质是基于人与自然生命共同体关系对中国特色社会主义生产关系进行一定的调整，以满足人与自然更高质量"生存与发展"的需要。对于人与自然关系，要努力从"统治思维"向"治理思维"转变。一要"坚持山水林田湖是一个生命共同体的系统思想。"[①]从更加全面系统的视野来审视自然生态环境，尽量减轻人的"生命生产"活动对自然的影响。充分发挥生产资料公有制占主体地位的优势，给予自然的"生命生产"更多的"自然空间"和"社会空间"，如建立更多的自然保护区及国家森林公园等。二要构建更加完善的生态环境治理体系，形成政府主导、市场作为重要手段、社会大众积极参与的生态环境治理格局。三要建立健全生态环境保护制度。"保护生态环境必须依靠制度、依靠法治。"[②]这也是生态环境治理能力现代化的重要体现。现阶段需要重点健全反映生态环境责任划分及追究的党委政府领导制度，基于生态环境承载力的国土空间开发保护制度，以及基于市场经济规律及生态价值的代际、区域补偿制度等。

（4）中国特色社会主义生产关系国际化：基于人与自然生命共同体的国际生态空间生产

在这样一个人类社会相互联系日益紧密的新时代，各个民族国家所处的生态环境系统并不是孤立的，而是共同组成了全球生态环境系统，这将深刻影响世界各国的前途命运。在此背景下，中国提出了推动构建人类命运共同体的伟大构想，其强调在"生态上，要坚持环境友好，合作应对气候变化，保护好人类赖以生存的地球家园。"[③]伴随着改革开放进程的深入推进，中国特色社会主义生产关系逐步国际化，这将为构建人与自然生命共同体开拓出更加广阔的国际生态空间。人与自然生命共同体是人类命运共同体的生态基础，

---

① 中共中央文献研究室：《习近平关于社会主义生态文明建设论述摘编》，北京：中央文献出版社 2017 年版，第 55 页。

② 中共中央文献研究室：《习近平关于社会主义生态文明建设论述摘编》，北京：中央文献出版社 2017 年版，第 99 页。

③ 本书编写组：《党的十九大报告辅导读本》，北京：人民出版社 2017 年版，第 93 页。

构建人类命运共同体是人与自然生命共同体在新时代的实现途径。这意味着，全人类的"生命生产"必须得到更加公平的审视和关注。资本的全球扩张推动资本主义生产关系国际化，并在当前人类社会生产生活中占据着主导地位，这一方面推动了世界的发展进步，但另一方面资本逻辑所主导的世界体系，不断将发达资本主义国家的生态危机向欠发达国家或地区转移，人为划设了一条"全球生态环境断层线"，这必然造成整个人类与自然的"生命共同体悖论"。为此，如何在全球范围内科学处理好中国特色社会主义生产关系与资本主义生产关系两者之间的关系，共同努力推动构建人类命运共同体，实现整个人类与自然的和谐共生，是构建人与自然生命共同体必须进一步破解的时代难题。

（四）凝聚全球力量：构建人与自然生命共同体的集体行动

能够采取有效的集体行动是建构人与自然生命共同体的必要条件。美国学者奥尔森已经对集体行动的困境有比较深刻的分析和阐释，在一个集团中有共同利益的个体并不会导向有效的集体行动。在国际关系领域，国际社会实际上处于无政府状态，并不存在一个有普遍权威的、超越于民族国家之上的组织机构来对国际事务进行有效的管理，国家间通行的法律、规范也不会有国内法那样的权威性和强制力。威斯特伐利亚体系确立了民族国家的主权地位，各个民族国家都有自己的利益，在国际事务中也都把维护自身利益作为其行动的根本基础。那么，在国际事务中面对着具有重大利益分歧的议题时，各种行为体很难达成利益的一致，也就很难产生有效的集体行动；即使在面对着有共同利益的议题时，也因为各个行为体利益的多寡有别，利益少的行为体也会有搭便车的想法和行为，也很难达成有效的集体行动。那么，在此背景下，一个超级大国的出现是否能解决这个问题，答案也是否定的，因为一个国家在考虑某个行为的时候，一般都会对该行为可能的成本和收益有一个基本的评估，当收益大于等于成本时，才会产生行为的积极性，而且一个国家也不能同时供给全球所需要的公共产品，也不会有资源和能力同时承担所有国际行为的成本。所以，在当前的国际框架下，各种国际行为体的集体行为很难有高效率。

那么，建构人与自然生命共同体怎样才能做到组织起有效的集体行动呢？

根本就在于超越资本逻辑，资本是以最大化地追逐剩余价值为目的，所以资本在有利可图的领域是可以建构起相对有效的集体行动的，但是在涉及公共利益、关涉长远、无利或者少利可图的领域，资本则无法建构起有效的集体行动。所以，在当前资本主导的世界秩序中，越是关涉人类整体利益的领域资本所主导的集体行动越是低效，如应对气候变化这一全球非常棘手的问题，从发展中国家的角度看，正处在经济社会发展的初期，各种污染物排放相对较多，而发达国家则由于早已完成资本原始积累的初期阶段，经济社会发展已经较为完善，国内的高污染产业已经转移到发展中国家，同时还掌握有最先进的环保科技，必然考量将生态问题经济化解决，通过环保技术垄断，一方面可以利用环境问题，设置贸易壁垒，保护国内相关产业，另一方面则可以主导世界环保产业发展，利用发展中国家的产业升级改造攫取更多的剩余价值。美国则积极推进世界性碳排放交易市场的建立，将污染物排放指标交易市场化，将这种交易与美元挂钩，依托美国的金融优势地位，将已经逐渐疲软的石油美元升级成生态美元，确保美元的世界主导货币地位，美国前特朗普政府甚至公开退出巴黎协定，以美国为首的发达国家各怀私利导致全球应对气候变化问题的长期努力面临巨大挫折。

在这样的背景下，中国需要在一定程度上超越资本逻辑，超越资本并不是彻底否定资本，而是要抑制资本的疯狂逐利性，不让资本绑架并异化人与人及人与自然的关系，正如习近平所强调的，"2008 年爆发的国际金融危机告诉我们，放任资本逐利，其结果将是引发新一轮危机。缺乏道德的市场，难以撑起世界繁荣发展的大厦。"①要强调构建"利益共同体"还需要对应地构建起"责任共同体"，实现利益和责任的统一，当然要强调国家间"共同但有区别的责任"，发达国家、大国要坚持正确的义利观，要义利兼顾、重义轻利，逐利有度，主动承担更多的责任。2016 年 4 月，习近平在主持中共十八届中央政治局第三十一次集体学习时的讲话中强调："要坚持正确的义利观，以义为先、义利并举，不急功近利，不搞短期行为。"②只有做到超越资本逻辑，将资

---

① 习近平：《习近平在联合国成立 70 周年系列峰会上的讲话》，人民出版社 2015 年版，第 17 页。

② 习近平：《习近平谈治国理政》第二卷，外文出版社 2017 年版，第 501 页。

本真正作为推动经济社会发展的手段而不是目的，坚持并积极践行正确的义利观，从而构建起保护全球生态环境、建设全球绿色发展体系、促进全球生态文明建设的有效集体行动，才能在全球范围内生成人与自然的生命共同体。

三、两种生态观与人类社会的两种未来

两种不同的生态观将导致人类社会两种不同的未来，其中资本所主导的旧生态观将使人类社会面临全球生态危机日益逼近的未来，而基于生命共同体的绿色生态观则会逐渐生成清洁美丽世界的光明未来。

（一）资本主导的旧生态观：全球生态危机日益逼近的未来

只要资本所主导的旧生态观，无论是人类中心主义，还是自然中心主义，虽然都可以在一定程度上凸显自然的价值，从而得出要保护自然环境的结论，但是只要经济社会发展的方式仍然是资本主义式的，从而保护自然环境的方式也仍然是资本主义式的，那么导致生态危机扩大化的根源就仍然存在，世界各国面临的生态危机就只能在一定程度上缓解、转移而不能根本消除。当前全球生态危机越来越迫近，全球变暖的风险正在增加，但是资本逻辑告诉人们的解决方式却是将生态危机从"危"转化为"机"，那就是将全球生态危机本身通过市场化、金融化，作为一种集聚世界各国闲散货币流量的工具和手段，从而在一定程度上激发国际社会的货币流动性，以促进资本主义的全球生产、再生产与扩大再生产，弥补资本全球扩张的动力和空间不足的问题，至于生态环境保护那就是一种附属产品。所以，以美国为首的西方发达资本主义国家谋求在全球范围内建立碳排放交易市场，将影响全球生态环境的最大因素（世界各国的碳排放行为）放置到市场中进行交易，以达到控制并最终减少全球碳排放总量的目的。

当然，在世界各国解决全球生态危机的过程中纳入资本这个手段是有一定必要性的，通过市场化、金融化的方式，也可以在一定程度上凝聚并整合全球的力量，使得生态环境这个要素被纳入人类社会的再生产过程中，理论上可以产生一定的积极效果。但是在资本逻辑主导的情况下，一切都要以国际垄断资本扩张为中心，生态环境在社会再生产中的地位和作用直接取决于国际垄断资本扩张逐利的需要，资本权力的拓展是根本目的，保护生态环境

只是一个新的手段而已。这样的话，生态环境仍然改变不了被单方面利用和索取的不平等地位，只不过被纳入全球市场体系这个看似理性实则并不理性的理性过程中，看似人们改变的自然的活动被理性的方式监管，实则通过理性的名义扩大对生态环境的索取和占有，并由此打上伦理道德的标签；同时资本权力的分布不均使得世界各国改变生态环境的收益和成本也将产生巨大差异，参加集体行动的动力和态度也各不相同。以美国为首的发达资本主义国家坚决奉行本国利益优先的原则（实际上维护国际垄断资本的利益），将保护全球生态环境作为谋求在国际政治经济秩序中霸权地位的手段，一旦保护生态环境损害到国际垄断资本的现实利益，就会毫不犹豫地搁置保护生态环境的集体努力，比如美国的特朗普政府就打着"美国优先"的旗号退出了巴黎气候协议。

在这样的背景下，资本逻辑无法构建起有效的保护全球生态环境的集体行动，人类社会保护全球生态环境的集体努力面临失效的风险，除非世界各国特别是广大发展中国家满足国际垄断资本占据国际政治经济秩序霸权地位的现实需要，但是在全球政治经济觉醒、世界各国普遍追求国际政治经济关系民主化的今天是不符合人类历史发展潮流的。同时即使满足国际垄断资本的利益要求，继续让国际垄断资本占据霸权地位，国际垄断资本主导全球生态环境的历史进程，其结果不是更好只会是更糟，因为资本的方式只会从地理和时空上转移危机而不可能真正消灭危机。总之，资本主导的旧生态观及其国际社会实践导向的只会是全球生态危机日益逼近的黯淡未来。

（二）基于生命共同体的绿色生态观：逐渐生成清洁美丽世界的未来

人类命运共同体基于生命共同体的绿色生态观强调构建人与自然和谐共生的生态文明。保持人与自然的和谐关系不是中国的权宜之计，而是根植于中华文明的传统文化基因之中。在中国传统文化中讲求"天人合一"，中华文明是一种内敛型的文明，不崇尚征服和扩张，这不仅表现在人与人、国与国的关系上，而且还表现在人与自然的关系上。正因为中国一直以来都较好地处理了人与自然的关系，所以中华文明能够延续几千年而不衰竭、成为唯一保存下来的不间断的古代文明。构建人与自然的生命共同体就是对中华传统文化"天人合一"思想的传承发展，它强调人与自然是平等共生的伙伴关系，从而改变过去生态观遵循的以"索取占有—反向作用"为主要特征的人与自然相处模式，将人与自然结成生命共同体。首先，将人与自然有机融入生命的社会再生产之中，它不仅是人类集体生命的再生产，同时也是自然生命的再生产，两种再生产相互交融、相互促进、和谐共生；其次，构建世界各国广泛参与基于合作共赢的国际绿色产业分工链、产业链、价值链，努力让世界各国特别是广大发展中国家"共商、共建、共享"全球绿色产业发展，建设更加开放包容的全球绿色产业体系，为构建人与自然生命共同体打下坚实的物质基础；再次，坚持正确的义利观，在全球生态环境保护中推行"共同但有区别"的责任，呼吁发达国家和大国在全球生态环境保护中更多照顾发展中国家的利益，主动承担更多的责任和义务，以此构建起全球生态文明建设的责任共同体，形成根本性解决全球生态危机的有效集体行动。

中国在全球生态文明建设中，正在努力承担作为一个发展中大国应该承担的国际责任，一方面努力转变经济发展方式，大力发展低碳循环产业，推动经济社会绿色发展，保持经济快速发展与环境保护之间的动态平衡；另一方面力所能及地支援广大发展中国家应对生态危机的努力，和广大发展中国家一道共同应对全球生态变化的风险和挑战，构建全球生态合作机制，共同进行全球生态公共产品的生产和供给，2015 年 11 月，习近平总书记在气候变化巴黎大会上强调："中国坚持正确义利观，积极参与气候变化国际合作。多年来，中国政府认真落实气候变化领域南南合作政策承诺，支持发展中国家特别是最不发达国家、内陆发展中国家、小岛屿发展中国家应对气候变化挑战。"①基于生命共同体的绿色生态观已经被愈来愈多的国家所认可和接受，它将为人类社会逐渐生成清洁美丽世界的未来。

---

① 习近平：《习近平谈治国理政》第二卷，外文出版社 2017 年版，第 530 页。

第五章 伟大构想的价值基础
——人类命运共同体的共同价值观

伴随着霸权主义世界秩序逐步走向衰落，所谓"普世价值"也在逐渐褪去笼罩在其身上的各种光环。以美国为首的国际垄断资本，在全世界范围内以武力手段为后盾，强力推行"颜色革命"，不仅没有给所在国带来真正的民主、自由、人权，相反，带来的只是持续的动荡、战争与灾难。国际社会迫切呼唤能够产生一种新的能够促进不同文明间交流互鉴、能够凝聚不同国家间合作共识的新价值观念。在这样的历史背景下，习近平总书记提出了推动构建人类命运共同体的共同价值理念。他指出："价值观是人类在认识、改造自然和社会的过程中产生与发挥作用的。不同民族、不同国家由于其自然条件和发展历程不同，产生和形成的核心价值观也各有特点。"①同时又强调："和平、发展、公平、正义、民主、自由，是全人类的共同价值"②。人类命运共同体及其共同价值理念承认各国人民在国际社会交往实践过程中存有诸多共性，但否认这些共性必须由个别掌握巨大权力的国家或者国际组织来定义作为全世界各国人民都需要遵守的普遍性价值准则，并由这些国家或者国际组织负责制定标准和监督执行。而是世界各国人民在基于平等互利的国际交往实践中，共同建构起彼此都需要遵守的价值原则，这些价值原则就是共同价值，它是推动世界和平与发展伟大构想的价值基础。伟大构想的共同价值基础则是在人类命运共同体不断被建构的历史过程中逐渐生成的。

---

① 习近平：《习近平谈治国理政》，外文出版社 2014 年版，第 171 页。
② 习近平：《习近平在联合国成立 70 周年系列峰会上的讲话》，北京：人民出版社 2015 年版，第 15 页。

第一节　人类共性形成的社会实践基础

人类命运共同体思想倡导的共同价值并不否认在人与社会的关系中有共性的东西或理念存在，但是强调要阐明这种共性的社会实践基础，并从其社会实践层面找寻生成共性的深层动因，而不是把抽象出来的共性无端地用来建构抽象的社会，并以此作为根据来裁断人们之间共同的行为。实际上，民主、自由、人权等理念确实存在一定的共性，但是这种共性是根植于人们日常社会实践的土壤中，其反映的是人与人一定的社会关系，如果抛开人与人的社会关系来谈这些具有共性的理念并不具有现实意义。如果再进一步将这些抽象理念放置于一定的社会权力系统中，作为评判并影响现实人们的各种具体行为，那么它就只会变成维护在这个社会权力系统占据主导地位力量的工具，但是却会损害大多数人的长远利益。所以，共同价值所认为的"共性"应该来源于现实人们的社会实践，并随着实践的深入推进而发生历史性的变化。所以从这个意义上讲，价值是在人们的社会实践中生成的，也没有所谓的永恒价值。

一、人类的自然属性：集体生命简单再生产

唯物史观将现实的人看成是人类社会历史的根本出发点，人是一种类的存在物，只有在"类"中，人才能真正成其为人，才能真正拥有人的自我意识、主体性以及改变世界的力量。西方文明自古希腊开始，都是主要通过"主—客"二分的思维方式，将人与客观世界直接对立，用客观世界来确证人的存在，用人对客观世界的认识来彰显人的主体力量。古希腊以降千年时间里人类苦苦思索的是客观世界的本体是什么，用对本体的不断追寻、接近以及占有来显现人的价值，人生的苦乐态度、行为操守的实然应然都是从世界的本体论上来找客观依据。马克思在《德意志意识形态》中指出："全部人类历史的

第一个前提无疑是有生命的个人存在。这些个人就是'现实的个人'"①。作为有生命的现实的个人存在，如何维持生命就是首要面对的问题。为了在恶劣的自然环境中维持生命的存在，从事改变周围自然环境的劳动（起初可能是被动的）就成为必然选择。"整个所谓世界历史不外是人通过人的劳动而诞生的过程，是自然界对人来说的生成过程"②。人的劳动首先是一种必要性劳动，以维持人的基本肉体生命存在为边界。这个时候人类所进行的只是集体生命的简单再生产。

人类集体生命的简单再生产主要表现在三个层面：

第一，人是一种"类存在"物，同时人可以自觉认识并把握到这一根本属性，这是人之所以为人的重要前提。人作为万物之灵，成为这个世界万千生命中的独特存在，其根本原因在于人是作为一种"类存在"而存在，从原始社会开始人就已经认识到集体协作的重要意义，并将集体协作当成是生命生活中的重要组成部分，在人类力量极端渺小、社会生产力极度低下以及物质供给极度匮乏的原始社会，基于集体劳动、产品平均分配的原始公有制，其产生具有现实性和必然性。进入奴隶社会、封建社会以后，随着社会生产力的提升，人类可以拥有比原始社会更多的社会剩余产品，这种剩余产品的产生为私有制的产生创造了必要的物质条件。私有制的产生并不否定人的"类存在"属性，相反，更加彰显和巩固了人的这一属性，因为人类社会在私有制背景下，一部分人的生存与发展建立在压榨剥削另外大多数人的基础上，整个社会呈现出金字塔结构，这个金字塔结构限制了人类自由而全面的发展，但同时也更加凸显了人作为"类"的存在。资本主义社会是私有制发展的最完善的社会形态，在资本主义社会，人的"类存在"由于资本主义私有制的束缚而走向彻底异化的极端状态。当然其他动物也有处于"类存在"的例子，比如蚂蚁、狼群、狮群以及猴群等，但这些处于群居的动物与人类比起来最根本的区别在于，人类可以自觉到其"类存在"的状态，并积极利用、发展及完善这种状态，但是其他群居动物则仅仅只是出于一种生物的本能，并不能真正上

①《马克思恩格斯选集》第 1 卷，北京：人民出版社，1995 年版，第 67 页。
②《马克思恩格斯文集》第 1 卷，北京：人民出版社，2009 年版，第 196 页。

升到自由自觉的高度。

第二，人类的生命是一种集体生命，在维系集体生命不断延续的历史进程中，人类逐渐生成基于血缘关系的伦理道德法则及法律规范。生命的繁衍生息是一切动物的本能追求，人类也不能例外。动物的单个生命从时间上看是极为有限的，特别是某些个体由于先天基因、外在环境的影响，在同一个物种中的生物个体生命长短也存在很大差异，为了维持物种集体生命的延续，就需要通过一定的方式实现物种生命的高质量延续。在自然界普遍遵循的是"优胜劣汰"的自然法则，一个物种中的基因强大者，更有机会繁衍后代。对于处于一定社会关系之中的人类来说，也无法真正摆脱自然界所存在的"优胜劣汰"基本定律，只不过人类社会以不同族群间的血缘关系为纽带，将人类联结成为一个整体。在这一过程中，人类形成全社会普遍遵循的道德原则、法律规范，以此调节人类集体生命的生产。

第三，基于必要社会劳动的人类集体生命的简单再生产是人类生存与发展的基础。人类集体生命的生产是人类社会大生产的重要组成部分，其包括简单再生产与扩大再生产两个密不可分的维度。作为生物性意义上的"类存在"是人类存在的前提和基础，人类首先必须解决好衣食住行的需要，从而为人类的生物性存在及种族繁衍生息创造必不可少的物质条件，才能在此基础上逐渐满足人的自由而全面发展的深层次需要。满足人类生物性需求的生产是人类集体生命的简单再生产，主要表现在人类对于其后代的生殖养育，以此实现人类种族在地球上的繁衍生息，使得人类不会被其他物种所淘汰，确保人类最基本的生存需要。就现实而言，人类集体生命的简单再生产受到人类社会整体生产力以及人类对自然环境开发利用边界的限制。一般而言，战争、重大疫病会对人类集体生命的简单再生产产生巨大的破坏作用，造成全球人口在短时期内的急剧减少，如两次世界大战造成的直接人口损失都在数千万级别，间接人口损失则上亿；而中世纪欧洲流行的恐怖黑死病几乎让欧洲的一半以上的人口丧失，对欧洲文明造成了致命的影响。当然战争过后的和平发展时期以及科学技术的进步又会使全球人口迅速恢复。当前人类社会面临的重要问题在于如何运用除战争和疾病之外的手段科学调节全球人口的急剧增长，缓解人与自然的矛盾，提升人类集体生命简单再生产的质量。

二、人类的社会属性：集体生命的扩大再生产

人作为一个区别于其他动物的生物种类，不仅仅在于人有能力维持最基本的物种生存，最根本还在于人类劳动，其深度、广度远远大于其他动物物种，人类的劳动不仅可以支撑基本的人类集体生命存在，而且还可以跨越必要劳动的边界，产生剩余劳动，"正是剩余劳动，才将人与动物区别开来。这是唯物史观的第一个重要的发现"[①]。剩余劳动使得人们的劳动显现出其社会实践的意蕴。社会实践指向人们的社会物质生活，随着人们的社会实践活动的深入，人类社会的生产力与生产关系存在辩证统一的运动，与此对应的是经济基础与上层建筑的辩证运动，这一系列运动体系的展开，就是世界历史的生成过程。世界历史进程永远是运动发展的，任何故步自封的思维、一劳永逸的心态都最终会使这个民族国家落后于世界潮流。

在唯物史观看来，处于一定社会关系下的发展需要通过一定的社会物质生产过程来实现，受到社会物质生产的规律制约。同时发展也是作为发展主体的人将反映自身利益诉求的价值观不断诉诸客观世界的过程，是客观世界的不断属人化、意义化的过程。不同发展主体之间由于利益不同会产生不同的价值观，各种价值观之间的博弈会生成一个共同的价值，人类社会共同价值的核心内容是实现"人类的生存与发展"。这里的人类既是个体的人，也是总体的人，就个体而言，他显现了总体，就总体而言，他关照了个体；既是现实的，是由活生生的、有血有肉的、需要衣食住行、需要繁衍生息的人组成的类，同时也是历史的，需要克服现实资本的统治，超越阶级种族的对立，逐步构建自由公正的人类命运共同体。在马克思看来，"代替那存在着阶级和阶级对立的资产阶级旧社会的，将是这样一个联合体，在那里，每个人的自由发展是一切人的自由发展的条件"[②]。自由公正的人类命运共同体则表现为，世界上每个民族的自由发展是整个人类生存与发展的条件。

发展是人在社会关系上目的价值与社会物质生产客观规律的辩证统一，

---

① 鲁品越：《鲜活的资本论——从深层本质到表层现象》，上海人民出版社，2015 年版，第 98 页。

② 《马克思恩格斯选集》第 1 卷，北京，人民出版社 1995 年版，第 294 页。

反映了作为发展主体的人通过合目的与合规律的社会实践活动所生成的历史性过程，这就是发展的自觉性所在。有很多人把历史唯物主义发展观误读为对社会发展的预设、对历史的预言，因为马克思说过，"一个国家应该而且可以向其他国家学习。一个社会即使探索到了本身运动的自然规律——它还是既不能跳过也不能用法令取消自然的发展阶段"①。但实际上，马克思在这里要强调的是人类社会发展所要展现出来的社会物质性和客观规律性。马克思唯物史观并不是形而上学的既成论观点，而是强调实践的生成论观点。他认为，"全部社会生活在本质上是实践的。凡是把理论导致神秘主义的神秘东西，都能在人的实践中以及对这个实践的理解中得到合理的解决"②。唯物史观强调社会发展的客观性，这种客观性是必然的、基础性的，它不以人的主观意志为转移，但是这种客观性也是在倾注了人们的主观意志、目的、价值的社会实践活动中生成的，不是预设的，所以，社会发展的必然性中也有偶然性、特殊性的因素在起作用。马克思也认为："如果'偶然性'不起任何作用的话，那末世界历史就会带有非常神秘的性质。这些偶然性本身自然纳入总的发展过程中，并且为其他偶然性所补偿。发展的加速和延缓在很大程度上是取决于这些'偶然性'的"③。

基于社会性基础之上的是人类集体生命的扩大再生产，人类不会只满足于肉体生命的延续，如果这样人类就和其他动物没有什么区别，人类在满足种群肉体生命繁衍延续的同时，还会不断通过社会剩余劳动推动人类精神生命的生产。这种生产是人类集体生命的扩大再生产，通过它人类与其他动物之间的本质差异被凸显出来。人类集体生命的扩大再生产就其本质而言体现为二重维度，一是人类社会量的改变，作为量的改变的发展，更多以数量的增减作为其衡量标准，需要不断通过社会性改革予以促进；二是人类社会质的飞越，作为质的改变的发展，涉及事物性质的根本改变，以是否促进"人的生存与发展"的共同价值作为其进步倒退与否的最终评价标准，需要通过不断革命予以实现，这个革命涉及政治、文化、思想以及科技等诸多方面。

---

① 《资本论》，第1卷，北京：人民出版社2004年版，第9-10页。
② 《马克思恩格斯文集》第1卷，北京：人民出版社2009年版，第502页。
③ 《马克思恩格斯全集》，第33卷，北京：人民出版社1973年版，第210页。

三、从简单再生产到扩大再生产的跨越：社会生命共同体的形成

马克思在《关于费尔巴哈的提纲》中指出："人的本质不是单个人所固有的抽象物，在其现实性上，它是一切社会关系的总和"。"全部社会生活在本质上都是实践的。凡是把理论引向神秘主义的神秘的东西，都能在人的实践以及对这个实践的理解中得到合理的解决"。人类通过合目的与合规律相统一的社会实践活动，不仅逐渐实现了对人的"类本质"的充分占有，从而不断彰显了人类的主体意识和主体地位，而且人类在社会实践活动中还结成了日益你中有我、我中有你的命运共同体关系。人类集体生命的再生产，逐步实现了从个体生命的简单再生产到基于共同命运的集体社会生命的扩大再生产的飞跃，正如马克思在《1857—1858 年经济学手稿》中所指出的，"在社会中进行生产的个人，——因而，这些个人的一定社会性质的生产，当然是出发点，被斯密和李嘉图当作出发点的单个的孤立的猎人和渔夫，属于 18 世纪的缺乏想象力的虚构……因此，说到生产，总是指在一定社会发展阶段上的生产——社会个人的生产。"①当人类集体生命的扩大再生产必须置身于现实人类社会的大背景之中才能够顺利实现的时候，人类集体生命的扩大再生产本身就是人类集体生命的社会扩大再生产，属于人类社会扩大再生产的重要组成部分。

实践的人、实践的人类，不仅包含人与自然、主体与客体的关系，而且还包含人与人、主体与主体的关系，而且后者被更加凸显出来。人与人、主体与主体关系的不断强化使得人类社会的再生产不仅是物质的再生产，而且也是人类自身的再生产。当然人类自身再生产的基础是自然生命的再生产，但其本质则是人与人社会关系的再生产，通过人与人社会关系的再生产，人类的集体生命实现了从简单再生产到扩大再生产的飞跃。从集体生命的简单再生产到集体生命的扩大再生产，既是人类实现生存与发展的需要，同时也是作为实践中的人在社会实践活动所生成的历史进程中不断获得自身本质的

---

① 《马克思恩格斯全集》第四十六卷，北京，人民出版社，1979 年版，第 18–22 页。

需要，而在从人的集体生命简单再生产到扩大再生产的跨越过程中，人与人之间结成了一种最基本的社会生命共同体。社会生命共同体是指，处于一定社会关系之中的人们，其前途命运紧紧联系在一起，必须摒弃种族、利益的偏见与束缚，荣辱与共、携手前行，只有这样才能构建起和谐稳定发展的社会关系，从而实现自身个体生命与社会集体生命的生存与发展。"生存与发展"是人与自然保持存在的基本价值，也是社会生命共同体生成且维系稳定的价值基础。"自然生命"和"社会生命"两种"生命生产"是确保人与自然实现"生存与发展"的物质载体。社会生产关系是推动人与自然"两种生命生产"的核心关键，是社会生命共同体的实质。

　　唯物史观认为："全部人类历史的第一个前提无疑是有生命的个人的存在。因此，第一个需要确认的事实就是这些个人的肉体组织以及由此产生的个人对其他自然的关系。"[1]人类作为一个物种的基本价值何在，是人类社会需要认真反思的重大认识问题。从人类社会存在的本体论层面审视，"生命的生存与发展"是人之立于万物间的基本价值所在。就生物性存在而言，人的生命都是有限度的，任何一个现实的个人，无论属于何种阶级，无论贫穷富贵，都无法回避生命的存在与终结的问题。人的生命在时间上具有不可逆性，但在空间上则具有延展性。个体的人可以通过社会性的交往活动，将个体生命转化为集体生命或社会生命，从而不断拓展生命的存在空间，实现个体生命的延续与发展。作为与人对立的自然而言，在没有受到任何人类活动影响的情况下，是作为自在自然而存在，此时确保生命的"生存与发展"也是其所需要遵循的最基本的自然规律，而当人类的活动介入到自在自然的运动发展过程中，使得自在自然不断转变为人化自然的时候，自然"生命的生存与发展"就发生了深刻的变化。在这一过程中，人类劳动扮演着至关重要的角色。

　　劳动是人类改造自然、实现生存与发展的重要手段，是人区别于其他动物的根本标志，"整个所谓世界历史不外是人通过人的劳动而诞生的过程，是自然界对人来说的生成过程"[2]。这种劳动首先是一种对象性的社会物质劳动，

① 《马克思恩格斯文集》第1卷，北京：人民出版社，2009年，第519页。
② 《马克思恩格斯文集》第1卷，北京：人民出版社，2009年，第196页。

并且具有"自然和社会"二重性，它既是一种具体劳动，又是一种抽象劳动，是具体劳动和抽象劳动的辩证统一。作为具体劳动时，展现的是人与自然之间的物质关系，反映了劳动的自然物质过程；作为抽象劳动时，则不断生产人与人之间的社会关系，而对人与人之间社会关系的不断生产，是社会物质劳动的本质所在，当然这种生产建立在劳动的自然物质过程基础之上，需要劳动的自然物质过程来实现。人类通过社会物质劳动，将自己的主观意志及其精神力量倾注到客观自然环境之中，人类的个体生命和集体生命被不断地物化，在人与自然的相互影响、相互塑造的过程中，人类和自然的生命都得到不断的生产。在社会生产力极度低下的历史时期，人类的社会劳动仅仅只是作为必要劳动来发挥作用，只能维持人类生命繁衍的最基本需要，人与自然环境之间结成了一种不对等的依赖关系，人类只有依赖自然才能够满足基本的生存需要，自然也因人类的实践活动而展现出独特的对象性价值。人与自然形成原始的生命共同体关系，两者的生命都需要"生存与发展"，这构成社会生命共同体的共同价值基础。其中人类"生命的生存与发展"以自然生命的消耗为前提和基础，自然"生命的生存与发展"则由于人类活动的介入而不仅具有自然性，而且还具有了社会性。由于在人类社会发展初期的社会生产力较为低下，人类活动对自然环境的影响是极为有限的，自然环境可以通过自我修复机制在一定程度上消解人类活动的不良影响。所以在很长一段时期内，人与自然这种原始的生命共同体关系的存在并不具有稳固性，更多的是人类依附并且膜拜自然。

但随着社会生产力的不断提升，劳动技术、劳动工具等得到持续改善，劳动对象的范围得到极大拓展，人类除了通过社会必要劳动来满足最基本的生存需要之外，还可以通过剩余劳动来实现人类社会的发展。人类不断地将自然界的未知领域纳入其活动范围，逐渐改变自然界原有的内在联系，人类社会对自然环境的影响日益加深，当这种影响超过生态环境系统本身所具有的承载能力时就会引发生态危机。当生态危机作为一种外在的强大力量，能够威胁到人与自然生命的"生存与发展"的时候，人与人社会生命共同体就真正形成。而生态危机的外在威胁越大，人类就越能自觉地认识到人与人社会生命共同体的存在，就越能自觉地意识到人对自然既不是一种依附、膜拜的关系，也不是征服的关系，而是两者生命需要相互影响、从而共同实现"生存与发展"的社会命运共同体关系。越是如此，社会生命共同体也就越具有合法性与稳定性。

在阶级社会中，社会生命共同体具有一定的阶级性和历史阶段性，处于阶级社会中的社会生命共同体，其在政治上存在"团结悖论"，也就是社会生命共同体内部在政治上是基本处于团结状态的，因为构成社会命运共同体的人们具有基本一致的利益和文化价值观，或者至少在利益和文化价值观上不存在根本的冲突，在这样的背景下，组成社会生命共同体的成员间在政治上被一种超越个体意志的集体意志和集体力量所整合、所凝聚，从而可以在政治上保持相对的团结状态。但是，这种社会生命共同体内部的团结状态在很大程度上是建立在对外的激烈竞争、甚至你死我活的斗争之中的，往往是社会生命共同体外部斗争越激烈，内部在政治上可能越团结。所以阶级社会中的社会生命共同体具有一定的阶级狭隘性，它的出发点和落脚点是某一个民族、某一个阶级、某一个政党以及某一个团体的利益，并不会天然关注整个人类的共同利益，甚至与整个人类的利益还处于对立状态，比如在资本主义社会中，资本就绑架了整个人类的共同利益、共同命运。正因为如此，社会生命共同体具有一定的历史阶段性，它迫切需要上升为整个人类的命运共同体。

第二节　共同价值的基本内容

共同价值①作为人类命运共同体的价值基础，成为其合法性的重要支撑。共同价值并不否认人类的共性，只是强调这种共性是社会性，而不是自然性。

---

①　国内有学者指出：共同价值"是以各个不同层次的'社会命运共同体'的生存与发展的客观需要为基础的价值……首先，是建立在该社会命运共同体的共同利益与信念基础上的'集体信念共同价值'……其次，是建立在社会命运共同体成员之间的互补性需要基础上的'契约信用共同价值'……最后，是建立在保障社会命运共同体成员的最基本利益基础上的'行为底线共同价值'。"参见鲁品越、王永章：《从'普世价值'到'共同价值'：国际话语权的历史转换——兼论两种经济全球化》，《马克思主义研究》2017 年第 10 期，第 91 页。

只有立足社会性，从人类的社会实践活动中，才能找寻到基于人类共性的价值原则的真正来源，只有这样才不至于如"普世价值"一样陷入宗教般的"神秘主义"。"普世价值"在现实中则需要一个特定的阶级、民族或者国家来为此布道传教，这本身就是一种不平等，有悖于普世价值所宣扬的理念。共同价值则是全世界各个民族国家在合作共赢的国际社会交往实践中，共同努力建构并维护的。在这一过程中，人类命运共同体的合法性也会得到逐步强化。

一、基于集体信念的共同价值

集体信念共同价值是在一定社会命运共同体关系中的人们对于血缘、文化记忆、历史传承、领土疆域等这样一些具有"共享性"的公共利益的享有，相应地会生成家族、民族、政党、国家政权等共同体形式。

(一)个体本位的集体信念价值

古希腊罗马文化是西方文化的源头，古希腊文化的个体主义倾向深刻影响西方文化的走向。古希腊社会是一个以工商业为基础的个人主义的移民社会，个人之间意见的一致是社会的基础，由于没有共同的血缘关系，家长制和信仰主义对于形成集体意志并不适用，只能依靠建立在个人主义之上的民主制度。这种制度特点强调对客观理性的追求，追求确定的、明晰的、可言说的客观标准。如柏拉图的"理念论"哲学，这种哲学既不是物质的也不是精神的，而是以定型化了的客观世界为标准。在个人之间的交往方面，希腊是一个通商民族，其民族基因具有殖民性和扩张性，在殖民扩张中多种文化冲突碰撞，形成了其文字系统，如出现了字母和拼音文字，后又出法制和契约文化，个人行为因此要服从法律规定，体现出高度理性。总之，古希腊文明的基本范式是以个人为本位，个人自由是最高准则，服从客观的理性标准。以个人自由为最高准则的社会中，鼓励个人自由竞争，个人尽其最大努力把潜能发挥出来，尽最大力量扩张。这种扩张型文明鼓励发挥每个人的最大力量，带来了生产力的高度发达。

从古希腊文明这个源头所传承下来的西方哲学注重的是"主体—客体"关系，是一种立足反思的理性主义思维，它与古希腊作为一个商业社会，作为商人需要探求对全体社会成员都具有约束力的普遍社会规则来维护商业利益，这锻造出了一种透过纷繁复杂的现象找寻其背后不变规律的理性思辨思维。这绝对化了西方文化的理性主义传统，不断地通过理性的思维、通过逻辑推理去认识世界、改造自然，一方面为西方在近代科学技术的崛起、思想的解放打下了坚实的文化基础，另一方面也导致西方文化走向外向型扩张。从文化层面看，在西方文化的熏陶和培育下，基督教得到发展壮大，但这一宗教共同体并不具有多文化的包容性，相反，通过欧洲漫长中世纪的思想控制和世俗政治统治，压制"异端"思想，并在所谓圣战的旗帜掩盖下，进行了数次十字军东征，造成无数生灵涂炭。从西方文化的胚胎孕育出的资本主义文明，则更加显示出西方文明的扩张性。但是西方文明的扩张体系只有正反馈机制，而没有负反馈机制，所以西方文明结构具有强烈的不稳定性。

首先，立足于个体本位的集体信念价值关系被片面化为主体与客体的单向度关系，也就是一种物对人的基于"有用性"的关系。由孤立的、静止的、片面的个体所形成的社会共同体并不是一个真正意义上的有机共同体，因为主体之间缺乏交往的维度，他们之间的联系不是基于彼此之间的平等关系的直接交往，而是需要通过"主—客"关系来间接显现，也就是需要通过物质来衡量和彰显。它最多只可能是一种立足于人们对自然征服基础上所结成利益共同体关系。在资本主义社会，资本逻辑更是将人的集体信念价值异化为对资本增殖的膜拜。它使得人们对一切具有"共享性"的事物都会从价值增殖的角度去认识和把握。共同的血缘、共同的文化及共同的文字都可以转化为实现价值增殖的工具，而一切不能够满足价值增殖需要的，哪怕是最亲近的血缘关系都可能一钱不值。其次，立足于个体本位的集体信念价值仅仅反映的是物对人的关系，那么生成这种物与人关系的原因只能从物上去寻找。而物是什么呢？从孤立并且理性最大化的个体出发，这个物只能是作为主体的人的反思的产物，是不断通过形而上学思维方式抽象出来的概念，可以给其贴上上帝、拜物教等神秘标签，可见集体信念价值的来源从个体本位出发只能诉诸神秘主义的力量。最后，由缺乏交往关系维度的个体所产生的集体信念价值，是从个体视角出发所认识的价值关系，在涉及公共利益问题时，仍然只会从个体视角以及个体利益出发去认识和解决，这在现实中则会产生"公地悲剧"和"集体行动的悖论"。

(二)整体本位的集体信念价值

作为西方文化核心的西方哲学是以个体为本位，但是中国哲学却是以整体为本位。这是由中国传统文化所具有的两大独特文化基因所决定的。一是注重关系本位文化。中华文明是一个血缘关系网社会，其基本社会单位是血缘社会结构，世世代代定居，形成由亲姻血缘关系形成的家族网络；以血缘关系伦理情感为准则，崇祖敬长、遵循祖训，家庭事务由血缘关系的代表人物(家长)说了算。这样一种血缘关系的文化基因就是关系本位，维护民族与血缘尊严与利益，具有至高无上的道德优势，成为能够为一切行为辩护的道德制高点。道德情感、礼乐体系成为维系与治理社会的基本途径。儒家思想是血缘文化的哲学结晶。"关系本位文化基因"在政治上又表现为：决策行为的儒家政治文化，即实行家长制，奉行三纲；执行行为的儒家政治文化，即在社会行为规范上坚持仁义观，如五常。二是官本位文化浓厚，中国是一个以血缘为纽带的统一大国权力系统。政治系统与水利兴修系统把一个个血缘单位联系在一起，形成庞大的统一的大国的行政权力体系，形成中央集权制度。这就为官本位文化的形成提供了土壤，非世袭的官僚体系成为跨血缘的集体意志的当然代表，官级成为判断其话语权威性标准，形成"官本位"文化传统。这种等级制意识形态通过物质符号体系标志，在社会生产物质财富的同时不断生产等级制意识形态。

在两大独特的文化基因作用下，中国古代在政治上产生了儒家与法家的冲突与融合。法家是吏治社会结构的哲学结晶，在哲学上主张人性本恶，不可教化，只可严加管治，反对以德治国；在决策体制上，主张破除以血缘为基础的世袭制，而施行中央集权的官僚制，以吏为师；在执行方式上，主张用严刑峻法来实施君王意志，约束百姓行为。儒家与法家体现了两种文化基因的冲突与融合。儒家是以血缘伦理为纽带的关系本位文化的代表，以德治国；法家则是以"血缘"为纽带的官本位文化基因的代表，用行政命令体系的"严刑峻法"治国。二者的冲突是儒法斗争，二者的共通之处在于都强调整体本位，不论是血缘本位还是国家本位。因此，中华传统文化是一种整体主义思维，强调整体决定部分，决定其组成单元的性质。因此个体之间依靠某种整体力量而相互联系。

基于人类命运共同体的集体信念共同价值，则要从"主体—主体"以及"主体—客体"两个维度出发，也就是其主要包括人与人以及人与物的关系，其中人与人的关系是最基本的关系，人与物的关系背后实际上显现的都是人与人的关系，当然人与物的关系是人与人的关系的重要物质载体。

二、行为底线共同价值

行为底线共同价值是指，身处于一定社会关系中的人们由于具有不同的阶层、地位以及利益诉求，很容易产生矛盾和冲突，如果对此熟视无睹，那么就很有可能导致人们之间的相互对立、伤害而危及整个社会命运共同体的存在与发展，所以一个社会要有对人们行为底线的约束机制。中国哲学世界观朝向的是包容性的形成路径，先设立源于人伦关系的范畴体系，然后将万物包容于内，建立万物之间的"同构关系"。我们将其称为"包容逻辑"。这种方法可以说是现代"模型方法"的雏形。它完全不同于西方的演绎逻辑与归纳逻辑。西方哲学注重的是主体—客体关系，是一种立足反思的理性主义思维，同时古希腊作为一个商业社会，商人需要探求对全体社会成员都具有约束力的普遍社会规则来维护商业利益，这锻造出了一种透过纷繁复杂的现象找寻其背后不变规律的理性思辨思维。

而中国哲学关注的是主体—主体关系，理论视野聚焦在主体际性，这一维度西方直到现代才被哈贝马斯系统阐明。自古以来中国社会伦理道德规范所要坚持的一个最重要底线就是"和谐稳定"，"和谐"的"和"字是左边一个"禾"旁，右边一个"口"，意思是"人人要有饭吃"；"谐"字是左边一个"言"旁，右边一个"皆"，意思是"人人可以有话说"，合起来，"和谐"就是要做到"人人有饭吃，人人可以有话说"。"人人有饭吃"，是一种物质上的"共享"；"人人有话说"，则是一种权利上的共享。可以看出，"和谐社会"所要求的共享，本身也是全面，也只有做到全面共享，才能真正做到社会和谐。和谐是稳定的基础，稳定又会反过来影响社会的和谐。中国传统文化视野中的行为底线共同价值，一方面通过儒家的伦理道德来维系，另一方面也通过法家的严刑峻法来保障，这对于今天我们构建行为底线共同价值的重要启示在于，在社会治理中要坚持法治和德治的辩证统一。

三、国际契约信用共同价值

国际契约信用价值是国际社会契约论对国际关系基本问题的回答，在面对民族国家主权与国际社会权力关系问题时，国际社会契约论强调通过让渡部分或者全部权利，形成权威的客观力量，以维持国家间的和平秩序。但国际社会契约论存在悖论，比如其所形成的国际契约共同体，在国际垄断资本主导的世界体系中则沦为资本权力的附庸，商品货币才是最通行的契约，商品交换对于共同体来讲，"商品交换是在共同体的尽头，在它们与别的共同体或其成员接触的地方开始的。但是物一旦对外成为商品，由于反作用，它们在共同体内部生活中也成为商品。"①

(一)从上帝治下的战争与和平到国际社会契约

(1)上帝治下的战争与和平：上帝与世俗权力的关系

在漫长的中世纪，基督教神学成为一统欧洲的主流意识形态，教会不仅拥有至高无上的信仰权威，同时也积极介入世俗政治经济生活，传教士垄断了教育和文化传承的权力；君权神授，世俗封建君主权力的合法性来源于上帝，教皇是欧洲世俗封建君主国的太上皇。没有所谓现代意义上的主权国家，也不存在现代意义上的国家间关系。处理上帝与世俗封建君主国权力的关系就成为此时国家间关系的基本问题，毋宁说是国际关系问题、国际关系事务还不如准确地说是基督教教会的内部事务。当然作为这种事务的延伸，还有打着基督教旗号，实质是封建君主垂涎欧洲之外地区财富，而针对中东北非等地所谓"伊斯兰教"异教徒发动的几次大规模的十字军东征。可以说"在11或者12世纪，不存在拒绝接受更高政治权威的主权国家，因为主权的概念尚不为人所知。相反，在理论上，只有一个称作基督教世界的司法单位，其教会事务(包括许多今天被认为属'政治'范畴的事务)由罗马圣彼得的继任人统管。组成中世纪基督教世界的无数王国、封建领地和城市并没有以现代主权国家的绝对方式坚称自己的政治独立(也许因为它们组织太不完善而无法这样

① 马克思：《资本论》第一卷，《马克思恩格斯文集》第五卷，中央编译局编译，北京：人民出版社2009年版，第107页。

做)。"①

伴随着基督教在欧洲的传播，产生了天主教、东正教和新教三大派别，特别是其中的天主教，信徒最多、传播最广、影响力最大，被奉为基督教的主流派别，对欧洲历史的发展产生了巨大的影响，"在中世纪欧洲，有着一种有机的整体感，它超越领土疆界。对于有文化的人来说，混合语（lingua franca）是拉丁语。罗马帝国也留下了一份相信基督教一统之下的共同文化、共同权威，或者是教皇（精神权威），或者说神圣罗马帝国（法律权威）—和共同命运的信念遗产。"②天主教内部围绕教权的争夺异常激烈，在这些为争夺教权而进行的激烈斗争中，民族国家的意识开始萌芽，现代国际政治中的一些常见议题，比如权力、利益、均势等开始出现，1414 年至 1418 年，欧洲神圣罗马帝国皇帝西吉斯孟（Sigismund）主持下，天主教为解决自身分裂问题而在德国康斯坦茨召开协调会议，史称康斯坦茨会议。"国际政治中一些反复出现的论题在康斯坦茨会议上已露端倪。意大利的主教们显然是最大的选民团体，为抵消他们人数上的优势，英国提议以民族为单位进行表决，因而组成了四个民族：意大利人、德国人（包括中欧、北欧的其他民族）、英国人（包括不列颠群岛的其他民族）和法国人。"③国际关系基本问题开始出现变化。

（2）民族国家主权与国际社会权力关系问题

1648 年欧洲 30 年战争结束以后，欧洲各国签订威斯特伐利亚和约，确立国际关系领域主权平等基本原则，建立了国际关系领域具有划时代意义的威斯特伐利亚体系。威斯特伐利亚体系标志着民族国家的兴起，同时也意味着欧洲中世纪以来由宗教权力与世俗权力相互间关系所构成的国际关系基本问题发生根本性变化，民族国家主权与国际社会权力关系问题成为国际关系的基本问题。曾经依靠天主教一统欧洲的神圣罗马帝国已经名存实亡，欧洲民族国家的兴起使得国际政治发生了翻天覆地的变化，它已经不再是罗马天主教廷内部的宗教事务，而是各国围绕彼此国家利益而展开的纵横博弈，战争

① ［英］马丁·怀特：《权力政治》，北京：世界知识出版社 2004 年版，第 1 页。
② ［英］乔纳森·哈斯拉姆：《马基雅维利以来的现实主义国际关系思想》，北京：中央编译出版社 2009 年版，第 28 页。
③ ［英］马丁·怀特：《权力政治》，北京：世界知识出版社 2004 年版，第 12-13 页。

与和平也已不再是上帝主导的事务，而是欧洲各国政治斗争的延续。与国内秩序的权威性和井然有序性相比，国际社会则处于无政府状态。位于各国之上的宗教权威已经走下神坛，需要一个超越各个民族国家主权的国际社会权力及其所形成的新权威来主宰欧洲的战争与和平。当然国际社会权力不再是来源于虚无缥缈的上帝，而是由现实民族国家所赋予。替代基督教普世主义权威的国际社会权力既然来源于民族国家，那么民族国家的平等主权就与国际社会权力间存在不可避免的矛盾，如何协调这对矛盾就成为威斯特伐利亚体系必须面对的基本问题。在全球化深入推进的今天，各种跨国公司、非政府组织等组成的非国家行为体迅速崛起，影响力越来越大，一个跨国公司的利润额甚至远远超越一个发展中国家一年的国内生产总值，同时各种全球性、区域性政府间国际组织也得到极大的发展，仿佛一夜间威斯特伐利亚体系被超越。但是在此背景下，威斯特伐利亚体系所确立的民族国家主权平等原则不仅没有被削弱，反而得到强化，民族国家的主权与国际社会权力间的矛盾关系更加凸显。

(二) 国际契约信用共同价值：传统国际契约信用价值及其悖论

(1) 自由主义国际契约信用价值论及其悖论

洛克的社会契约论从个人经验主义立场出发，得到的是英美式民主政体的政治结论。将这种社会契约论思想运用到国际关系中，则呈现出这样一种理论图景：为了限制国家间为了私利而进行的无休止的战争，获得并维持国家间的长久和平状态，每一个民族国家都有必要让渡出一部分有限的国家权利，交予超越国家权力之上的国际社会权力系统，用各国普遍遵守的"国际法"维护国际"自然律"的权威性。当所有国家都能按照"国际法"行事，都积极遵守国际"自然律"的支配，国家间的和平就成为可能。洛克式的社会契约论是各种形形色色的国际自由主义理论的重要思想基础，新老自由主义国际关系理论强调国际组织、国际法、国际制度在国际关系中的主体地位，"因此，将决策权威转移到一项国际制度，使其相对不受政治因素的影响，且其本身具有维持低通货膨胀率的偏好，那么对一国的总体福利来说就是有意义的。这就使像意大利这样相对富裕和发达的国家采取不平常的步骤将核心主权—对货币权的控制—让渡到欧洲中央银行（European Central Bank）的道理所在。"①根据自由主义国际社会契约论构建的国际契约共同体，看似通过各民族国家让渡有效的权利，签订国际社会契约，赋予国际制度、法律以超越部分国家主权的权威，从这个层面上看，国际制度、国际法对国家行为会产生一定的影响，但是这种影响并不是决定性的。国际制度、国际法是怎么形成的呢？它并不是凭空出现的，而是国家间行为互相博弈的结果，从这个意义上讲，国家行为导致了国际制度、国际法的形成、变迁，这就出现一个循环式的决定论。

自由主义国际契约信用价值的存在还暗含一个重要的前提，那就是监督国际社会契约签订的客观力量是怎么产生的？在实践层面则往往是在一个共同体中力量最为强大的国家掌握了实际的话语权。这些国家可以将自己内部的标准作为约束其他成员的共同标准，将自己的利益凌驾于其他国家之上。对于国际制度和国际法可以选择性遵守，例如美国前总统特朗普上台以后就推翻了很多前任政府签订的国际合作协定，比如跨太平洋自由贸易协定、巴黎气候协定等等，理由就是要坚持"美国利益优先"。

（2）现实主义国际契约信用价值论及其悖论

霍布斯社会契约论，从人性自私的抽象人性论出发，把人和社会的自然状态描绘成一个像狼与狼一样的野蛮和无序状态。这样，为了维护个人和集体的最大利益，就需要成立国家，并由具有绝对权威的君主实行集权或专制统治，每个人都应绝对服从君主的统治。卢梭的社会契约论，有着法国人独特的宏大视野，强调集体人性和集体主权的利益，主张权力的集中统一和不可分割性，认为人们应该服从统一的国家和君主的统治，但如果国家和君主不能代表人们的利益，人们就有权起来推翻君主的统治，另建新政府。其坚持个人主义的抽象人性论。以抽象人性论为前提，推出人们需要分割让渡自己的一部分权利，异化为国家或上帝的权力，这种权力所形成的客观力量反过来支配人自身。也就是说，这种客观力量会对人性的形成产生支配性作用。

---

①　［美］彼得·卡赞斯坦、罗伯特·基欧汉、斯蒂芬·克拉斯纳编：《世界政治理论的探索与争鸣》，秦亚青、苏长和等译，上海人民出版社 2006 年版，第 131 页。

那么此时人性就不是抽象意义的人性，而是人在生活中所表现出来的本性，是在一定社会关系下产生出来的，是国家、社会制度的产物，这与社会契约论思想强调人的天然本性异化出去成为人性，人性是国家和社会制度来源的观点产生了矛盾。现实主义国际社会契约论思想也存在无法克服的悖论。"国际政治像一切政治一样，是追逐权力的斗争。无论国际政治的终极目标是什么，权力总是它的直接目标。"①"所有现实主义者的共同之处，不论有意无意，是国家利益观：即一种信念，认为就国际关系而言，国家利益主导所有其他的利益和价值。"②"卢梭的社会契约论在恐怖时代获得了实现，对自己的政治能力丧失了信心的资产阶级，为了摆脱恐怖时代，起初求助于腐败的督政府，最后则托庇于拿破仑的专制统治。"③"国际政治系统，就像经济市场一样，是由关注自我的单元的共同行为形成的……与经济市场相似，国际政治系统在本源上是个人主义的，它是自发形成的，而非人为地有意创建。"④

（2）国际契约信用价值的现实困境

国际契约信用价值的现实困境在于，"某一阶级的各个人所结成的、受他们的与另一个阶级相对立的那种共同利益所制约的共同关系，总是这样一种共同体，这些个人只是作为一般化的个人隶属于这种共同体，只是由于他们还处在本阶级的生存条件下才隶属于这种共同体；他们不是作为个人而是作为阶级的成员处于这种共同关系中的。"⑤同时"当今国际社会中的大部分制度设计和安排，是由一种被称为'深嵌的自由主义'（embedded liberalism）理念所主导的，或者说主要是由处于世界政治经济体系中心地带的西方国家主宰完成的。这些既定的国际制度，界定了国际社会中的基本财产权，是弱势国家处于被强制和压制的边缘地带的一个重要根源……人们对世界银行、国际货

---

① ［美］汉斯·摩根索：《国家间政治——权力斗争与和平》，徐昕等译，北京大学出版社，2006年版，第55页。

② ［英］乔纳森·哈斯拉姆：《马基雅维利以来的现实主义国际关系思想》，北京：中央编译出版社2009年版，第23页。

③ 恩格斯：《社会主义从空想到科学的发展》，《马克思恩格斯文集》第三卷，中央编译局编译，北京：人民出版社2009年版，第526页。

④ ［美］肯尼思·华尔兹：《国际政治理论》，信强译，上海人民出版社2003年版，第122页。

⑤ 马克思、恩格斯：：《德意志意识形态》，《马克思恩格斯文集》第一卷，中央编译局编译，北京：人民出版社2009年版，第573页。

币基金组织以及世界贸易组织等具有重要分配含义的国际制度的不满，可能预示着一场全球范围内深刻危机的到来。"①

（三）基于人类命运共同体的国际契约信用价值

第一，各国间要彼此尊重主权独立、维护主权完整，特别是大国对小国要坚持正确义利观，要重义轻利。在国家间交往中，大国不能将意志肆意凌驾于弱国小国之上，搞"人权高于主权"，大肆干涉别国内政；小国也要尊重大国合理的国家利益诉求和现实关切，不挑衅、不挑事，从而构建起和谐发展的大国小国关系。大国与大国之间，更要平等相待，不断累积政治互信，力避大国冲突的国际政治悲剧。2015年10月，习近平在伦敦金融城市长晚宴的演讲中指出："中国倡导国际社会共同构建人类命运共同体，建立以合作共赢为核心的新型国际关系，坚持国际关系民主化，坚持正确义利观，坚持通过对话协商以和平方式解决国际间的分歧和争端。"②

第二，在尊重民族国家主权平等的基础上，各国间应加强互利合作，积极构建利益共同体、安全共同体、发展共同体以及责任共同体。对于国际合作中国家主权与国际社会权力的矛盾问题，人类命运共同体理论强调世界各国要共同努力形成并管理国际社会权力，国际社会权力不应该成为某一个国家或国家集团的私人工具，而应该服务于国际公共事务。2017年11月，习近平在亚太经合组织工商领导人峰会上的主旨演讲中指出：要"坚持多边主义，谋求共商共建共享，建立紧密伙伴关系，构建人类命运共同体，是新形势下全球经济治理的必然趋势。"③2016年4月，习近平在华盛顿核安全峰会上强调，"核恐怖主义是全人类的公敌，核安全事件的影响超越国界。在互联互通时代，没有哪个国家能够独自应对，也没有哪个国家可以置身事外。在尊重各国主权的前提下，所有国家都要参与到核安全事务中来，以开放包容的精

---

① 苏长和：《解读〈霸权之后〉——基欧汉与国际关系理论中的新自由制度主义》，载于基欧汉著《霸权之后：世界政治经济中的合作与纷争》，苏长和、信强、何曜译，上海人民出版社2001年版，第15页。

② 习近平：《共倡开放包容 共促和平发展——在伦敦金融城市长晚宴上的演讲》，人民出版社2015年版，第8页。

③ 习近平：《抓住世界经济转型机遇 谋求亚太更大发展——抓住世界经济转型机遇 谋求亚太更大发展》，人民日报2017年11月11日，第2版。

神，努力打造核安全命运共同体。"①其次，要坚持利益与责任紧密挂钩的原则，不能搞利益与责任分离，而是要实现共同发展、共担职责。

第三，努力推进国际关系民主化。当前，在国际关系领域，霸权主义、强权政治仍然具有很大的影响力。民族国家主权与国际社会权力间的矛盾不仅没有缩小而且还有激化的可能性，关键就在于国际关系领域的长期不民主问题的存在。以美国为首的国际垄断资本主导国际政治经济秩序，将霸权主义政策作为维持垄断利益的重要手段，千方百计阻挠国际关系民主化的努力。构建人类命运共同体就是要提供一个推进国际关系民主化的契机和平台，通过国际关系民主化，化解国家主权与国际社会权力之间的矛盾，为人类携手应对挑战创造条件，为构建人类命运共同体打下坚实的基础。2015 年 4 月，习近平在亚非领导人会议上的讲话中指出："新形势下，万隆精神仍然具有强大生命力。我们要大力弘扬万隆精神，不断赋予其新的时代内涵，推动构建以合作共赢为核心的新型国际关系，推动国际秩序和国际体系朝着更加公正合理的方向发展，推动建设人类命运共同体，更好造福亚非人民及其他地区人民。"②

基于人类命运共同体的国际契约信用价值与传统国际契约信用价值之间存在着根本的区别：

第一，人类命运共同体不是由某一个强权国家主导，而是建立在共商、共建、共享的基础上。国际社会契约共同体是某个霸权国家或者某几个强权国家共同推动构建，体现了霸权主义国家的意志和利益。即使是由发展中国家构建的国际合作组织也不可避免地受到霸权国家的影响和左右。总之，国际社会契约共同体不可避免地被打上大国强权政治的烙印。构建人类命运共同体是由世界各国在平等协商、互利共赢基础上形成的多层次的共同体，满足世界各国多层次的需要。2016 年 6 月，习近平在乌兹别克斯坦最高会议立法院的演讲中强调："我们以共商、共建、共享为'一带一路'建设的原则，以

---

① 习近平：《加强国际核安全体系 推进全球核安全治理——在华盛顿核安全峰会上的讲话》，人民日报 2016 年 4 月 3 日，第 2 版。
② 习近平：《弘扬万隆精神 推进合作共赢——在亚非领导人会议上的讲话中》，人民日报 2015 年 4 月 23 日，第 2 版。

和平合作、开放包容、互学互鉴、互利共赢的丝绸之路精神为指引，以打造命运共同体和利益共同体为合作目标，得到沿线国家广泛认同。"①

第二，人类命运共同体面向的是整个人类社会的长远发展，其导向的是全人类全面合作、共同发展繁荣的前景。当前国际社会广泛存在的契约共同体，其存在很大程度上也是建立在对世界范围内存在的共同体的对立竞争甚至敌对的基础上，这是凝聚共同体内部团结的重要手段，一个契约共同体往往需要在内部团结而一致对外，而对外则不能真正做到团结，这是契约共同体的"团结悖论"所在。所以契约共同体只会使得国际社会更加碎片化、分散化，使得国际社会处于割据纷争的状态。构建人类命运共同体则是要逐渐超越国际社会的分歧对立，建立促进全人类共同发展、共同繁荣的共同体，促进全人类整体的发展进步。习近平指出："当今世界充满挑战，前面的道路不会平坦，但我们不会放弃理想追求，将以更大的作为，同各方携手建设持久和平、普遍安全、共同繁荣、开放包容、清洁美丽的世界。"②

第三，构建人类命运共同体并不是排斥契约精神。而是国际社会契约应该建立在现实平等的基础上。如果国际社会发展越来越失衡，广大第三世界国家与发达国家的差距越来越大，那么建立在这样一个发展基础上的所谓国际社会契约，不仅不会推进公平，反而会加剧现实的不平等。所以，不仅仅自由民主是民族国家的权利不能被剥夺，同样发展更是每个国家不能被剥夺的权利。国际社会契约共同体的构建特别不能罔顾广大发展中国家发展的权利。

第三节　两种价值观和两种世界秩序

共同价值与所谓的"普世价值"分别指向两种不同的世界秩序。所谓"普世

①　习近平：《携手共创丝绸之路新辉煌——在乌兹别克斯坦最高会议立法院的演讲》，人民日报2016年6月23日，第2版。

②　习近平：《抓住世界经济转型机遇 谋求亚太更大发展——抓住世界经济转型机遇 谋求亚太更大发展》，人民日报2017年11月11日，第2版。

价值"支撑的是以垄断资本扩张为中心的霸权主义世界秩序,而以共同价值为精神支柱的则是以命运共同体为基础的世界新秩序。构建人类命运共同体正在逐步超越霸权主义世界秩序,而共同价值也在逐步取代所谓的"普世价值"。

一、"普世价值"支撑的世界秩序:资本主导的霸权主义世界秩序

"普世价值"作为国际垄断资本主导霸权主义世界秩序的精神支柱,构成其合法性基础,国际垄断资本以实力为后盾,通过控制国际传媒体系、文化教育体系、文化产业体系及评价体系等,将普世价值宣传包装为凌驾于人类社会之上的客观价值原则,并进一步细化为国际通行标准和指标体系,要求世界各国在国际交往实践中必须切实遵循,而以美国为首的国际垄断资本则充当起"卫道士"的角色,通过"大棒"加"萝卜"的手段,软硬兼施逼迫世界各国特别是广大发展中国家就范,国际垄断资本以此占据国际道德制高点。与此同时"普世价值"也随着霸权主义世界秩序的兴起、发展而得到不断地拓展影响力,并最终掌握国际话语权。在后霸权时代,以美国为首的国际垄断资本,其硬实力受到极大削弱,面对新兴国家在硬实力方面日益加大的挑战,更加注重运用"普世价值"手段为新兴国家寻求世界秩序变革的努力设置陷阱和障碍。

(一)西方"普世价值"的哲学基础:形而上学世界观

形而上学世界观在西方具有悠久的历史,从古希腊的柏拉图,到中世纪经院哲学,到近代英国经验主义哲学,欧洲大陆理性主义哲学,不断将形而上学世界观传承发展。其已经构成西方文化的重要组成部分。形而上学世界观的本质是形而上学思维方式及形式逻辑。形式逻辑是研究形而上学思维方式的思维逻辑,其研究对象不是客观世界,而是思维本身,主要研究作为思维形式的概念、判断、推理及其规则。对形式逻辑的研究最早始于苏格拉底,苏格拉底在一系列对话片段中所运用的定义方法反映了形式逻辑的诸多运用方式,可以说是形式逻辑的雏形。真正对形式逻辑细致全面研究的是亚里士多德,他在《工具论》一书中对形式逻辑作了理论化、系统化的阐释说明。形式逻辑有矛盾律、同一律、排中律三大规律,矛盾律强调人们在同一论域中

对同一对象，不能既肯定它又否定它；同一律强调事物只能与它自身质相同一，特定的质规定事物成其为这个事物而不是那个事物；排中律要求人们在同一的思维过程中，对同一对象、同一时间、同一关系两个矛盾的思想（概念、判断），必须选择其一，并承认其中一个是真的。形式逻辑得到中世纪宗教神学的推崇，成为论证基督教义的有力工具。形式逻辑经历千年中世纪的思想锻造已经趋于成熟。17世纪英国哲学家培根在《新工具》改造了亚里士多德的形式逻辑，使其成为人类认识世界的有力武器，为现代性的彰显提供了难得的工具。以今天的眼光看，形式逻辑有其思想的局限性和片面性，但在思想意识变革的时代则也具有片面的深刻性。形式逻辑对西方现代性发育从以下几方面进行了逻辑预设。

一是凸显主体性。古希腊、古罗马及漫长的中世纪，人们主要关注世界的本体（本体论哲学）及其对人的意义（伦理学），并未自觉到主体和客体的分离。主体和客体的分离，只有到17世纪哲学认识论转向发生以后才真正实现从自在到自为的转变。当笛卡尔提出"我思故我在"的哲学命题时，人的自我主体意识得到凸显和强化。认识论的转向赋予形式逻辑现代性的意义，当然形式逻辑同样赋予现代性发育别样的精神文化气质。置于形式逻辑理论场上的主体，既是认识的主体，又是认识反思的对象。一切本体意义上的存在，无论是客观世界，还是上帝；无论是有限，还是无限；无论是事实，还是价值，现在都可以借由主体推论出，作为"万物之灵"的人类第一次从普遍的意义上拥有了主体的地位，而这是现代性的题中之义。二是单向度思维。形式逻辑的形而上学性与现代性生成时期强调片面深刻性的文化气质高度契合，形式逻辑的形而上学思维为现代性的生成打下了单向度的文化烙印，现代性也给予形式逻辑思想狂飙的舞台。17世纪这个思想巨匠辈出的时代是形而上学面向现实的黄金时期，其伟大思想的余波甚至泽及当代。现代性的生成脱胎于传统的绵延千年的基督教文化的土壤，施特劳斯认为，"现代性就是基督教的世俗化"。这既是一项艰巨的思想文化工程，更是一项复杂的解构封建社会、重构市民社会的系统社会工程。因为基督教势力不仅掌控着人们的思想文化领域，同时也是一股强大的政治势力，对欧洲各个封建王国具有强大的政治影响力。对基督教势力的斗争需要锐利的武器，除了闵采尔的农民起义，直接诉诸刀剑的形式之外，战战兢兢的新兴资产者更愿意诉诸思想文化的革命，用片面深刻而锐利的思想之矛戳向基督教文化的软肋，从合法性上否定基督教文化的意识形态根基，仍然取得与刀光剑影同样的效果，甚至有过之而无不及。形式逻辑正当其用。三是二律背反显现。哲学是时代精神的体现，如高卢雄鸡啼响社会变革的第一声。17 世纪哲学认识论转向从人类文化的最深层敲响了现代性发育的第一响钟鸣。哲学认识论于现代性发育的理论场设置，暗含主体与客体、思维与存在的矛盾性在场，现代性从在封建社会的母体孕育时开始就已然是一种二律背反式的存在。形式逻辑作为人类运用理性第一次对自由意志普遍化的尝试，从根本上讲，现代性要恢复的是人作为类的自由。当然自由与必然是存在矛盾的，这个矛盾在世界观层面是思维与存在的矛盾，在思想文化层面是资本主义新教伦理与宗教神学意识的矛盾；在世俗生活层面则是封建制度与新兴资本主义生产方式的矛盾。形式逻辑在意识形态领域，框限了上帝的无限，使人的视野可以无限缥缈的天国回归世俗人的世界。

但是形而上学思维方式及形式逻辑同样存在巨大的缺陷，其是孤立静止地看待世界，割裂世界之间的联系，把世界片面地看成是孤立物质或者精神要素的集合体，同时在历史观领域都是唯心主义。通过这种形而上学世界观得出的所谓"普世价值"存在先天的缺陷。所谓"普世价值"是怎么推导出来的呢，最先由 17、18 世纪欧洲启蒙思想家提出的"自由、民主、博爱"等所谓"普世价值"涉及人与社会的关系问题，而通过形而上学世界观得出所谓"普世价值"的过程则剥离掉二者的关系。首先，运用形而上学思维方式及形式逻辑抽象出一个普遍的人性作为前提，在这一过程中，人的一切社会属性都被抽象掉，而仅仅得出一些只具有抽象意义的共性东西作为全人类的本性，就如同从苹果、梨子、香蕉、橘子抽象水果这个共性的概念一样。其次再通过抽象的人性推导出如"民主、自由"等抽象的道德准则，并以此建构起抽象的社会；最后，把这些抽象人性建构起来的抽象的道德准则作为"天赋原则"而存在，从而为其披上了神秘主义的外衣。可以看出，运用形而上学世界观得出的所谓"普世价值"，已经完全脱离了现实的社会关系，只抽象地讲共性，却刻意忽略了抽象原则的现实来源问题，而这才是最能够揭示其深层本质的东西。而一旦将抽象回归现实，所谓"普世价值"就会原形毕露，显示出其内在的谬误。

(二)"普世价值"的实践基础及现实困境

17、18 世纪欧洲的启蒙思想家提出所谓的"普世价值"，是为了直接对抗封建意识形态对人们思想的束缚，为确立资本主义意识形态打下基础。支撑"普世价值"背后的深层次力量是资本逻辑，资本不断汲取人、社会及自然所蕴含的"自然力"，实现不断扩张，以获取市场权力。"普世价值"所倡导的"民主、自由、人权、博爱"在资本力量掌握社会主导权的背景下，只可能成为资本的或者资本所希望的那种"民主、自由、人权、博爱"，在资本主义社会，民主是对社会权力结构的真实反映，普通老百姓手中的选票并不能真正左右社会的力量结构，唯一能左右社会力量结构的只能是背后的资本力量；自由也是如此，其实质是满足资本扩张的自由。

社会契约论是普世价值的重要理论支撑，但在资本逻辑主导下，社会契约论存在理论上的悖论以及现实无法走出的困境。国际关系视野中的各个民族国家，处于无政府状态中，这类似于一个放置于国际社会中的"霍布斯丛林"，国家是一个个追求自身权势和利益的"利维坦"。在资本逻辑所主导的世界秩序中，国际社会的无政府状态以及国际社会行为体的自利倾向，使得国际社会很难形成一个有效的权威来监督执行所谓的契约，因此，国际合作要么陷入霸权稳定论的窠臼，要么陷入割据纷争的泥潭，不可能真正实现普世价值所宣扬的价值理念。

西方发达资本主义国家将所谓"普世价值"包装成展现道德优越性的工具，对内维持资本的统治秩序，夯实资本主义制度的合法性基础。伴随着资本的全球扩张，资本也在不断向外输出资本主义的意识形态，在殖民主义世界秩序时期，这种意识形态是赤裸裸展现西方优越性的"社会达尔文主义"。但当殖民主义世界秩序走向终结，全世界走向政治经济觉醒的时代，与国际垄断资本在世界范围内采取更加间接的榨取剩余价值方式相适应，西方发达资本主义国家将说辞更加动听、更加具有迷惑性的所谓"普世价值"重新请出来，作为国际垄断资本掌握国际道德制高点和话语权的重要工具。以美国为首的国际垄断资本自封为传播所谓"普世价值"的天命"传道士"，根据西方的标准，向全世界强行推广，作为国际垄断资本所主导霸权主义世界秩序合法性的重要价值基础。甚至西方发达资本主义国家对别的国家发动侵略战争也会披上"普世价值"的外衣，同时通过武力推翻不喜欢的国家政权也会打上所谓"颜色革命"的动听旗号。随着霸权主义世界秩序在世界范围内取得主导地位，国际垄断资本通过其掌控媒体舆论的广泛传播影响，所谓"普世价值"确实也迷惑了一些向往西方发达资本主义国家高质量生活的人，甚至一些国家的高级知识份子和政治精英也受其影响。在国际垄断资本主导的霸权主义世界秩序下，国际垄断资本的疯狂扩张已经使得世界发展越来越失衡，世界各国发展差距逐渐拉大，这本身就是一个建立在不平等发展基础上的世界秩序。在这样的背景下，以美国为首的国际垄断资本在世界范围内强行推行"普世价值"，则进一步加剧了现实国际关系中的不平等和不民主。给广大发展中国家人民带来了巨大的灾难，成为导致世界局势持续动荡的重要原因。

（三）"普世价值"对人类命运共同体的侵蚀

"普世价值"作为国际垄断资本主导霸权主义世界秩序的精神支柱，构成其合法性基础，国际垄断资本以实力为后盾，通过控制国际传媒体系、文化教育体系、文化产业体系及评价体系等，将"普世价值"宣传包装成为凌驾于人类社会之上的客观价值原则，并进一步细化为国际通行标准和指标体系，要求世界各国在国际交往实践中必须切实遵循，而以美国为首的国际垄断资本则充当起"卫道士"的角色，通过"大棒"加"胡萝卜"的手段，软硬兼施逼迫世界各国特别是广大发展中国家就范，国际垄断资本以此占据国际道德制高点。与此同时，"普世价值"也随着霸权主义世界秩序的兴起、发展而得到不断的拓展影响力，并最终掌握国际话语权。在后霸权时代，以美国为首的国际垄断资本，其硬实力受到极大削弱，面对新兴国家在硬实力方面日益加大的挑战，更加注重运用"普世价值"手段为新兴国家寻求世界秩序变革的努力设置陷阱和障碍。

"普世价值"对人类命运共同体的最大冲击在于西方国家拥有国际传媒体系的话语权优势，同时，"普世价值"本身具有很强的迷惑性，在这样一个生活快节奏、日益表象化的世界，在全球资本主义消费文化的侵蚀下，人类社会已经变成一个单向度的社会，人也已经成为单向度的人，人们更加希望关注生动的表象所带来的快感，而对透过现象认识本质则丧失了本来兴趣和能力。同时资本主义发达国家由于先发优势，目前在经济军事、教育文化科技等诸多领域仍然占有绝对的优势地位，这就使得发展中国家的老百姓特别是精英人士会仰望和膜拜，以至于对发达国家所宣扬的一切特别是作为核心的普世价值也会天然地从内心产生敬畏和接收。简单地说就是一种崇洋媚外思想仍然存在很大市场空间和现实土壤，比如香港的占中学生对香港警察的任何一点使用武力维持秩序的行为都会鄙弃为专制暴力，但却不知他们所仰望的美国社会，警察维持社会秩序时所使用的暴力手段不知道强度大了多少倍。对此问题，这些人宁可选择当盲人和聋人都不愿意承认。

二、共同价值支撑的世界秩序：以人类命运共同体为基础的世界新秩序

西方"普世价值"以满足国际垄断资本的全球扩张为中心，维护的是以美国为首的国际垄断资本的全球霸权利益。伴随着国际垄断资本在全球的不断扩张，"普世价值"也逐渐占据全球主流新闻媒介的重要版面，成为国际垄断资本维护其在全球推行资本扩张、榨取广大发展中国家超额剩余价值合法性的基础。其已经渗透到霸权主义世界秩序的方方面面，成为霸权主义世界秩序无法剥离的意识形态外衣，离开"普世价值"这根最重要的精神支柱，霸权主义世界秩序将丧失最基本的意识形态合法性，从而面临合法性危机；同时，"普世价值"也无法离开霸权主义世界秩序而存在，它需要国际垄断资本动用各种力量、使用各种手段，甚至发动战争来迫使人们遵守所谓的"普世价值"。冷战后，以美国为首的国际垄断资本通过其代理人在全球发动了数场大规模的战争，都是打着维护"普世价值"相关理念的旗号，甚至喊出了"人权高于主权"的口号。

以所谓"自由、民主、人权"等为标榜的西方"普世价值"，与霸权主义世界秩序同生共存。"普世价值"构成霸主义世界秩序的合法性基础，"普世价值"暗含"西方中心主义"的逻辑预设，在"普世价值"论者看来，西方文明高于世界其他文明，具有无与伦比的优越性，世界其他文明只能仰望西方文明，在与西方文明的竞争中永远处于被压制的地位，最终会被西方文明所同化，

一旦有超越西方文明的异质性文明出现，会被作为异端防范和遏制，同时西方发达资本主义国家自封为"普世价值"的"卫道士"，负责制定"普世价值"的国际标准并通过强力手段维护其权威地位。这些恰恰契合了霸权主义世界秩序的金字塔式结构，居于权力顶端的是极少数西方发达资本主义国家，实际上背后掌控权力的是国际垄断资本，世界上广大发展中国家则被限制在金字塔的低端，绝大多数无法真正实现国家地位实质性的改变，"普世价值"成为支撑这一不公平世界秩序的精神鸦片和意识形态基础。当然没有霸权主义世界秩序，"普世价值"就会丧失其存在的物质基础，世界上很多人畏惧甚至膜拜西方"普世价值"，并不是"普世价值"本身多么地魅力无穷，根本在于"普世价值"背后所代表的等级制权力，与其说这些人敬畏膜拜"普世价值"，还不如说是敬畏膜拜支撑"普世价值"的权力。

共同价值支撑的则是以命运共同体为基础的世界新秩序。人类命运共同体是一个与霸权主义世界秩序截然不同的世界新秩序，"各国人民同心协力，构建人类命运共同体，建设持久和平、普遍安全、共同繁荣、开放包容、清洁美丽的世界。"①。人类命运共同体基于主权平等、合作共赢，而不是要构建一个新的霸权秩序。主权国家的存在是国家间政治的一个基本现状和基本前提，主权平等是国际关系的核心准则和客观需要。霸权主义强调"扩张"和"控制"，这是国际垄断资本维系其霸权秩序的两个关键要素。为此，霸权主义世界秩序与国家间主权平等是必然对立的，从根本上看，霸权主义世界秩序就是建立在损害弱小国家平等主权基础之上的。但人类命运共同体则是建立在国家主权平等的基础之上的，它是由世界各国在合作共赢、实现和平与发展的历史进程中共同协商、共同构建、共同维护的平等新秩序。在这样一个新秩序中，世界各国无论大小、强弱都是平等的参与者、秩序的维护者以及利益的共享者，没有一个国家会是立于金字塔尖上的强权。

三、共同价值对西方"普世价值"的批判超越

共同价值与所谓价值之间存在本质的区别。首先，共同价值强调价值反

---

① 本书编写组：《党的十九大报告辅导读本》，北京：人民出版社 2017 年版，第 57—58 页。

映人与人一定的社会关系，它产生于人们现实的社会实践过程，而不是通过形式逻辑推论出的抽象共性，也不是来源于充满神秘主义色彩的上天赋予；其次，共同价值是实践生成的，它是人们在现实社会实践过程中共同努力建构的，而所谓"普世价值"则是由启蒙思想家这类所谓英雄人物独立构建的，并且过程也是极度隐秘而充满神秘主义色彩的；再次，共同价值由人们通过社会实践生成，人们也在社会实践过程中共同遵守，其合法性来源于人们共同生成的社会实践的力量，但是所谓"普世价值"则由在国际（国内）社会权力系统中占据主导地位的权力组织来建构和维护，并且通过资本主义国家的暴力机器来强行维护，其合法性来源于人们对国际垄断资本力量的膜拜、敬畏或者恐惧。

构建人类命运共同体，世界各国通过践行"一带一路"倡议，展开打造合作共赢新型国际关系的生动实践，共同生成、共同维护"和平、发展、公平、正义、民主、自由"等全人类的共同价值，这样一种共同价值建立在平等互利的共同发展基础之上，能够凝聚起更加广泛的国际社会共识，共同应对全球化挑战，从而使"一带一路"倡议能够获得世界各国更多的理解、支持和参与，也为构建人类命运共同体不断夯实合法性基础。而伴随着霸权主义世界秩序逐步走向衰落，作为与此密切相关的所谓"普世价值"也将逐步退出历史的舞台，而在世界各国的共同努力，建构基于人类命运共同体的世界新秩序，也将在逐步超越资本、克服资本及其所主导霸权主义世界秩序基础上逐渐生成，在这一历史过程中，作为人类命运共同体精神支柱以及合法性基础的共同价值也将逐渐被世界各国人民在国际社会实践中逐步构建起来，并逐步成为主流意识形态。

第六章 伟大构想的平台载体

——加强"一带一路"建设

构建人类命运共同体的思想，目前正得到越来越多国家的认同和响应，并被数次写入联合国文件，发挥出日益重大的影响力。其根本原因在于，人类命运共同体与历史上形形色色的"理想主义"国际秩序观存在本质区别，那就是人类命运共同体从一开始就建立在国际社会实践的基础上。构建人类命运共同体思想引领了世界和平与发展的潮流，抓住了制约和影响人类社会和平与发展的深层次问题，2017 年 12 月，习近平在中国共产党与世界政党高层对话会上的主旨讲话中强调："我提出'一带一路'倡议，就是要实践人类命运共同体理念。"①中国实施"一带一路"倡议，既是一种立足实现全球共同发展的新型发展观，又是一种新型地缘政治观，同时也很好地体现了世界文明融合发展的需要，它向全世界展现了人类命运共同体的生机与活力，是推动实现世界和平与发展伟大构想的平台载体，充分展示了中国维护世界和平发展的决心和诚意。

第一节 "一带一路"的新型发展观

"一带一路"倡议的提出，首先是为了满足人类社会共同发展的需要，当

---

① 习近平：《携手建设更加美好的世界——在中国共产党与世界政党高层对话会上的主旨讲话》，人民日报 2017 年 12 月 2 日，第 2 版。

前在由资本主导的世界体系中，以美国为首的国际垄断资本在冷战后提出了新自由主义的发展模式，被称之为"华盛顿共识"，通过资本扩张强力推动的新一轮全球化浪潮向全世界广泛推广。新自由主义发展模式不仅没有能够实现世界上广大第三世界国家的可持续发展，反而使很多国家经济发展水平一落千丈，世界发展变得越来越失衡，世界经济的结构性矛盾越来越突出。世界各国迫切需要一个新的发展平台和框架来摆脱目前的困境。2008 年世界金融危机以后，中国经济保持了较高速度的增长，实现了健康发展，中国经济对世界经济增长的贡献率达到 30% 左右，中国有必要提出自己对世界经济秩序的构想。"一带一路"倡议就是习近平对世界经济秩序的战略构想，它为人类命运共同体思想夯实了共同发展的现实基础。

一、不平等发展及其产生的根源

法国经济学家皮凯蒂的《21 世纪资本论》深刻揭示了全球发展中分配不公平现象日益严重的问题。资本主导的全球化以资本的全球扩张为中心，以满足资本最大化获取剩余价值为根本目的。资本逻辑主导下的发展是一种不平等的发展，其所带来的只会是"富国愈富、穷国愈穷"的两极分化。

(一)国际垄断资本全球扩张的空间矛盾

随着 19 世纪 60-70 年代德国、意大利的统一，欧洲大陆主要封建主义国家相继走向资本主义发展道路。从 19 世纪 80 年代开始，第二次工业革命在英美兴起，并迅速向其他资本主义国家扩散。资本主义由自由竞争阶段步入垄断资本主义阶段，垄断资本特别是金融垄断资本，不仅在资本主义国家内部掌握统治地位，同时还通过资本联盟建立国际垄断资本，实现在全球的扩张。列宁指出，"对垄断组织的历史可以作如下的概括：(1)19 世纪 60 年代和 70 年代是自由竞争发展的顶点即最高阶段。这时垄断组织还只是一种不明显的萌芽。(2)1873 年危机之后，卡特尔有一段很长的发展时期，但卡特尔在当时还有一种例外，还不稳固，还是一种暂时现象。(3)19 世纪末的高涨和 1900—1903 年的危机。这时卡特尔成了全部经济生活的基础之一。资本主义转化为帝国主义。"①国际垄断资本在全球范围内大量输出资本主义国家内部积累的剩余资本，并通过划分势力范围，抢夺瓜分殖民地，扩张商品销售市场。各个帝国主义国家间发展的不平衡使得争夺资源和资本扩张空间的矛盾日益激化。这种矛盾主要是作为资本主义国际秩序中心的英国与挑战其全球霸权地位的德国间的矛盾。20世纪初期开始，两国分别组织起各自占据主导地位的国际垄断资本联盟，随着彼此间矛盾的不可调和，逐步走向全面战争。

这种国际垄断资本联盟间的战争，不仅将其欧洲中心，同时也将其控制的外围及边缘地区卷入战争，使得战争第一次变成世界战争。同样是19世纪80年代崛起的资本主义强国，美国则由于其处于两洋之间优越的地缘位置及其本身国内通过持续的"西进运动"带来的巨大市场空间，暂时可以满足美国产业资本扩张的需要。而进入20世纪以后，美国形成的国际垄断资本也主要背靠其后院拉美，将扩张方向定位于亚太地区，与其竞争的主要是西班牙这样的没落帝国主义国家以及羽翼还未完全丰满的日本。美国远离了欧洲大陆复杂的地缘政治博弈，也未如德国那样对以英国为首的国际垄断资本主导的国际秩序产生直接的威胁，尽管间接的威胁可能更大。作为此时世界力量中心的欧洲，以德国为首的国际垄断资本直接挑战到英国的霸权。最后只能以欧洲为策源地的世界大战解决不可调和的矛盾，其结局是大国彼此制衡形成新的均势，建立了"凡尔赛体系"。"凡尔赛体系"可以说是一种"后英国主导的资本主义国际秩序"，以英国为首的工业资本已经开始走下世界权力的中心，而以美国为首的国际垄断资本则方兴未艾，逐渐走上世界权力的中心。20年后爆发的第二次世界大战则标志着欧洲作为世界力量中心的最后一次挣扎，彻底终结了英国为首的工业资本及其主导的国际秩序，正式将美国为首的国际垄断资本送上世界权力的中心，美国主导的世界秩序已经到来。

二战后资本主义经历了巨大发展，以美国为首的国际垄断资本，特别是国际金融垄断资本取代以英国为首的工业资本，成为资本主义世界秩序的主导，这一深刻变革从19世纪末到20世纪中叶历经半个多世纪。马克思、恩格斯的经典继承者们创新运用马克思主义理论很好地解释了这个历史过程。

---

① 列　宁：《帝国主义是资本主义的最高阶段》，北京：人民出版社2014年版，第19页。

希法亭的"金融资本"论、卢森堡的"资本积累"论、布哈林的"世界经济体系"论从不同层面给予19世纪末至20世纪初资本主义由自由竞争走向垄断这段历史以马克思主义的深刻解释，捍卫了马克思主义的科学真理。特别是列宁的帝国主义论，更堪称对马克思主义经典理论创新发展的典范。今年是俄国十月革命胜利100周年，而列宁在1916年春完成的《帝国主义是资本主义的最高阶段》一书科学论证了十月革命的历史必然性，可以称之为十月革命的宣言书。列宁从生产关系的高度分析了资本主义发展到垄断阶段所产生的帝国主义问题，他"对帝国主义国际关系的分析，主要涉及三大核心命题，即资本输出、分割和重新分割世界、世界大战。三大核心命题相辅相成，构成了一个完整严密的逻辑链。"①通过分析，列宁得出结论：帝国主义国家因为发展的不平衡性，必然爆发结构性的战争冲突，"帝国主义是过渡的资本主义，或者更确切些说，是垂死的资本主义。"②社会主义革命可以在帝国主义的最薄弱环节率先取得胜利。两次世界大战的爆发及俄国十月革命的胜利印证了列宁的论证。他的帝国主义论是对19世纪末至20世纪中叶第二次世界大战前资本主义最经典、最科学的解释。

（二）国际垄断资本全球扩张的空间协调

列宁的帝国主义论在解释二战后资本主义发展的最新情况时却受到了质疑和挑战。有"一个当今马克思主义者必须回答的问题：当资本主义国家不再奉行殖民政策——事实上当任何国家均不再坚持拥有殖民地时，如何拯救列宁的帝国主义理论？"③而"霍布森和列宁看到帝国随着资本主义的发展而得到扩展和巩固。他们认为是资本主义导致了帝国主义，最后他们得出结论认为控制和消灭资本主义将使帝国主义得到根除。他们犯了一个可以理解的错误……随后的马克思主义者以及其他新殖民主义理论家则犯了不同的而且更难以原谅的错误。"④

二战结束以后，西方国际垄断资本间结成了有史以来最为牢固的共同体

---

① 张建新：《激进国际政治经济学》，上海人民出版社2011年版，第147页。
② 列　宁：《帝国主义是资本主义的最高阶段》，北京：人民出版社2014年版，第124页。
③ ［美］肯尼思·华尔兹：《国际政治理论》，信强译，上海人民出版社2003年版，第37页。
④ ［美］肯尼思·华尔兹：《国际政治理论》，信强译，上海人民出版社2003年版，第45页。

关系，特别是几个世纪以来一直处于地缘政治博弈主战场的欧洲，主要资本主义国家间，甚至曾经"你死我活"的宿敌之间(如德国和法国)都结成了命运共同体关系，欧洲的一体化进程走在全球的前列。是否一夜之间国际垄断资本间为了克服内在否定性所需要的外部空间扩张及由此导致的不可调和的矛盾，都在一夜之间消失得干干净净，是什么力量在主导国际垄断资本全球扩张的空间协调呢？在这样的历史背景下，列宁的帝国主义论对当今资本主义发展的解释是否失效了呢？如果失效了，那么其帝国主义论的核心结论，一国可以率先取得社会主义革命胜利，并建立社会主义制度就失去了合理性、合法性，是否苏联及东欧社会主义国家的解体和剧变也印证了这一点？如果仍然有效？那怎么解释二战后发达资本主义国家间的长期和平以及对殖民地的放弃？问题的关键在于科学分析国际垄断资本在全球范围内获取剩余价值方式的根本性变化。

(三)矛盾的转化：不平等发展的产生与加剧

资本扩张悖论所展现出来的内在否定性，使得资本必须通过形成垄断，并不断扩展外在空间，将世界各地纳入资本主导的"中心—外围边缘"结构，生成了资本主导的依附性世界秩序，以榨取世界范围内的剩余价值，实现世界规模的资本积累，从而延缓资本主义危机。这决定了在资本所主导的世界体系下，全球发展呈现出"中心—外围边缘"的体系结构，中心的发展是建立在广大外围边缘地区的不平等发展基础上，中心地区资本的不断积累所带来的是广大外围边缘地区贫困的不断积累，所以中心地区发展的积累，则是建立在外围边缘地区广大发展中国家不平等的发展基础上。

世界规模的资本积累，其积累方式经历了从商业资本、产业资本到国际垄断资本，特别是国际金融垄断资本的历史演变，在这一过程中，维护资本利益的世界秩序发生了巨大变迁。当前主导世界秩序的国际金融垄断资本主要是通过跨国公司为载体，实现全球扩张，各民族资本间已经打破国别界限，可以互相持股，相互渗透、利益均沾，已经结成了一定程度的利益共同体。同时金融资本不断通过金融衍生品、证券化等金融创新手段，将一切可以利用的资源都转化为资本，纳入资本全球扩张的体系中，现实世界愈来愈成为一个金融化的世界，其实质是金融垄断资本对未来剩余价值的分割，这一方面为国际垄断资本扩张提供了超越全球地理空间的巨量空间，在很大程度上缓解了国家垄断资本激烈竞争导致的矛盾，但另一方面也使得人类社会的未来逐渐被透支，因为现有的资源存量相对而言是有限的。列宁在《帝国主义是资本主义的最高阶段》一文中对帝国主义矛盾及其后果的经典论述并未过时，只不过国际垄断资本间的矛盾已经转化为虚拟经济与实体经济的矛盾，现存有限资源与过度透支未来的矛盾，国际垄断资本积累与全球贫困、生态危机积累的矛盾。这种矛盾比之列宁论述的帝国主义间的矛盾并未降低反而加重，因为国际金融垄断资本已经不断生成人类社会对资本主义生产方式的依附，资本将内在被否定的命运成功与人类的未来捆绑，通过不断透支人类社会的未来维系资本逻辑的延续。但国际金融垄断资本的内在否定性并未根除，其过度贪婪地追求权力扩张，必然带来上述矛盾的激化，引发国际金融危机，使资本主导的世界秩序出现巨大变数。

当前以美国为首的国际垄断资本，在原来资本所构建的"中心—外围边缘"结构基础上，根据获取剩余价值方式的根本性变化，进一步转化升级为"虚拟经济（金融国）—实体经济国"的结构，通过将劳动密集型、重污染的传统制造业向广大发展中国家的整体性转移，在国内则保留高新技术产业、金融业等低碳环保、高附加值产业体系，建立起国际垄断资本霸权基础之上的国际产业分工链、价值链，通过巨大的国际商品交易及价值分配的剪刀差，将传统制造业的污染及劳资矛盾留在广大发展中国家而将其所创造的超额剩余价值源源不断地吸收回国际垄断资本扩张的中心区，并迅速转化为资本投入资本的全球扩大再生产过程之中，从而实现资本的全球循环。这个循环过程将作为中心的发达资本主义国家与作为外围边缘的广大发展中国家之间的差距不断拉大，使得后者长期无法真正摆脱"中等收入陷阱"的困扰而走上民族经济腾飞的道路。

二、对全球发展道路的修复

西方新马克思主义者大卫·哈维针对资本主义经济危机的解决提出了资本（时间—空间）修复理论。所谓"时间—空间'修复'喻指一种通过时间延迟和地理扩张解决资本主义危机的特殊方法"①。当前世界各国,无论是中国坚定不移地走中国特色社会主义道路,还是其他国家走资本主义道路,都将市场经济作为本国经济体制的重要组成部分,资本作为发展市场经济的重要手段,必然还在全世界范围内发挥重要作用。那么世界各国经济社会发展在享受资本带来的巨大推动力的同时,也不得不面临资本逻辑所带来的巨大弊端,那就是资本逻辑对人、自然以及社会过度压制与力量汲取所引发的人、自然与社会三重危机问题,世界各国需要对以资本作为支撑的全球发展道路进行修复。但是中国特色社会主义条件下通过实施"一带一路"倡议对资本的修复与资本主义条件下对资本的修复存在本质的不同,前者将资本作为手段,对资本的修复,是为了增强社会主义驾驭资本的力量,实现人的全面自由发展;后者则将资本作为目的,试图通过空间的拓展延迟危机的爆发或者缓解危机带来的破坏效应,并不能真正克服资本主义危机。党的十八届五中全会提出的"创新、协调、绿色、开放、共享"五大发展理念,是对中国特色社会主义发展道路的"主体—动力—空间—环境"四维修复,贯彻落实五大发展理念,就是要通过对发展的修复,进一步激发资本活力,同时努力克服资本逻辑弊端,推进中国特色社会主义更广阔的历史前景。以五大发展理念作为引领的"一带一路"新型发展观,对全球发展道路的修复具有重要的借鉴意义。

(一)发展主体的修复:彰显以民为本的发展价值

五大发展理念中凸显发展主体性要求的是共享发展,其包括四大内涵:"一是全民共享""二是全面共享""三是共建共享""四是渐进共享"②。坚持共享发展深刻反映了五大发展理念内在蕴含的"以人民为中心的发展思想,反映了坚持人民主体的内在要求,彰显了人民至上的价值取向,确立了新发展理念必须始终坚持的基本原则"。发展的主体是由现实的个人所构成,中国特色社会主义发展道路的主体则是中国最广大人民群众。坚持共享发展,就是一切发展为了群众、依靠群众、发展成果为群众所共享,这是中国特色社会主

---

① [英]大卫·哈维:《新帝国主义》,初立忠、沈晓雷译,社会科学文献出版社2009年版,第94页。

② 中共中央宣传部编:《习近平总书记系列重要讲话读本(2016年版)》,北京:学习出版社:人民出版社2016年版,第136页。

义发展道路的本质要求所在。长期以来，中国由于人口多、底子薄的基本国情所限，经济社会发展长期面临效率与公平两难困境。

中国历经 30 余年经济快速发展，经济总量、综合国力跃升世界前茅的同时，贫富两极分化问题日趋严峻，目前，中国的基尼系数已经超过国际公认警戒线。贫富两极分化问题凸显不利于社会和谐稳定，导致党群、干群矛盾突出，社会仇富、仇官情绪加剧，造成社会维稳成本高涨，最终也不利于经济社会可持续发展。所以从根本上来讲，坚持以人民为中心的共享发展思想，就是要加强对发展主体的修复，使经济社会发展真正回归对人民群众主体价值、主体诉求及主体关怀的尊重与遵循，使发展真正成为增进人民群众自由个性的全面发展。

全球经济发展失衡的根本原因就在于，新自由主义发展模式是以资本为中心的发展，满足的是资本全球扩张的需要，资本主导的新自由主义发展模式，将在全球范围内榨取更多的超额剩余价值作为根本目的，并没有顾及人的全面发展的问题。现阶段中国通过实施"一带一路"战略规划，就是要改变新自由主义以资本扩张为中心的发展模式，将人的发展作为发展的中心，实现全球经济发展成果的共商、共建、共享。在全球发展过程中坚持共享发展，需要积极扬弃资本扩张逻辑的弊端，真正将资本增值作为手段而不是目的本身，要明确发展的根本价值在于实现人的自由而全面发展，追求资本增值不是发展的根本目的，实现现实的人的价值增强才是发展的根本目的。现实的人的价值增值表现为双重属性，一是自然性价值增值，即人的劳动力价值增值，主要表现为工资等实际可支配性收入的增加。为此，中国一方面需要努力重构国际价值链条，实现国家间的相互分工，推动广大发展中国家实现产业升级，逐步改变低工资带来的劳动力成本优势，转向技术密集型，提高劳动力价值；另一方面要深化国际分配制度改革，完善国际援助体系，切实减轻广大发展中国家人民群众社会生活成本，对于中国国内而言，要"坚持社会主义基本经济制度和分配制度，调整收入分配格局，完善以税收、社会保障、转移支付等主要手段的再分配调节机制，维护社会公平正义，解决好收入差距问题，使发展成果更多更公平惠及全体人民"①。对于世界而言，中国要以"一带一路"为重要平台，通过金融创新和援助体系创新，加强广大发展中国家的基础设施建设，共同努力推进贫穷国家的扶贫工作。二是社会性价值增值。人的价值还需要通过一定的社会关系来实现，需要受到一定的社会道德规范的制约，因此，人的价值增值还表现为通过发展促进人的整体素质以及国际社会整体性文明程度的提升。

（二）发展动力的修复：转换强劲持续的发展动力

"创新是引领发展的第一动力。发展动力决定发展的速度、效能、可持续性"②。五大发展理念的创新发展就是要着力解决中国发展的动力问题。改革开放30余年来，由于庞大的市场空间及改革红利的持续释放，中国成为国际资本投资的热门目的地，吸引外资的数量和质量长期居于世界各国前列，资本供给较为充裕；同时由于土地、劳动力供给成本较低，土地、劳动力要素供给也较为充足，中国的优势产业主要集中在资本、土地、劳动力等要素密集型产业上。国际国内投资和外贸出口两驾马车的有力支撑，使得中国经济保持了30余年的快速增长。但是随着2008年美国金融危机爆发以来，中国投资和外贸两驾马车驱动日渐乏力，内部需求在短期内也无法完全替代投资和外贸出口的驱动力。与此同时，随着建设用土地的大量消耗，中国土地资源越来越稀缺，供给成本越来越高；而随着人口红利的逐渐消失，工人工资大幅度上涨，劳动力供给成本也越来越高；长期发展的积累又使资本要素严重过剩，迫切需要开拓新的投资空间，原有经济发展模式愈发难以为继，经济下行压力加大，有步入"中等收入陷阱"的风险，发生经济危机的可能性大增。中国经济迫切需要转向技术创新驱动。但目前中国的技术创新能力和水平与发达国家相比仍然具有较大的差距，先进科学技术对经济的贡献率严重不足。

全球经济发展同样面临发展动力不足的问题，这也是与全球科技创新力

---

① 中共中央宣传部编：《习近平总书记系列重要讲话读本（2016年版）》，北京：学习出版社；人民出版社2016年版，第130页。

② 中共中央宣传部编：《习近平总书记系列重要讲话读本（2016年版）》，北京：学习出版社；人民出版社2016年版，第133页。

分布不平衡有很大关系。全球最先进的科学技术研究中心和人员力量大部分分布在发达国家，而广大发展中国家则由于各种条件的限制，科研能力、科技资源处于较低的水平。世界各国迫切需要坚持创新发展，切实提高科技创新能力，修复发展动力。一是加强基础性科研联合攻关。瞄准国际科研前沿，由广大发展中国家组织力量进行集体攻关，中国可以通过"一带一路"相关平台，进行资金技术的支持，形成广大发展中国家科技共同体，争取在一系列重点领域走在国际前列，在部分关键领域走在国际前沿，在部分核心领域引领世界科技发展潮流，从而为广大发展中国家科学技术整体进步打下坚实的基础。二是正确处理政府与市场在科技创新中的关系。应该坚持政府引导、市场主导的原则，充分发挥市场在技术创新中的决定性作用。各国政府应该主要抓基础、抓基本，着眼战略性、长远性技术创新项目，其余的应该大力支持市场，由市场主体（企业）来完成，政府可以给予一定的支持和引导，但不能过多干涉，应给予企业充分的自主权。三是强化科技成果转化渠道建设。积极打造企业与各国科研院所的联动平台，实现产学研有机融合，提高科研成果转化率和科技对世界经济发展的贡献率。

（三）发展空间的修复：形成开放包容的发展格局

五大发展理念的协调发展、开放发展，主要是为了解决当前中国经济社会发展过程中出现的空间失衡问题。"协调是持续健康发展的内在要求"[1]，"开放是国家繁荣发展的必由之路"[2]。中国发展过程中出现的空间失衡问题主要表现为，一是国内城乡区域发展失衡。东部地区特别是东部沿海地区发展较快、发展水平较高，但是中西部特别是广大西部地区发展较为滞后，两地差距较大。在当前经济步入新常态、增长速度整体放缓、经济下行压力加大的情况下，广大中西部以资源型经济为主体的省区市面临国企改革、经济转型、债务危机等多重压力，经济发展形势更加严峻。同时城乡发展差距较大，发展过程中各种资源要素向城市集聚，农村（特别是偏远农村）地区得到

① 中共中央宣传部编：《习近平总书记系列重要讲话读本（2016 年版）》，北京：学习出版社：人民出版社 2016 年版，第 133 页。

② 中共中央宣传部编：《习近平总书记系列重要讲话读本（2016 年版），北京：学习出版社：人民出版社 2016 年版，第 135 页。

的资源配置较少，同时农村劳动力外流，广大农村地区空心化严重，空巢老人、留守妇女、留守儿童问题已成为影响社会稳定的重要因素。二是国际空间失衡。中国目前面临资本及产能严重过剩的问题，但在当前国际政治经济秩序中，中国的话语权较弱，中国的资本国际空间拓展及去产能进程面临国际资本的激烈竞争，加大了中国国际经济空间拓展的成本。如中国高铁走出去战略，面临着日美等国以所谓地缘政治博弈、国家安全为战略出发点的非商业性竞争，无形之中增加了中国高铁输出的难度。

全球发展不平衡的一个重要表现就在于全球发展空间的不平衡，各国资本扩张都需要进行空间生产，现有国际经济空间并不足以容纳所有国家的需要，以美国为首的国际垄断资本又占据技术、人力资源等的优势，同时掌控了国际经济秩序。这使得全球经济发展的空间分布更加不平衡。我要坚持协调发展、开放发展，优化国际国内经济发展的空间布局。一是要优化本国国土区域生产力空间布局。根据要素禀赋确立各区域比较优势，根据比较优势合理配置生产力空间布局，优化配置资本、技术、劳动力等要素资源，通过布局形成分工明确、优势凸显、层次分明的产业价值链条，实现经济的差异化、特色化发展，避免各个地方经济发展的同质化竞争。世界各国政府要加强财政、金融等的顶层制度设计，为生产力空间布局的落实提供坚实的制度支撑。二是要强化"消费空间的生产"。就是要想方设法扩大内需，使需求这驾马车更加给力。目前，中国主要以"乡村振兴"以及"新型城镇化"建设为战略抓手，逐步消除城乡发展差别，刺激城乡消费需求，为新常态下的中国经济提供新的发展点。世界经济的可持续发展也需要不断激发新的消费点，拓展消费空间。三是要强化"国际经济空间"拓展。中国要坚持开放发展，进一步提升改革开放的质量，以推进"一带一路"发展战略为契机，结合亚投行等国际金融平台，努力争取在国际政治经济领域的话语权，积极构建国际经济空间正义；同时，积极寻求国内过剩产能与"一带一路"建设对接，与亚投行等国际金融平台对接，在深化对外开放中逐步拓展国际经济空间，消除积累的过剩产能，实现国家间互利共赢。

(四)发展环境的修复：营造绿色低碳的发展环境

绿色发展主要涉及发展环境的修复问题。"绿色是永续发展的必要条件和人民对美好生活追求的重要体现"①。经济发展速度再快，经济总量世界排位再靠前，环境受到污染，人民群众总是受到雾霾及环境污染引起的疾病困扰，对于这样的发展，老百姓是无法真正从内心认可的。现阶段中国要着力加强对发展环境的修复，既要避免"人类中心主义"，在发展中向自然界过度倾注人的力量，造成环境的破坏；又要避免"荒野中心主义"，为了绝对地保护环境，宁可放弃一切的发展，即使是可允许范围内的发展也要放弃。这样的态度也是不科学的，它不仅超越了中国目前的发展阶段，而且也很有可能陷入西方国家设置的绿色议题、绿色壁垒及绿色陷阱中。

世界经济发展必须强化绿色发展，根据自然环境的承载能力，实施全球范围的主体功能区建设，科学配置生产力布局，建设美丽世界、美丽中国，走出一条低碳环保的可持续发展道路，这才是全球可持续发展的历史正途所在：一是要贯彻生态环保的发展理念，加强对生态环境治理，特别要强化生态环境的立法，提高生态保护法制化水平，使生态环境保护具有法律规范的强制力。二是引入市场化手段治理环境污染问题，着力构建全球范围内的碳排放交易市场，通过碳排放交易降低全球性碳排放总量，当然全球性碳排放交易市场的建立需要充分考虑广大发展中国家的发展现状，给予欠发达国家或地区更多的关注和支持，通过引入市场化手段治理全球环境污染问题，在一定程度上缓解经济发展与环境保护之间的矛盾。三是要大力发展生态环保产业，逐步淘汰高污染、高耗能产业，同时探索建立低碳循环经济发展模式，提高资源利用效率，减少资本扩张逻辑对生态环境的破坏。

五大发展理念对全球发展道路的修复，并不是完成时，而是进行时。它是中国通过实施"一带一路"战略规划，对全球可持续发展道路的新实践、新探索。五大发展理念不是空想社会主义意义上的道德预设，它立足于当前中国实际，对于解决当前全球经济社会发展面临的问题具有极强的针对性和实效性。它立足于解决当前国际社会由于资本逻辑所引发的一系列结构性矛盾，通过对发展的"主体—动力—空间—环境"四维修复，不断增强全球驾驭资本

① 中共中央宣传部编：《习近平总书记系列重要讲话读本（2016年版）》，北京：学习出版社；人民出版社2016年版，第134页。

逻辑的力量，在克服资本逻辑的弊端中不断生成人类和平与发展的伟大历史前景。

三、助推广大发展中国家跨越"中等收入陷阱"

"一个在低收入阶段和中低收入阶段快速增长的发展中国家在进入中高收入阶段以后，如果不能适时转换经济增长动力机制，就会面临被'中等收入陷阱'锁定的风险"①。"中等收入陷阱"成为发展中国家的噩梦，回顾世界历史，能真正跨越"中等收入陷阱"的发展中国家寥寥无几，大多数发展中国家，如拉美的阿根廷、墨西哥等国，不仅经济发展长期停滞不前，而且社会因此动荡不安。究其原因，内部不能及时有效转换增长动力机制是重要原因，但更为根本的原因则在于当前占据主导地位的资本主义世界体系，是一个金字塔式的发展结构，现有空间不可能容纳全世界所有资本的扩张需要，使得各个国家的民族资本间面临激烈的竞争，最终取胜的是以美国为首的国际垄断资本，其余大多数被淘汰，或者沦为国际垄断资本的附庸，只有极少部分国家和地区除外，如日本、韩国、新加坡及中国的香港和台湾地区，由于长期处于东西方冷战的前沿，美国有意扶持以对抗遏制苏联和中国，使得这些国家和地区可以搭乘美国发展的便车，获得以美国为首的西方发达国家的资金、技术援助，再加上内部政策得当，才及时有效转换了增长动力，成功跨越了"中等收入陷阱"，即使如此，这些国家和地区仍然还是会受到以美国为首的国际垄断资本的巨大影响，没有真正获得完整的独立性。对于大多数发展中国家而言，情况则更加糟糕，因为在国际垄断资本主导的资本主义世界体系中，"尽管少数经济体能够利用其特殊机遇而相对成功地实现一定水平的资本主义现代化，但发展中国家中的大国以及大多数中小国家必然成为资本主义生产方式内在矛盾的最终承担者，因而不可能通过资本主义道路实现现代化"②，大多数发展中国家只能陷入"中等收入陷阱"而无法自拔。但从人类社

---

① 张德荣：《"中等收入陷阱"发生机理与中国经济增长的阶段性动力》，经济研究，2013 年第 9 期，第 28 页。

② 鲁品越：《国际体系与中国现代化道路的两个阶段》，马克思主义研究 2014 年第 10 期，第 133 页。

会长远发展看，"富者愈富、穷者愈穷的局面不仅难以持续，也有违公平正义"①。如果国际社会不对国际垄断的资本扩张加以引导调控，不对资本主义世界体系进行有效改革，世界全球化进程将无法步入良性轨道，人类社会的共同发展将不可能真正实现。

"一带一路"倡议所构想的世界新经济秩序，与目前以美国为首的国际垄断资本主导的世界经济秩序存在本质区别。以美国为首的国际垄断资本主导的世界经济秩序是一种等级制秩序。国际垄断资本在资本全球扩张过程中建构起以西方发达资本主义国家为中心，广大第三世界国家为外围的资本主义经济秩序，广大发达资本主义国家在这个经济秩序中处于主导地位，以科技、军事等硬实力及文化软实力为后盾，并通过其掌控国际经济组织，左右全球经济政策走向，以满足国际垄断资本全球扩张的需要；广大第三世界国家则处于这个经济秩序的外围和边缘，大多数只能成为国际垄断资本的原料及初级产品的供应国和商品的销售市场，当然也有部分工业体系较为完备的国际（如中国、印度等），虽然可以承接发达资本主义国家比较完整的工业体系，从而获得相对较多的工业利润，但是在发达资本主义国家大力推行国际金融化的今天，这些国家也只能处于国际垄断资本特别是金融垄断资本升级的金融国—实体经济国的分工链条中，在国际价值分工链条中只处于底端水平，绝大多数价值还是被国际垄断资本主导的金融扩张体系所搜刮和榨取。

在当前这个由国际垄断资本主导的世界经济秩序中，高端的产业和价值分割体系已经被以美国为首的国际垄断资本占据，大多数发展中国家在经济社会发展到一定阶段以后，都将长期面临经济社会发展无法进一步提升的问题，而陷入"中等收入陷阱"。"一带一路"倡议就是要通过搭建一个基于互利合作的新经济发展平台，将世界各国特别是广大发展中国家通过互联互通整合成一个经济发展的整体，构建发展共同体。通过大规模的基础设施建设，构建全球范围内的物联网、信息网，使世界各国的经贸联系更加便捷，切实减少世界各国可持续发展的社会成本，并努力打造更加公平的国际经济秩序，

---

① 习近平：《习近平在联合国成立 70 周年系列峰会上的讲话》，北京：人民出版社 2015 年版，第 17 页。

建成一个开放、包容、普惠的国际经济体系，促进世界各国共同发展。中国坚持"共商、共建、共享"的原则，加强与"一带一路"沿线及其他愿意参与进来的国家或地区的经贸往来，欢迎这些国家搭乘中国快速发展的"便车"；立足平等合作、互惠互利的原则，进行相互的国际分工，建立兼顾效率与公平的国际产业价值链；以实现国家间互联互通为重点，充分利用中国国内的过剩产能和积累的剩余资本，推进"一带一路"沿线国家基础性设施建设并辐射带动世界其他国家；牵头成立亚洲基础设施投资银行、丝路基金等国际金融新机制，实现资金融通，并不断推进人民币国际化，增强发展中国家在国际金融秩序中的话语权；坚持"共同但有区别的责任原则"，与相关国家共同进行国际公共产品的生产和提供，为国际经济领域的互利合作创造必要条件；与广大参与"一带一路"的国家和地区一道，共同努力推进全球经济治理。"一带一路"倡议自提出并实施以来已经取得明显成效，"2014 年至 2016 年，中国同'一带一路'沿线国家贸易总额超过 3 万亿美元。中国对'一带一路'沿线国家投资累计超过 500 亿美元。中国企业已经在 20 多个国家建设 56 个经贸合作区，为有关国家创造近 11 亿美元税收和 18 万个就业岗位。"①立足共同发展、结成利益广泛的发展共同体，使中国与世界各国的政治互信不断累积，"一带一路"所面临的地缘政治等方面的风险逐步得到化解，为构建人类命运共同体打下了坚实的物质基础。

这一过程同时也将是广大发展中国家共同跨越"中等收入陷阱"的历史性过程。一直以来，中国在自身仍然还是发展中国家的情况下，仍然对广大发展中国家进行力所能及的援助，并且不附加任何政治条件。中共十八大以来，中国积极践行人类命运共同体思想，实施"一带一路"倡议，打造国际间互利合作新平台，筹建亚洲基础设施投资银行，为完善国际金融治理体系作出了中国的努力和贡献，当然中国并不是在另起炉灶，而是通过自己的努力推动全球治理体系走向民主化。2016 年 1 月，习近平在亚洲基础设施投资银行开业仪式上的致辞中指出："我期待并坚信，通过各成员国携手努力，亚投行一定能成为专业、高效、廉洁的 21 世纪新型多边开发银行，成为构建人类命运

---

① 习近平：《习近平谈治国理政》第二卷，北京：外文出版社 2017 年版，第 510 页。

共同体的新平台，为促进亚洲和世界发展繁荣作出新贡献！为改善全球经济治理增添新力量！"①与此同时，中国也通过参加维和行动、打击恐怖主义、积极参与应对全球气候变化行动等为国际社会提供公共产品。2017 年 5 月，习近平在"一带一路"国际合作高峰论坛开幕式上的演讲中指出："我们欢迎各国结合自身国情，积极发展开放型经济，参与全球治理和公共产品供给，携手构建广泛的利益共同体。"②中国的积极努力，已经在全世界范围内，逐渐凝聚起建构人类命运共同体的共识，世界各国已经开始为建构人类命运共同体行动起来，"人类命运共同体理念得到越来越多人的支持和赞同，这一倡议正在从理念转化为行动。"③

第二节 "一带一路"的地缘政治维度

"一带一路"是中国政府提出的沿着中国古代"丝绸之路经济带"和"21 世纪海上丝绸之路"展开的国际合作建设规划，它是以世界地理的走向为重要的依据，但是又不局限世界各国地理位置的制约，只要世界各国有合作的意愿都可以加入这个开放的平台。正因为其或多或少与世界地理有一定的联系，所以"一带一路"倡议也牵涉到世界各国地缘政治的竞合中。很多国家对"一带一路"倡议保持戒备和反对的心理也是出于传统地缘政治的考虑。实际上"一带一路"从根本上讲是对传统地缘政治的超越，中国不通过"一带一路"谋求势力范围和全球霸权，只是希望通过"一带一路"倡议实现世界各国共同发展，并在这个过程中实现中国的和平与发展，实现中华民族伟大复兴的中国梦。

---

① 习近平：《在亚洲基础设施投资银行开业仪式上的致辞》，人民日报 2016 年 1 月 17 日，第 2 版。

② 习近平：《携手推进"一带一路"建设——在"一带一路"国际合作高峰论坛开幕式上的演讲》，人民日报 2016 年 7 月 2 日，第 2 版。

③ 习近平：《携手建设更加美好的世界——在中国共产党与世界政党高层对话会上的主旨讲话》，人民日报 2017 年 12 月 2 日，第 2 版。

一、传统地缘政治理论及其困境

传统地缘政治理论有着历史悠久的现实主义传统，其强调地理因素对国家行为的决定性影响力。英国地理学家和地缘政治学家哈尔福德·麦金德（Hlford John Mackinder）提出了陆心说（即心脏陆地说）。他认为世界力量的分布受到自然地理位置的重大影响，可以划分为"枢纽地区、外新月形地区以及内新月形地区"。其中枢纽地区全部是大陆的；外新月形地区全部是海洋的；内新月形地区部分是大陆的，部分是海洋的。对于陆心说而言，牢牢掌控枢纽地区对于获取并维持世界霸权具有至关重要的作用，"枢纽国家向欧亚大陆边缘地区的扩张，使力量对比转过来对它有利，这将使它能够利用巨大的大陆资源来建立舰队，那时这个世界帝国也就在望了。"①而对于地缘政治理论，"有三个词的意义，我们需要有非常清晰的了解：'历史'、'控制'及'地理'。"②美国的地缘政治大师布热津斯基也基本沿着麦金德的地缘政治学思路，在《大棋局》等一系列著作中探讨了美国的全球战略，指出冷战后的美国全球战略，其首要目标在于防止欧亚大陆岛出现占主导地位的国家控制欧亚大陆的腹地，并将美国的战略势力挤出欧亚大陆，那样的话就意味着美国全球霸权的彻底终结，所以他提出美国在欧洲要巩固与英国、德国的关系并确保在乌克兰的影响力，在南亚保持同巴基斯坦或者印度的关系，在远东则要巩固与日本韩国的同盟关系，总之，要防范和遏制欧亚大陆出现占据主导地位的国家，这样才能延缓美国霸权的衰落。他的这一战略构想对美国亚太乃至全球战略的制定产生了极为重要的影响。

与其他解释国家行为的国际关系理论相对，地缘政治理论简洁明了，所以一经提出便得到理论界和世界各国政治精英们的热捧，影响力经久不衰。但是地缘政治理论也存在难以克服的悖论，在现实实践中也同样面临困境。地理因素确实可以影响国家行为进而对区域及世界秩序产生很大影响，但是如果过于拔高这个影响，则会陷入地理决定论的悖论之中。国家间的地理联

---

① ［英］哈·麦金德：《历史的地理枢纽》，林尔蔚、陈江译，商务印书馆2010年版，第69页。
② ［英］詹姆斯·菲尔格里夫：《地理与世界霸权》，龚权译，上海人民出版社2016年版，第1页。

系及特征影响一个国家的行为，那么地理因素需要靠什么才能发挥作用呢，它需要靠一定的生产关系来产生作用，不同的生产关系，会对地理产生不一样的认识，一个国家的社会生产关系及这个国家对外态度决定其国际行为，并最终决定运用其地理因素的使用方式，而地缘政治理论又强调地理对国家行为的决定性作用，这就会产生地理因素决定地理因素的循环论证，处于无法克服的悖论中。地缘政治在理论上存在悖论，在实际操作中也存在困境。发达资本主义国家奉行的地缘政治理论及政策，其实质是资本主导的地缘政治，其核心要义在于通过地理的控制，更好地满足并服务于资本全球扩张的需要；其战略主轴在于维持不同国家权力间的动态均势，为资本扩张不断拓展地理空间。资本打破了传统的以地理位置划界的国家权力分布态势，构建起资本主导的"中心—外围边缘"结构，在这样的结构中权力必然日益集中并最终走向霸权。处于中心的资本主义霸权国家，利用边缘国家间的矛盾，不断制造冲突，并适时通过外部力量的选择性介入，维持边缘国家间的均势，以防范和遏制边缘国家崛起对资本扩张带来冲击。处于边缘的广大发展中国家为了摆脱这种不利境地，则基于地理及文化等的联系，组建起多层次的国家联盟，以最大限度维护自身利益。在资本主导的地缘政治秩序中，纷争、冲突与战争是常态。

二、一种新型国际地缘政治观

"一带一路"坚持的地缘政治观是一种发展型地缘政治，这种地缘政治观从根本上超越了传统意义上的地缘政治观。传统地缘政治强调基于地理联系的扩张和控制，既是一种霸权主义的地理观，也是一种基于地理的霸权主义国际政治观。传统地缘政治的历史逻辑是"地理—扩张—冲突—均势"，以此不断循环，其是从国际战争与冲突的历史片段中去找寻理论依据，导向的也是人类不断冲突的历史前景。"一带一路"奉行的是基于共同发展的地缘政治观，强调地理联系对推动世界各国共同发展的积极作用，并且努力增强各国间的政治互信，尽量减轻地理因素对推动各国共同发展的不利影响。"一带一路"发展型地缘政治的主题是发展，其生成的历史逻辑是"地理—发展—合作—和平"，这种发展型地缘政治观并不否认世界各国存在冲突的可能性，但强调基于合作共赢的共同发展化解冲突风险，其导向的却是人类和平与发展的历史前景。

（一）从基于地理的"权力政治"到基于地理的"发展"

国际地缘政治主要探讨地理对国家间政治活动的影响。在生产力不发达的古代社会，地理因素在人类的生产生活中发挥着巨大的影响力，它在一定程度上会深刻影响一个民族的生产生活方式、民族性格以及民族文化的传承，中华民族就发源于黄河、长江两大流域，围绕这两大流域，中华民族的祖先发展起较为系统完善的农耕文明，成为迥异于从古希腊发端的西方文明。地理环境从一开始就被卷入人类的权力斗争并成为决定这种权力斗争胜负天平的重要砝码。其一，构成地理环境结构的自然物质要素，其蕴含的巨大自然生产力是人类社会财富生产的重要物质基础，也成为人类社会共同体的权力来源。在人类历史上，占据肥沃土地、自然环境优越的一方，往往在权力斗争中处于巨大的优势地位，所以在古代社会，争夺土地及其他自然资源是发动战争的重要目的和重要内容。其二，地理环境中的区位优势在一定条件下可以转化为获取权力斗争胜利的战略优势地位，所以控制战略要地、保持战略上的主动态势也是左右权力斗争胜败的关键所在，有俗语说"条条大道通罗马"，这实际上从侧面反映出罗马帝国强大的一个重要原因在于，罗马帝国从权力中心到其统治的各个区域之间保持有地理上的快捷联系，罗马帝国维持了一支强大的战略机动部队，平时驻扎在交通要道，战时可以迅速机动到战区，显示出巨大的战略威慑力。其三，地理环境背后的人的要素是决定一切的根本，地理环境需要通过人来彰显其价值，没有人的存在，地理环境在某种意义上也就无所谓价值。

地理因素在人类权力斗争中的重要性反映的是其背后所潜藏的人与人之间的社会关系。地缘政治实际上就是以地理联系为载体的人与人之间的社会联系。政治生活是人类最基本的社会实践形式，其核心是权力的拓展、分配与维护。地理介入权力的方式和途径完全取决于人类对待权力的态度，如果人类社会对权力采取独占式的态度，也就是人类陷入霸权的迷思而无法自拔，那么地理上的联系就会成为追逐和展示霸权的载体和媒介。传统地缘政治对地理环境因素的过度张扬实质上反映的是人们对隐藏于地理联系背后的权力占有关系的无限膜拜。在资本主义生产关系条件下，资本对市场权力的疯狂追逐，一方面将原本封闭隔绝的全球地理环境连接成一个整体，将世界各地都纳入资本主义世界体系之中。资本对权力榨取是以商品为中介的，而商品的流通环节则是至关重要的过程，这决定了地理空间、地理通道在资本主义全球扩张体系中的重要位置。资本逻辑主导下的传统型地缘政治，其困境在于资本最大化榨取剩余价值的内在要求必然产生对地理环境、地理空间的独霸思维，这往往会将经济层面的矛盾升级为地缘战争。

"一带一路"倡议则希望构建基于地理联系的发展体系，将世界各国联结成为一个发展共同体，着力构建一个发展型地缘政治，用互利共赢的共同发展重构国际地缘政治的核心内涵，努力将基于人类命运共同体的共同发展理念嵌入国际地缘政治文化的基因中，以此超越权力政治，避免国家间战争与冲突的历史悲剧反复重演。

（二）发展型国际地缘政治观的内涵特征

"一带一路"倡议所倡导的发展型地缘政治观，其内涵特征主要表现在以下几个方面：

第一，发展型国际地缘政治的根本价值取向在于促进世界的和平与发展。传统地缘政治关注的焦点在于国际政治权力的获取与维持，这构成其根本的出发点和落脚点。但就发展型国际地缘政治观而言，国际政治权力只是手段而不是目的，也就是说国际政治权力只是用来促进世界和平与发展的工具，只有在世界和平与发展这样一个大前提下，国际政治权力才有其存在的价值和意义。当然传统地缘政治也强调要维持世界和平与发展，并且还指出追求国际政治权力也可以达到促进世界和平与发展的目的，同时强调在这样一个国际社会的无政府状态下，只有保持权力的拥有才是最真实的状态，其他一切都只是理想主义的童话。实际上到底是将国际政治权力作为行为的目的还是手段，其导致的结果存在巨大的差异。如果将国际政治权力当成目的，那么有限的国际政治权力空间如何得到有效分配和协调？国际政治权力空间总是有限的，一般来讲，国际政治权力的获取本身具有排他性，各国都将政治权力作为自身的战略目的，那么这就意味着在有限的国际政治权力空间与各国对政治权力的无限需求之间必然存在巨大的矛盾，面对矛盾，各国都无法作出实质性妥协，这个时候解决矛盾的方式只能依靠权力本身，也就是谁掌握更多、更强大的权力谁就有话语权，这就陷入国家间必然发生战争与冲突的误区与陷阱之中。所谓"守成大国"与"新兴大国"间必然发生冲突的"修昔底德陷阱"就是一个明显例证。"一带一路"倡导发展型国际地缘政治观，将国际政治权力的获取作为手段而不是目的，就是为了避免陷入国家间你死我活、零和博弈的权力斗争怪圈中。

第二，发展型国际地缘政治的主体是真正的自由国家的联合体。这个自由不是抽象意义上的自由，而是超越了现实不平等关系的自由。传统地缘政治下国家间一个最普遍的联合形式是结盟，结盟实际上是基于共同的外部威胁（有时候是为了维持结盟关系而刻意虚构或者夸大的威胁）而构建的排他性国际共同体，这种国际共同体是依靠树立外部的敌人以及制造外部的对立来维持共同体内部的政治团结。它建立在国家间发展不平衡、部分国家无法完全掌握自身命运的基础之上。"一带一路"所倡导的发展型国际地缘政治观，把世界各国特别是广大发展中国家取得真正独立自主地位作为国际关系实践的重要任务。只有世界各国特别是广大发展中国家取得真正的独立自主地位，也就是成为一个真正自由的国家，那么世界各国才有可能真正建立起基于共同发展的新型地缘政治关系。这种新型地缘政治关系的建立过程也就是真正自由国家联合体的形成过程，而自由国家联合体则是构建人类命运共同体的重要途径和阶段。

第三，发展型国际地缘政治生成的历史逻辑是"地理—发展—合作—和平"。很显然，地理环境在发展型国际地缘政治关系中处于一个非常重要的位置，但其背后承载的则是人与人之间在国际社会中所结成的基于发展共同体的社会关系总体结构。此时，地理环境的战略地位并不是霸占国际政治权力的现实需要带来的，而是构建发展共同体所客观要求的。从世界各国基于地理的发展出发，人类社会将在自由平等、互利共赢的合作中，逐渐生成永久和平的美好前景。当然在这一过程中，构建起互利互惠的发展共同体至关重要，"一带一路"倡议就是要重新打通东西方传统的路上、海上经贸文化往来战略性大通道，建立中国与沿线国家及其他愿意加入的国家发展共同体关系，使世界财富更加公平合理地流动，减轻在霸权主义世界秩序下、以美国为首的国际垄断资本控制战略通道造成的世界财富被贪婪的资本所肆意操控的风险。

三、跨越霸权和均势

"修昔底德陷阱"这个概念，源自希腊历史学家修昔底德，在《伯罗奔尼撒战争史》中对雅典、斯巴达两个国家争夺希腊霸权这段历史的反思，最早由美国作家赫尔曼·沃克，在1980年，针对美苏冷战的历史语境提出的，其想表明的是，"新崛起强国力量的增长，必然会冲击既有强国的领导地位，引起其强烈的恐惧和回应，最终催生争夺世界霸权的战争"[①]。2012年，美国哈佛大学教授格拉姆·阿利森将"修昔底德陷阱"用于分析中美关系，认为中美会如同历史上的雅典和斯巴达，中国的崛起会损害美国的根本利益，中美之间会产生不可调和的冲突，这引起国际社会的广泛关注。因为如果中美两国真的陷入"修昔底德陷阱"，走向冲突对抗，这将对世界和平与发展的大局产生致命的影响，任何国家都不可能独善其身。

对于中美是否真正会陷入"修昔底德陷阱"，还存在很大的争议。但是，就现实政策来看，美国确实对中国实行了"接触"与"遏制"并用的策略，美国前国家安全事务助理兹比格涅夫·布热津斯基指出，"有理由认为美国在欧亚大陆的首要地位将受动乱或至少是零星暴力行动的冲击。美国的首要地位在新的挑战面前可能是脆弱的。"[②]美国国内的保守势力一直认为，中国是目前最能对美国首要地位产生影响的国家，所以对中国的遏制从来都是没有放松过的。美国前总统奥巴马时期提出的"亚太再平衡战略"和"TPP协定"都有明显针对中国的意味。虽然前总统特朗普在一定程度上改变了奥巴马的政策，但其坚定的"美国利益优先"的立场表明其不可能真正放松对中国的防范和遏制。这是因为"以'美元霸权'为基础的垄断资本必须靠吸收全球剩余价值才能生存，而具有13亿人口的中国是全球剩余价值的一大源泉。正因如此，美国希望将中国永远固定在国际产业链的低端，通过贸易保护政策限制中国的发展，

---

① 张广生：《伯罗奔尼撒战争与'修昔底德陷阱'问题》，上海交通大学学报（哲学社会科学版），2015年第1期，第20页。

② ［美］兹比格涅夫·布热津斯基：《大棋局》，人民出版社2007年版，第18页。

同时迫使中国永远接受美元霸权的盘剥，永远受到美国主导的世界政治经济秩序的严格限制"①。

从传统地缘政治的角度看，"一带一路"倡议将面临巨大的地缘政治风险和挑战。因为"一带一路"的"丝绸之路经济带"横穿欧亚大陆的核心地带，"21世纪海上丝绸之路"则沿着具有全球性战略意义的欧亚大陆南部边缘展开，两者互为战略屏障。"一带一路"在欧亚大陆连接起一个新的财富流动通道，这势必影响世界财富沿着美国掌控的海洋通道流向美国等中心资本主义国家，这会对国际垄断资本主导的全球地缘战略格局产生巨大的冲击。所以，美国必然会从战略层面反制"一带一路"，同时，"一带一路"沿线分布着数个正在崛起中的大国，这些国家出于地缘政治考量，也会或多或少地防范甚至抵制"一带一路"建设的推进。当然上述地缘政治风险在一定程度上是存在的，但中国也一定可以有效防范和化解这些问题，因为"一带一路"倡议坚持"主权平等、合作共赢、和平发展"的新型地缘政治观，通过上海合作组织、亚信会议等多边平台，合作打击恐怖主义以及应对气候变化、跨国犯罪等全球性问题，努力维护各国共同安全。同时资本只是推进"一带一路"的手段，而不是目的，这决定了中国绝不会走上霸权之路，"我们推进'一带一路'建设不会重复地缘博弈的老套路，而将开创合作共赢的新模式；不会形成破坏稳定的小集团，而将建设和谐共存的大家庭。"②

"一带一路"倡议的实施是建立在对霸权主义和均势政策跨域的基础上，如果不真正跨越霸权主义和均势政策，"一带一路"就会陷入传统地缘政治冲突的老套路中去。中国应该努力化解与世界各国特别是区域性大国的矛盾，努力增强政治互信，构建多层次、多层级的平等合作体系，满足不同国家的战略需要。对于地缘政治环境较为复杂的国际或者区域，应重点聚焦非传统安全领域问题，努力增加合作共识和合作领域；对于地缘政治环境相对宽松的国家或地区，可以提高合作的层次和水平，总之，要总体规划、总体布局以及总体推进。

---

① 鲁品越、王永章：《"三大陷阱"：中国面临的新的历史性挑战》，红旗文稿，2017年第8期。
② 习近平：《习近平谈治国理政》第二卷，北京：外文出版社2017年版，第514页。

第三节　构建人类命运共同体的伟大实践

在这个相互依存的时代，人类社会需要形成共同利益格局，需要应对共同威胁，需要生成共同价值，从根本上来说，人类社会迫切需要实现共同发展。以美国为首的国际垄断资本主导的国际秩序，通过资本的快速扩张使世界全球化进程达到前所未有的高峰，但任由国际垄断资本，特别是国际金融垄断资本的疯狂逐利，会使国际社会谋求和平发展的努力面临一系列陷阱（主要有中等收入陷阱、修昔底德陷阱、金德尔伯格陷阱等）的巨大威胁和挑战。这些都使得人类社会的共同发展、共同繁荣以及美好前景成为一句空谈。"一带一路"倡议涉及世界范围内众多的民族国家，需要将不同文化背景的民族国家聚合在一起，共同应对世界性难题和挑战。这将是一项极为庞大的工程和极为艰巨的任务。"一带一路"必须超越西方文明冲突论的窠臼，贯彻基于和平包容的文化文明观，促进不同文明间的交流互鉴，以文明间的平等交流，不断凝聚全球的发展共识，使"一带一路"倡议真正成为文明沟通融合之路，推动构建新型文明观，为世界的文明进步积极贡献中国的力量。

一、"一带一路"是促进各国共同发展的国际性平台

以美国为首的国际垄断资本，特别是金融垄断资本取代以英国为首的产业资本，实质上是美元取代英镑成为国际金融体系的主导货币。第二次世界大战以后的冷战格局，美苏两个阵营的对峙实际上体现了两种工业化扩张体系的竞争。一方面，是以美国为首的国际垄断资本，因为资本主义内在的矛盾，逐渐由自由竞争走向垄断，并且组建国际间的垄断资本联盟，以实现世界规模的积累。战后为进一步克服资本扩张悖论所产生的资本内在否定性，国际垄断资本普遍采取了国家垄断资本的这种最新形式，直接通过国家力量推动资本全球扩张。二战中美国不仅没有被削弱，反而因为其强大的工业潜力，成为左右战局的关键性力量。交战国巨量的物资需求，同盟国资源的共享，为美国国内资本的扩张提供了廉价的原材料供给和广阔的市场空间，战

时体制又实现了垄断资本的更加快速和更高程度的集聚和集中，走向国家垄断资本主义，这为美国国际垄断资本的全球扩张创造了极为便利的条件。

战后美国以实力为后盾，确立了以美国为首的国际垄断资本主导的国际秩序，在政治上，几个参与反法西斯同盟的世界大国建立了联合国，这其中美国具有重大影响力，从联合国总部设在美国纽约就可见一斑，而五大常任理事有 3 个就是美国及其西方盟友。美国还主导建立了以反共防苏为己任的北约组织，将西方资本主义国家联合起来，共同应对苏联的威胁，防止社会主义革命在西欧的进一步蔓延。在经济上，主导建立布雷顿森林体系，并成立世界银行、国际货币基金组织等国际金融机构，规定美元与黄金挂钩，而其他货币与美元挂钩，美元正式取代英镑确立世界货币地位，以美国为首的国际垄断资本主导的国际经济金融秩序建立。二战结束后，美国国内积累的大量过剩资本，通过"马歇尔计划"，向资本主义盟国输出，通过这一系列举措，在战后初期，以美国为首的国际垄断资本构建了一个以美国为中心、主要资本主义国家为外围、部分发展中国家为边缘的依附性国际秩序。这种依附性表现在战后初期的一段时间，主要发达资本主义国家因为战争对原有资本扩张体系的巨大破坏，急需外部资本输入带动国内资本的扩张而对美国国际垄断资本的依附。同时亚非拉广大欠发达国家或地区因为产业基础薄弱，外加基于各个欧洲发达资本主义国家殖民体系的原有"中心—外围"国际分工体系的瓦解，这些国家被迫寻求新的中心来支撑国内经济发展，从而被迫依附于美国为首的国际垄断资本。

另一方面，是以苏联为首的社会主义阵营，是奉行建立在"苏联模式"基础上的工业化扩张体系。这种体系实际上也是建立在东欧等社会主义卫星国对苏联的依附基础上，苏联意图建立以卢布为主导的区域性金融体系，以对抗美元主导的资本主义金融体系，避免"国家剩余价值"被盘剥。但是随着冷战后期作为中心的苏联，基于其全球军事扩张的重工业经济发展模式日益僵化，经济日益走向停滞，"给人深刻印象的增长速度，主要依靠一种缺乏效率的、以密集劳动力不断增长的基础。在一段时间内，只要世界经济在发展，这种情况就会导致 GNP 的增长，甚至人均 GNP 的增长。但这种缺乏效率的方法意味着他们达到了极限，并且生活标准的提高总是落后于同时期核心地区的提高。或迟或早，社会主义经济将不能满足社会各阶层对改善生活的期望"。① 广大外围国家对苏联的依附迅速减弱，"苏联最终实现了非殖民化（不仅在社会主义阵营，而且也在它自己的疆域内）。"②最终这种体系随着苏东剧变而走向解体。

冷战结束以后，美国主导的霸权主义世界秩序达到顶峰，但盛极而衰，此后在连年的霸权战争以及金融危机的巨大冲击下，再加上世界各国特别是广大发展中国家政治经济的进一步崛起觉醒，霸权主义世界秩序开始走下坡路，世界进入后霸权时代。在后霸权时代，以美国为首的国际垄断资本为维护自身的利益，必然通过其仍然掌控的在国际政治经济制度上的话语霸权，挑动地缘政治经济纷争，以阻遏新兴国家构建人类命运共同体、实现共同发展的努力。美国特朗普政府在贸易和台湾问题上同时向中国发难就是最好的例证。

"麻省理工学院教授查尔斯·金德尔伯格认为，20 世纪 30 年代美国取代英国成为世界大国后却未能接替英国扮演为全球提供公共产品的角色，最终导致全球体系陷入衰退"③，对于稳定的金融体系、航行的安全、良好的生态环境等这些全球性公共产品，提供者要付出巨大的成本，所以大多数国家都只愿意"搭便车"，即使部分新兴国家，有意愿，但能力不足，不能有效提供，这往往会对全球治理体系产生消极影响，被称之为"金德尔伯格陷阱"，它实际涉及的是全球治理中的利益和责任问题。二战结束时，美国通过"马歇尔计划"，向西欧发达国家进行援助，帮助这些国家进行战后重建及经济恢复发展，冷战时，美苏共同承担起全球公共产品的提供，冷战后美国成为世界唯一的超级大国，成为全球公共产品的最大提供者。

全球公共产品是由全球经济的外部性问题产生的。美国主导的全球经济治理，实质是通过资本进行的全球治理，它服务于以美国为首的国际垄断资本的全球扩张。当前，国际垄断资本的疯狂扩张，是全球经济外部性问题产

---

① ［美］伊曼纽尔·沃勒斯坦：《变化中的世界体系：论后美国时期的地缘政治与地缘文化》，王逢振译，中央编译出版社 2016 年版，第 104 页。

② ［美］伊曼纽尔·沃勒斯坦：《变化中的世界体系：论后美国时期的地缘政治与地缘文化》，王逢振译，中央编译出版社 2016 年版，第 105 页。

③ ［美］约瑟夫·奈：《警惕中美关系中的两大陷阱》，中国经济报告 2017 年第 3 期，第 109 页。

生的根本原因。国际垄断资本扩张得越迅猛，全球经济的外部性问题就越严重，需要提供的全球公共产品就越多，国际垄断资本所需要承担的交易成本就越大，能获得的剩余价值就越少。资本的逐利本性使得国际垄断资本必须得考虑通过责任转移降低交易成本，所以，美国等西方发达国家出现了"逆全球化浪潮"，国内实行"再工业化"战略，大力发展实体经济，为新一轮全球化储备技术、资本；对外实行绿色壁垒，以全球生态问题为抓手，意图在全球范围内建立碳排放交易市场，利用自身技术及发展优势，获取全球超额剩余价值，搜刮世界财富。同时通过"软硬两手"，要求中国、印度等新兴发展中国家承担更多责任，特别是给中国唱了很多所谓"全球领导者"的赞歌，但在全球经济治理中并未给予这些国家任何实质性的话语权，因为这样将导致"美国领导、带有自由主义特征的等级森严的统治秩序""走向灭亡"①。

"一带一路"倡议能够实现对资本主导地缘政治的超越，其现实基础就在于努力构建一个开放、包容、普惠的国际经济体系，促进世界各国共同发展。中国坚持"共商、共建、共享"的原则，加强与"一带一路"沿线及其他愿意参与进来的国家或地区的经贸往来，欢迎这些国家搭乘中国快速发展的"便车"；立足平等合作、互惠互利的原则，进行相互的国际分工，建立兼顾效率与公平的国际产业价值链；以实现国家间互联互通为重点，充分利用中国国内的过剩产能和积累的剩余资本，推进"一带一路"沿线国家基础性设施建设并辐射带动世界其他国家；牵头成立亚洲基础设施投资银行、丝路基金等国际金融新机制，实现资金融通，并不断推进人民币国际化，增强发展中国家在国际金融秩序中的话语权；坚持"共同但有区别的责任原则"，与相关国家共同进行国际公共产品的生产和提供，为国际经济领域的互利合作创造必要条件；与广大参与"一带一路"的国家和地区一道，共同努力推进全球经济治理。

二、"一带一路"对共同价值的积极践行

中国实施"一带一路"倡议的过程中，始终坚持联合国宪章、和平共处五项基本原则等国际公认的准则，切实尊重所在国的文化传统、社会习惯、政

---

① 转引自刘建飞：《中美新型大国关系中的国际秩序博弈》，美国研究 2016 年第 5 期，第 15 页。

治制度及发展道路，不搞制度模式输出和文化霸权，努力促进不同文明间的和谐共生、交融共进。2017 年 5 月，习近平在"一带一路"国际合作高峰论坛开幕式上的演讲中强调："'一带一路'建设要以文明交流超越文明隔阂、文明互鉴超越文明冲突、文明共存超越文明优越，推动各国相互理解、相互尊重、相互信任。"①世界各国围绕"一带一路"平台，展开打造合作共赢新型国际关系的生动实践，共同生成、共同维护"和平、发展、公平、正义、民主、自由"等全人类的共同价值，这样一种共同价值建立在平等互利的共同发展基础上，能够凝聚起更加广泛的国际社会共识，共同应对全球化挑战，从而使"一带一路"建设能够获得世界各国更多的理解、支持和参与，也为构建人类命运共同体不断夯实合法性基础。

中国通过努力与"一带一路"沿线国家开展基于互利共赢基础上的平等合作，共同努力构建并维护不同文化文明间"和而不同"的共同价值。这不仅可以促进与世界各国的利益相融、文化相通、责任相担，使中国的发展更加惠及世界各国人民，使中国的发展道路、发展理念更加能够被世界各国所理解和认同。而且通过对共同价值的积极践行，也可以在很大程度上击碎西方发达资本主义国家持续炒作的中国"文化意识形态威胁论"。当然在"一带一路"建设过程中践行共同价值必然会被以美国为首的西方发达资本主义国家所阻遏及持续"污名化"，因为这意味着中国力量的彰显及中国国际话语权的提升。我们在予以坚决回击的同时也应该积极改善"一带一路"建设的话语表达及传播方式，让"一带一路"建设的相关话语及核心理念更加能够被世界各国人民所接受和认同。

三、"一带一路"倡议使人类命运共同体逐渐从理念转化为现实

"一带一路"倡议顺应了人类社会在交往联系日益紧密、彼此已经逐渐成为命运共同体的时代背景下，寻求更高层次和平与发展的时代诉求。通过一系列务实举措，逐渐取得成效，获得国家社会越来越多的肯定和支持，"4 年来，全球 100 多个国家和国际组织积极支持和参与'一带一路'建设，联合国

---

① 习近平：《习近平谈治国理政》第二卷，北京：外文出版社 2017 年版，第 513 页。

大会、联合国安理会等重要决议也纳入'一带一路'建设内容。"①"一带一路"的成功实践使人类命运共同体对世界新秩序的伟大构想不断从理想转化成为现实。但我们也必须看到，随着中国越来越重新走近世界舞台中央，以美国为首的西方发达资本主义国家对中国的防范、遏制及打压也会更加猛烈，这是我们发展过程中必须积极面对的磨难和挑战。我们必须积极转变战略角色，摒弃一切"对西方退让妥协就可以再换来发展"的侥幸心理，而是要有打"持久战"的战略准备，做好应对最坏结果的一切思想及物质准备。当然在发展过程中我们要始终保持"居安思危"，同时还应该始终保持"戒骄戒躁"，除了应对西方国家的强力扼杀之外，还应该防止被捧杀。中国应该进一步发挥世界新秩序推动者、参与者及维护者的作用，但对于那种中国会最终取代美国成为或者应该成为世界秩序新的领导者的观点言论要始终保持清醒，这些言论是霸权主义逻辑下的旧思维，已经非常不合时宜，必须引起我们的高度警惕。

总之，中国与世界各国共同推动构建"一带一路"建设过程中要积极践行人类命运共同体理念，不仅要进一步深化与广大发展中国家及友好发达国家之间互利共赢的友好合作关系，而且也要注重国际斗争的策略，与美国等妄图遏制打压我国发展的西方发达资本主义国家也要坚持"斗争与合作并存"及"斗而不破"的策略方针，在坚守国家利益底线的同时也不放弃开展国家间有共识领域的合作。要最大限度地开展与世界各国间互利共赢的平等合作，共同努力推动构建人类命运共同体，中国特色社会主义发展道路必将开创更加光明而美好的前景。

---

① 习近平：《习近平谈治国理政》第二卷，北京：外文出版社2017年版，第509页。

结　论　共同努力推动构建人类命运共同体
为世界和平与发展贡献中国力量

　　推动构建人类命运共同体蕴含了对世界和平与发展的伟大构想，其构成习近平新时代中国特色社会主义思想的重要组成部分。这一伟大构想不是凭空产生的，而是根植于世界历史发展的伟大进程之中，反映了世界历史演进的客观要求，顺应了世界各国对和平与发展的现实呼唤。当前以美国为首的国际垄断资本在推进全球扩张过程中逐步构建起以"虚拟经济国（金融国）—实体经济国"为主要特征的资本主义世界体系结构，并通过其主导的全球化进程将世界各国都纳入其中，与此同时，国际垄断资本主导建立新的国际产业分工链、价值链，利用自身优势霸占高端位置，广大发展中国家则长期被压制在中低端位置。通过霸权主导下的国际分工体系，发达资本主义国家将劳动密集型、高耗能、高污染的传统制造业向发展中国家整体性转移，相应地，传统制造业的副产品（如劳资矛盾、环境污染等）也被转移到发展中国家，与此同时发展中国家牺牲环境、牺牲劳工利益所创造的剩余价值则被发达资本主义国家榨取并被迅速投入到国际垄断资本的全球扩大再生产中。但是国际垄断资本存在内在的否定性，虽然可以通过全球地理空间的拓展暂时延缓其被自身否定终结的命运，但是它只是将自身无法克服的矛盾从横向看向发展中国家转移，从纵向看向未来转移。当前国际垄断资本已经将自我终结的历史命运与全人类的共同命运捆绑在一起。但是资本主导的全球化进程所产生的权力从资本主义世界体系"中心"到"外围边缘"的不断转移和扩散，广大发展中国家已经在政治经济上实现觉醒，这必然对国际垄断资本及其所主导的霸权主义世界秩序产生巨大的冲击，其也面临被自我否定的历史命运。

推动构建人类命运共同体是实现世界和平与发展伟大构想的实践路径。其强调在政治上反对霸权主义、强权政治，谋取建设永久和平的世界；安全上统筹传统安全与非传统安全，谋取建设普遍安全的世界；经济上推动更加开放、包容、普惠、平衡的全球化，谋求建设共同繁荣的世界；文明上强调文明间的交流互鉴共存，谋求建设开放包容的世界；生态上强调推动全球生态环境治理和绿色发展，谋求建设清洁美丽的世界。构建人类命运共同体作为推动世界和平与发展的中国方案、中国道路，正得到愈来愈多国家的认同和响应。但是国际垄断资本主导的霸权主义世界秩序并不会甘心退出历史舞台，这是国际垄断资本无限追逐市场权力的资本逻辑使然。在霸权时代，国际垄断资本及其所掌控的资本主义国家政权通过过去时代累积起来政治、经济、军事、文化等硬软实力，并利用其在霸权巅峰时期确立的国际制度规范，阻碍国际社会寻求构建人类命运共同体的集体努力。这使得构建人类命运共同体面临诸多严峻的挑战。但是人类社会命运连接日益紧密的历史趋势是无法改变的，霸权主义世界秩序必然被人类命运共同体所逐渐取代，当然这不是中美两国之间的事，不是在鼓吹中美两国之间的对抗冲突，而是涉及人类历史进程中新旧两种世界秩序间的关系问题。因为人类命运共同体是从全人类的整体视角出发对世界新秩序的构想与追求，它并不是中国立足自己国家利益所提出的外交理想与方略，而是顺应了世界各国特别是广大发展中国家的呼声。

推动构建人类命运共同体，实现世界和平与发展的伟大构想。首先需要从世界观层面着手，传统的建立在形而上学基础上的世界观，无论是唯物还是唯心都不适合作为其世界观基础，因为它们恰恰就是种种对人类命运共同体的错误认识(如"中国威胁论"的视角、"中国崩溃论"的视角)产生的世界观根源。构建人类命运共同体必须坚持以实践生成论为核心的马克思主义的世界观，只有这样才能真正超越"中国威胁论"或者"中国崩溃论"的思维局限。在马克思主义实践生成论看来，构建人类命运共同体是基于不断克服霸权主义世界秩序的内在矛盾和弊端而逐渐生成的；其取代霸权主义世界秩序不是主要依靠外在否定，从而发生历史上新旧世界秩序转换所必然发生的战争与动乱，而是认为人类命运共同体是生成于霸权主义世界秩序不断内在否定的历史进程中，所以，构建人类命运共同体对待资本是采取唯物辩证的态度，不是外在否定资本，而是强调超越资本，也就是将自己作为手段而不是目的，利用资本但是要克服资本的弊端。其次构建人类命运共同体要用世界各国人民在新型国际关系实践中所生成的共同价值跨越西方"普世价值"的陷阱，用基于文化文明间交流互鉴共存的世界各民族国家间共同价值逐渐夯实人类命运共同体的价值基础，不断增强人类命运共同体的合法性。最后构建人类命运共同体要积极践行"一带一路"倡议，并以此修复资本主导的全球发展道路，促进世界各国的共同发展、共同繁荣；"一带一路"倡议还是对传统地缘政治"霸权"和"均势"的跨越，从而为人类社会和平与发展创造了必要条件。

参考文献

一、经典著作

[1]中共中央马克思恩帮斯列宁斯大林著作编译局：《马克思恩格斯文集》第 1—10 卷，北京：人民出版社，2009 年版。

[2]中共中央马克思恩帮斯列宁斯大林著作编译局：《马克思恩格斯选集》第 1—4 卷，北京：人民出版社，1995 年版。

[3]《资本论》第 1—3 卷，北京：人民出版社，2004 年版。

[4]列宁：《帝国主义是资本主义的最高阶段》，北京：人民出版社，2014 年版。

[5]《毛泽东文集》第 1—8 卷，北京：人民出版社，1999 年版。

[6]《邓小平文选》第 1—3 卷，北京：人民出版社，1993 年版。

[7]《江泽民文选》第 1—3 卷，北京：人民出版社，2006 年版。

[8]《胡锦涛文选》第 1—3 卷，北京：人民出版社，2016 年版。

[9]习近平：《习近平谈治国理政》，北京：外文出版社，2014 年版。

[10]习近平：《习近平谈治国理政》，第二卷，北京：外文出版社，2017 年版。

[11]习近平：《之江新语》，杭州：浙江人民出版社 2007 年版。

[12]习近平：《习近平在联合国成立 70 周年系列峰会上的讲话》，北京：人民出版社，2015 年版。

[13]习近平：《出席第三届核安全峰会并访问欧洲四国和联合国教科文组织总部、欧盟总部时的演讲》，北京：人民出版社，2014 年版。

[14]习近平：《携手构建合作共赢、公平合理的气候变化治理机制——在气候变化巴黎大会开幕式上的讲话》，北京：人民出版社，2015 年版。

[15]习近平：《共倡开放包容共促和平发展——在伦敦金融城市长晚宴上的演讲》，北京：人民出版社，2015年版。

[16]习近平：《习近平主席在出席世界经济论坛2017年会和访问联合国日内瓦总部时的演讲》，北京：人民出版社，2017年版。

[17]习近平：《习近平在对美国进行国事访问时的讲话》，北京：人民出版社，2015年版。

[18]习近平：《携手消除贫困 促进共同发展——在2015年减贫与发展高层论坛的主旨演讲》，北京：人民出版社，2015年版。

[19]习近平：《在纪念孔子诞辰2565周年国际学术研讨会暨国际儒学联合会第五届会员大会开幕会上的讲话》，北京：人民出版社，2014年版。

[20]习近平：《创新增长路径 共享发展成果——在二十国集团领导人第十次峰会第一阶段会议上关于世界经济形势的发言》，北京：人民出版社，2015年版。

[21]习近平：《开拓机遇 应对挑战——在金砖国家领导人非正式会晤上的发言》，北京：人民出版社，2015年版。

[22]习近平：《深化合作伙伴关系 共建亚洲美好家园——在新加坡国立大学的演讲》，北京：人民出版社，2015年版。

[23]习近平：《在网络安全和信息化工作座谈会上的讲话》，北京：人民出版社，2016年版。

[24]习近平：《携手推进"一带一路"建设——在"一带一路"国际合作高峰论坛开幕式上的演讲》，北京：人民出版社，2017年版。

二、中文著作(含译著)

[1][英]齐格蒙特·鲍曼：《共同体》，欧阳景根译，南京：江苏人民出版社，2001年版。

[2][英]保罗·霍普：《个人主义时代之共同体重建》，沈毅译，杭州：浙江大学出版社，2010年版。

[3][美]入江昭：《全球共同体：国际组织在当代世界形成中的角色》，刘青、颜子龙、李静阁译，北京：社会科学文献出版社，2009年版。

[4][美]雅克·布道编著：《建构世界共同体》，万俊人、姜玲译，南京：江苏教育出版社，2006年版。

[5][美]古尔德：《马克思的社会本体论：马克思社会实在理论中的个性和共同体》，王虎学译，北京：北京师范大学出版社，2009年版。

[6][加拿大]戴安娜·布赖登，威廉·科尔曼主编：《反思共同体：多学科视角与全球语

境》，严海波等译，北京：社会科学文献出版社，2011 年版。

[7][美]本尼迪克特·安德森：《想象的共同体：民族主义的起源与散布》，吴叡人译，上海：上海人民出版社，2016 年版。

[8][美]罗伯特·A. 帕斯特：《走向北美共同体：新世界应从旧世界汲取的教训》，商务部美洲大洋洲司译，北京：中国商务出版社，2004 年版。

[9][法]让-吕克·南希：《解构的共同体》，郭建玲、张建华等译，上海：上海人民出版社，2007 年版。

[10][法]莫兰：《从欧洲命运共同体到全球命运共同体》，香港中文大学《二十一世纪》，2002 第 5 期。

[11][日本]大塚久雄：《共同体的基础理论》，于嘉云译，台北：台北联经出版事业公司，1999 年版。

[12][德]伊曼努尔·康德：《永久和平论》，何兆武译，上海：上海人民出版社，2005 年版。

[13][德]克劳塞维茨：《战争论》，中国人民解放军军事科学院译，北京：商务印书馆，1978 年版。

[14][德]克劳塞维茨：《战争论》，中国人民解放军军事科学院译，北京：商务印书馆，1978 年版。

[15][德]鲁道夫·希法亭：《金融资本》，福民等译，北京：商务印书馆，1994 年版。

[16][美]大卫·哈维：《新帝国主义》，初立忠、沈晓雷译，北京：社会科学文献出版社，2009 年版。

[17][埃及]萨米尔·阿明：《世界规模的积累——欠发达理论批判》，杨明柱、杨光、李宝源译，北京：社会科学文献出版社，2017 年版。

[18][巴西]特奥托尼奥·多斯桑托斯：《帝国主义与依附》，杨衍永、齐海燕、毛金里、白凤森译，北京：社会科学文献出版社，1999 年版。

[19][意]杰奥瓦尼·阿锐基：《漫长的 20 世纪—金钱、权力与我们社会的根源》，姚乃强、严维明、韩振荣译，南京：江苏人民出版社，2001 年版。

[20][美]理查德·罗宾斯：《资本主义文化与全球问题》，姚伟译，北京：中国人民大学出版社，2010 年版。

[21][英]彼得·诺兰：《十字路口：疯狂资本主义的终结和人类的未来》，丁莹译，北京：中信出版社 2011 年版。

[22][法]托马斯·皮凯蒂：《21 世纪资本论》，巴曙松、陈剑、余江等译，北京：中信出

版社，2014 年版。

[23][美]亨利·基辛格：《世界秩序》，胡利平等译，北京：中信出版社，2015 年版。

[24][加]阿米塔·阿查亚：《美国世界秩序的终结》，袁正清、肖莹莹译，上海：上海人民出版社，2017 年版。

[25][英]珍妮·克莱格：《中国的全球战略：走向一个多极世界》，葛雪蕾、洪漫、李莎译，北京：新华出版社，2010 年版。

[26][波兰]卡齐米耶·Z. 波兹南斯基：《全球化的负面影响：东欧国家的民族资本被剥夺》，佟宪国译，北京：经济管理出版社，2004 年版。

[27][美]汉斯·摩根索：《国家间政治——权力斗争与和平》，徐昕等译，北京：北京大学出版社，2006 年版。

[28][美]肯尼思·华尔兹：《国际政治理论》，信强译，上海：上海人民出版社，2003 年版。

[29][美]约瑟夫·奈：《权力大未来》，王吉美译，北京：中信出版社，2012 年版。

[30][美]兹比格涅夫·布热津斯基：《大棋局：美国的首要地位及其地缘战略》，中国国际问题研究所译，北京：人民出版社，2007 年版。

[31][美]罗伯特·基欧汉、约瑟夫·奈：《权力与相互依赖》，门洪华译，北京：北京大学出版社，2012 年版。

[32][美]彼得·卡赞斯坦、罗伯特·基欧汉、斯蒂芬·克拉斯纳：《世界政治理论的探索与争鸣》，秦亚青、苏长和等译，上海：上海人民出版社，2006 年版。

[33][英]乔纳森·哈斯拉姆：《马基雅维利以来的现实主义国际关系思想》，北京：中央编译出版社，2009 年版。

[34][英]马丁·怀特：《权力政治》，北京：世界知识出版社，2004 年版。

[35][英]詹姆斯·菲尔格里夫：《地理与世界霸权》，龚权译，上海：上海人民出版社，2016 年版。

[36][美]罗伯特·基欧汉：《霸权之后：世界政治经济中的合作与纷争》，苏长和等译，上海：上海人民出版社，2012 年版。

[37][美]罗伯特·吉尔平：《全球政治经济学：解读国际经济秩序》，杨宇光、杨炯译，上海：上海人民出版社，2006 年版。

[38][美]罗伯特·吉尔平：《全球政治经济学》，杨宇光、杨炯译，上海：上海人民出版社，2006 年版。

[39][美]约翰·米尔斯海默：《大国政治的悲剧》，王义桅、唐小松译，上海：上海人民

出版社，2003 年版。

[40][美]塞缪尔·亨廷顿：《文明的冲突与世界秩序的重建》，周琪、刘绯等译，北京：新华出版社，2010 年版。

[41][美]迈克尔·H. 亨特：《意识形态与美国外交政策》，褚律元译，北京：世界知识出版社，1999 年版。

[42][法]朱利安：《功效：在中国与西方思维之间》，林志明译，北京：北京大学出版社，2013 年版。

[43][美]奥康诺：《批判的西方哲学史》，洪汉鼎等译，北京：东方出版社，2005 年版。

[44][美]杰里·本特利、赫伯特·齐格勒、希瑟·斯特里兹：《简明新全球史》，魏凤莲译，北京：北京大学出版社，2009 年版。

[45][美]保罗·肯尼迪：《大国的兴衰——1500—2000 年的经济变迁与军事冲突》，王保存、陈景彪、王章辉、马殿君等译，北京：求是出版社，1988 年版。

[46][美]孔华润主编：《剑桥美国对外关系史上下》，王琛等译，北京：新华出版社，2004 年版。

[47][英]卡尔·波兰尼：《巨变——当代政治与经济的起源》，黄树民译，北京：社会科学文献出版社 2013 年版。

[48][美]迈克·亚达斯、彼得·斯蒂恩、斯图亚特·史瓦兹：《喧嚣时代：20 世纪全球史》，大可、王舜舟等译，北京：生活·读书·新知三联书店，2005 年版。

[49]本书编写组：《党的十九大报告辅导读本》，北京：人民出版社，2017 年版。

[50]中共中央宣传部：《习近平总书记系列重要讲话读本》，北京：学习出版社、人民出版社，2014 年版。

[51]国家发展改革委、外交部、商务部：《推动共建丝绸之路经济带和 21 世纪海上丝绸之路的愿景与行动》，北京：人民出版社，2015 年版。

[52]何毅亭主编：《以习近平同志为核心的党中央治国理政新理念新思想新战略》，北京：人民出版社，2017 年版。

[53]人民日报评论部：《习近平用典》，北京：人民出版社，2015 年版。

[54]人民日报评论部：《习近平讲故事》，北京：人民出版社，2017 年版。

[55]王灵桂、赵江林：《"周边命运共同体"建设：挑战与未来——中外联合研究报告(No,2)》，北京：社会科学文献出版社，2017 年版。

[56]陈岳、蒲俜：《构建人类命运共同体》，北京：中国人民大学出版社，2017 年版。

[57]中国军事科学学会：《合作与共赢：构建亚洲命运共同体》，北京：军事科学出版社，

2015 年版。

[58]许利平等著：《中国与周边命运共同体：构建与路径》，北京：社会科学文献出版社，2016 年版。

[59]刘鸣主编：《国际体系转型与利益共同体构建——理论、路径与政策》，北京：社会科学文献出版社，2017 年版。

[60]向宏、胡德平等主编：《大交通：从"一带一路"走向人类命运共同体》，西南交通大学出版社，2017 年版。

[61]胡伟主编：《"一带一路"：打造中国与世界命运共同体》，北京：人民出版社，2016 年版。

[62]陈岩：《东亚共同体通论》，杭州：浙江大学出版社，2015 年版。

[63]王柯编：《东亚共同体与共同文化认知——中日韩三国学者对话》，北京：人民出版社，2007 年版。

[64]编写组：《二十国集团领导人杭州峰会成果文件选编》，北京：外文出版社，2017 年版。

[65]邵发军：《马克思的共同体思想研究》，北京：知识产权出版社，2014 年版。

[66]李义天主编：《共同体与政治团结》，北京：社会科学文献出版社，2011 年版。

[67]张康之、张乾友：《共同体的进化》，北京：中国社会科学出版社，2012 年版。

[68]王小章：《从"自由或共同体"到"自由的共同体"：马克思的现代性批判与重构》，北京：中国人民大学出版社，2014 年版。

[69]鲁品越：《鲜活的资本论——从深层本质到表层现象》，上海：上海人民出版社，2015 年版。

[70]鲁品越：《鲜活的资本论——从〈资本论〉到中国道路》，上海：上海人民出版社，2016 年版。

[71]胡键：《资本的全球治理：马克思恩格斯国际政治经济学思想研究》，上海：上海人民出版社，2016 年版。

[72]张建新：《激进国际政治经济学》，上海：上海人民出版社，2011 年版。

[73]王湘穗：《币缘论：货币政治的演化(定制版)》，北京：中信出版社，2017 年版。

[74]方连庆、刘金质、王炳元主编：《战后国际关系史(1945—1995)下》，北京：北京大学出版社，1999 年版。

[75]王公龙：《长风破浪会有时》，上海：上海人民出版社，2016 年版。

[76]阎学通：《历史的惯性：未来十年的中国与世界》，北京：中信出版社，2013 年版。

[77]姚有志、阎启英著：《大国雄魂—世界大国战略文化》，北京：解放军出版社 2，011 年版。

[78]王宪磊主编：《全球要事报告 2014—2015》，北京：时事出版社，2015 年版。

[79]李建平、李闽榕、赵新力、周天勇主编：《二十国集团（G20）经济热点分析报告（2016—2017）》，北京：经济科学出版社，2016 年版。

[80]中共北京市委宣传部、中共北京市委讲师团、北京电视台组织编写：《正道沧桑：社会主义 500 年》，北京：北京出版社、中共党史出版社，2013 年版。

[81]张维为：《中国震撼：一个'文明型国家'的崛起》，上海：上海人民出版社，2011 年版。

三、期刊论文

[1]张岂之：《"打造人类命运共同体"与中华优秀传统文化》，《山东社会主义学院学报》2017 年第 1 期。

[2]张战：《习近平"人类命运共同体"战略思想析论》，《高校马克思主义理论研究》2017 年第 1 期。

[3]杨梓妤：《习近平"人类命运共同体理念"的研究综述》，《改革与开放》2017 年第 1 期。

[4]张曙光：《"类哲学"与"人类命运共同体"》，《吉林大学社会科学学报》2015 年第 1 期。

[5]杨玲：《"人的本质"与"人类命运共同体"》，《大连干部学刊》2017 年第 1 期。

[6]付泽宇：《"人类命运共同体"的科学内涵与时代品格——以马克思的真正的共同体思想为视角》，《湖北行政学院学报》2017 年第 1 期。

[7]陈强：《"人类命运共同体"的文化构建与"精神丝绸之路"》，《西北民族大学学报（哲学社会科学版)》2016 年第 4 期。

[8]黄真：《"人类命运共同体"理念的伦理透视》，《理论月刊》2016 年第 11 期。

[9]康渝生、陈奕诺：《"人类命运共同体"：马克思"真正的共同体"思想在当代中国的实践》，《学术交流》2016 年第 11 期。

[10]陈锡喜：《"人类命运共同体"视域下中国道路世界意义的再审视》，《毛泽东邓小平理论研究》2017 年第 2 期。

[11]金应忠：《从"和文化"到新型国际关系理念——兼论人类命运共同体意识》，《社会科学》2015 年第 11 期。

[12]李后强、黄进：《从统一场理论到人类命运共同体思想》，《中国浦东干部学院学报》2017 年第 1 期。

［13］郭海龙、林伯海：《对习近平共同价值思想的哲学思考》，《社会主义核心价值观研究》2016 年第 2 期。

［14］吴泽群：《共同构建人类命运共同体》，《中国党政干部论坛》2017 年第 6 期。

［15］董俊山：《构建人类命运共同体的困惑与破解》，《党委中心组学习》。

［16］李梦云：《建设人类命运共同体的文化构想》，《哲学研究》2016 年第 3 期。

［17］张三元：《开放发展与人类命运共同体构建》，《广东社会科学》2017 年第 4 期。

［18］陶文昭：《科学理解习近平命运共同体思想》，《中国特色社会主义研究》2016 年第 2 期。

［19］曹峰旗：《宽容：人类命运共同体的价值底蕴》，《理论与改革》2017 年第 2 期。

［20］彭冰冰：《论"人类命运共同体"的实质、内涵与意义》，《贵州社会科学》2017 年第 4 期。

［21］杨宏伟、刘栋：《论构建"人类命运共同体"的"共性"基础》，《教学与研究》2017 年第 1 期。

［22］梁周敏、姚巧华：《论构建人类命运共同体的基本遵循》，《学习论坛》2017 年第 4 期。

［23］周雯雯、林美卿、赵金科：《论习近平"人类命运共同体"思想的科学内涵和重大意义——基于马克思主义理论视角》，《理论导刊》2017 年第 1 期。

［24］李宝刚、廖红霞：《马克思世界历史理论与人类命运共同体的建构》，《辽宁行政学院学报》2017 年第 1 期。

［25］文秋芳：《拟人隐喻"人类命运共同体"的概念、人际和语篇功能——评析习近平第 70 届联合国大会一般性辩论中的演讲》，《外语学刊》2017 年第 3 期。

［26］高奇琦：《全球治理、人的流动与人类命运共同体》，《世界经济与政治》2017 年第 1 期。

［27］左凤荣：《全球治理的理想目标与追求——习近平的"人类命运共同体"思想》，《中国浦东干部学院学报》2017 年第 1 期。

［28］张夏、雷骥：《全人类"共同价值"的基本内涵和时代价值——兼论与西方"普世价值"的区别》，《思想教育研究》2016 年第 7 期。

［29］丛占修：《人类命运共同体：历史、现实与意蕴》，《理论与改革》2016 年第 3 期。

［30］王飞：《人类命运共同体：马克思主义交往理论的最新发展成果》，《辽宁师范大学学报(社会科学版)》2017 年第 2 期。

［31］阮宗泽：《人类命运共同体：中国的"世界梦"》，《国际问题研究》2016 年第 1 期。

［32］徐艳玲、陈明琨：《人类命运共同体的多重建构》，《毛泽东邓小平理论研究》2016 年

第 7 期。

[33] 曲星:《人类命运共同体的价值观基础》,《求是杂志》2013 年第 4 期。

[34] 叶小文:《人类命运共同体的文化共识》,《新疆师范大学学报(哲学社会科学版)》
2016 年第 3 期。

[35] 周力:《人类命运共同体话语下的人权促进与保障:中国的理念与经验》,《人权》
2017 年第 2 期。

[36] 吴兴梅、何毅:《人类命运共同体理念与当代中国外交战略思想创新发展》,《邓小平
研究》2017 年第 2 期。

[37] 刘传春:《人类命运共同体内涵的质疑、争鸣与科学认识》,《毛泽东邓小平理论研
究》2015 年第 11 期。

[38] 曹志建:《人类命运共同体视角下的全球人权治理:人类命运共同体所面临的人权挑
战》,《人权》2017 年第 2 期。

[39] 王公龙、韩旭:《人类命运共同体思想的四重维度探析》,《上海行政学院学报》2016
年第 3 期。

[40] 田鹏颖、张晋铭:《人类命运共同体思想对马克思世界历史理论的继承与发展》,《理
论与改革》2017 年第 4 期。

[41] 朱颖:《人类命运共同体下的多元人权观》,《人权》2017 年第 2 期。

[42] 张师伟:《人类命运共同体与共同价值:国家间合作共赢体系建构的双驱动》,《甘肃
理论学刊》2017 年第 2 期。

[43] 虞崇胜、叶长茂:《社会主义核心价值观与人类共同价值》,《中共中央党校学报》
2016 年第 2 期。

[44] 金应忠:《试论人类命运共同体意识——兼论国际社会共生性》,《国际观察》2014 年
第 1 期。

[45] 刘志礼:《习近平"人类命运共同体"思想探析》,《理论探索》2017 年第 4 期。

[46] 董立人:《习近平"人类命运共同体"思想研究》,《学习论坛》2016 年第 3 期。

[47] 张战:《习近平"人类命运共同体"战略思想析论》,《高校马克思主义理论研究》2017
年第 1 期。

[48] 杨梓妤:《习近平"人类命运共同体理念"的研究综述》,《改革与开放》2017 年第
1 期。

[49] 饶世权、林伯海:《习近平的人类命运共同体思想及其时代价值》,《学校党建与思想
教育》2016 年第 4 期。

［50］张希中：《习近平命运共同体思想的形成维度、内涵及价值意蕴探析》，《行政与法》
　　　2016 年第 2 期。

［51］郭海龙、汪希：《习近平人类命运共同体思想的生成、价值和实现》，《邓小平研究》
　　　2016 年第 3 期。

［52］廖卫民：《新世界主义与对外传播战略——基于"传播与人类命运共同体"穹顶模型的
　　　理论思考》，《浙江社会科学》2017 年第 5 期。

［53］刘宗义：《亚洲命运共同体的内涵和构建思路》，《国际问题研究》2015 年第 4 期。

［54］陈向阳：《以"人类命运共同体"引领世界秩序重塑》，《当代世界》2016 年第 5 期。

［55］彭健：《以"文化多样性"国际机制支撑"人类命运共同体"理念》，《经济师》2016 年第
　　　10 期。

［56］曹绿：《以马克思世界历史理论审视人类命运共同体》，《思想理论研究》2017 年第
　　　3 期。

［57］王岩、竞辉：《以新发展理念引领人类命运共同体构建》，《红旗文稿》2017 年第 5 期。

［58］徐崇温：《中国道路致力于打造人类命运共同体》，《中国浦东干部学院学报》2017 年
　　　第 1 期。

［59］袁靖华：《中国的"新世界主义"："人类命运共同体"议题的国际传播》，《浙江社会科
　　　学》2017 年第 5 期。

［60］李海龙：《中国外交新思路：对"命运共同体"理念的分析》，《燕山大学学报（哲学社
　　　会科学版）》2014 年第 4 期。

［61］李海龙：《中国外交新思路：塑造"命运共同体"推动世界和平发展》，《西南交通大学
　　　学报（社会科学版）》2014 年第 5 期。

［62］毛渲：《中国与周边国家"命运共同体"概念与战略分析》，《华东理工大学硕士学位论
　　　文》2014 年。

［63］张弩：《中国宗教与构建人类命运共同体：理念与实践》，《人权》2017 年第 2 期。